NW
西北民商法学术文库
Northwest Academic Library of Civil and Commercial Law
* 陕西省重点学科建设专项资金资助项目

欧洲公司法

* European Corporate Law *

【荷】阿德里安·德瑞斯丹
【葡】提亚戈·蒙泰罗
【德】克里斯多夫·泰西曼 * 著
【丹】埃里克·沃劳夫
费煊 * 译

法律出版社
LAW PRESS · CHINA

This is a translation of European Corporate Law, by Adriaan Dorresteijn, published and sold by Law Press China, by permission of Kluwer Law International, Alphen aan den Rijin, The Netherlands, the owner of all rights to publishi and sell same.
英文原著的版权由荷兰威科法律国际有限公司所有。
经权利人许可，中文版的翻译、出版与发行由法律出版社独家行使。

著作权合同登记号
图字：01-2011-2855

“西北民商法学术文库”总序

“西北民商法学术文库”是西北政法大学民商法学院从本院教师的学术研究成果中遴选、编辑，由法律出版社出版的学术丛书。

西北政法大学民商法学院是以从事民法学、商法学、民事诉讼法学教学和科研为主要任务的二级学院，是我国民商事法律研究和教学中规模较大、学科门类齐全、民商事实体法学和程序法学相结合的专门学院。

学院目前设有一个法学（民商法学方向）本科专业，民商法学、民事诉讼法学两个硕士学位点，现有在校学生近2000名。学院师资力量雄厚，50多名专任教师中三分之二以上具有高级职称，具有博士学位和在读博士的教师20多名，有13名教师分别在中国法学会各专门研究会担任副会长、常务理事、理事等学术职务。

学院所辖的民商法学科和民事诉讼法学科都是陕西省重点学科，并设有两个省级重点学科建设基地和陕西省妇女／性别研究与培训基地。学院设有民法学、商法学、民事诉讼法学、亲属法学等教学研究机构，设有私法文化与法典化研究所、物权与土地制度研究所、侵权法研究所、商事治理法律机制研究所、妇女与家事法律研究所、民商事判例研究所、民事权利救济机制研究所、民事司法改革研究所、公司纠纷法律对策研究所和律师制度与执业规则研究中心、仲裁制度与实务研究咨询中心等学术研究机构。

经过多年建设和发展，民商法学科在民法基础理论、商法基础理论、物权法理论、债权法理论、公司与证券法理论和婚姻家庭法理论方面，民事诉讼法学科在民事诉讼法理论、仲裁法学、公证律师法学、多元纠纷解决机制以及民事强制执行制度等方面的研究取得了丰硕的学术成果，初步形成了私法文化与法典化、物权法与土地制度、商法基础理论与公司制度、婚姻家事制度、侵权法律制度、多元纠纷解决机制、民事司法制度改革等领域的研究特色，在学术界具有一定影响。

目前学院承担国家社科基金研究项目9项，项目内容涉及集体所有权法律机制、民法价值、民法文化与民法法典化、婚姻家庭新问题、商法价值与商事制度构建、侵权责任法危险责任体系、商行为制度、侵权救济、保险制度等研究领域。学院还承担有省、部级研究项目30余项。

学院今后将以国家和省部级科研项目为支撑、以专门研究机构为平台、以培育和打造科研特色为目标，进一步推进学科建设和科学研究工作，为法学学术发展和国家法治建设作出积极贡献。

“西北民商法学术文库”是近期及今后一段时期我院以专著形式形成的科研成果的系列展示，内容涉及民商事实体法和程序法的理论研究和实务研究成果。所选取的成果，或为省部级及其他科研项目的结项成果，或为我院学科建设科研规划项目成果，或为我们认为具有学术价值且富有特色的研究成果。本文库编辑、出版的目的在于强化学术交流，为繁荣法学学术研究，进而推进我国民商事法律制度和法律实践的进步做出虽然绵薄但却应有的努力。

本文库的出版受到“陕西省重点学科建设专项资金”的资助，受到法律出版社的大力襄助，在此谨致谢忱！

“西北民商法学术文库”编辑委员会

2010年9月

译　者　序

这本书是我就读于荷兰乌特勒支大学时学习欧洲公司法课程所使用的教材。在学习过程中我深感这是一本掌握欧盟公司法全貌及成员国公司法比较的优秀著作，说理透彻，条理清晰，深入浅出，特别适合中国学者、研究生学习、研究欧洲公司法之用，当时就有翻译此书在国内出版的愿望。该书第一作者 Adriaan Dorresteijn 教授至今任教乌特勒支大学法学院，曾担任过法学院院长，是欧洲公司法领域的著名学者，同时在著名律师事务所担任要职，也是我在乌特勒支大学留学时的毕业论文导师。该书为英文著作，第一版于 1995 年出版后即享有盛誉。回国后与 Dorresteijn 教授联系翻译事项，他欣然同意，并说此书正在修订，建议我待第二版出版后再译。2009 年 6 月该书第二版出版，在结构方面进行了一些调整，在内容方面根据欧盟法律协调计划及成员国公司法的发展进行了更新。在版权引进和翻译方面，Dorresteijn 教授都给予了热情帮助，并为中文版专门写了前言，在此深表感谢。经西北政法大学民商法学院学术委员会支持，本书得以在陕西省省级重点学科专项资金资助下，纳入西北民商法学术文库，由法律出版社出版，同样深表感谢。在翻译过程中，得到了多位学术前辈、同事、朋友以及家人的热情帮助和支持，特别是高在敏教授、李少伟教授、车辉教授、程淑娟教授、杨为乔夫妇、朱时敏博士、谢晓教授、李小宁教授，还要感谢法律出版社的侯鹏先生，为本书出版做了许多细致认真的工作。感恩之心难以言表，唯有加倍努力。

译文的排版基本上完全遵照原著，以准确传达作者原意。为方便中国读者阅读，这里对本书排版方面作简要说明。首先，每个自然段段首的数字表示段落序号，例如 2.01 即表示第 2 章第 1 段，4.01a 表示第

4 章第 1 段后补充的第 1 个段落。通常这种序号后带字母的段落为第二版所补充，其内容更加具体，如果读者只对主要段落的内容感兴趣，可以略过这些补充段落。其次，文中仿宋体的段落表示对上文宋体段落（主体段落）内容的具体说明，不需要这些详细信息的读者也可以略过。最后，斜体部分通常表示原作者要突出或区分的部分，例如某一部法律的名称、公司名称、众所周知的特殊词汇、习语等。

因本人能力、精力有限，译文可能会有错误或疏漏，期待各位专家同仁不吝赐教。

费 煊

2013 年春于西安

内 容 提 要

目　　录

中文版序

看到本书译成中文是我和合著者们的极大荣幸。现在有比我们最初预想的更多学生能够学习欧洲公司法。本书是基于这样一种想法，即来自其他大陆的人可能认为欧盟成员国拥有相似的法律制度，特别在公司法领域。他们是正确的！各司法管辖区拥有许多共同点，这主要归功于欧盟协调计划和欧洲法院判例法。当然，它们之间仍存在区别，有的区别甚至相当大，例如，关于员工参与问题。但是，从远处看，整体画面非常统一而不是破碎。

自完稿以来，本书所讨论的主题已经有了一些发展。虽然它们与本书的主旨无关，但我们仍在此提及。其中最重要的是《里斯本条约》于 2009 年 12 月 1 日生效。其次，如本书第 1 页所述，《欧共体条约》(EC Treaty)被重新命名为《欧洲联盟运作条约》(Treaty on the Functioning of the European Union(TFEU))。

该条约的条款也被重新编号。幸运的是，条约的统一版本既显示了当前编号，也显示了对应的旧编号。因此，本书引用的《欧共体条约》条文在统一版本中均可找到。《欧洲联盟运作条约》(TFEU)统一版本公布于《欧盟官方公报》(Official Journal of the European Union) 2008 C 115/47(http://eur-lex.europa.eu/JOIndex.do)。

此外，《里斯本条约》还将欧洲法院(European Court of Justice)的名称改为欧盟法院(Court of Justice of the European Union)。

关于欧洲公司法的最新发展，可以查阅欧盟委员会网站(http://ec.europa.eu/internal_market/company/index_en.htm)。

我们很感谢费煊主动翻译本书。当她已经是一名出色的法学学者时,在乌特勒支大学学习,参加了我开设的欧洲公司法硕士课程。对于承担翻译本书的任务来说,她已经作了最好的准备。

Adriaan F. M. Dorresteijn
2012 年 11 月 1 日于乌特勒支

前言

自从14年前本书第一版出版以来,公司法领域已经发生了很多变化。虽然20世纪90年代经历了协调计划(the harmonization programme)的减缓,但最近在欧洲层面已经采取了一些恢复该计划的措施,最引人注目的是,2001年欧洲公司(the European Company 或 SE)的创设。在跨国交易特别是公司合并中如何保障员工参与这一看来似乎不可逾越的障碍,已经通过《欧洲公司法》(European Company Statute)附随指令的采用和基本上遵循同样模式的关于跨国合并的《第10号公司法指令》而被排除。在欧盟委员会被迫放弃一些迫切需要的协调(如为集团政策提供一个法律框架)的情况下,发动起草一部欧洲私人公司法近来受到鼓励,这与起初对欧洲公司(SE)的设想一样是一种超国家的商事组织。

欧洲公司法协调力度的恢复当然也要归功于欧洲法院。在21世纪开端之际,欧洲法院的*Centros*、*Überseering* 和 *Inspire Art* 判决三部曲标志着关于公司和其他法律实体的开业权的政策转变。因此,依据某一成员国法设立的公司的法律地位必须得到其他成员国的承认,从而扩大了商业选择,鼓励商主体在这方面不采用国内公司形态而是成立于另一司法管辖区。因此,国内公司法开始面对其他成员国所提供法律形态的竞争。这当然增加了公司法现代化趋势,以满足商业群体特别是中小企业的需求。结果,有些成员国提供了简化公司形态,具有在内部事务管理上更大的灵活性。为了促进创业,甚至引进了新的商事组织或已有公司形态的升级类型,例如西班牙的新型有限责任公司(*Sociedad Limitada Nueva Empresa*)或德国的创业公司(有限责任)[Unternehmergesellschaft(haftungsbeschränkt)]。

尽管有了这些发展，对于试图理解欧盟内公司法的人来说，各成员国国内法仍有很大区别。正如第一版前言中指出的，我们认为，各国公司法的具体规定在某些领域确实仍有相当大区别，分析和比较可能产生有助于产生完善各国公司法具体规定的一般原则和意见。

马卡斯·拉特[Marcus Lutter(*Europäisches Unternehmensrecht*)]、克劳斯·赫普特和埃迪·威米尔希[Klaus Hopt, Eddy Wymeersch(*European Company and Financial Law*)]和埃里克·沃劳夫[Erik Werlauff(*EU Company Law*)]所进行的开创性的、富有想象力的工作是构思本书第一版的灵感源泉。看到其他人也接受挑战、写出与欧洲公司法领域密切相关的书籍和文章是令人鼓舞的，特别是斯蒂芬·格兰德曼(Stefan Grundmann)所著的 *European Company Law, Organization, Finance and Capital Markets*。[1] 当然，瑞纳·克拉克曼(Reinier Kraakman)与其合作者在《公司法剖析》(*Anatomy of Corporate Law*)中的工作也激励了这种灵感。

本书基本上为在大学里或在法律实践中希望更好地理解欧盟内公司法和其共同特征以及不同成员国国内法律制度间的相同与差异的人而设计。因此，我们旨在描述欧盟以及国内层面公司法的主要问题。对于后者当然不能全面进行，因为它不仅代表了远超我们能力的任务，而且与本书目的不符。[2] 甚至出于必要，我们所涉及的数量有限的成员国的法律也只能以博采众长的方式来讨论。正如在本书第一版中，比利时、法国、德国、荷兰、西班牙和英国的法律被纳入，在某些部分中波兰法现在也被纳入。成员国的选择可能有争议余地，但本书打算容纳欧洲大陆法律制度以及英国普通法制度的例子，在涉及波兰时，东欧

---

〔1〕 此外还有：Vanessa Edwards 著：EC Company Law, Oxford EC Law Library (Oxford: Clarendon Press, 1999)；Günter Christian Schwarz 著：Europäischen Gesellschaftsrecht (Baden-Baden: Nomos, 2006)；Matthias Habersack 著：Europäisches Gesellschaftsrecht (München: Verlag C. H. Beck, 2006)。

〔2〕 按照比较方法它可能引起"收益递减"(diminishing returns)，Konrad Zweigert & Hein Kötz 著：*Introduction to Comparative Law*，修订第 3 版(Oxford: Clarendon Press, 1998)，第 41 页。

成员国的例子也被纳入。在一些概括介绍成员国国内法的章节,运用了逐国介绍模式(如第6章和第7章),而在本书其他部分,主题结构模式看上去是最佳选择。

很遗憾,本书第一版的合作者伊娜·柯伊珀(Ina Kuiper)和杰弗里·摩尔斯(Geoffrey Morse)无法参与写作第二版。埃里克·沃劳夫(Erik Werlauff)、克里斯多夫·泰西曼(Christoph Teichmann)和提亚戈·蒙泰罗(Tiago Monteiro)乐意填补空缺、承担更新和重写这一版部分内容的任务。卡塔兹娜·米甲洛斯卡(Katarzyna Michalowska)和卡塔兹娜·米克诺-纳西洛斯卡(Katarzyna Michno-Nasierowska)对波兰法部分作出评论,非常感谢他们的帮助。最后,非常感谢欧迪雅·乌雅胡-山特克鲁斯(Odeaya Uziahu-Santcroos)作为一名公司法专家对所有文字的编辑以及对数个法律问题的非常有益的评论。

2008年12月

Prof. Dr Adriaan F. M. Dorresteijn, *Utrecht University*; *AKD Prinsen* Van Wijmen NV(The Netherlands).

Tiago Pereira Monteiro, LL. M., *Barrocas Sarmento Neves-Sociedade* de Advogados, Lisbon(Portugal).

Prof. Dr Christoph Teichmann, *University of Wuerzburg*(*Germany*).

Prof. Dr Erik Werlauff, *Aalborg University*(*Denmark*).

缩 略 语

A. C.	The Law Reports,Appeal Cases 上诉案件判例汇编
AG	Aktiengesellschaft 股份公司(德国)
AktG	Aktiengesetz 股份公司法(德国)
All E. R.	All England Law Reports 全英判例汇编大全
ASB	British Accounting Standards Board 英国会计准则委员会
B. C. L. C.	Butterworths' Company Law Cases 巴特沃斯公司法案例
BERR	Department for Business Enterprise & Regulatory Reform 英国商业、企业和改革部
BetrVG	Betriebsverfassungsgesetz 劳资关系法(德国)
BGB	Bürgerliches Gesetzbuch 德国民法典
BGBL	Bundesgesetzblatt 联邦法律公报(德国)
BGHZ	Entscheidungen des Bundesgerichtshofes in Zivilsachen 德国最高法院民事判决
BIICL	British Institute of International Comparative Law 英国国际法和比较法研究所
BV	Besloten vennootschap met beperkte aansprakelijkheid 私人有限公司(荷兰)
BVBA	Besloten vennootschap met beperkte aansprakelijkheid 私人有限责任公司(比利时)
BW	Dutch Civil Code 荷兰民法典

CA	2006 Companies Act 英国2006年公司法
CLR	Company Law Review Steering Group 公司法检讨督导小组(英国)
COM	(extension used for European Commission document reference) 用于欧盟委员会文件引用的扩展名
Com. VA	Commanditaire vennootschap op aandelen 股份有限合伙(比利时)
Comm. V	Gewone commanditaire vennootschap 普通有限合伙(比利时)
Commssion	European Commission 欧盟委员会
CV	Commanditaire vennootschap 有限合伙(荷兰)
CVR	Commanditaire vennootschap met rechtspersoonlijkheid 具有法人资格的有限合伙(荷兰)
DCC	Dutch Civil Code 荷兰民法典
DTI	Department of Trade and Industry 贸易工业部(英国)
EA	European Association 欧洲协会
EBOR	*European Business Organization Law Review* 欧洲商业组织法评论
EC	European Community 欧共体
ECFR	European Company and Financial Law Review 欧洲公司和金融法评论
ECGI	European Corporate Governance Institute 欧洲公司治理研究所
ECJ	European Court of Justice 欧洲法院
ECL	European Company Law 欧洲公司法
ECR	Official reports of cases before the Court of Justice in English 欧洲法院案例英文公报
EEC	European Economic Community 欧洲经济共同体

EEIG	European Economic Interest Grouping 欧洲经济利益集团
EIRO	European Industrial Relations Observatory 欧洲产业关系观察站
EMS	European Mutual Society 欧洲互助会
EP	European Parliament 欧洲议会
ET	Ley del Estatuto de los Trabajadores 劳工法(西班牙)
EU	European Union 欧洲联盟
EUR	Euro 欧元
EWC	European Works Council 欧洲劳资委员会
FASB	Federal Accounting Standard Board(US) 联邦会计准则委员会(美国)
FSAP	Financial Services Action Plan 1999 1999年金融服务行动计划
GAAP	Generally Accepted Accounting Principles(US) 一般公认会计原则(美国)
GIE	groupement d'intérêt économique 经济利益集团(法国)
GmbH	Gesellschaft mit beschränkter Haftung 有限责任公司(德国)
GmbHG	Gesetz betreffend die Gesellschaften mit beschränkter Haftung 有限责任公司法(德国)
HGB	Handelsgesetzbuch 德国商法典
IAS	International Accounting Standards 国际会计准则
IASB	International Accounting Standards Board 国际会计准则理事会
IASC	International Accounting Standards Committee 国际

	会计准则委员会
IFRS	International Financial Reporting Standards 国际财务报告准则
INI	(extension used for European Parliament document reference) 用于欧洲议会文件引用的扩展名
InsO	Insolvenzordnung 德国破产法
K. B.	The Law Reports, King's Bench 英国王座法院判例汇编
KG	Kommanditgesellschaft 两合公司(德国)
KGaA	Kommanditgesellschaft auf Aktien 股份两合公司(德国)
LLP	Limited liability partnership 有限责任合伙
LPA	Limited Partnerships Act 有限合伙法(英国)
Ltd	Private limited company 私人有限公司(英国)
MIFID	Directive on markets in financial instruments 金融工具市场指令
MitbestG	Mitbestimmungsgesetz 员工共同参与决策法(德国)
MNE	Multinational enterprise 跨国企业
MOMIG	Gesetz zur Modernisierung des GmbH-Rechts und zur Bekämpfung von Missbräuchen 德国有限责任公司法现代化和防止滥用法
NJ	Nederlandse Jurisprudentie 荷兰判例法
NJW	Neue Juristische Wochenschrift 新法学周刊(德国)
NRE	Loi sur les Nouvelles Régulations Économiques 新经济调整法(法国)
NV	Naamloze vennootschap 公众公司(荷兰、比利时)

OHG	Offene Handelsgesellschaft 无限公司(德国)
OJ	Official Journal of the European Union 欧盟官方公报
OVR	Openbare vennootschap met rechtspersoonlijkheid 普通合伙(荷兰)
PA	Partnership Act 合伙法(英国)
PartnG	Partnergesellschaft 合伙公司(德国)
Plc	Public limited company 公众有限公司
RIW	Recht der internationalen Wirtschaft 国际经济法(德国期刊名)
S. Com. por A.	Sociedad comanditaria por acciones 股份有限合伙(西班牙)
SA	Société anonyme, sociedad anónima, spólka akcyjna 股份公司(法国、西班牙、波兰)
SARL	société a responsabilité limitée 有限责任公司(法国)
SAS	société par actions simplifiée 简易股份公司(法国)
SC	Sociedad regular collective 合伙(西班牙)
SCA	Société en commandité par actions 股份有限合伙(法国、比利时)
SCE	Societas Cooperativa Europaea(European Cooperative Society) 欧洲合作社
SCS	Société en commandite simple 有限合伙(法国、比利时)
SE	Societas Europaea(European Company) 欧洲公司
SEAG	SE Ausführungsgesetz 欧洲公司(SE)实施法(德国)

SEC	(extension used for European Commission document reference) 用于欧盟委员会文件引用的扩展名
SEC	Sociedad en comandita 有限合伙(西班牙)
SEC	U. S. Securities and Exchange Commission 美国证券交易委员会
SI	Statutory Instrument 法律文件(在许多国家为授权立法或二级立法形式)
SKA	Spólka komandytowo-akcynja 股份有限合伙(波兰)
SL(or SRL)	Sociedad de responsabilidad limitada 有限责任公司(西班牙)
SLNE	Sociedad Limitada Nueva Empresa 新型有限责任公司(西班牙)
SMEs	Small and medium enpterprises 中小型企业
SNC	Société en nom collect 合伙(法国、比利时)
SOX	Sarbanes-Oxley Act 萨班斯-奥克斯雷法案(美国)
sp. z o. o.	Spólka z ograniczona odpowiedzialnocia 有限责任公司(波兰)
sp. j.	Spólka jawna 普通合伙(波兰)
sp. k.	Spólka komandytowa 有限合伙(波兰)
sp. p.	Spólka partnerska 有限责任合伙(波兰)
SPE	Societas Privata Europaea(European Private Company)欧洲私人公司
SPRL	Société privée a responsabilité limitée 私人有限责任公司(比利时)
SPV	Special purpose vehicle 特殊目的机构
VAT	Value-added tax 增值税
VOF	Vennootschap onder firma 普通合伙(比利时)

WOR　Wet op de ondernemingsraden　劳资委员会法(荷兰)

WvV　Wetboek van Vennootschappen　公司法(比利时)

XBRL　eXtensible Business Reporting Language　可扩展商业报告语言

ZGR　Zeitschrift für Unternehmens-und Gesellschaftsrecht　商业与公司法杂志(德国)

ZIP　Zeitschrift für Wirtschaftsrecht　经济法杂志(德国)

第一章　导　　言

1.01　欧洲公司法同任何公司法一样,由关于特定类型商事组织的法律规范组成。换句话说,公司法规定了商事企业的法律结构。通常,公司法包含所有商事组织形态,因而不仅涉及公司。鉴于本书的目的,公司法为广义。

1.02　虽然很多商事活动是跨国进行的,但商事组织应遵循成员国的国内法。正如欧洲法院在《每日邮报》案(*Daily Mail* case)中指出的:

应当记住的是,公司不同于自然人,公司是法律的创造物,在欧共体法律现状下,是国内法的创造物。它们依据不同的国内法存在,后者决定着它们的成立和运作。[1]

然而,这一原则存在例外。欧盟(EU)[2]已经引进了主要由欧盟法调整其设立和运作的商业组织,其中最重要的是欧洲公司(Societas

---

〔1〕 *K. v. The Treasury and Commissioners of Inland Revenue*, *ex parte Daily Mail and General Trust plc* (1989) I All E. R. 328.

〔2〕 本书使用缩略语 EU(European Union,欧盟),即使在 EC(European Community,欧共体)可能更为明确的情况下。EU 指更宽泛的机构,EC 是其第一支柱,《欧盟条约》第 1 条规定:"此联盟应当建立在欧洲共同体基础上(……)"。A. M. Arnull 等:*Wyatt & Dashwoods European Union Law*,第 4 版(London: Sweet & Maxwell, 2000)第 1 章,第 169 页及以下。而且,《里斯本条约》(the Treaty of Lisbon, 2007)修改了一些现有条约,计划以 EU 取代 EC。已被修改的《建立欧共体条约》(Treaty Establishing the European Community)将被重新命名并纳入《欧洲联盟运作条约》(Treaty on the Functioning of the European Union)。《里斯本条约》仍在成员国批准的过程中(该条约于 2009 年 11 月 3 日被所有欧盟成员国最终批准,于 12 月 1 日生效——译者注)。

Europaea [SE])。《欧洲公司法》(2001)的效力高于国内法,仅个别事项依赖于国内法,即欧洲公司登记住所所在的成员国法。[1]欧洲法中的其他商事组织是2003年引进的欧洲合作社(European Cooperative Society,Societas Cooperativa Europaea [SCE]),以及可追溯到1985年的欧洲经济利益集团(European Economic Interest Grouping [EEIG])。[2]

1.03　公司由国内法规范这一原则的更早例外是"国家间企业",它们部分地被国内法所解决。欧洲铁路车辆融资公司[the société européenne pour le financement du matériel ferroviaire,(Eurofima)],于1956年根据几个欧洲国家签订的公约所创建。根据该条约,在所在国(瑞士)法律不违背公约的范围内,这种公司受制于所在国法律。[3]类似制度还适用于摩泽尔国际公司(société internationale de la Moselle),它在法国、德国和卢森堡签订了一项公约后,按照德国法设立,但德国政府在德国公司法被修改的情况下有义务保护股东权利。[4]

1.04　尽管有上述例外,欧洲法院在《每日邮报》案中所作的评论对绝大多数公司是正确的。而且,即使欧洲的和国际性的公司并不主要依赖国内法,也必须在某一成员国注册,这给他们增加了国籍意味。因此,欧洲公司法既包括欧盟法,也包括所有国内公司法。然而,对这

---

[1] 2001年10月8日《欧共体理事会关于欧洲公司(SE)法的(EC)2157/2001号条例》(OJ 2001,L 294)。

[2] 1985年7月25日《欧共体理事会关于欧洲经济利益集团EEIG的(EEC)2137/85号条例》(OJ 1985,L 199),和2003年7月22日《欧共体理事会关于欧洲合作社(SCE)法的(EC)1435/2003号条例》(OJ 2003,L 207)。

[3] 欧洲铁路车辆融资公司(Eurofima)设立之初的存续期限为50年,但在1984年经该条约成员国批准该期限续展50年。见*Eurofima Annual Report* 2003,www.eurofima.org。

[4] 1956年10月27日《摩泽尔公约》(Moselle Convention),《德国联邦法律公报》(Bundesgesetzblatt)1956年第2期,第1838页。Georges Ripen,*Droit Commercial*,Tome 1 par Rene Roblot,No. 1724. Ignaz Seidl-Hohenveldern,*Corporations in and under International Law* (Cambridge:Grotius Publications,1987),112 – 114;Christoph Engel,'Internationale öffentliche Unternehmen',*RabelsZeitschrift* (1995):495 – 544.

一领域法律的基本理解不要求详细学习所有国内公司法，因为商事组织趋于表现出相似的基本法律特征。[1] 这一现象的重要原因是欧盟的法律协调计划。

1.05 相对而言，完全不提及企业主、个体经营者或个体业主，公司法很难得到正确理解。同理，还应注意非法人的商事组织，即合伙或者非法人公司。这些主体将在本章和第2章作非常简要的讨论。在合伙部分，将作一些关于公司和其他法人商事组织的介绍，这是本书最重要的主题。欧盟的有关协调计划在第3章讨论。正如已经说明的，相关指令和法条不限于公司法，亦涉及税收和金融服务等相关领域。第4章着重介绍欧共体法下的商事组织，重点是欧洲经济利益集团（EEIG）和欧洲公司（SE），但也简要讨论有关其他欧洲商事组织的立法和提案。第5章和第6章解决国内公司法的选定主题，即公司的设立、融资和管理结构，包括公司治理。第7章讨论的员工参与制是最有争议的问题之一。有些成员国的员工参与制代表了一种关系到决策结构的公司法元素。其他国家传统上毫无员工参与经验，但2002年的一项指令建立了一个员工知情与协商基本框架。[2] 第8章突出了商事企业有关跨境合作和并购（包括合并与收购）的动态。第9章的主题是年度财务报表及合并年度财务报表。最后，第10章对集团法作一番评述。随着对公司集团和其他实体集团的承认，集团内的公司在法律上独立、同时在经济上却作为一个更大的经济实体的组成部分而运作的现实无疑对法律应对现实的局限性提出了挑战。

1.06 在对后续章节进行了简述后，有很必要回到基本概念上来。通常，一个商事企业既可由一名自然人（个体经营者或个体业主）经营，也可由一个商事组织经营，后者是任何由两个或两个以上的人参与

---

〔1〕 Henry Hansmann & Reinier Kraakman, 'What Is Corporate Law', in *The Anatomy of Corporate Law. A Comparative and Functional Approach*, eds Reinier Kraakman, et al. (New York: Oxford University Press, 2004), 1.

〔2〕《在欧共体内建立员工知情与协商基本框架的2002/14/EC号指令》(Directive 2002/14/EC of 11 Mar. 2002, establishing a general framework for informing and consulting employees in the EC, OJ 2002, L 80)。

的形态，如合伙或私人公司。这一点甚至在一人公司经营时也成立，因为这时有两个人参与：作为一人公司成员的自然人和作为法人的公司。在个体经营者经营时，企业主是企业财产的所有者并对所有风险承担个人责任。这时其私人财产与企业资产在法律上没有分离。个体经营者有时要根据其企业的特征遵守特别规则。出于税务目的，他可能有义务设立账簿，例如在与增值税（VAT）有关时。如果他作为律师、医生或会计从事专业服务，这些行业适用的规则可能对企业组织方式有所影响。从事商事活动的人可能负有在商业登记簿上进行登记、保存账簿以及编制年度资产负债表的义务。[1] 尽管如此，个体经营者仍是经商的最简便方式，被广泛使用。欧共体内 90% 以上的企业属于微型，即自我雇佣以及雇员在 10 人以下的其他企业。他们与中小型企业（SMEs）（雇员 250 人以下）一起占就业总人数的大约 2/3。[2] 个体经营者极有可能经营了大部分微型企业。

1.07　由于某些原因，企业主可能寻求与他人合作并分担商业风险。这种合作通常是合伙。例如，1890 年《英国合伙法案》[the UK Partnership Act（PA）]将合伙定义为数人之间以营利为目的的共同经营的关系。[3] 在大多数成员国中，合伙是商事组织中的一种非法人形态。如将在第 2 章看到的，欧洲大陆的几个司法管辖区对商事合伙与其他合伙进行了区分，前者是指商法典规范的合伙，后者是由民法典规范的合伙。合伙通常可以以自己的商号起诉或应诉，即使在其没有法人资格的情况下。第 2 章对商事合伙进行了更详细的阐述。

1.08　出于务实的原因，根据外国法建立的商事组织分支机构可以被看作另一种非法人的商事组织。例如，一家法国公司的英国分支

---

〔1〕 例如：《比利时商法典》（*Wetboek van Koophandel*）标题 1 和标题 3，以及第 1、第 2 条关于公司财务会计报表的规定；《德国商法典》（*Handelsgesetzbuch*）第 1 条、2 条、238 条。

〔2〕 European Commission：*SMEs in focus. Main results from the* 2002 *Observatory of European SMEs*, European Communities 2002（覆盖欧洲经济区当时 18 个国家），第 4 ~ 5 页。

〔3〕 《英国 1890 年合伙法》第 1 部分。

机构,或者一家比利时合伙的荷兰分支机构,并不是按照英国法或荷兰法而组建为法人。欧共体对这些分支机构采取了关于披露要求的协调措施,这将在第 3 章讨论。

1.09 设立公司(incorporation)通常意味着创设一家公司,即一个与其成员相区别的法人。设立公司的要求因法人类型不同而变化。公司的设立,要么通过登记,要么通过公证。通常,登记是取得法人人格的先决条件,例如欧洲公司(SE)以及部分成员国国内法中的公司。在有些国家中,设立公司要通过公证,例如比利时、德国和波兰,但在公司实际成立前仍要求登记。相比之下,在荷兰,法人人格在完成公证时获得,虽然登记是强制性的,但并不是公司最初成立的条件。[1] 像欧洲公司(SE)一样,欧洲经济利益集团(EEIG)通过登记而成立(见段落 4.04和 4.17)。应当注意到,在德国,登记并不使欧洲经济利益集团获得法人人格,而是如《EEIG 条例》规定的,拥有"以自己的名义享有各种权利、承担各种义务,签订合同或者完成其他法律行为,以及起诉和应诉的能力"。[2] 公司和欧洲经济利益集团设立的手续和条件问题在第 4 章和第 5 章中讨论。

1.10 可以用不同方式对已登记的公司进行分类,如有限公司与无限公司。在英国,公司可以登记成无限公司,其公司成员负无限责任。[3] 在其他成员国,已登记的合作社的成员负有出资义务。[4] 德国和其他大陆法系成员国股份有限合伙的执行合伙人对合伙债务承担责任,而这种合伙在其他许多方面与公司类似(见段落 2.48)。另一种分类是公众公司与私人公司。公众公司按同样方式成立,比私人公司遵

---

〔1〕《英国 2006 年公司法》(CA 2006)第 7 ~ 9 条;《波兰商事公司法》(*Kodeks spólek handlowych*)双语第 3 版(Warszawa:Wydawnictwo C. H. Beck,2004),第 163 条、306 条;《比利时公司法》(*Wetboek van Vennootschappen*)第 2 条第 4 款,第 66 条、68 条;《荷兰民法典》(*Burgerlijk Wetboek*)第 2 编,第 64 条、175 条。

〔2〕《欧共体理事会(EEC)2137/85 号条例》第 1 条第 2 款。根据《EEIG 实施法》(*EWIV-Ausführungsgesetz*)第 1 条,EEIG 享有商事合伙地位。

〔3〕《英国 2006 年公司法》第 4 条第 4 款。

〔4〕例如《比利时公司法》第 2 条第 2 款;《荷兰民法典》第 2 编第 55、56 条。

循更加严格的要求，特别是在资本和公司结构方面。相应地，作为一项规则，只有公众公司才被允许在证券交易所上市。私人公司更适合不需要在资本市场上融资的中小型企业。

1.11 最初关于私人公司的看法是私人公司由特定的人设立，并且有一部简洁灵活的法律反映出它的人合性，并使其成员能够管理公司内部事务。例如，欧洲第一部关于私人公司的法律是创立了有限责任公司（GmbH）的1892年《德国有限公司法》（*GmbHGesetz*），包含不到90个条款，现在仍然有效。[1] 比较而言，规定了公众公司（AG）的1965年《德国股份公司法》（*Aktiengesetz*（AktG）），有400多个条款。[2] 法国公司法中有类似的私人公司（*société à responsabilité limitée*（SARL））和公众公司（*société anonyme*（*SA*））[3]与此不同，在英国两种类型的公司均由同一部成文法规范，即现行《2006年公司法》。根据该法，公众公司是一种其设立证书表明这是一家已经正确登记为公众公司的公司。登记条件包括具有经审核的最低资本。其他所有已登记公司为私人公司，不适用《2006年公司法》的很多条文。[4] 受到欧洲公众公司立法的启示，有些国家缩小了私人公司与公众公司之间的差别，如比利时。[5]荷兰在20世纪70年代引进了与公众公司的外形和结构几乎相同的私人公司。[6]《波兰商事公司法》也显示出

---

〔1〕 Gesetz betreffend die Gesellschaften mit beschränkter Haftung (GmbHG), from 20 Apr. 1892.

〔2〕 1965年9月6日生效的《德国股份公司法》（*Aktiengesetz*（AktG））第二编，即13个条款，是关于股份两合公司（KGaA），它既拥有部分公众公司特征，也拥有部分有限合伙的特征（见段落2.47）。

〔3〕 《法国商法典》第L223－1条至L223－43条（私人公司）和第L225－1条至L225－270条（公众公司）。Maurice Cozian, Alain Viandier & Florence Deboissy, *Droit des sociétés*, 21e édition (Paris: Litec, 2008), nr. 1251.

〔4〕 《英国2006年公司法》第4条。

〔5〕 Leon Dabin & Anne Benoit-Moury, *Jura Europae. Company Law Volume II* (loose leaf) (München: Beck, 1964-Belgium), nr. 20.

〔6〕 大体上是为了回避当时专属于公众公司的信息披露要求，P. van Schilfgaarde, *Van de NV en de NV*, no. 10 (Deventer: Dertiende druk, 2003)。

广泛规范私人公司的倾向,但它仍保留了一定人合因素,如单个股东有权查阅公司账簿与文件。[1]

1.12　在某些司法管辖区,由于欧盟内公司开业自由的加强以及商业团体的需求,人们提出了回复私人公司法的严格性与灵活性的意见。有些国家已经采用引进了新型私人公司的公司法。[2] 开业自由和不同类型的公众公司与私人公司将在第2章以及全书适当之处进行深入讨论。

1.13　最后,还可根据规模、所属行业等事实标准进行公司分类,但这不属于本书范畴。然而,这些情况并不是完全不予考虑,因为它们可能与公司法缠结在一起。因此,公司的分类将略有扩张。第一,公司可分为封闭式公司与开放式公司(closed or open companies)。封闭式公司,又称封闭持股公司,以股东人数有限和除非全体股东同意不得向外转让股份为特征。这当然要求特别协议或者章程特别条款。[3] 从性质上来说,私人公司不是封闭式公司,但私人公司比公众公司更适合被塑造成封闭式公司。创设封闭式公司有好几个原因,如获得税务优惠,或合资企业的合作伙伴试图建立排他性合作。第二,只有一名股东的公司可被视作单独一类。从起源角度看,公司是一种合作手段,正如词源学表明的。然而,当全部股份由一名个人或另一家公司持有时,股东大会概念是没有意义的。欧共体已通过了使一人公司在所有成员国得到承认并适用特别规则的单行法,详见第3章。第三,公司可能属于一个集团。集团大多数基于股权而建立,即一家母公司持有其他公司的股份,后者通常被称为子公司。由于股权和其他法律及事实联系,一个集团可以作为一个经济实体而运作(见第10章)。

---

〔1〕《波兰商事公司法》(*Polish Commercial Companies Code*)第212条第1款,双语第3版(Warszawa:Wydawnictwo C. H. Beck,2004)。

〔2〕'The Light Vehicle Competition',*European Company Law*,no. 4(Dec. 2004).

〔3〕Yves Guyon,'Données juridiques:Essai d'une problématique de la société fermée',in *Propositions pour une société fermée européenne*, sous la direction de Jeanne Boucourechliev(Chambre de Commerce et d'Industrie de Paris,1997),37 et seq.

第二章　欧盟内的商事组织

第一节　导　　言

2.01　“公司”(company)一词是指以共同从事商事活动或其他活动为目的的人结合而成的社团。因此,“公司法”一词可谓涵盖了所有关于此类活动的法律规范。在大陆法系,除了非法人社团外,这是实情。但是各国确实均允许设立从事共同经济活动的特定形式,通常分为合伙与公司。这两种普通形式的基本而非普遍性的区别是合伙以合伙人之间的个人协议为基础,而公司是独立于其成员的依赖于资本资源的组织。换句话说,这种区别存在于合伙(或人合公司)与资合公司之间,但均被视为公司(companies)。在欧洲大陆语言中,一般性术语“公司(company)”既包括合伙,也包括资合公司,如法语的 *société*,德语的 *Gesellschaft* 和波兰语的 *spólka*。

2.02　另外,其商法来源于另一种传统的英国,出于法律调整目的将合伙与公司视作完全不同的实体。公司法仅适用于特定组织,即有限责任的公众公司与私人公司,而合伙则基本上被视作合同行为。这种不同方式的重要性在于在大多数大陆法制度中关于合伙与公司的法规有些许重叠,而在英国则完全一分为二。虽然在英国一个合伙在其名称中使用“& Co”是完全许可的,但并不构成法律意义上英式狭义定义中的公司(company)。

一、民商法

2.03　另一区别是大陆法系常常在民法与商法之间作出划分,[1]而在英国这种划分不为人知。例如《法国商法典》第 L210 - 1 条规定:"公司的商事特征由其形式或目的决定"。第二句话补充道:"普通合伙、有限合伙、有限责任公司以及股份公司,因其形式而为商业公司,不论其目的如何。"任何不符合规定的此类组织则为民事性质,例如法国隐名合伙(段落 2.18)。商事和民事组织之间存在区别,此区别并不仅仅是形式问题。例如在法国,商事组织必须受司法机构的一个特殊分支机构(*tribuneaux de commerce*)的监督,在德国如果债务人是商人(*Kaufmann*),法院无权免除合同约定的赔偿,但在其他案件中法院有此选择权。[2]

2.04　各成员国所使用的划分民法与商法的手段在商事组织方面区别很小。上一段已述及一个法国作此区分的例子。另一个例子是在德国任何一个经营企业的人均被视为商人(*Kaufmann*)。而且,只要一个企业的名称在商事登记处登记,无论何时均被视为商事企业。[3]适用于商人的规则也适用于普通合伙及有限合伙,在这一用意下资合公司也被视同此类合伙。[4]在比利时,目的决定了一家公司或合伙的商事或民事性质。当章程声明公司无商业目的但公司事实上进行营利性经营时,以经济现实为准。[5]《西班牙民法典》允许民事目的合伙采取与商事合伙相同的形式,并且在不违反民法典的范围内适用商法规定,

〔1〕 或者过去常常作此划分,如在荷兰。

〔2〕 《德国商法典》(*Handelsgesetzbuch or* German Commercial Code)第 348 条,《德国民法典》(*Bürgerliches Gesetzbuch* BGB)第 343 条。

〔3〕 《德国商法典》(*Handelsgesetzbuch*,缩写为 HGB)第 1 、2 条。

〔4〕 《德国商法典》第 6 条,《德国股份公司法》(AktG)第 3 条,《德国有限责任公司法》(GmbHG)第 13 条第 3 款。

〔5〕 《比利时公司法》(*Wetboek van Vennootschappen or* WvV)第 3 条。

而公众公司与私人公司则被法律简单地宣布为商事性质。[1]

2.05 英国的普通法实践没有作这种区分,相反,是在营利组织与非营利组织之间进行实际区分。事实上,合伙只能"以营利为目的"设立[2],只有一种私人公司形式——保证有限责任公司,是为了非营利目的设计的组织。因而,律师协会在比利时或法国被看作民事合伙,在英国则被看作是与市场交易商协会完全相同的合伙。

二、法律人格

2.06 欧洲的各种不同形式的商事组织间的本质区别在于是否被赋予法律人格。在所有国家中,资合公司具有这种法律赋予的人格,而合伙要么没有这种人格要么具有某种经修正的人格。法律人格在其最完整意义上意味着公司是一个独立的与其成员的人格截然区别的法人。它单独签订合同、雇用员工。接下来的是甚至更重要的概念,即公司成员的有限责任。以股份为限承担有限责任的成员仅在其股款未缴付时负缴纳欠款义务。因此,公司的债权人对公司财产有追索权,对股东或董事财产并无追索权。一个必然的结论是股东(以及董事)的债权人原则上对公司财产没有追索权。[3]

2.07 在最纯粹的形式下,法律人格甚至意味着其成员对公司(或其他法人)的债务根本不负责任。这一点可以从英国 *H. Rayner (Mincing Lane) Ltd v. Department of Trade and Industry* (1990) 案[4]中

---

[1] 《西班牙民法典》(*Codigo Civil*)第1670条。关于公众公司的《股份公司法》(Ley de Sociedades Anónimas(Ley 19/1989))第3条,和关于私人公司的《有限责任公司法》(Ley de Sociedades de Responsabilidad Limitada(Ley 2/1995))第3条。

[2] 《英国1890年合伙法》(PA 1890)第1条。

[3] 关于这种财产隔离的全面状况,见 Henry Hansmann & Reinier Kraakman, 'What Is Corporate Law?', in *The Anatomy of Corporate Law. A Comparative and Functional Approach*, ed. Reinier Kraakman et al. (New York: Oxford University Press) 2004, 8-10。

[4] J. H. Rayner(Mincing Lane) Ltd v. Department of Trade and Industry(1990) 2 A. C. 418(HL).

看出。此案源于国际锡理事会倒闭后,遗留了欠银行与贸易商的数百万英镑债务。理事会由一些成员国建立,债权人试图向这些国家追偿。英国上议院裁定理事会具有独立于其成员的法律人格,明确指出理事会作为唯一法人引发了这些债务。而且,在英国法下只有合同当事人可以依据合同起诉、应诉,只有理事会是合同当事人,因此成员国根本不负责任。实践中,没有任何商事企业享有这种纯粹的法律人格,因为法律规定尽管存在法律人格,其成员的责任要么无限,要么限定在一定范围,如协议确定的出资额。正如我们将要看到的,此责任取决于所选择的组织类型,包括前面提到的民事/商事公司和人合/资合公司。

三、商事组织的主要类型

2.08 记住前面的要素,就能做到描述各国主要商事企业类型的特征。有四种主要类型:普通合伙,有限合伙,私人公司,以及公众公司(或股份公司)。依次介绍每一种。这几种类型中,有的还可以再分,并不是所有国家的类型均可完全套用一种模式,特别是一些混合类型,将单独论述。近来也有一种趋势是在现有法律体系中引入新型以及改良的商事组织类型。

2.09 有三个因素导致了引进新类型及改良类型的趋势。首先,一些国家受到敦促对大型专业服务公司的合伙人所面临的巨额赔偿连带责任进行限制。例如德国和波兰分别引进了合伙类型 *Partnerschaftsgesellschaft* (PartGG)和 *the spólka partnerska* (sp. p.)。[1] 它们非常类似于普通合伙,但排除了合伙人对其他合伙人执业过失的连带责任。在英国,为相同目的设计了有限责任合伙[the *Limited Liability Partnership* (LLP)],但它的用途不限于受到特定规范的专业人群如审计员、律师和医生。尽管冠以合伙名称,LLP 却是法人,与英国的合伙

---

[1] 德国已修订的 Gesetz vom 25 Jul. 1994(BGBl. I S. 1744);为德国无限公司[*Offene Handelsgesellschaft* (OHG)]的调整提供了不少参考。《波兰商事公司法》第 86 ~ 101 条。

相比,它与私人公司的共同点要多得多。[1]

2.09a 其次,正如段落1.07已述及的,一些成员国已经着手开发比传统类型更适合于中小型企业(SMEs)的商事组织类型。甚至私人公司经常被认为与公众公司的共同点太多,例如资本条件及组织机构,以至于不能有效地为中小型企业服务。因此,简化的以及新型的公司被引进,它们较少受到正式条件约束,享受更多在公司章程中写入特别条款的自由。这种强化的灵活性的代价是被迫接受一些限制,如禁止在资本市场上融资及禁止发行无记名股份。[2] 换句话说,这种公司不得从事股东、债权人及第三人必须受到全面保护的活动。例如法国立法者引入的简易股份公司[*société par actions simplifiée* (SAS)],而德国通过废除最少五名发起人的要求使得公众公司(AG)可供中小型企业采用。[3] 类似地,私人公司的子类型被创制出来,例如西班牙的新型有限责任公司(*Sociedad Limitada Nueva Empresa or* SLNE)。SLNE是一种设立程序和决策方式简化的私人公司,而且具有一些税收优惠使其更易开始运转。[4] 德国立法者采取的类似手段是允许有限责任公司(GmbH)设立时无初始资本。在公司积累了与法定最低资本限额

[1] Judith Freeman, 'Limited Liability Partnerships in the United Kingdom: Do They Have a Role for Small Firms?', in *The Governance of Close Corporations and Partnerships*, eds Joseph A. McCahery, Theo Raaijmakers & Erik P. M. Vermeulen (Oxford: Oxford University Press, 2004) (McCahery, Raaijmakers & Vermeulen 2004), 293 et seq. and Geoffrey Morse, 'Limited Liability Partnerships and Partnership Law Reform in the United Kingdom', in *The Governance of Close Corporations and Partnerships*, eds Joseph A. McCahery, Theo Raaijmakers & Erik P. M. Vermeulen (Oxford: Oxford University Press, 2004), 317 et seq.

[2] Frank Wooldridge, 'Some New Types of Company and Partnership in France and Germany', *International and Comparitive Corporate Law Journal* 3, no. 2 (2001): 211 et seq.

[3] 《德国股份公司法》第23条及以下。

[4] Ley 7/2003, de 1 de abril, de la sociedad limitada Nueva Empresa por la que se modifica la Ley 2/1995, de 23 de marzo, de Sociedades de Responsabilidad Limitada.

等额的公积金之前,公司要受一些限制。[1]

2.09b 最后,欧洲法院(ECJ)通过三个里程碑式的裁决强化了开业自由,这些裁决达到的效果是成员国不得制止其公民采用其他成员国的公司类型(见段落2.54及其后内容)。这当然是激励立法者们使本国商事组织更具吸引力和灵活性的另一诱因,[2]加强了放宽对私人公司管制的趋势。例如,可以期待一些成员国将放弃对私人公司的强制性最低资本要求,转而仿效英国有限公司的传统状况。法国已经删除了对有限责任公司(SARL)的这一要求。[3] 类似地,荷兰政府于2005年提出了一项废除对私人公司的诸多资本条件和简化决策规则的法案。[4]甚至英国也采取措施加强其有限公司的吸引力。《英国2006年公司法》简化了私人公司的决策方式并废除了设置公司秘书的要求。[5]

2.10 如段落2.08提及的,本章围绕商事组织的主要类型而构建。合伙为首,其次是公司和混合类型。第5章及其后章节还将再一次讨论公司的类型。在对国内商事组织分类之后,将概述欧盟法中的商事组织,并在第4章中进行更详细的阐述。欧共体因其协调计划对各国公司法一直有着长期影响。本章对协调计划的效果仅作简要叙

---

〔1〕《德国有限责任公司法》第5a条,于2008年由《德国有限责任公司法现代化和防止滥用法》(*Gesetz zur Modernisierung des GmbH-Rechts und zur Bekämpfung von Missbräuchen* (*MoMiG*))增加。'Renovating the German Private Limited Company', *German Law Journal* 9, no. 9(2008): Special edition.

〔2〕Joseph A. McCahery & Erik P. M. Vermeulen, 'The Evolution of Closely Held Business Forms in Europe', in *The Governance of Close Corporations and Partnerships*, eds Joseph A. McCahery, Theo Raaijmakers & Erik P. M. Vermeulen(Oxford and New York: Oxford University Press, 2004), 191 et seq. Also: 'The Light Vehicle Competition', *European Company Law*, no. 4(Dec. 2004).

〔3〕'The Light Vehicle Competition', *European Company Law*, no. 4(Dec. 2004).

〔4〕至2008年12月该法案(Voorstel Wet vereenvoudiging en flexibilisering bv-recht, nr. 31 058)仍处于未决状态。(该法案已于2012年10月1日生效——译者注)

〔5〕《英国2006年公司法注释》(Explanatory Notes to the Companies Act 2006)第9条和第79条。

述,在第3章中将作更深入的讨论。本章最后一部分将考察《欧共体条约》所保障的开业自由已经在多大程度上实现。

第二节　合　　伙

2.11　无论是否具有法人人格,合伙均是一种不能赋予其成员有限责任特权的组织。仅因这一原因,它们对普通商事交易而言就不是一种受欢迎的工具。尽管现实中很少对其规模进行限制,它们仍不适合于特大型组织。然而,财务透明的特点可以激发企业采用普通合伙,特别是对合资企业而言,因为这种情况下合伙人对合资企业遭受的损失享有税收减免。自从《欧盟理事会90/605号指令》扩大了《第4号公司法指令》(the Fourth Directive)范围,将所有负无限责任的成员是公众公司、私人公司或股份有限合伙的合伙(见段落3.54)纳入以来,已不再可能采用合伙形式来避免年度财务报表的强制公开。通常,合伙没有受到任何欧盟协调计划的管辖。

2.12　所有合伙的一个共同特征是它们本质上是一种个人关系,因而在没有得到其他合伙人同意的情况下合伙人份额的转让通常受到限制。这源于合伙的合同基础。合同一旦达成,照例只有在各方当事人同意后才能修改,这当然适用于合伙合同。合伙的特征有时被描述为"公司"形态中"最危险"(因为合伙人的责任)与"最封闭"的(因为除非所有其他合伙人同意,合伙人不得转让其份额)。[1]

2.13　合伙法为协调两人或两人以上的经济活动提供了基本

---

〔1〕 Maurice Cozian & Alain Viandier et Florence Deboissy, *Droit des sociétés*, 15e édition (Paris: Litec, 2002), nr. 1443. The term 'companies' is used here in the generic sense, as previously mentioned in para. 2.01.

属性。[1]它提供了包含内部管理结构和合伙人代表权的决策机制。而且,合伙法创造了对合伙债权人有益的财产池(pool of assets)。为了进行分类,应当认识到从初级、弱小的合伙到牢固、复杂的合伙这些属性会有所不同。有关简易合伙类型如隐名商事合伙的法律,通过授予每名合伙人管理合伙业务、而不是与第三方订立合同约束其他合伙人的权利,而赋予该合伙基础性机制。更完备的类型,如普通合伙,具有两种要素,因而,每名合伙人可以约束其他合伙人或者合伙,除非合伙协议另有规定。然而必须注意到,合伙法通过利用任意性条款,通常给合伙人留下就合伙内部宪章达成合意的广泛自由。这种灵活性使得合伙可以适用于广泛的商事企业,从家族企业、专业公司到由跨国企业创办的合资企业。

2.14　关于财产池,简易类型合伙的债权人很可能无法获得其中大部分财产,因为尽管这些财产应由合伙处置,合伙人却仍然拥有所有权。因此该财产池限定于合伙经营期间取得的财产,而且只要没有分割,这些财产即为共有。合伙的债权人可以就该财产请求索赔。如果他们没有得到全额清偿,还可以就任一名合伙人的财产提出索赔请求,但是必须与该合伙人的债权人分享合伙人的财产。合伙人的债权人也可以对合伙人的共有财产份额提出主张。换句话说,简易合伙的财产与合伙人的财产之间的分隔容易被穿透。相反,享有法人人格的合伙类型对投入合伙的财产拥有所有权,只有企业债权人可以对合伙财产提出主张。[2]

2.15　合伙的简易形态(民事合伙和隐名商事合伙)将在下一段中简要阐述。英国的合伙在段落2.19－2.23中阐述。大陆法的普通合伙和有限合伙分别在段落2.24－2.34和2.35－2.39中进行讨论。

---

〔1〕 Henry Hansmann & Reinier Kraakman, 'The Essential Role of Organizational Law', in *The Governance of Close Corporations and Partnerships*, eds Joseph A. McCahery, Theo Raaijmakers & Erik P. M. Vermeulen (Oxford and New York: Oxford University Press, 2004), 24 et seq.

〔2〕 Henry Hansmann & Reinier Kraakman, *On the Different Categories of Asset Partitioning* (Oxford University Press, 2004), 26 et seq.

一、民事合伙与隐名商事合伙

2.16 在法国、西班牙、德国和比利时，民事合伙，即各国界定为无商业目的的合伙，没有法律人格，被视为本质上是合伙人之间的协议。[1] 它们由民法典而不是商法典来规范，但有的国家如比利时允许民事合伙采用商事合伙形式以取得法律人格。[2] 在西班牙，民事合伙在隐名状态下无法律人格，但它若以合伙的名义运作，即被视为有法律人格。[3]

2.17 更重要的是，有几个国家拥有一种或多种类型的"隐名"商事合伙，它们被视为协议而非身份，因为这些合伙可以不经注册、不使用商业名称而存在。但是，应当指出它们不是这些国家中普通合伙的主流。

2.18 在法国，隐名合伙（*société en participation*）是单纯的私人安排而无须对任何人披露。合伙与合伙人之间没有财产区分，合伙人对其出资财产拥有所有权，只是允许合伙团体使用该财产。然而，合伙人可能拥有未分割的共有财产。这是一种非常灵活的类型，是合伙人之间的一种遵循一般合同规则和少数几条强制性合伙规定的协议。然而，如果隐名合伙具有商事特征，则适用普通合伙的任意性规定，除非另有约定。[4] 它适用于联合营销协议之类商业事项。每一个合伙人必须用自己的名义与第三人签订合同。而且，第三人不能起诉未与自己单独交易的合伙人，除非该合伙人使得第三人相信他参与了此交易或从中获益，或者合伙的存在已被自愿地向公众公开。这种合伙被称

---

〔1〕 注意"民事合伙"在英国有着不同的特别含义：《民事合伙法案 2004》（CPA）将其界定为两个相同性别的人（民事合伙人）之间经注册为民事合伙人而形成的伴侣关系。

〔2〕 只要它们的目的具有民事特征它们就仍然是民事合伙，《比利时公司法典》（Belgian Companies Code）第 3 条第（2）款和第（4）款。

〔3〕 《西班牙民法典》第 1669 条。

〔4〕 《法国民法典》第 1871 条和第 1871 – 1 条。

为已披露的隐名合伙(*société en participation ostensible*)。[1]西班牙的隐名合伙(*sociedad civil interna*)与法国的相似,因为它是一种遵循一般合同规则的协议。它没有财产,适用民法典的继承规则。[2] 德国有一种略有不同的隐名合伙(*stille Gesellschaft*)。[3] 它是为一名活跃商人(普通合伙人)与一名出资人的联合而设计。在很多方面,这种合伙与有限合伙类似,因为隐名合伙人只对他的合伙人而非第三人就其合同约定的数额承担责任。在比利时法中,也有一种类似的隐名合伙 *stille handelsvennootschap* 或 *société en participation*。这种合伙没有正式条件,没有独立的合伙资本,因而债权人只可以就合伙人的合伙份额求偿。而且,比利时还有另一种类型的合伙,*tijdelijke handelsvennootschap* 或 *association momentanée*,这是一种为了一个或更多的商事交易而组成的临时合伙,当交易完成后可以自动解散。[4] 在波兰,民事合伙(*spólka cywilna*)既可以用于商业活动也可用于非商业活动,因为它要求合伙人登记,不属于隐名合伙。[5] 在荷兰,隐名合伙(*stille vennootschap*)既可以用于专业目的(例如律师事务所),也可以用于商业目的。[6]相比于前面提到的例子,这种合伙遵循普通合伙(*openbare vennootschap*),即以公司名义运作的普通合伙的大部分规则。

二、英国的普通合伙

2.19　英格兰没有民事合伙一说,合伙不能拥有法律人格,即使修正过的人格也不例外。合伙被简单地界定为"以营利为目的共同经商的数人之间保持的一种关系。"[7]公司(companies)一词的英语含义不

[1] 《法国民法典》第 1872 - 1 条。

[2] 《西班牙民法典》第 1669 条和第 392 条。

[3] 《德国商法典》第 ss 230 - 237 条。

[4] 《比利时公司法》第 2 条。

[5] Katarzyna Michalowska, 'Introduction', in *Polish Commercial Companies Code*, 3rd edn, Bilingual edn, Polish-English (Warszawa: Wydawnictwo C. H. Beck, 2004), XIV.

[6] 《荷兰民法典》第 7 编第 801 条(草案)。没有单独的民事合伙类型。

[7] 《英国 1890 年合伙法》(PA 1890)第 1 条。

符合上述定义。英国合伙没有正式的设立条件。如前所述,英国合伙产生于两名或两名以上法人或自然人之间的协议,他们将以创造利润为目的而共同经营。协议可能是明示的正式契约,也可能仅是从交易过程推定而来的,而参与交易者像合伙人一样行为甚至并没有意识到这使他们成为合伙人。通常,合伙是否存在之类的问题常常在以下情形之一产生:要么是一名债权人因与“合伙人”之一签订的合同而企图起诉其他“合伙人”;要么是为了实现合伙收益要求承担合伙义务的内部纠纷。

应注意到在这些情形下,仅仅分享企业利润并不是合伙存在的确证,也不是共有土地的确证。[1] 因而当X借钱给一个合伙或者一名个人,条件是由经营利润偿还时,他不是一名合伙人,除非他以某种方式参与了经营。真正的问题是这笔交易究竟是借贷还是投资。类似地,一名雇员不是合伙人,即使他被描述为领薪合伙人,除非他参与了经营管理。

2.20 英国普通合伙的本质特征有两点。第一,在合伙正常营业过程中每名合伙人均是其他合伙人的交易代理人。[2] 因而,一名合伙人在正常权限内的任何行为将约束所有其他合伙人。而且,任何实际上不是合伙人但对第三人表现为合伙人的人,例如一名领薪合伙人,同样具有这种约束性权力。[3] 这一概念同样适用于行动超出其正常权限但其他合伙人的行为使其显得拥有额外权力的合伙人。

第二,合伙人相互之间被视作处于受托人地位。这意味着他们相互间负有高于标准注意义务的诚实和信息披露的绝对义务。任何合伙人从合伙交易中取得未经许可利益的都必须对其他合伙人说明其数额,由其他合伙人审查既非过错也未给合伙造成损失。这两点是造成有关合伙的存在或者债务的大多数纠纷的原因。

---

〔1〕《英国1890年合伙法》第2条。
〔2〕《英国1890年合伙法》第5条。
〔3〕《英国1890年合伙法》第14条。

2.21 正如段落2.16–2.18所述,一个英国合伙在很大程度上是合伙人之间的协议。《1890年合伙法》(PA)只规定了少量强制性条款,却包括了一些关于管理和融资违约的默示条款。除非有相反约定,所有合伙人具有相同的管理权。如果一份合伙协议没有规定存续期限,称为不定期合伙,可以在任何时间经一名合伙人发出通知后解散。[1]然而,这受制于任何与之相反的意向,法院曾迅速发现过这种意向(*Moss v. Elphick* (1910))。[2] 如果合伙不是不定期的,必须一致同意才能解散,除非存在《1890年合伙法》(PA)规定的原因。[3]

2.22 虽然英国合伙只是一种契约关系,但它也确有名称,称为企业名称(firm name),可以起诉和应诉。它遵循商业名称的一般制度,名称的选用并无特别要求。合伙人对企业债务负全部责任。合伙人投入合伙的财产或者企业获得的财产为合伙财产。合伙人是企业财产的共有人,每名合伙人均有权使用这些财产来偿还合伙债务。[4]在破产的情况下,若合伙人不能偿还企业债务或个人债务,则有两类债权人:每名合伙人的债权人与合伙的债权人。同样也有两类财产:合伙财产与每名合伙人的个人财产。

所有合伙人有权平等地分享企业的资本和利润、平等地分担损失,除非另有约定。[5] 合伙在期限届满、约定的时间经过或一名合伙人死亡或破产时解散,除非另有约定。此外,无固定期限合伙在合伙人发出通知时解散。最后,法院可以命令解散。解散后应进行清算,解决合伙人之间的合伙账目问题。[6]

2.23 2003年,《1890年合伙法》(PA 1890)被提议更换。法律委员会(实际为法律委员会与苏格兰法律委员会)认为,此法案不是为更

[1] 《英国1890年合伙法》第26条。
[2] *Moss v. Elphick* (1910) I K. B. 846.
[3] 《英国1890年合伙法》第32条。
[4] 《英国1890年合伙法》第20条。
[5] 《英国1890年合伙法》第24条。
[6] 《英国1890年合伙法》第33条及以下。

大型的合伙设计,而且英国法中的合伙欠缺主体地位是不正常的。虽然委员会报告中附加了一份草案,但草案并没有提交给议会。法律委员会发布了关于改革《1907 年有限合伙法案》(LPA)的联合磋商文件。2006 年,政府宣布其执行法律委员会建议的有限合伙法改革的决定,但是将不执行关于普通合伙法改革的建议。[1]

三、欧洲大陆的普通合伙

2.24 大陆法系中普通合伙的标准形式与英国的不同。原因是它们要求某种形式的登记,有的国家赋予合伙法律人格。法国与比利时的 *société en nom collectif* (*SNC*),[2] 荷兰的 *Openbare vennootschap met rechtspersoonlijkheid* (*OVR*),[3] 西班牙的 *sociedad regular colectiva* (*SC*)[4] 具有法律人格,不同于德国的 *Offene Handelsgesellschaft* (*OHG*)和波兰的 *spólka jawna* (*sp. j.*)。[5] 这些法律制度中没有一个赋予合伙人有限责任,因而普通合伙与英国法中的合伙一样在经济上透明。与无限责任并存的法律人格,被称为修正的或减损的法律人格(modified or reduced legal personality)。主要区别限于合伙财产的归属。如果一个合伙是法人,合伙就是投入合伙的财产的所有者;如果合伙没有法律人格,则由所有合伙人共有。应当注意的是,遵循苏格兰法而非英格兰法的英国合伙,虽然在所有其他方面与英格兰合伙相同,却

---

〔1〕 *Partnership Law. A Joint Report*,2003 Law Com No. 283 and Scot Law Com No. 192. 该报告内容是关于有限合伙,包含一项法律草案。磋商文件和报告见法律委员会网站:www. lawcom. gov. uk. 。

〔2〕 荷兰语为:*vennootschap onder firma*(*V. O. F.*)(比利时)。见 2000 年咨询文件:Geoffrey Morse:'Limited Liability Partnerships and Partnership Law Reform in the United Kingdom',第 337 页及以下。

〔3〕 《荷兰民法典》第 7 编第 802 条,法律人格是可选的。

〔4〕 《西班牙商法典》第 116 条和第 122 条。该商法典使用了 *compañia*,但民法典使用了其同义词 *sociedad*。后者在西班牙法律文献中更为常用,例如 Uría-Menéndez 著:*Curso de Derecho Mercantil* Tomo I(Madrid,1999),(包括 *derecho de sociedades*)。

〔5〕 《德国商法典》第 19 条,《波兰商事公司法》第 24 条。

具有法律人格，反映了该种法律制度所受的大陆法影响。[1]

2.25　尽管在登记要求和法律人格方面存在区别，大陆法的合伙形式在许多方面与英国的类似。合伙应以商业名称运作，但在有些国家，名称的扩展，例如 *en compagnie*，是强制性的，以表明商事组织的特征。[2] 普通合伙的基本模式是一致的，除协议另有约定外，合伙人负无限责任并且均有管理权。[3] 在协议履行上，合伙人彼此负有依诚信原则行动的义务。合伙人对合伙的义务包括出资义务和竞业禁止义务，除非另有约定。[4]

2.26　合伙人与第三人所作的符合合伙团体目的的交易可以约束合伙团体，除非合伙协议剥夺了合伙人的此项权力。在某些司法辖区内，这种限制对第三人无效（例如德国，波兰，法国），但在有的司法辖区，如果作出了适当披露，这种限制可被援用（如荷兰）。[5]

2.27　在德国和波兰，合伙人的代表权可以受到合同协议或补充协议的限制，但这种限制对第三人无效。例如，上述限制可以是一名合伙人得以单独约束合伙的最大限度，或者是禁止一名合伙人单独进行不动产交易。合伙协议甚至可以剥夺一名合伙人代表合伙的权利，或者决定一名合伙人只有在与另一名合伙人合作时才有代表权，但是作为例外，这种“全有或全无”条款只有在适当披露后才能对抗第三人。基本上，这与《第1号公司法指令》（见段落3.28）规定的制度相同。最

---

〔1〕《英国1890年合伙法》第4条第2款。

〔2〕《法国商法典》第L221－2条，《西班牙商法典》第126条，《德国商法典》第19条，《荷兰民法典》第7编（草案）第802条，《波兰商事公司法》第24条。

〔3〕《法国商法典》第L221－1条和第3条，《西班牙商法典》第127、129条，《德国商法典》第114、128条，《荷兰民法典》第7编（草案）第809、813条，《波兰商事公司法》第22、39条。

〔4〕例如《德国商法典》第112条，《荷兰民法典》第7编（草案）第800条和荷兰最高法院1990年10月19日 *Koghee v. Akkoca* 案，《西班牙商法典》第136条，《波兰商事公司法》第56条。

〔5〕《法国商法典》第221－4、221－5条，《西班牙商法典》第129条，《德国商法典》第125、126条，《荷兰民法典》第7编（草案）第810－811条，《波兰商事公司法》第29条。

复杂的普通合伙形态大概是法国的合伙(SNC)。虽然预设有平等管理,[1]并且每名合伙人有约束合伙的广泛权力,但在实践中合伙协议往往规定任命一名或多名合伙人、甚至第三人为经理人(*gérants*)。这时其他合伙人无管理权,然而他们仍有可能通过简单多数决议解除非合伙人经理人的职务。[2] 经理人职位在法国法中有详细规定。[3]

2.28 普通合伙的传统体制在于它首先具有法人资格。如果这样,合伙拥有合伙人的出资或者合伙以其他方式取得的全部财产。然而,普通合伙没有资本要求,除了对于特殊职业或行业,如保险业。即使没有法人资格,普通合伙的传统体制仍与法人相似,因为它可以拥有权利能力,这一点接近法人。例如,德国的无限公司(OGH)没有法人资格,但在许多方面却享受同具有法人资格一样的待遇,特别是与第三人的关系方面,例如承担责任、起诉或应诉的能力。合伙财产掌握于商业名称下,所有合伙人构成一个共同共有人团体(*Gesamthandsgemeinschaft*)。[4] 一名合伙人不得单独处置共有财产。[5] 荷兰普通合伙(*openbare vennootschap*)在没有法人资格的情况下也是如此。[6]

2.29 合伙法通常规定关于利益分享和损失分担的任意性规则。传统上合伙法假定收益和损失依据合伙人的出资比例分配,一名以劳务而非财产出资的合伙人同财产出资额最低的合伙人拥有同样待遇,除非合伙协议作出相反规定。这在法国、比利时和西班牙仍是一项基本规则。然而在西班牙,仅以劳务出资的合伙人根本不对亏损负责,除

---

〔1〕《法国商法典》第 221 -3 条及以下。

〔2〕《法国商法典》第 221 -12 条。

〔3〕 Maurice Cozian & Alain Viandier et Florence Deboissy, *Droit des sociétés*, 17e édition (Paris:Litec,2004), nr. 1046 et seq.

〔4〕《德国商法典》第 124 条。同样规则适用于波兰的普通合伙,见《波兰商事公司法》第 8 条。

〔5〕《德国民法典》第 719 条。

〔6〕 在荷兰,当经过公证的合伙协议具备了一定要素时普通合伙可以取得法人资格,合伙名称必须反映出其法人资格(*openbare vennootschap met rechtspersoonlijkheid* 或 *OVR*),见《荷兰民法典》第 7 编第 802 条(草案)。

非另有约定。[1] 现代合伙法，如荷兰和波兰的合伙法，规定了一种不同规则：所有合伙人平均分配收益和亏损，除非合伙协议另有约定。德国的解决方式兼具上述两种制度的因素，以财产出资的合伙人在剩余利润（如果有的话）平均分配前，按照固定的出资比例收益。至于亏损，合伙人也负同等责任。[2] 应当注意到，这些主要是任意性规则，所以合伙人可以自由选择一种适合合伙目标的分配方式。但是有些司法管辖区的法律明确禁止合伙协议约定不向某一名合伙人分配利润或只让一名合伙人取得全部利润[‘societas leonina’（拉丁语，意思是与狮子合伙，指极不公平的合伙——译者注）]。[3]

2.30 关于普通合伙解散的规定反映了合伙的契约性，拥有法人资格的合伙也不例外。例如，法国的合伙公司（SNC）因合伙存续期限届满或合伙协议制订者设想的其他原因解散，这也是导致公司解散的原因。合伙的解散也可能因由合伙人担任的经理人被免职或合伙人的破产或死亡引起。如果一名合伙人不能参与合伙，其个人的合伙关系应当终止。如果合伙人之间的分歧导致合伙关系严重恶化，致使合伙无法正常运作，法院可以判决解散合伙。[4]

2.31 在很多情形下，当合伙人破产或死亡时其余合伙人希望合伙继续存在。这时，如果合伙协议作出了规定或其余合伙人全体一致同意的，合伙存续。[5]

---

〔1〕《法国商法典》第 1844 - 1 条。《比利时公司法》第 30 条。《西班牙商法典》第 140、141 条。

〔2〕《荷兰民法典》第 7 编第 815 条（草案），《波兰商事公司法》第 51 条，《德国商法典》第 120 - 122 条。

〔3〕《法国民法典》第 1844 - 1 条。《比利时公司法》第 32 条。《荷兰民法典》第 7 编第 815 条（草案）。《波兰公司法》第 51 条暗含此意。免于承担亏损也被禁止，例如《法国民法典》第 1844 - 1 条。“与狮子合伙”（societas leonina）指封丹寓言之一，见 Cozian & Deboissy, *Droit des sociétés*, 17e edition, nr. 129。

〔4〕《法国民法典》第 1844 - 7，《法国商法典》第 L221 - 12、L212 - 15 、L212 - 16 条。

〔5〕《法国民法典》第 L221 - 12 条、L212 - 15 条及 L212 - 16 条。

2.32　当一名管理合伙人被合伙公司(SNC)开除时,这名合伙人可以决定退出合伙并要求退还其份额,其价值应根据《法国民法典》第1843－1844条的规定来确定。[1]

其他国家在普通合伙解散方面有相似规定。[2] 另外,他们还规定了每名合伙人享有的退伙权利,即终止协议的权利,即使有一定限制条件,从而产生退伙而合伙继续存在的效力(假如剩余合伙人超过1名)。[3] 依据法国法,只有民事合伙的合伙人可按照这种方式退出合伙。[4]

2.33　当一名合伙人死亡时,继承人有权取得已故合伙人的权利和义务。合伙协议可以对此作出规定,例如规定当继承人之一加入时合伙存续。要么,其他合伙人同意合伙存续,但不允许继承人加入,继承人可能有权就已故合伙人的份额取得补偿。然而,此类规定可能与已故合伙人的遗嘱或家事法相冲突。因此,欧盟委员会建议成员国在合伙人之一死亡的情形下确保合伙的存续。[5]

2.34　合伙的解散应当被公开,以便让债权人知晓,接下来就要对合伙财产进行清算。应任命一名或多名清算人。除合伙协议另有规定外,合伙人均成为清算人。清算通常剥夺了合伙除出售财产、清偿债务以外从事任何其他活动的权利能力。合伙的特征之一就是当合伙财产不足清偿债务时合伙人负有清偿义务。剩余财产将在合伙人之间分

---

〔1〕《法国商法典》第L212－12条。

〔2〕《德国商法典》第131～133条,《西班牙民法典》第1680条和《西班牙商法典》第221～224条,《荷兰民法典》第7编(草案)第817、818条,《波兰商事公司法》第58～61条,《比利时公司法》第39～45条。

〔3〕《德国商法典》第132条,《西班牙商法典》第224条,《荷兰民法典》第7编(草案)第817条,《波兰商事公司法》第61条。但是,依据比利时法,合伙合同终止引起合伙解散,见《比利时公司法》第43条。

〔4〕《法国民法典》第1869条。

〔5〕1994年12月7日《欧盟委员会关于中小企业转让的第94/1069/EC号建议》(Commission Recommendation of 7 Dec. 1994 on the transfer of SMEs)(OJ 1994, L385,31 Dec. 1994)。

配。法人型合伙在清算完成之前继续存在。即使是无法人资格的合伙,在清算完成前也要作为一个实体而存续。[1]

四、有限合伙

2.35 普通合伙的主要缺陷被描述为合伙人对合伙债务负无限责任,在投资时不能不考虑这种责任。因此在每个国家,都另一种类型的合伙可供选择:有限合伙,即部分合伙人像资合公司股东一样对合伙债务负有限责任。这种合伙有两种类型的合伙人:普通合伙人与有限合伙人。后者在享受有限责任的同时,管理权受到限制。普通合伙人具有管理权,被称为管理合伙人。在普通合伙人之间适用普通合伙规则。[2]

2.36 各国有限合伙的名称与缩写如下:

- 法国:*société en commandite simple* (SCS)
- 德国:*Kommanditgesellschaft* (KG)
- 英国:*limited partnership* (LP)
- 西班牙:*sociedad en comandita* (SEC)
- 荷兰:*commanditaire vennootschap* (CV)及 the *commanditaire vennootschap met rechtspersoonlijkheid* (CVR)
- 波兰:*spółka komandytowa* (sp. k.)
- 比利时:*gewone commanditaire vennootschap* (Comm. V)或者 *société en commandite simple* (SCS)

除英国以外,在所有国家中,上述术语都包含了拉丁词汇 *commenda*,反映了有限合伙的中世纪起源。

---

[1] 《法国民法典》第1844－8条,《德国民法典》第729～740条,《西班牙商法典》第228～237条,《荷兰民法典》第7编(草案)第827、828条,《波兰商事公司法》第67～85条。

[2] 《法国商法典》第L222－1条及以下,《德国商法典》第161条及以下,《英国1907年有限合伙法》第1条及以下,《西班牙商法典》第145～150条,《荷兰民法典》第7编(草案)第836条,《波兰商事公司法》第102条及以下,《比利时公司法》第202条及以下。

2.37　所有这些有限合伙都是对相关普通合伙类型的修正。有限合伙在有些国家很少采用，例如法国和英国；但在有些国家却常用得多，如德国。[1] 例如，当一名普通合伙的合伙人希望退休，但其余合伙人不能偿付其合伙份额时，可以建议采用有限合伙，使这项份额仍处在合伙的支配下，退休合伙人的身份变成有限合伙人。这样，可以在不使用缺乏弹性的资合公司的情形下采用有限责任。资合公司还可能有不利的税务负担，即公司本身是纳税主体，而合伙通常在纳税方面被视为透明，也就是说，由合伙人而不是合伙纳税。[2]

2.38　有限合伙人仅对其出资额承担责任，其出资必须是现金或实物。有限合伙人不得以提供劳务的方式出资，因为这会涉及参加管理，这通常是被禁止的，并且与出资额可确定的思路相悖。为了避免误导第三人，有限合伙名称中不得使用有限合伙人的姓名。除了个别例外，违反此规定将导致丧失有限责任地位。[3] 然而，为了适当告知第三人，在合伙登记文件中必须说明关于有限合伙人及其出资的具体情况。各国规定有所不同，有的要求公开每名有限合伙人的姓名和出

---

〔1〕 在英国迟至1907年《有限合伙法》颁布，有限合伙形式才被引入，较其他国家晚得多。有限合伙在英国较少采用的主要原因是在它被引入时，它的功能已被私人有限公司取代。法国的情形，请参见 Cozian & Deboissy 著：*Droit des sociétés*，第17版，第11、1072页。在德国有限合伙流行的部分原因是私人公司可以作为普通合伙人。见段落2.46。在西班牙这种结合也很流行，见 Cándido Paz-Ares 著：'La Sociedad en Comandita'，in *Curso de Derecho Mercantil*，Tomo I ed. Uría-Menéndez（Madrid，1999），第703－704页。

〔2〕 关于合伙的跨国税务问题，参见 Peter Essers 与 Gerard T. Meussen 著：'Taxation of Partnerships/Hybrid Entities'，in *The Governance of Close Corporations and Partnerships*，eds Joseph A. McCahery，Theo Raaijmakers & Erik P. M. Vermeulen（Oxford and New York：Oxford University Press 2004），第415页及以下。

〔3〕 《法国商法典》第L222－6条，《西班牙商法典》第147条，《荷兰民法典》第7编（草案）第837条，《波兰商事公司法》第104条，《比利时公司法》s. 6（1）有限合伙1907第207条。

资,[1]有的要求更全面的信息,如有限合伙人的出资总额。[2]

2.39　有限合伙人不仅在将其姓名出借给合伙时,而且在代表合伙与第三人进行交易时,均会失去有限合伙人身份。比利时、法国、荷兰和英国严格禁止有限合伙人代表合伙与第三人交易,甚至在其具有普通合伙人授予的代理权时,也会失去有限责任地位。[3] 另外,德国和波兰都允许有限合伙人在具有代理权时代表合伙。如果其在无代理权时与第三人交易,则要个人承担交易后果,但并不像在其他司法管辖区一样丧失对合伙债务承担有限责任的资格。[4]

第三节　公　　司

一、私人公司

2.40　私人公司是指为中小型企业设计的、具有法人资格和有限责任特征、但不在普通资本市场上公开融资的商事组织。其资金要么来自成员,要么来自银行。每个国家都有这种类型的公司,但有些国家,如比利时和法国,对私人公司成员权益的转让有着非常严格的限制,因而又被称为封闭公司,或者具有人合公司或合伙的诸多特征的资

---

〔1〕《法国民法典》第1853条,《法国商法典》第L210－4与L222－4条,《德国商法典》第162条,《英国有限合伙法》第8条,《西班牙商法典》第145条和《商业登记条例》第210条,《波兰商事公司法》第110条。

〔2〕《荷兰商事登记法》第7条,《比利时公司法》第69条。

〔3〕《法国商法典》第L210－6条,《西班牙商法典》第148IV条,《荷兰民法典》第7编(草案)第837条,《比利时公司法》第207条。在荷兰,有限合伙人对普通合伙人的行为施加决定性影响时,也有可能失去其有限合伙人身份,《荷兰民法典》第7编(草案)第837条。《英国1907年有限合伙法》第6条第1款也具有相同效果,如果一名有限合伙人"参加了合伙管理(……)在他参加管理期间被视作普通合伙人。"

〔4〕《德国商法典》第170条及《德国最高法院民事判决》(BGHZ)第17条、第392条及以下,《波兰商事公司法》第118条。

合公司;另一些国家,如英国和德国,没有这种强制性限制,但不少公司在章程中对股权转让作了某些形式的限制。有些国家对私人公司资本的要求比对公众公司宽松,实际上英国和法国根本没有规定最低资本。尽管有限责任的优势常常被银行要求股东个人提供担保所削减,从总体上看,私人公司仍是很受欢迎的类型并且占公司数量的绝大多数。

2.41　本书讨论的各国私人公司类型包括:

- 比利时:*besloten vennootschap met beperkte aansprakelijkheid* 或 *société privée a responsabilité limitée* (BVBA/SPRL);
- 法国:*société a responsabilité limitée* (SARL);
- 德国:*Gesellschaft mit beschränkter Haftung* (GmbH);
- 荷兰:*besloten vennootschap met beperkte aansprakelijkheid*(BV);
- 波兰:*Spólka z ograniczona odpowiedzialnocia* (spólka z o. o./sp. zo. o.);
- 西班牙:*sociedad de responsabilidad limitada* (S. R. L. or S. L.);
- 英国:*private limited company* (Ltd)。

二、公众公司或股份公司

2.42　各国均有公众公司或股份公司。虽然这类公司比私人公司数量少得多,从经济学角度来说却非常重要。这类公司为更大型的企业设计,可以通过所有资本市场融资,即从股东处筹集股本或从债券持有人处筹集借贷资本。它们是真正的资合公司,因为它们通常拥有人数众多且类型各异的股东,股东虽然从经济上讲“拥有”公司,却不能实际管理或控制公司。这种所有权与控制权的分离要求这类公司具有复杂的治理结构。[1] 关于公司治理的讨论即源于此,安然(Enron)、阿霍德(Ahold)、帕玛拉特(Parmalat)等公司丑闻表明了对合理的公司控

〔1〕 所有权与控制权分离的结果由 Adolf Berle 与 Gardiner C. Means 著《现代公司与私人财产》(*The Modern Corporation and Private Property*)首次进行研究,Murray L. Weidenbaum 与 Mark Jensen 撰写了新引言(New Brunswick/London: Transaction Publishers,1991)。初版由 Harcourt,Brace & World 公司 1932 年出版。

制机制的需求。[1]

2.43　以法律术语来说，公众公司的特征包括股份和股票的自由流通性（公开融资的要求）、复杂的管理制度和少数股东保护制度、对股本筹集与维持的控制、对股东与公众的强制信息披露，以及财务报表的提交和审计的详尽规则。在某些方面，各成员国的公众公司目前都非常相似，因为成员国法律被协调化，或者更准确地说因为执行欧盟指令而变得近似。这些方面包括公司能力、股本、财务报表的编制与审计、合并与分立，以及接纳其证券进入合适证券交易所的问题。

2.44　然而在其他方面，各国公众公司仍有很大区别，原因是还没有试图进行这类协调（例如借贷资本），或者各国政府未能达成协议（如公司管理结构）。除英国以外，每一种国内公众公司类型都由不同于该国私人公司法的法律调整。

2.45　各成员国的不同公众公司或股份公司包括：

– 比利时：*naamloze vennootschap/société anonyme*（NV/SA）
– 法国：*société anonyme*（SA）
– 德国：*Aktiengesellschaft*（AG）
– 荷兰：*naamloze vennootschap*（NV）
– 波兰：*spólka akcyjna*（SA）
– 西班牙：*sociedad anónima*（SA）
– 英国：*public limited company*（plc）

第四节　混合型商事组织

2.46　具有法人资格的公司很可能成为某种已成立合伙的合伙

---

〔1〕 *The Economist*, 15 Jul. 2002, 'A guide to Corporate Scandals', *Washington Post*, 14 Oct. 2004, Ahold Settles SEC Fraud Charges. Dutch Grocer Is Not Fined Because of Its Cooperation. 更多信息见欧洲公司治理研究所（ECGI）网站：www.ecgi.org/。

人。例如在英国,有限合伙的普通合伙人自身可能是个有限公司,从而实际上完全负有限责任。在德国,这种公司与合伙的结合变得非常流行,即所谓的有限两合公司(GmbH & Co. KG)。这种商事组织类型中的普通合伙人由一家有限责任公司担任,有限合伙人为个人,这些个人通常也是该有限责任公司的成员。这种类型被广泛使用,因为它结合了合伙的优点(例如简单的资本结构)与有限公司的有限责任,而且允许有限合伙人担任普通合伙人(即该有限责任公司)的董事。而且,与有限责任公司相比,采用两合公司形式的企业较少受到强制性规则的束缚。有限责任公司董事会不对有限合伙人负责的事实所引起的任何问题,通常因这些有限合伙人是有限责任公司的成员而得以克服。除了有限两合公司,还有一些将公司要素与合伙要素相结合的其他特殊商事组织类型,最重要的一种是股份有限合伙。

股份有限合伙

2.47 股份有限合伙是合伙与公众公司的结合。英国没有这种类型,如前所述,英国将二者作为完全不同的类型对待。大陆法将所有这些形态都作为公司(广义——译者注)类型的方式具有更大灵活性。法国的股份有限合伙(SCA)即是一个好示例,在此作简要讨论。[1]《法国商法典》规定了SCA的混合性特征,关于SCA的第一条即宣布只要没有相反规定,关于有限合伙与公众公司的规则均可适用。因为它的混合性,除其他成员均同意外,管理合伙人不能转让其股份;而有限合伙人(股东)像股份公司(SA)股东一样拥有可流通股份。特殊规则使得SCA比SA更加灵活:管理合伙人可以是法人,如有限公司(SARL),章程可以赋予管理合伙人广泛权力,包括任命和解聘经理人的专属权。这当然保证了普通合伙人相对于股东的强势地位,后者只能通过建立至少由3名股东组成的监事会得到部分弥补。[2] SCA有时被用来作为上市公司并被认为可以提供反收购(临时)保护,因为其

---

〔1〕《法国商法典》第L226-1条及以下。

〔2〕《法国商法典》第L226-2及L226-4条。

股东地位弱势。当一家公众公司(SA)变更为股份有限合伙(SCA)时,股东有权选择退出。[1]

2.48　股份有限合伙在德国被称为股份两合公司(KGaA),[2]在西班牙和波兰分别被称为 *sociedad comanditaria por acciones* (S. Com. por A.)与 *Spólka komandytowo-akcynja* (*SKA*)。[3] 西班牙股份有限合伙在 1989 年被现代化,主要是对公众公司(*sociedad anónima*)作出了修改,因为除了商法典中几个特别条文规定的例外以外,它受公众公司法管辖。[4] 就像在法国一样,法律赋予了管理合伙人比公众公司董事更大的权力。[5] 在波兰,普通或管理合伙人的地位由普通合伙法调整,而其他事项,如资本、监事会和股东大会,由有关公众公司或股份公司的法律调整。[6] 最后,在比利时,股份有限合伙名称是 *commanditaire vennootschap op aandelen/société en commandite par actions* (Com. VA/SCA),它适用有关公众公司(NV/SA)的设立、股份和资本的规定。[7] 在荷兰,股份有限合伙在 1971 年被立法废止,以阻止利用这种形式替代公司而规避经过协调的公司法。

第五节　欧盟法下的商事组织

2.49　欧盟立法者已经颁布了几部条例以建立欧盟法下的商事组织形式。首先,欧盟法管辖可以将其登记住所从一个成员国转移到另一个成员国的商事组织。1985 年,第一种这样的商事组织欧洲经济利

---

〔1〕 Cozian & Deboissy, *Droit des sociétés*, 17e édition, nr. 897 et seq.

〔2〕《德国股份公司法》第 278 条及以下。

〔3〕《西班牙商法典》第 151 条及以下,《西班牙商事公司法》第 125 条及以下。

〔4〕《西班牙商法典》第 152 条。

〔5〕 Cándido Paz-Ares, 'La Sociedad en Comandita', Tomo I, 725.

〔6〕《波兰商法典》第 126 条。

〔7〕《比利时公司法》第 654 条及以下。

益组织(EEIG)被引进。EEIG 致力于促进不同成员国的企业主或企业之间的合作。大约 20 年后,《关于欧洲公司法的条例》[the Regulation on the Statute of the European company, the *Societas Europaea* (SE)]被采用。欧盟机构用了差不多 30 年时间进行讨论、协商才到达了这一里程碑。欧洲公司(SE)是一种旨在促进企业在欧洲层面重组的资合公司。第三种欧盟法下的商事组织是欧洲合作社(SCE),是一种自然人或国内合作组织之间进行合作的工具。关于 SCE 的条例于 2003 年通过,2006 年 8 月 18 日实施。[1] EEIG、SE 和 SCE 将在第四章详细讨论。欧盟委员会在 2008 年提出一项关于欧洲私人公司[European Private Company, *Societas Privata Europaea* (SPE)]的建议,该草案也在第四章讨论。

第六节 欧盟的影响

2.50 虽然欧盟层面上的发展在 20 世纪 90 年代大部分时间里看上去停顿下来,但此后却有了很大进展。[2] 事后我们可以说《欧洲劳资委员会指令》[the Directive on the European Works Council (1994)]为欧洲公司(SE)铺平了道路,因为它消除了使公司法领域的许多议案

[1] 欧盟委员会还推出了关于欧洲协会(EA)和欧洲互助会的提议。

[2] Jan Wouters, 'European Company Law: Quo Vadis?', *Common Market Law Review* 37(2000): 257 – 307. 关于欧盟法协调计划的盛衰,还请参见 Christiaan Timmermans 著:'First Water van Gerven Lecture', *Company Law as Ius Commune?*, Leuven Centre for a Common Law of Europe,文章来自共同法研究学院(the Ius Commune Research School)网站:www.iuscommune.eu。关于 20 世纪 90 年代协调状况的彻底分析见 Richard M. Buxbaum 等编辑:*European Economic and Business Law, Legal and Economic Analyses on Integration and Harmonization* (Berlin/New York: Walter de Gruyter, 1996)。

停顿的"员工参与难题"。[1] SE的诞生也为长期悬而未决的议案带来新生,如关于跨国合并的《第10号公司法指令》。至2008年,欧盟协调计划产生了从信息披露要求、年度财务报表到合并、分立与收购要约的许多指令。此项欧盟立法对成员国公司法的影响显而易见。[2] 法律协调当然带动了成员国法的现代化,例如,关于年度财务报表和收购要约。有时,在成员国实施欧盟法超出了法定范围的情况下,产生了外溢效应,比较明显的是将以公众公司为目标的指令也运用于私人公司。例如,在荷兰对私人公司的资本要求仿照了对公众公司的资本要求(参见段落5.20b)。但是,协调行动也有不足,最明显的是协调后的成员国法有"僵化"的危险。起草和通过一部修订过的指令如同起草一部新指令一样繁重而耗时,特别是当指令或修正法案非常详细时。因此,欧盟委员会早在1985年《完善内部市场白皮书》中,规定了另一种使协调行动耗费最小化的立法方式,即只在非常重要的事项上立法,更多的则依赖于对成员国法规和标准的相互承认。[3]

2.51　协调计划对欧盟内公司法发展的实际效果难以评估。批评家指出在核心问题如董事责任与股东救济上缺乏协调。[4] 另有人则瞄准了成员国法可以保持的独特性,即使其独特性本应被协调行动否定。例如,公司的契约性起源在有些国家如法国的法律制度中清晰可见,这一点很难与《第1号公司法指令》规定的公司解散的严格限制相

[1] 此比喻来自 Jan Wouters 著:'European Company Law: Quo Vadis?',第263页。(Jan Wouters 将员工参与比喻为臭虫——译者注)

[2] Wouters, 'European Company Law: Quo Vadis?' 264 et seq., Erik Werlauff, *EU Company Law. Common Business Law of* 28 *States*, 2nd edn (Copenhagen: DjΦf Publishing 2003).

[3] 这种新方法与货物自由流动有关,COM(85)310 final, 14 Jun. 1985 White Paper from the Commission to the European Council, *Completing the Internal Market*,第19页及以下。应当注意的是数个公司法指令自通过后已经被修改,例如第2、第4号指令(见第3章)。

[4] Luca Enriques, 'EC Company Law Directives and Regulations: How Trivial Are They?' (May 2005). *ECGI-Law Working Paper* No. 39/2005, <http://ssrn.com/abstract=730388>.

协调,那么使法律实践符合这种协调行动可能历时弥久。[1]

2.52 虽然欧盟成员国国内法下各种不同类型的合伙与公司有许多共同点,但其不同之处也表明了它们是纯粹的国内组织。这两个因素引起了由于欧共体的现实和理想而成为焦点的基本问题,特别是开业自由问题。第一个问题源于成员国法之间的差异,并与单一市场本身的创造有关,理想状况是所有依各成员国法运作的公司与合伙都应遵循相同规则。这种观念被表述为公平的竞争环境,所以一家德国公众公司(AG)与一家法国公众公司(SA)应当服从同样的控制与约束。第二个问题起因于一个事实,即单纯的国内组织类型要求在一个特定成员国登记并受该国管理。因此,对于一家希望在不同成员国运营的公司来说,问题在于它不能从一个成员国搬到另一个成员国,而不是在彻底解散之后在另一成员国按适当类型重新设立。

2.53 上述两个问题的答案处在不同发展阶段。为了解决平等竞争环境问题,欧共体采用了前文提及的协调计划,在某种程度上取得了成功。为了弥补公司是单纯国内组织的事实,欧盟法引进了欧洲公司(SE)和其他商事组织。然而,对国内组织来说,除了在另一成员国建立分支机构以外,这个问题仍没有完全解决。为了解决此问题,欧盟委员会在2004年提出了一项关于跨国转移住所指令(第14号)草案的公众咨询。[2] 该咨询之后,有关负责委员于2007年总结说主要由于欧洲法院所作的 *Sevic* [2003]案判决(见段落3.102)的影响,在该事项上没有必要在欧盟层面采取行动。

---

〔1〕 Martine Bolzard, 'Incidence des normes européennes sur la liberé de constitution des sociétés en droit francais', *Revue des Sociétés* no. 1 (Jan./Feb. 2005): 1 et seq.; Jean-Victor Louis, 'Ensuring Compliance and Implementation by Member States', in Richard M. Buxbaum et al., *European Economic and Business Law. Legal and Economic Analyses on Integration and Harmonization* (Berlin/New York: Walter de Gruyter, 1996), 1 et seq.

〔2〕 <www.europa.eu.int/comm/internal_market/company/seat-transfer/index_en.htm>.

第七节 开 业 权

2.54 关于国内公司在欧盟内的流动性,《欧共体条约》第43及第48条有所涉及,给予公司在另一成员国的二次开业权,例如设立分支机构、代理机构或子公司。欧洲法院在欧盟委员会诉法国案[*Commission v. France*(1986)]中似乎认为这项权利比成员国税收更加重要。[1] 然而,公司的首次开业权(right to primary establishment of companies),没有像第43条赋予个人的基本开业权一样得到完全承认。

2.55 欧盟内自由开业权(right to freedom of establishment)包含在《欧共体条约》第43条中。这给予自雇人士在任何一个成员国设立企业的权利,包括设立公司或合伙。欧洲法院在雷诺兹案(Reyners)(1974)中确认了个人的基本开业权。[2] 第43条规定如下:

> 在以下规定的框架内,应当禁止对成员国国民在另一成员国领域内的开业自由进行限制。此禁止也适用于对任何成员国国民在任何成员国领域内设立代理机构、分支机构或下属机构的限制。
>
> 开业自由应当包括在满足开业所在国对本国国民规定的条件,遵守关于资本一章的规定前提下,作为自雇人士开始并从事经营活动,设立和管理企业,特别是第48条第2款所指的公司或者商行的权利。
>
> 第48条规定如下:
>
> 基于本章宗旨,依据某一成员国法设立并在共同体内拥有登记住所、中心管理机构或主要营业地的公司或商行,与作为成员国国民的自然人受到同等对待。

---

[1] *Commission v. France* (1986),ECR 273.

[2] Case 2/74,*Reyners v. Belgian State* (1974),ECR 631.

"公司或商行"是指依据民法或商法组建的公司或商行,包括合作社和受公法或私法规范的其他法人,不包括非营利性组织。

关于此项规定是否允许"公司或商行"的基本开业(即完全流动性)的问题,将在下面讨论。

2.56　基本开业权(right to primary establishment)要求一家公司能够从一个成员国迁移到另一成员国而不必改变其章程或至少法人资格。考虑到共同体内并没有形成一个单一的统一公司法体系,解决方案就应当有所要求,例如若一家在法国登记成立的公司选择将其全部办公、管理和运营机构搬到比利时,就要求比利时认可该公司如同认可一家比利时公司,但并不能要求它真的变成比利时公司。

2.57　传统上,关于对公司的认可,有两个相互冲突的国际私法学说在欧共体内起作用。第一种被称为成立地主义(the doctrine of incorporation),规定一家依据外国法设立并且其登记住所位于该外国的外国公司,据此被东道国视为外国公司。依据这一准则,如一家在西班牙组建并登记的公司,被英国看作西班牙公司,即使它从任何意义上来说都只是在英国经营。采用这种制度的国家如英国和荷兰(就本书所涉及的各个国家而言)。[1]

2.58　第二种学说是实际住所主义(real seat 或 siege réel),它在其他成员国表现为不同形式。依据这种学说,对公司的承认取决于公司符合其选择的实际活动中心或管理决策中心所在国的要求。这样,如果前面例子中在西班牙登记成立的公司将其实际住所搬到法国,若其遵守法国法律它将只被视为法国公司。传统上,比利时、法国、德国、波兰和西班牙坚持实际住所主义。它通常意味着跨国转移登记住所只

---

〔1〕依据《关于登记住所跨国迁移指令的影响评估》(*Impact Assessment on the Directive on the Cross-border Transfer of Registered Office*, Commission Staff Working Document, Brussels 12 Dec. 2007 SEC(2007)1707,9),还有9个国家采用登记成立地说,包括丹麦、芬兰和捷克共和国。德国法院在涉及来自欧盟其他成员国的公司时采用该学说,见 Christoph Teichmann: *European Company Law*(*ECL*) 5, no. 4 (2008):189。

能与转移实际住所同时进行,但这会导致公司终止。然而必须提及的是成员国应用实际住所主义的方式有所不同,而且德国在2008年放弃了对私人公司的实际住所要求。[1]

2.59 如果所有成员国都采用成立地主义,公司从一国迁移到另一国会容易得多,为因迁移过程中公司不会丧失其法律地位。实际住所主义事实上要求公司解散后在东道国重新设立。实践中,成员国之间的其他区别,例如关于员工在公司管理中的角色,造成基本开业很难实现,尽管《欧共体条约》第48条作了规定。面对这种背景,欧洲法院避免回答在*R v. The Treasury, ex parte the Daily Mail*案[2]中哪种制度应占上风问题。

2.60 在每日邮报案(*Daily Mail case*)中,一家英国公司希望在不丧失其英国公司法律地位的情况将下其所有中心管理部门迁至荷兰。这样做的实际原因是希望因税务目的改变住所。根据英国法,未经财政部同意,任何公司不能因税务目的而改变住所,因此被拒绝。该公司争辩道,要求财政部同意违反了《欧共体条约》第52条、58条(现为第43条、48条)。欧洲法院在判决中同意在狭义上(欧共体条约)第58条(现为第48条)确实不允许成员国阻止其公司迁移到另一成员国,但他们认为,因为这两个当事国都采用了成立地主义,因而不存在对公司的承认问题。在更广义的基本开业权问题上,法院更为谨慎,认为在未来的协定(convention)或立法解决成立地主义与实际住所主义的问题之前,不可能实现完全的首次开业(full primary establishment)。此协定由《欧共体条约》旧条文第220条(现修订为第293条)于1968年计划,但从未实施。

---

〔1〕 Eddy Wymeersch 著:*The Transfer of the company's Seat in European Company Law*(《欧洲公司法中公司住所的转移》),欧洲公司治理研究所 *ECGI* 法律工作论文第08/2003号,2003年5月,www. ssrn. com。*The Impact Assessment on the Directive on the cross-border Transfer of Registered Office*(《关于登记住所跨国转移指令的影响评估》),第9页。《德国有限责任公司法现代化及防止滥用法》(MoMiG)修改了《德国有限责任公司法》第4a条及《德国股份公司法》第5条。

〔2〕 *R v. The Treasury, ex parte the Daily Mail* (1989) 1 All E. R. 328.

2.61　然而，近些年更多的案例表明了基础性政策的改变。自1999年桑托斯案（*Centros case*），其后是尤伯斯案[*Überseering case*（2002）]以及激励艺术案[Inspire Art case（2003）]，欧洲法院（ECJ）消除了一些对公司流动性的障碍。[1] 对这些判决中关于《欧共体条约》第43条、第48条的解释可以总结为：

如果一家公司在成员国A有登记住所并依照A国法律设立，那么成员国B：

- 不能拒绝承认这家公司，即使该公司全部营业由其在成员国B的分支机构运营，以规避B国（更加严格的）公司设立规则（桑托斯案）；
- 不能否认这家公司的权利能力，即使依据成员国B的法律该公司已将其实际管理中心（实际住所）移到B国；B国必须承认该公司的权利能力与其在A国所享有的一样（尤伯斯案）；
- 不能强制该公司的分支机构承担信息披露义务超出《第11号公司法指令》（关于分支机构）规定的信息披露义务；
- 不能迫使该公司遵守本国公司法所规定的有关最低资本和董事义务的条件，无论该公司在成员国A设立的原因是什么以及该公司几乎只在A国活动的事实（激励艺术案）。

2.62　在桑托斯案（Centros case）中，布赖德（Bryde）先生与太太是一对丹麦夫妇，居住在丹麦，在英格兰和威尔士登记了一家名为桑托斯的私人公司。该公司的登记住所位于英国，布赖德先生的一位朋友家。桑托斯公司的资本被分为两股，由布赖德先生和他太太拥有。布赖德太太是桑托斯公司的董事。1992年夏天，布赖德太太向隶属于丹

---

〔1〕 欧洲法院1999年3月9日案件C－212/97（Centros Ltd v. Erhvervs-og Selskabsstyrelsen），2003年9月30日案件Case C－208/00（Überseering BV v. Nordic Construction Company Baumanagement GmbH（NCC）），2002年11月5日案件Case C－167/01（*Kamer van Koophandel en Fabrieken voor Amsterdam v. Inspire Art Ltd*）。Kilian Baelz和Teresa Baldwin著：《实际住所地主义的终结：欧洲法院2002年11月5日对尤伯斯案的判决及其对德国与欧洲公司的影响》，载《德国法律杂志》第12期（私法），2002年12月1日，www.germanlawjournal.com。

麦贸易部的贸易与公司委员会(*Erhvervs-og Selskabsstyrelsen*)请求在丹麦登记一家桑托斯公司的分公司。该委员会拒绝登记,主要理由是并不在英国进行贸易的桑托斯公司,事实上试图在丹麦建立的不是分公司而是主要机构,以规避本国法,特别是针对丹麦私人公司要求付清最低资本的规则。桑托斯公司针对委员会的拒绝登记向法院(*Φstre Landsret*)起诉。因法院支持委员会的做法,桑托斯公司向最高法院(*HΦjesteret*)上诉。最高法院将涉及《欧共体条约》有关条款解释的问题提交给欧洲法院(ECJ),请求预先裁决。该裁决已在上一段做过解释,其内容如下:

> 依据某一个成员国法设立并在该国拥有登记住所但并不在该国开展业务的公司试图在另一成员国登记分支机构,并由分支机构在后一成员国经营该公司全部业务,以规避后一成员国比前一成员国对设立公司更为严格的缴纳最低股本要求的,后一成员国若拒绝为该公司登记分支机构,则违反了《欧共体条约》第52条和第58条。但是该解释并不阻止有关成员国采取适当措施阻止或惩罚欺诈。这些措施既可以涉及公司本身,必要时可以与该公司设立地成员国合作;在公司成员实际上企图通过设立公司逃避在有关成员国境内成立的债务时,这些措施也可以涉及公司成员。

2.63　尤伯斯案(Überseering)缘于尤伯斯私人有限公司与北欧建筑公司施工管理有限公司(Nordic Construction Company Baumanagement GmbH(NCC))之间的矛盾。尤伯斯是一家荷兰私人公司,在德国杜塞尔多夫取得一块土地用于商业目的。NCC与尤伯斯公司签订一份项目管理合同,为尤伯斯公司在那块地上整修一家加油站和一家汽车旅馆。合同义务已经履行,但尤伯斯公司称油漆有瑕疵。尤伯斯公司向NCC要求补偿无果,遂向地区法院(杜塞尔多夫地区法院)起诉。然而,在此之前,两位居住在杜塞尔多夫的德国公民已经取得了尤伯斯公司的全部股份。同地区高等法院一样,地区法院驳回了诉讼。地区法院认定自两位德国公民取得股份后,尤伯斯公司就将其实际管理中心移到了杜塞尔多夫。地区高等法院认定,作为一家依据荷兰法律成立的公司，尤伯斯公司在德国没有权力能力，相应地，不能在德国提起诉讼。尤伯斯公司向最高法院上诉，最高法院将此案提交给欧洲法院请求预先裁决。该裁决已在段落2.61中进行过解释，其内容如下：

> 1. 一家依据成员国A的法律设立并在A国拥有登记住所的公司，依成员国B的法律已经将其实际管理中心移至B国，该公司与在B国成立的公司签订合同的，《欧共体条约》第43条、48条禁止成员国B否认该公司的权利能力，以及相应的向该国法院提起实现合同权利的诉讼能力。
>
> 2. 一家依据成员国A的法律设立并在A国拥有登记住所的公司，在另一成员国B行使其开业自由，《欧共体条约》第43条、48条要求成员国B承认该公司依其成立国法律所享有的权利能力以及相应的成为诉讼当事人的能力。

2.63a　在激励艺术案（Inspire Art case）中，由英格兰和威尔士法调整的激励艺术有限公司请求在荷兰登记其分支机构。阿姆斯特丹工商会（*Kamer van Koophandel en Fabrieken voor Amsterdam*）认为激励艺术公司有义务按照《正式外国公司法》（*Wet op de Formeel Buitenlandse Vennootschappen*）的规定，登记为正式外国公司（*formeel buitenlandse vennootschap*，formally foreign company）类型，并在交易时使用该种身份。这部法律将正式外国公司定义为依照外国法成立、但其全部或者主要业务活动在荷兰进行、与其登记地国家并无实际联系的资合公司。正式外国公司负有各种义务，其中包括在商事登记簿上进行登记、最低股本以及编制并公开年度文件。激励艺术公司拒绝遵守正式外国公司的登记要求，因为这种要求与开业自由冲突。此案被起诉到地区法院（*Kantongerecht*），法院将《欧共体条约》第43条、48条的适用性问题提交到欧洲法院，还询问荷兰法律所规定的要求能否因涉及公共政策而依据《欧共体条约》第46条被合理化。欧洲法院的裁决已在段落2.61进行过解释，其内容如下：

> 1. 国内法，例如1997年12月17日《正式外国公司法》，对依据另一成员国法设立的公司的分支机构强加《欧盟理事会关于受

一个成员国法管辖的特定类型公司在另一成员国设立的分支机构遵守信息披露要求的第11号公司法指令》(89/666/EEC,1989年12月21日)所没有规定的信息披露义务的,违反了该指令第2条。

2. 国内法,例如1997年12月17日《正式外国公司法》,给一个依据另一成员国法成立的公司在这个国家行使次级开业自由强加本国公司法中关于公司设立的最低资本和董事义务条件的,违反了《欧共体条约》第43条、48条。公司在另一国设立的原因,以及公司专门或几乎专门在设立地成员国从事活动的事实,不能剥夺该公司行使《欧共体条约》所保障的开业自由的权利,除非在个案中证实存在权利滥用。

2.64 前面所述的案例均涉及相同情形:A公司依据某一个成员国法在该成员国登记成立,但其全部或几乎全部活动(实际住所)却在另一成员国。这种情形只有在成员国允许本国公司将实际住所转移到另一国时才存在。出于显而易见的原因,只有坚持成立地主义的成员国才会这样做。如果东道主成员国也赞同这一主义,只要公司遵守其原属国法律,就不会有任何问题产生。然而,成立地主义并不能始终保证不带偏见的热情好客。有的东道主成员国试图通过拒绝给这种公司的分支机构登记(桑托斯案),或者通过对这种分支机构的登记强加本国法中的某些条件(激励艺术案),来限制私人公司规避本国法的要求,如最低资本。欧洲法院认为这些做法与《欧共体条约》第43条、48条保障的次级开业自由相冲突。如果东道国坚持实际住所主义,这个问题会变得更加严重,因为严格适用时,它会禁止承认在登记国没有实际住所的公司。东道国接着可以否认该公司提起诉讼的能力,例如在尤伯斯案中。根据欧洲法院的意见,《欧共体条约》第43条、48条也禁止这样。欧洲法院法官可能放宽了(次级)开业自由,但还没有根除成员国的所有限制性政策。成员国可以继续阻止本国公司在保持其本国内公司地位的情况下将实际住所转移到另一成员国(*Cartesio*案,见段落2.65),而且如稍后第4章所讨论的,甚至欧洲公司(SE)也被要求在其登记住所地成员国拥有实际住所。但是,欧洲法院当然促进了欧盟内的公司设立竞争,2008年《德国有限公司法》修正案或许说明了这一点,它允许有限公司和股份公司在德国境外拥有实际住所。[1]

2.65 必须提到的是在2006年,关于一家有限合伙(商号为Cartesio)在保留匈牙利登记的情况下将其管理中心(实际住所)从匈牙利转移到意大利的案件,被提交给欧洲法院。匈牙利当局拒绝登记其新地址,理由是根据匈牙利法不允许进行这种转移。根据匈牙利法,公司或者其他商主体如有限合伙的住所应当位于其管理中心所在地。[2]提交给欧洲法院的问题是《欧共体条约》第43条、48条是否阻止成立地国法律禁止依本国法成立的公司在保持其本国公司地位的同时将实际住所转移到另一成员国。[3] 欧洲法院重申了《每日邮报》案(*Daily Mail*)的原理,因此承认成员国有规定公司的两种连接因素的权力:一种是如果该公司被视为依该成员国法设立,该公司所应具备的;另一种是该公司其后能够维持这种身份所要求的。所以,一个成员国有权不允许受本国法律管辖的公司在将其实际住所转移到另一成员国时,保留原有身份。然而,当一家公司打算变更为受东道国法律管辖的公司类型时,设立地成员国不得要求该公司解散或清算以阻止其变更。[4]欧洲法院因此将这种变更形式归入开业权范围。理所当然,这种变更是否有效取决于东道国法律。应当认识到,公司的变更始终可以间接地实现,换言之,在东道主成员国设立子公司,然后将母公司合并入子公司。[5]

---

〔1〕 见修改了《德国有限责任公司法》第4a条的《德国有限责任公司法现代化及防止滥用法》(MoMiG)。一项在德国法中完全废弃实际住所主义的建议已被提出,即"2008年1月7日的关于公司、社团和法人的国际私法专家草案"(Referentenwurf eines Gesetzes zum Internationalen Privatrecht der Gesellschaften, Vereine und juristischen Personen of 7 Jan. 2008),见 www. bmj. bund. de。还请参见 Teichmown:*European Company Law* 2008,第189页。

〔2〕 如2008年12月16日欧洲法院在Cartesio案判决C-210/06第11~19段所阐明的。

〔3〕 案件C-210/06(Cartesio),段落99。

〔4〕 案件C-210/06(Cartesio),段落112、113。

〔5〕 Erik Werlauff, Relocating a company within the EU, *European Company Law* 5, no. 3 (2008):136-139.

第三章　欧洲范围内的协调计划

第一节　导　　言[1]

3.01　如果欧盟没有实施协调计划(harmonization programme)，那么谈论“欧洲公司法”的想法仍然是一种假设。[2] 要抓住欧盟发展重要性，就应当不仅观察成员国公司法的协调，也观察欧盟关于证券管理、金融服务、税收、社会政策以及竞争方面的立法，因为它们往往与公司法或公司法的背景相关。当国内公司法在自愿基础上修改时，还应当考虑到欧盟法的溢出效应。[3] 然而，我们也应当始终小心不要高估已取得的成就。协调计划没有涵盖公司法的所有重要问题。而且，它的实际重要性取决于欧盟法措施如何在国内法中执行，以及如何

---

〔1〕 关于本章所讨论的问题，更详尽的书是 Stefan Grundmann 与 Florian Möslein 合作的：*European Company Law. Organization, Finance and Capital Markets*, Ius Communitatis Series(Antwerpen/Oxford：Intersentia)，2007。

〔2〕 为什么大多数情况下使用“EU”(欧盟)而不是“EC”(欧共体)的原因在第 1 章脚注〔2〕中有解释。

〔3〕 例如，关于对公众公司资本要求的《第 2 号公司法指令》实施后，比利时和荷兰随之对私人公司作出相同要求。见 J. N. Schutte-Veenstra 著：J. N. Schutte-Veenstra, *Harmonisatie van het kapitaalbeschermingsrecht in de EEG* (diss)(Deventer：Kluwer, 1991)，第 230 ~ 265 页。

遵守。[1]还应当注意很重要的一点就是成员国法的近似以及创造出欧洲范围的商事组织都不是欧盟的目标。欧盟的目标是建立一个货物、人员、服务与资本自由流动的内部市场——一个作为欧共体终极任务的必要的中间步骤,而终极任务主要是经济活动的可持续发展、高水平的就业和社会保障。[2]

一、欧洲法的法律基础

3.02 有关公司法的欧盟活动的法律基础首先是《欧共体条约》第44条第2款(g)项。[3] 这条规定要求欧盟理事会和委员会减少对开业自由的限制,并发布指令要求成员国修改法律以遵守有关此种效果的指令。根据(g)项,这意味着"欧盟机构应当将成员国为了保护成员国利益和他人利益而要求的有关公司或商行的安全措施协调到必要程度,使这些措施在整个共同体内是相同的。"欧盟机构一直对此条款的范围作广义解释。自1972年,欧盟委员会将员工权利视为该条款所指的利益之一。[4]

3.03 欧盟委员会在其1992年的一份出版物中指出:

渐渐地,(……)欧共体的视野已经设得更高,超越了流动性,

[1] Vanessa Edwards, *EC Company Law*, Oxford EC Law Library (Oxford: Clarendon Press, 1999), Ch. 1; Richard M. Buxbaum & Klaus J. Hopt, *Legal Harmonisation and the Business Enterprise* (Berlin/New York: 1988; Volume 4, European University Institute, Integration through Law), 212 – 218; Werlauff, *EC Company Law. The Common Denominator for Business Undertaking in 12 States* (Denmark: Copenhagen, 1993), 5. See also Marcus Lutter, *Europäisches vierte Unternehmensrecht*, vierte, neubearbeitete Auflage (Berlin/New York: 1996), 157 – 161, Luca Enriques, 'EC Company Law Directives and Regulations: How Trivial Are They?' (May 2005). *EC-GI-Law Working Paper* No. 39/2005, <http://ssrn.com/abstract=730388>.

[2] 《欧共体条约》第2条。

[3] 原第54条第3款(g)项。

[4] Karl Gleichmann, *Perspectives on European Company Law*, Forum Internationale (Deventer/Boston: Kluwer Law and Taxation Publishers, 1990), 4, 5 and 7.

目标是找到许可不同成员国的公司集团之间进行重组的法律准则。为企业跨国活动和不同成员国企业间的合作创造一个欧共体法律框架,将使欧洲企业更容易共享不同成员国的资源从而不仅在欧洲而且在全世界更具竞争力。它不仅仅是正在寻求的国内法的校正,而是一部真正的欧洲公司法。[1]

3.04 以第44条为依据制定的指令可以被欧盟理事会按照第251条规定的立法程序采用。通常,该程序允许理事会凭特定多数采取行动。[2] 第44条还规定了关于金融服务立法的法律基础,但在那一领域,第47条也起了一定作用,它要求对自雇人员从事活动的正式资格的相互承认。[3] 此外,《欧共体条约》第49条为欧盟立法自决权开辟了一个广阔领域。它可以证明采用任一指令的合法性,"因为成员国的法律、规则或行政法规相近直接影响到共同市场的建立或运作。"[4] "直接影响"要求所提出的限制主要是象征性的,例如《欧共体条约》第3条第(h)款即是如此,它指出将追求成员国法律相近"到共同市场正常运作所要求的程度"。这里,欧共体机构再次作出扩张解释,只要求措施必须有利于欧洲一体化。[5] 然而,第94条要求理事会全体一致地采取行动,这给了每个成员国一票否决权。[6]

3.05 为了加快内部市场的建立,1986年《单一欧洲法案》增加了

---

〔1〕 欧共体委员会:Conditions for Business Cooperation. Public Procurement (Brussels, 1992) (CO-62-91-003-EN-C),第4页。

〔2〕 如果欧盟委员会建议否定所提议指令的修改,可能要求全体一致同意,见第251(3)条。欧盟委员会解释了复杂的共同决定程序,见 europa. eu. int/comm/codecision/index_en. htm。

〔3〕 原第57条。

〔4〕 原第100条。

〔5〕 K. J. Hopt, 'European Community Legal Harmonisation and the Business Enterprise', in *European Company and Financial Law*, eds K. J. Hopt & E. Wymeersch (Berlin/New York: *Walter de* Gruyter 1991), 12.

〔6〕 除非《欧共体条约》另有规定,欧盟理事会根据多数成员(投支持票的)意见采取行动,见《欧共体条约》第205条。

第95条(原第100a条)。它允许以有效多数决定采取措施,使这些以内部市场的建立和动作为目的的成员国法规相近似,但这些法规不包括财政法规、关于人员自由流动或受雇人员权益的法规。[1]关于上市公司股东权利的指令以第95条(和第44条)为基础制定。[2]

3.06 最后,我们应当把注意力转向《欧共体条约》第293条和第308条。[3]《欧共体条约》第1条关系到对公司的相互承认、当实际住所转移到另一国家时法人资格的保持,以及受不同国家法律管辖的公司之间合并的可能性问题。《欧共体条约》提供了成员国之间以根据国际法达成协议为目的的参与协商,但这从未发生过。第293条不阻止以指令方式协调前述事项。在共同市场运作过程中,当条约没有规定实现共同体的某一目标所必需的权力时,第308条授予了采取行动的补充权力。与第94条类似,它要求理事会全体一致同意。然而,欧盟机构运用这个"默认机制"应具备一定条件。[4] 在采用关于欧洲经济利益组织(EEIG)和欧洲公司(SE)的条例以及其他事项上,援用了第308条。[5]

二、欧盟法律文件

3.07 《欧共体条约》包含了直接适用于成员国(和个人)的规定,如防止共同市场内的不正当竞争以及防止限制开业自由。[6] 而且,该条约授权其机构颁布立法(二级立法)的总体措施,特别是指令和条例。第249条明确规定如下基本规则:

---

〔1〕《欧共体条约》第95条第2款。

〔2〕《2007年7月11日关于股东实现其在上市公司的特定权利的2007/36/EC号指令》(Directive 2007/36/EC of 11 Jul. 2007 on the exercise of certain rights of s hareholders in listedcompanies, OJ 2007, L 194)。

〔3〕原第220条和第235条。

〔4〕A. M. Arnull et al., *Wyatt & Dashwood's European Union Law*, 155.

〔5〕(EEC)4064/89, OJ 1989, L 395/1, (EC) No. 2157/2001, OJ 2001, L 294.

〔6〕《欧共体条约》第43、81条。

为了完成任务及遵守本条约,欧洲议会(与欧盟理事会联合采取行动)、欧盟理事会和欧盟委员会将制定条例(regulations)、颁布指令(directives),作出决定(decisions),提出建议(recommendations)或提供意见(opinions)。

通常,条例可以直接适用,与必须由成员国实施才能生效的指令相反。但是,若成员国没有采取适当的步骤,而指令包含明确、无条件的义务,个人则可以针对成员国援用指令。这样,在这种案例中,一个指令可以产生直接效力,创造了受国内法院保护的针对成员国的个人权利,正如 *Van Gend* 与 *Loos* 诉荷兰案[1963]的判决。[1] 个人不能对其他个人或公司引起直接影响。[2]

(一)指令(Directives)

3.08 除竞争政策以外,协调公司法及其相关领域(段落 3.01 提及)所主要运用的法律文件是指令。根据《欧共体条约》第 249 条,指令从结果上看对各成员国具有约束力,关于形式与方法的选择权则留给成员国当局。依据 *Francovich* 案[1991],成员国不履行此种义务则负有法律责任。[3] 指令具有所谓的阻却效力(blocking effect)。据此,指令的效力被理解为"任何依据指令制定却与指令不一致的成员国法律均无效,并因此导致有关领域的立法权从成员国转移到欧共体。"[4]

3.09 如下所述,指令体现了数项立法技术。早期的公司法指令包含了关于具体安全措施如资本要求的详细规定。各国公司法之间的差异并不能始终被完全弥补,这样,指令纳入了可选方式并将选择权留

---

〔1〕 案件 26/62(1963)ECR 1。Arnull 等:*Wyatt & Dashwood' s European Union Law*,第 60 页及以下。

〔2〕 案件 152/84(1986)ECR 723,*Marshall v. Southampton and South-West Hampshire Area Health Authority*。关于指令的约束力,参见 Sacha Prechal:*Directives in European Community Law. A Study of Directives and Their Enforcement in National Courts* (Oxford:Clarendon Press,1995),第 19 页及以下。

〔3〕 Cases 6/90 and 9/90(1991)ECR 1 – 5357.

〔4〕 Buxbaum & Hopt,*Legal Harmonisation and the Business Enterprise*,242.

给成员国甚至公司,例如《第 4 号公司法指令》,即《财务报表指令》。[1] 另一种折中方式是设置最低标准,将是否采纳更严格规则的问题留给成员国。最近,指令关注的不是形成一套协调的国内规则,而是消除跨国交易的障碍。它们更倾向于原则化而不是规则化,正如《关于收购的第 13 号公司指令》所表明的。[2] 为了促进指令目的的实现,可以授权欧盟委员采取执行措施。[3] 在规范金融服务部门,特别是证券营销中,遵循了一种多级方式。因此,在规定框架原则的指令之后,跟随着包含执行措施的指令(见段落 3.105)。

3.10 《第 1 号公司法指令》即《信息披露指令》于 1968 年采用,它规定了特定文件的披露、公司义务的有效性以及公司无效。[4] 从那时起,数部公司法指令已被采用,最近的是 2004 年《关于收购要约的第 13 号公司法指令》、2005 年《关于跨国合并和股东权利的第 10 号公司法指令》。[5] 多年来,已有数部指令被修改。公司法指令将在稍后讨论(段落 3.19 及以下)。

3.11 与公司法联系最密切的是有关证券与金融市场的规定。这一领域的第一部指令是 1979 年关于证券交易所接纳证券上市条件的指令。[6] 接着在 20 世纪 80 年代制定了数部关于公司在上市时及上市后的定期和特殊情形如上市公司收购的信息公开的指令。[7] 1999 年欧盟委员会发起了金融服务行动计划(FSAP),从而产生了几部代表了对这一领域的全面调整的新指令。对这几个指令的简要回顾将在段落 3.105 及其后部分进行。欧洲的社会政策已经产生了调整员工知情

---

〔1〕 (EEC)78/660,OJ 1978,L 222/11. 关于选择的效力,见 Steef M. Bartman:'The Impact of Optional EU Law Making on National Company Law',*European Corporate Law* 5,no. 6(Dec. 2008):271 – 276。

〔2〕 Edwards,*EC Company Law*,8 – 10.

〔3〕 《关于收购报要约的 2004/25/EC 号指令》前言(28)。

〔4〕 (EEC)68/151,OJ 1968,L 65/8.

〔5〕 2004/109/EC,2005/56/EC and 2007/36/EC.

〔6〕 (EEC)79/279 and(EEC)80/390.

〔7〕 80/390/EEC,82/121/EEC,88/627/EEC.

与协商、欧洲劳资委员会(EWC)以及员工权利保护(例如在企业被转让情况下)的指令。这些问题主要在有关员工参与的第7章,以及关于合作与收购的第8章有关部分中讨论。关于员工参与的欧洲公司法(statute of the SE)补充指令,将在第4章讨论。关于公司法的最后一个领域是税收。从欧盟税收协调计划来看,数部指令与公司法事项有关,特别是解决出资义务、公司合并税收、母子公司税收以及集团内定价转移的协调的指令。[1] 但是本书不讨论税收问题。

(二)条例(Regulations)

3.12 条例是一种有力的法律工具。根据《欧共体条约》第249条,条例具有普遍适用性,因为条例有约束力并直接适用于成员国。基本上,它们具有直接效力并被视作国家法律秩序的组成部分。其效力不依赖于国内程序,法院必须保障条例所创造的个人权利。然而,必须承认有些条例或其部分内容需要成员国采用实施细则,以确保有效适用。[2] 例如,成员国必须委任有关政府机构颁发欧洲公司(SE)将其登记住所转移至另一成员国所要求的证书。[3] 总的来说,条例起到制定取代国内法的法律规范的作用,并且在有关领域优先于国内法。在公司法领域,除了依据欧共体法设立商事组织,即欧洲经济利益集团和欧洲公司以外,条例没有被采用过。这两种商事组织将在第4章讨论。相反,条例在执行《欧共体条约》关于竞争的规定方面,起到主导作用。与此关系最密切的是《欧共体合并条例》(EC Merger Regulation),将在

---

〔1〕 涉及将于2010年废止的出资义务的(EEC)69/335(已修订)号指令,布鲁塞尔2006年4月30日,IP/06/1673;涉及合并、分立、转移财产及股份转移的(EEC)90/434号指令(已修订);涉及母子公司税务的(EEC)90/435号指令(已修订);涉及消除与关联企业间利润转移调节有关的双重征税的(EEC)90/436号指令(已修订)。综述见:www.europa.eu/scadplus/leg/en/s10000.htm。

〔2〕 Arnull等:*Wyatt & Dashwoods European Union Law*,第84页及以下;P. S. F. R. Mathijsen:*A Guide to European Community Law*,5th edn(London:Sweet and Maxwell,1990),第113页;Giorgio Haja,Peter Hay及Ronlad Rotunda:'Instruments for Legal Integration in the EC',in *Integration Through Law*,Vol. 1,Book 2,编辑Mauro Cappelletti,Monica Seccombe及Joseph Weiler,第124页。

〔3〕 《欧洲公司条例》(SE Regulation)第69条与第8条第(8)款。

第8章讨论。

（三）公约与建议（Conventions and Recommendations）

3.13　除了指令和条例，《欧共体条约》提供的另外两种法律工具被运用于公司法领域：公约（conventions）和建议（recommendations）。《欧共体条约》第293条规定成员国应当在相互承认公司、跨境转移公司住所等事项上进行协商。公约这一工具在公司法领域没有成功发挥作用。尽管成员国通过了1968年《关于相互承认公司和法人团体公约》，[1]但由于有关承认公司的不同规则（段落2.54及以下），有些成员国未批准该公约。《欧共体条约》的起草者对这种法律工具曾有更多期待。但因为公约和成员国间的其他协议不但要求政府间的合作，还要求国内议会的合作，事实证明它们不是很有实际使用价值。《欧共体条约》第249条规定了由欧洲机构提交的建议和意见。这两种工具没有约束力，但可以作为解释国内法或共同体法的指引。建议当然被使用在公司法及相关领域。例如，1977年欧盟委员会提交的建议包含了一份关于可转让证券的交易的《欧洲行动法案》（European Code of Conduct），其后1989年欧盟通过了关于内幕交易的立法。[2] 最近，欧盟委员会通过了一项关于上市公司非执行董事或监事职责以及监事会成员的建议（2005/162/EC）。[3] 2008年，欧盟委员会发布了一项限制审计员对被审计公司及第三人的民事责任的建议。[4]

（四）司法裁决（Judicial Decisions）

3.14　一个需要考虑的重要因素是欧洲法院的裁决。欧洲法院是执行欧共体任务的机构之一。[5]《欧共体条约》第220条规定欧洲法

---

〔1〕《（荷兰王国）条约汇编》（Tractatenblad 1968），第113页。

〔2〕《欧盟委员会77/534/EEC号建议》（Commission recommendation 77/534/EEC），OJ 1977，L 212/37与L 294/28；《欧盟委员会（EEC）89/592号建议》，OJ 1989，L 334。

〔3〕2005/162/EC，OJ 2005，L 52/51.

〔4〕2008年5月关于限制法定审计员和审计事务所（根据文件号码C（2008）2274通知）民事责任的欧盟委员会建议，OJ 2008，L 162。

〔5〕《欧共体条约》第7条。

院“应当保证在本条约的解释和应用过程中遵守法律。”[1]欧洲法院有权对解释条约、欧共体二级立法及欧共体机构的其他行为作出初步裁决。当此类问题在成员国的法院或法庭出现后，该法院或法庭可以请求欧洲法院作出裁定。当依据国内法无法作出司法救济时，该法院或特别法庭必须将问题提交给欧洲法院。[2]

3.15 欧洲法院曾裁决过数起涉及公司法的案件。成员国被判定未执行公司法指令，并作出了大约 20 项解释公司法指令的初步裁决。这些裁定几乎都涉及第 1、2 及 4 号指令。一些案件涉及《欧共体条约》有关开业权的规定。其中三个里程碑式的裁决（桑托斯案、尤伯斯案、激励艺术案）在第 2 章作了讨论。[3] 最后，一个非常重要的案件是玛利辛案（*Marleasing*，1990）。[4] 此案中，欧洲法院认为国内法院应当依据相关指令的文字和目的对执行公司法指令的国内法进行解释。此判决挑战了法院和律师的一种倾向，即如果他们没有意识到国内法的规定与欧共体指令有关，就不援用《欧共体条约》第 234 条请求欧洲法院做出初步裁决。[5]

3.16 如果成员国之间的公约作出了规定，那么欧洲法院对公约就有司法管辖权。1968 年关于民商事裁判的司法管辖权及判决执行的《布鲁塞尔公约》（Brussels Convention）就作出了这种规定。[6] 在 *Powell Duffryn plc* 诉 *Wolfgang Petereit* [1992] 案中，法院认定《布鲁塞尔公约》第 17 条包括了公司章程中有关公司与其股东间纠纷的选择法

---

[1] 《欧共体条约》第 225 条设置了一个一审法院，它只具有有限的管辖权。

[2] 《欧共体条约》第 234 条。

[3] 关于公司法事项的欧洲法院案件综览，附录于 Luca Enriques：‘EC Company Law Directives and Regulations：How Trivial are They?’（2005 年 5 月），欧洲公司治理学会（ECGI）法律工作文件第 39/2005 号，http://ssrn.com/abstract=730388。

[4] Case 106/89, *Marleasing S. A. v. La Comercial International Alimentation S. A.* (1990) ECR4135.

[5] Buxbaum & Hopt, *Legal Harmonisation and the Business Enterprise*, 269.

[6] 该公约的大部分适用领域现在被关于司法管辖权和承认与执行民商事判决的《欧盟理事会第（EC）No. 44/2001 号条例》（OJ 2001, L 12/1）覆盖。

庭条款。法院认为体现在公司章程中的公司与其股东间的关系是契约性的,[1]符合《布鲁塞尔公约》中作为一项协议的管辖权条款。这甚至适用于反对此条款的股东或其后取得股份的人。通过取得或保持股东身份,一个人即同意遵循公司章程的规定及公司机关的决定,即使他反对某一章程条款或公司决议。法院的这一裁决使公司可以利用法庭选择条款来加强法律可预测性,并促使与股东间的诉讼争议的集中。

3.17 正如玛利辛案(*Marleasing*)已经阐明的,为了全面评估欧洲公司法的发展,国内法院的判决也应当被考虑。国内法院的行动是欧洲法院角色的决定性因素,因为国内法院可以依据《欧共体条约》第234条的先决程序(Preliminary Procedure)将案件提交到欧洲法院。理论上,国内法院在"自下而上的整合"过程中可以扮演重要角色,即涉及国内公司法解释的案例法在欧共体内逐渐或多或少遵循一种统一模式。实际上,几乎不存在这种模式,即使在公司法被协调的情况下,国内法院仍可能是多样化发展的原因。[2] 欧盟已采取了推动各成员国法院讨论其经验的措施并建立了欧洲民商事司法网络。[3]

---

〔1〕 Case 214/89, Powell Duffryn plc v. Wolfgang Petereit (1993), Common Market Law Review, 406.

〔2〕 Hopt, 'European Community Legal Harmonisation and the Business Enterprise', 22.

〔3〕 2001年5月28日《欧盟理事会建立欧洲民事商司法网络的决定》(Council Decision of 28 May 2001 establishing a European Judicial Network in civil and commercial matters, 2001/470/EC, OJ 2001, L 174)。欧盟委员会已开始司法交换计划(Judicial Exchange Programme),以促进民事领域司法合作和发展相互信任,www.ec.europa.eu/justice_home(该文件的扩展部分是:funding/2004_2007/exchanges/funding_exchanges_en.htm)。

第二节　公司法指令[1]

一、《第 1 号公司法指令》:信息披露

3.18　依据《欧共体条约》第 44 条第 2 款(g)项(原第 54 条)颁布的《欧盟理事会第 1 号公司法指令》可追溯至 1968 年。它通常被称为《信息披露指令》,[2]实际上处理了关于保护第三人利益的三个不同问题:(1)公司及有权约束公司者的基本文件的披露;(2)以公司名义所负义务无效的原因限制;(3)对公司设立无效情形的限制以及有关公司设立无效溯及力的规定。根据第 2 条,该指令适用于与私人公司、公众公司及有限合伙有关的成员国法律、条例和行政法规。基于现代通讯技术,《第 1 号公司法指令》于 2003 年修订以使其信息披露规定简化并现代化。[3]

当时 6 个成员国的实施没有出现严重问题,因为该指令基本上解决了他们各自法律体系中存在的问题。对英国而言实施该指令是个更为复杂的任务,因为《第 1 号公司法指令》在英国加入之前已经出台,很明显英国对起草该指令没有施加过任何影响。例如,该指令的有些

[1] 大多数公司法指令的历史与背景在 Edwards 的著作 *EC Company Law* 中有全面介绍。

[2] 1968 年 3 月 9 日《欧共体理事会关于协调成员国为保护欧共体条约第 58 条第 2 项所称的股东及他人利益而制定的保护措施,以使这些措施在欧共体内趋同的第 1 号公司法指令》(EEC68/151,OJ 1968,L 65/8)。

[3] 在关于特定类型公司的信息披露要求方面修订了 2003 年 9 月 4 日《欧盟理事会 68/151/EEC 号指令》的 2003 年 7 月 15 日《欧盟议会和理事会 2003/58/EC 号指令》(OJ 2003,L 221)第 13 ~ 16 页。

规定与当时通行的越权原则(ultra vires doctrine)冲突。[1]

(一)信息披露

3.19 该指令第2条要求采取确保披露特定文件和细节的措施,特别是:

- 公司设立文件、章程(指令中称为statutes)及上述文件的任何修改。
- 办事机构的任命和终止,以及有权代表公司与第三人交往和参加诉讼或管理、监督或控制公司的人的详细情况。此披露必须表明有权代表公司的人是具有单独代表权还是必须与他人共同代表公司。
- 每一会计年度的会计文件,特别是第4号和第5号公司法指令要求公开的。
- 公司住所的任何变更,公司终止,以及法院宣告公司设立无效。
- 清算人的任命及清算的终止。
- 在成员国内的注销登记,如果该注销具有法律后果。

如果其他指令要求披露其他事项,如第2号和第4号指令(见段落3.35),其他事项也必须披露。

3.20 第3条第1款要求成员国为每一个在该国登记的公司设立档案。已修订的第3条第2款要求成员国促进上述文件及事项自2007年1月1日起以电子方式存档。而且,成员国必须保证从那天起申请人可以从登记机关选择取得登记文件的纸质或电子复本。第3条第3款允许2007年以前存档且存档日期与申请复本日期间隔10年或10年以上的纸质文件例外。第3条第4款要求上述文件与事项的披露必须通过在成员国为实现公开目的而指定的国家公报上公开才能生效。公开内容为文件的全部或部分本文,或者包括一份文件已经存档或登

---

[1] Karl Gleichmann, *Perspectives on European Company Law*, Forum Internationale(Deventer: Kluwer, 1990), 5 and 6. C. Fischer-Zernin, *Der Rechtsangleichungs erflog der Ersten Gesellschaftsrechtlichen Richtlinie der EWG* (Tubingen: I. C. B. Mohz (Paul Siebeck), 1986), 283.

记的证明。国家公报可以以电子形式保存。在国家公报上的公开甚至可以以同样有效的方式替代，只要这种方式至少具有一个可以按时间先后顺序从一个中央电子平台获取信息的系统。

3.21 关于公司与第三人的地位，第 3 条第 5 ~7 款规定原则上第三人有权信赖已公开信息，即使已公开信息与存档或登记的文本不一致。

第 5 ~7 款规定如下：

> 5. 只有在文件与事项依据本条第 4 款披露后，公司才能以此对抗第三人，除非公司证明第三人知道这些文件和事项。
>
> 但是，对于在披露后 16 日内发生的交易，不得以这些文件和事项对抗能够证明自己当时无法获知这些文件和事项的第三人。
>
> 6. 成员国应当采取必要措施避免依据第 4 款公开的文件和事项与登记簿或档案记载的不一致。
>
> 但是，在不一致的情况下，依据第 4 款公开的文本不得用来对抗第三人；而第三人可以运用公开的文本对抗公司，除非公司证明第三人已经知道保存于档案或载入登记簿的文本。
>
> 7. 第三人始终有权信赖任何在公开手续上有欠缺的文件和详情，除了不公开导致其不生效的以外。

3.22 这些文件与详情所使用的语言由开设档案的成员国的语言法规决定。然而，第 3a 条要求成员国允许在自愿基础上以欧共体的任一种官方语言进行披露。在此第三人又一次受到保护，他们原则上可以信赖已披露的译文，即使译文与以官方语言披露的登记文件不一致。

3.23 成员国必须至少对未按指令第 2 条第 1 款(f)项的要求披露会计文件，以及商业文件或公司网站遗漏第 4 条所要求的详情的情形，规定恰当的处罚。第 4 条要求这些文件或网站载明必要信息以识别公司存档的登记机关、公司法律形态、登记住所或者在适当情况下公司正在解散的事实。规定适当处罚的义务位于指令第 6 条。欧洲法院在大发案(*Daihatsu* case)中主张在一家公司没有公布其年度报表的情况下,申请予以处罚的权利尤其不能只限于公司成员和债权人。[1]

3.24 *Verband deutscher Daihatsu-Händler eV*,即大发汽车德国经销商协会,请求当地法院颁布一项要求负责进口这些汽车的总代理商德国大发股份公司公开其年度财务报表的命令。然而《德国商法典》规定这类程序只能由公司成员或债权人以及劳资委员会发动。这是否正确执行了《第1号公司法指令》第2条第1款(f)项的问题被提交给欧洲法院,欧洲法院裁决如下:

> 《欧共体委员会第1号公司法指令》(68/151/EEC)第6条应当被解释为当一家公司未履行《第1号公司法指令》规定的披露年度报表义务时,成员国不得立法将申请予以该成国法律规定的处罚的权利仅仅赋予公司成员或债权人、中央劳资委员会或该公司的劳资委员会。

(二)债务的效力

3.25 关于公司所负债务的效力,根据其是源自公司成立前以公司名义进行的行为还是源自公司成立后的行为而不同。在前一种情形下,只有在公司成立后接受该义务的,公司才受该义务的约束。要达成此种约束力,并不必与更替后的对方当事人订立一份新合同。如果公司不接受此债务,应由以公司名义活动的人承担。

3.26 该指令第7条规定如下:

> 在设立中公司取得法人资格以前,如果有人以公司名义实施行为而公司不承担由此产生的义务,那么行为人应当对此承担责任,除非另有约定。

欧洲法院在 ***Ubbink*** 案[1988]中主张,以尚未成立的公司的名义实施的行为是否被视为指令第7条规定的以设立中公司的名义实施,应由国内法决定。该案中,公司从未成立,荷兰最高法院将几个有关公司

---

〔1〕 欧洲法院1997年12月4日,Case C-97/96,Verband deutscher Daihatsu-Händler eV诉Daihatsu Deutschland GmbH。

设立无效的问题提交给欧洲法院。此问题将在段落3.32讨论。

3.27　公司成立后的行为如果由有权代表人代表公司实施,则对公司有约束力。原则上,公司机关所作的行为均对公司有约束力。这一硬性规则只有两个例外:第一是公司机关超越法律赋予的权力所实施的行为对公司无约束力;[1]第二是成员国可以规定公司机关超越公司目的的行为(ultra vires,[拉]越权行为)对公司无约束力。更进一步的保护则针对章程或公司有权机关作出的限制,因为公司永远不能据此对抗第三人。尽管如此,成员国仍可允许章程将公司的一般代表权授予某一个人单独行使或某几个人共同行使。这些限制若正确公布,可以用来对抗第三人。

3.28　指令第9条颇为复杂,其规定如下:

1. 公司机关实施的行为对公司具有约束力,即使这些行为超越了公司目的,除非这些行为超越了法律赋予或者法律允许赋予这些机关的权力范围。

但是,成员国可以规定如果公司证明第三人当时知道或者不可能不知道行为超越了公司目的,则超越公司目的的行为对公司无约束力;然而章程的公开本身不足以作为证据。

2. 章程或公司有权机关对公司机关权力的限制,不得用来对抗第三人,即使这些限制已经披露。

3. 如果国内法规定公司章程可以排除有关法律规则的适用,将公司代表权授予一人单独行使或数人共同行使,那么法律可以规定章程中的这一条款仅在涉及一般代表权时可以用来对抗第三人。章程中的这一条款是否可以用来对抗第三人的问题应当遵照本指令第3条。

3.29　《第1号公司法指令》第2条要求成员国确保正确披露关于代表权的章程规定。其第1款(d)项规定的披露事项包括:办事机

---

〔1〕　此规则可追溯到德国的代表方式,Edwards:*EC Company Law*,第35页。

构的任命与终止，作为依法设立的机关或此种机关的成员并被授权代表公司与第三人进行交易及参加诉讼的人员的详情，此种披露必须表明被授权代表公司的人员是否有权单独代表公司，或是必须与他人共同代表公司。

根据这项规定，欧洲法院在 *Friedrich Haaga* 案中主张：不仅在任命了数名董事时必须披露关于代表权的规定，在任命了一名单一董事时，该董事单独代表公司的事实，也要进行披露，即使单一董事的权力明确源于国内法。[1]

3.30　对于作为公司机关、有权代表公司的人员的任命存在瑕疵的情形，指令对第三人也进行了保护。

《第 1 号公司法指令》第 8 条规定如下：

关于作为公司机关、有权代表公司的人员的详细情况的披露手续完成后，公司不得以其任命存在瑕疵为由对抗第三人，除非公司证明第三人已经知道这一瑕疵。

3.31　指令第 8 条、第 9 条强制成员国对信赖公司机关所实施行为的第三人提供有力保护。正如爱德华兹(Edwards)指出的，“机关”(organ)这一术语在英国公司法中并不常见。[2] 在大陆法中，“机关”是对实现公司作用与权力的机构(bodies)的一个通称，特别是指股东会与董事会。当然，公司机关的含义、组成、功能和权力应由国内法决定。公司机关通过实践其职责与权力来决定公司事务、经营公司业务。大陆法通常对决策、经营和管理进行区分，这主要影响公司内部事务，也影响面对第三人的公司代表权。行使“内部”职责与权力的机关不一定与行使“外部”职责与权力的机关相同或类似。例如，股东会的大部分权力用来决定诸如增资或通过董事会决议等事项。一旦要实施决议，必须由国内法确定的机关代表公司去面对第三人。董事会拥有这一地位，但原则上，代表权也可以属于单个董事。根据指令第 9 条第 3 款，国内法可以规定公司章程将代表权授予一人单独行使或者授予数

[1] 欧洲法院 1974 年 11 月 12 日，Case 32 – 74(*Friedrich Haaga GmbH*)。

[2] Edwards，*EC Company Law*，34.

人共同行使。而且，国内法可以规定只有当章程授予这些人一般代表权时，该章程条款才能用来对抗第三人。

（三）公司设立无效

3.32　该指令关于公司设立无效的规定非常严格。根据第 11 条，无效只能由法院依据该条第 2 款规定的理由依法判决。这类理由包括未签署任何设立文件，未遵循必要的法律手续，或者未遵守国内法要求的最低资本规定等。第 12 条补充只有法院作出的无效判决被正确披露的，才能用来对抗第三人。第 12 条提供了更进一步的保护，规定设立无效后公司应当同解散一样进行清算。

3.33　公司无效（null）及随后必须进行清算与公司不存在（non-existent）有什么区别？在 *Ubbink Isolatie*［1988］案中，一份合同以 Ubbink Isolatie BV（有限公司）名义达成，与此同时，商业登记处有一项登记是合伙 Ubbink Isolatie BV i. o.（设立中的有限公司）。合同另一方起诉 Ubbink Isolatie BV 要求终止合同及确定责任。Ubbink Isolatie BV 主张对方向 Ubbink Isolatie BV 起诉是错误的，因为公司尚不存在。诉讼中，很明显根据荷兰法"公司尚未成立，因为没有签署符合指令第 11 条第 2 款（a）项的可靠设立文件，也没有符合第 11 条第 2 款（a）项的预防性控制规则。"欧洲法院在其预先裁决中指出《第 1 号公司法指令》的目的不是许可第三人信赖公司机关或代表人创造的外观，如果这些外观与公共登记机关登记的信息不符。因此，只有在依据《第 3 号公司法指令》第 1 条所做的信息公开使得第三人相信符合《第 1 号公司法指令》的公司存在时，才能适用关于公司无效的裁决。[1]

3.34　在 *Marleasing*［1990］案中，一家受西班牙法管辖的公司被宣告无效，因为其设立协议缺少一项条款——这被认为是欺诈而使协议无效。[2] 那时，西班牙还没有实施《第 1 号公司法指令》。适用国内

---

〔1〕 欧洲法院 1988 年 9 月 20 日，C－136/87（*Ubbink Isolatie BV v. Dak-en Wandtechniek BV*）。

〔2〕 见段落 3.15。

法受到质疑,因为国内法与指令不一致。因此,奥维亚多(Oviedo)法院请求欧洲法院进行预先裁决。欧洲法院认为:

审理涉及《68/151 号指令》的案件的国内法院应当依照该指令的措辞和目的解释国内法,避免依据该指令第 11 条未罗列的理由宣告一家公众有限公司无效。[1]

二、《第 2 号公司法指令》:资本

3.35 因为股东在公众公司或私人公司中的责任是有限的,国内立法者长期以来试图纠正滥用权利行为就并不奇怪。但在采用和实施《第 2 号公司法指令》以前,各国采取的措施非常不同。例如,最低资本在几个成员国是强制性要求,在比利时与荷兰却仅仅适用于公司设立时。[2] 于是,基本上公司成立后的第二天最低资本就可以被分配。在英国,没有最低资本规定,替代的保护方式是披露公司资本信息。[3] 类似的分歧可以从《第 2 号公司法指令》应对的主要问题上看出。[4] 《第 2 号公司法指令》被称为"《资本指令》",专门针对公众公司。[5] 为确保对这些公司的股东与债权人的保护,该指令拥有详细的规定。第一,任何感兴趣的人都可以获得了解该公司资本构成的信息。第二,最低资本必须已认购。第三,指令禁止以向无此权利的股东分配股利的方式减资,并对公司取得自己股份的权利进行限制,以达到维持资本目的。第四,指令确保同类股东受到同等对待,确保资本变更时保护债权人。

---

[1] 欧洲法院 1999 年 11 月 3 日,C-106/89(*Marleasing*)。

[2] Schutte-Veenstra 著:*Harmonisatie van het kapitaalbeschermingsrecht in de EEG*,第 16 页。

[3] 同上,第 16-17 页。

[4] 同上,第 23、35、54、79、110、162、181、192、196 页。

[5] 1976 年 12 月 13 日《欧盟理事会关于协调成员国为了保护欧共体条约第 58 条第 2 项所称的股东与他人利益而制定、有关公众有限责任公司的设立及其资本维持与变更的保障措施,以使这些措施趋同的第 2 号指令》((EEC)77/91,OJ 1977,L 26/1)。

3.36　因为《第2号公司法指令》建立了一套相当严格、昂贵的资本制度，欧盟委员会开始进行资本制度的现代化，以便在不减少对股东和债权人保护的同时促进经营效率和竞争力。[1] 一个高水平公司法专家小组制定了关于简化内部市场立法(SLIM)的建议，[2] 建议取消在某些情形下(非现金对价发行股份)的报告要求，促进特定交易如公司自身或者公司提供资金帮助第三人收购股份和优化公司股本所有权。欧盟委员会随即提议修改《第2号公司法指令》，于是产生了《2006/68/EC号修订指令》。下一段将酌情涉及修订内容。2005年，欧盟委员会要求对《第2号公司法指令》建立的资本维持原则的替代制度进行可行性研究。[3] 替代制度可以是诸如强化欺诈交易中的责任[例如《英国1986年破产法》(Insolvency Act 1986)第214条]或者破产条件(如高水平公司法专家小组提议的)。[4] 可行性研究由毕马威会计师事务所(KPMG)进行。一个重要的研究结果是《第2号公司法指令》的制度不构成股利分配的一项重要障碍。既然成员国可以自由要求或许可依据《国际财务报告准则》(IFRS)置备以股利分配为目的的账目，欧盟委员会不建议进一步修改该指令。[5]

---

〔1〕 Proposal for a directive amending Council Directive 77/91/EEC，布鲁塞尔2004年9月21日，Com(2004)final。欧洲议会于2006年3月投票赞成此议案，IP/06/312，布鲁塞尔2006年3月14日。

〔2〕 欧盟委员会文件COM(2003)final；Report on a Modern Regulatory Framework for Company Law in Europe，2002年11月。

〔3〕 <www.europa.eu.int/comm/dgs/internal_market/calls_en.htm>.

〔4〕 《关于欧洲公司法现代调整框架的报告》[*Report on a Modern Regulatory Framework for Company Law in Europe*(Nov. 2002)]，第87页。还可参见Reinier Kraakman等著：The Anatomy of Corporate Law：A Comparative and Functional Approach (New York：Oxford University Press，2004)。

〔5〕 KPMG，Feasibility study on an alternative to the capital maintenance regime established by the Second Company Law Directive 77/91/EEC of 13 Dec. 1976 and an examination of the impact on profit distribution of the new EU-accounting regime，2008 http://ec.europa.eu/internal_market/company/capital/index_en.htm.

(一)信息

3.37 依据该指令第2条与第3条,公司章程或设立文件应当始终提供至少以下信息:

(a)在公司没有授权资本的情况下已认购资本的数额;

(b)授权资本数额(如果公司有授权资本)、公司成立时的资本数额以及授权资本变动时的资本数额;

(c)已认购股份的票面价值,并且至少一年公开一次已认购股份的数量;

(d)按照国内法可以发行无面值股的,已认购无面值股的数量;

(e)股份的票面价值,或在股份无面值时不以货币为对价的股份的数量、对价的性质以及支付对价者的姓名或名称。

(c)、(d)、(e)项下信息也可以记载在一份单独文件中,该文件依据执行《第1号公司法指令》的国内法所规定的程序而公开。

(二)最低资本

3.38 指令第6条要求成员国维持公众公司的最低资本:

> 6.1 成员国法律应当规定公司成立或取得营业批准证书须认购的最低资本,其数额不低于25,000欧洲货币单位(ECU)。[1]

第7条规定已认购资本可以仅由能够作出经济评估的财产构成,但不包括完成工作或提供服务的承诺。股份不应当以低于票面价值的价格发行,无票面价值的,发行价格不应当低于记账价值(第8条),而且应当在公司成立时或者被授权开业时至少付清票面价值或记账价值的25%(第9条)。公司成立后发行对价股份的,应付清相同比例对价(第26条)。

3.39 第10条规定了的一项重要要求,即独立专家对非现金对价出具报告,它包括对构成对价的每项财产及评估方法的说明,并说明其

---

[1] 该指令最初版本提及"European units of account"(欧洲记账单位),后被ECUs(欧洲货币单位)取代。从1999年1月1日起11个成员国的单一货币被欧元取代,从那天起以欧洲货币单位表示的数额改用欧元表示。

价值是否至少与股份数量和票面价值(或记账价值)相符,溢价发行的是否与溢价款相符。报告应当按照《第1号公司法指令》的要求公开。

为了促进公司集团内部的特定交易,当所有股份90%的票面价值(或记账价值)已经由一家或多家公司以非货币对价认购,且满足其他6项条件,成员国可以选择不适用这一规则。这6项条件之一要求提供非现金对价的公司在此次对价发行股份的票面价值(或记账价值)同等数额内对接受非现金对价的公司提供债务担保[第10条第4款(d)项]。

根据第27条,对非现金对价的要求原则上不仅适用于公司设立,而且适用于公司成立后任何时期的股份发行。为了防止规避第10条关于非现金对价的规定,该指令包含了关于公司成立后收购的特殊规则。这些规则是必不可少的,否则公司成立后不久即可以取得创办人的财产替代其现金出资,从而避免评估和专家监督。因此,在公司成立后或取得开业授权后两年内,财产收购应遵循与第10条相同的规定,并应提交股东会批准。此规则适用于被收购财产属于已签署章程或公司设立文件的个人或公司,或者成员国法所规定的股东或其他人所有的情形。[1] 这些公司成立后的要求不适用于公司正常营业过程中产生的财产收购,也不适用于在行政机关或司法机关的要求或监督下进行的财产收购,以及通过证券交易的财产收购(第11条)。

当缴付可转让证券作为对价时,成员国可以决定不要求专家报告,条件是以其在一个或多个受管制市场交易的加权平均价定价。在一名公认的独立专家对财产价值作出公允价值意见后的三个月内,或者财产价值采自上一会计年度的法定报表后三个月内,以该财产出资的,也可以不要求专家报告(第10a条)。但在这些情形下,公司管理机构必须提交一份用于公开的声明,内容包括对非现金出资的说明(第10b条)。[2]

---

〔1〕 这些规则与《德国股份公司法》第52条的*Nachgründung*(公司成立后收购资产)规定相似。

〔2〕 第10a条、10b条由《2006/68号修改指令》增加。

(三)资本的维持

3.40 如果公司年度财务报表中列出的净资产将低于已认购资本额与法律或章程禁止分配的公积金(不可分配的公积金)之和,则不得向股东分配利益[第15条第1款(a)项]。而且,分配数额不得超过利润额与为此分配可提取的公积金之和,减去已发生的亏损与列入不可分配公积金的金数的差额[第15条第1款(c)项]。

违反第15条分配股利的,只有当公司证明取得股利的股东知道或不可能不知道分配的不正当性时,取得股利的股东才必须返还(第16条)。

向股东分配股利的另一可选方式是让公司从股东手上收购本公司股份。[1] 如果成员国法律许可公司取得自己的股份,这类收购应遵循第19条规定的条件(修订后的):

(a)应当经股东大会批准;

(b)这种收购不得使净资产减少至低于已认购资本与不可分配公积金之和;并且

(c)只有足额缴纳出资的股份才能被公司收购。

成员国可以依据第19条第1款增加一定条件,如公司已取得的所有本公司股份的票面价值(或记账价值)不得超过成员国确定的限额,该限额不得低于已认购资本的10%。

公司接受自己的股份作为担保物被视为收购这些股份(第24条)。对于公司收购的本公司股份的撤销始终必须由股东大会(第37条第1款)决定。

该指令在规范公司收购本公司股份方面为成员国提供了几种选择。例如收购本公司股份是为阻止即将发生的对公司的严重损害所必需时,或者是为了向本公司或关联公司雇员分配股份时,成员国可以取消要求股东大会同意的条件(第19条第2款,第41条第1款)。[2]

---

〔1〕 正如预期的一样,公司不得认购自己的股份(第18条)。

〔2〕 还请参见第20条。

公司持有的本公司股份的表决权一律停止行使。如果这些股份被列入资产负债表中的净资产项下，相同数额的不可分配公积金应当被提列入负债项下[第22条第1款(a)、(b)项]。

3.41　为防止规避对公司收购本公司股份的限制，第23条对公司为第三人收购本公司股份提供财务援助进行了规范。当成员国允许公司为第三人收购本公司股份垫付资金、提供贷款或担保，必须确保交易具备以下条件：

- 此交易必须由公司管理机关负责以公允市场价格进行。
- 必须先由股东大会以不低于股票或已认购资本所代表表决权的三分之二决议批准。交易报告必须提交给股东大会，还必须按照《第1号公司法指令》第3条公布。
- 财务援助总额不得使净资产低于已认购资本与不可分配公积金之和。

起初，《资本指令》第23条为了阻止有害交易而禁止公司提供财务援助，但因此也阻碍了管理层收购等可能有益于公司的交易。股份收购者可能需要目标公司的财产来获得贷款用于收购。根据《修改指令》，如果满足一定条件此种财务援助可以被允许。第23a条提醒成员国当公司管理机构成员是公司的财务援助相对方时的风险。成员国应当确保此种交易不与“公司最佳利益”冲突(第23a条)

(四)资本的变更

3.42　根据第25条，股东大会应当对任何增资作出决议，除非此项权力被公司章程、公司设立文件或股东大会转移给另一机关(受到最高数额和最长五年的限制)。当存在不同类别股份时，股东大会的决议应当由其权利受此交易影响的不同类别股东分别表决。第29条进一步强化同类股东的平等待遇，规定在优先认股方式下股东有权以与其所持股份对等比例优先认购股份。但是这种优先认股权可以被股东大会或公司章程、公司设立文件或股东大会授权的其他机关限制或收回。根据第40条，股东大会的这些决议应当以不低于股票或已认购资本所代表表决权的三分之二多数通过；但是成员国可以规定在简单多数可以代表已认购资本的半数以上时，简单多数即可通过。如果存在不同类别股份并且增资只增加其中一种股份，成员国可以设置赋予某种股份持有人优先认股权的规则。

3.43 根据第30条，已认购资本的任何减少都应当由股东大会依据第40条的多数规则作出决议，并且决议应当正确公布。指令再次规定了权利受影响的不同类别股东的单独表决权（第31条）。在决议公布之前已持有债权的债权人有权就公布之日尚未到期的债权获得担保（第32条）。如果公司减少已认购资本的目的是为了弥补亏损，成员国则不必适用第32条（第33条）。任何情况下，已认购资本数额不得减至低于最低资本（第34条）。

3.44 在已认购资本遭受严重亏损的情况下，股东大会应当召开会议考虑公司是否应当解散或采取其他措施。成员国法律所界定的严重亏损的数额的不得高于已认购资本的一半（第17条）。

（五）结论

3.45 《第2号公司法指令》因其缺陷而受到批评。它缺乏有效性，例如，当上一会计年度截止之日的资本与不可分配公积金数额对特定分配和收购具有决定意义时，在截止日与分配或收购时刻之间，这些数据显然可能已经改变。[1] 另一缺陷是大量使用最低限度规定（指令频繁使用"至少"）和成员国选择权。在某些情况下，如果某一问题对指令打算提供的保护而言并不重要，成员国就可以自由选择自己的解决方式。例如，公司违反了对这种收购的限制而取得股份所有权的问题就代表了这种"自由问题"。[2] 最后，该指令使用不同欧盟官方语

---

〔1〕 Schutte-Veenstra, *Harmonisatie van het kapitaalbeschermingsrecht in de EEG*, 278.

〔2〕 Schutte-Veenstra: *Harmonisatie van het kapitaalbeschermingsrecht in de EEG*, 271. Grundmann: *European Company Law Organization, Finance and Capital Markets*, nr. 335 – 359.

言的文本本身有时产生不同解释甚至含义冲突。[1]

《资本指令》对公众公司的资本条件达成了一定程度的协调，但这并不适用于私人公司，因为私人公司不属于该指令的调整范围。虽然有些成员国对私人公司也执行了这些资本条件，但有关这种类型公司的趋势是更具灵活性（见段落2.09c）。[2]

三、《第3号公司法指令》：合并

3.46 《第3号公司法指令》，或称《合并指令》，将有关公司合并的规定引进各成员国的法律。[3] 它规定了在信息、股东和债权人利益保护方面的协调。员工权利保护依据《营业全部或部分转让指令》（2001/23/EC）进行规范。[4] 欧盟委员会的最初议案不仅包括合并，也包括分立，但是后者由另一指令《第6号公司法指令》（见段落3.65）规定。[5] 《第3号公司法指令》的适用范围限于公众公司。根据第2条，该指令包含两种不同的合并方法：(1)吸收合并；(2)新设合并。

（一）吸收合并

3.47 当一家或多家公司未经清算而解散并将其全部财产和负债转让给另一家公司时，即为吸收合并。[6] 作为交换，被合并公司的股东获得存续公司的股份；如果合并条款有规定得话还可以获得现金。现金数额不超过股份票面价值（在没有票面价值的情况下为已发行股份的记账价值）的10%（第3条）。

---

[1] Schutte-Veenstra: *Harmonisatie van het kapitaalbeschermingsrecht in de EEG*, 第268～269页，作者认为最后一种现象涉及该指令第9条第2款、第25条及第33条。

[2] Schutte-Veenstra: *Harmonisatie van het kapitaalbeschermingsrecht in de EEG*, 第282页。

[3] 1978年10月9日依据《欧共体条约》第54条第3款(g)项制定的《欧共体理事会关于公众有限责任公司合并的第3号指令》((EEC)78/855, OJ 1978, L 295)。

[4] OJ 2001, L 82, 取代了原指令EEC 77/187。

[5] Edwards: *EC Company Law*, 第90页及以下。

[6] 同上，第97页注意到"being wound up without going into liquidation"（不经过清算而终止）在法律英语中应当表述为"being dissolved without being wound up"。

在有些成员国,可以发行无面值股。股份的记账价值通过将公司资本按已发行股份的数量进行划分而取得。允许发行无面值股的成文法规定如《德国股份公司法》(AktG)第8条第3款,《比利时公司法》(Wetboek van Vennootschappen)第453条第3款。

(二)新设合并

3.48 数家公司未经清算而解散并且其全部财产和债务转移到新设公司时,即是新设合并。作为交换,参与合并公司的股东取得新公司股份或者与吸收合并受相同限制的现金(第4条)。

(三)适用的规则

3.49 基本上两类合并适用相同规则。根据第5条,参与合并公司的经营管理机关应当起草书面合并协议。合并协议草案尤其应当详细记载股份交换比率、所支付的现金数额,以及赋予审查草案的独立专家或参与合并公司经营管理机构、监督机构或控制机构成员的特权。每家参与合并公司应当至少在讨论该草案的股东大会召开之日前一个月公布协议草案(第6条)。合并至少应当由各参与合并公司的股东大会同意。成员国应当规定,股东大会作出公司合并决议,应当经出席股东会议股东所持股份或已认购资本所代表表决权的至少三分之二多数通过。但是成员国可以规定,当出席股东会议的股东持有半数以上已认购资本时,简单多数足以通过合并决议。而且在适当情况下,修改公司章程大纲和章程细则也适用这一规则,因为此决议既包括了通过合并协议草案,也包括所有由合并引起的对章程大纲和章程细则的修改。有不同类别股份的,与《第2号公司法指令》类似,受合并影响的每一类别股东要分别表决(第7条)。但是,在具备特殊条件时,成员国法律不必要求存续公司的股东大会批准合并(第8条)。这一例外不适用于新设合并中新设的公司(第23条)。

根据第11条,在股东大会召开之日前至少一个月,所有股东有权在公司登记住所查阅特定文件,如合并协议草案、参与合并公司最近三个会计年度的年度账目和年度报告、经营管理机关解释合并协议草案的报告、专家陈述其认为股份交换比率是否公平合理的报告。

3.50 对于参与合并公司的债权人在合并协议草案公布时已经成

立且尚未到清偿期的债权，成员国法律必须提供充分的保护制度。至少，当参与合并公司的财务状况使得对债权人的保护成为必要时，债权人有权获得充分保护（第 13 条）。当成员国法律没有规定对合并的合法性进行司法性或行政性的预防性监督时，批准合并的股东大会会议记录，在适当情况下还包括在该股东大会之后制订的合并合同，应当以适当的法律形式起草和认证（第 16 条）。成员国法律应当规定公司合并开始生效的日期（第 17 条）。公司合并必须对参与合并的每家公司情况进行公开（第 18 条）。

3.51　《第 3 号公司法指令》提供的保护不仅适用于合并，也适用于与合并相似但不属于第 3 条定义（吸收合并）和第 4 条定义（新设合并）的操作。这两个条款不允许现金支付超过合并公司所发行股份面值的 10%，而且规定一家或多家公司未经清算而终止。成员国允许现金支付超过上述比例，或者允许类似于合并但转让财产的公司并不因此解散的操作的，则适用《第 3 号公司法指令》的数项规定（第 30、31 条）。《第 3 号公司法指令》不涉及仅转让部分财产以换取股份的交易。这种交易属于《第 2 号公司法指令》的调整范围，因为这种交易代表了非现金出资，也属于《关于转让全部或部分营业时员工权利保护的 2001/23/EC 号指令》的调整范围。[1]

3.52　公司合并同时产生不同法律后果。首先，被合并公司的所有财产和债务被转让。其次，被合并公司股东成为存续公司股东。再次，被合并公司终止（第 19 条）。成员国可以规定仅在符合特定的限制性条件时合并方无效。特别是，法院判决仅可基于以下理由宣布合并无效：（1）没有对合并的合法性进行预防性监督；（2）没有以适当法律形式起草和认证；或者（3）股东大会决议依据成员国法是无效或可撤销的（第 22 条）。这将不影响在对合法性进行的预防性监督以外的监督（例如控制合并的政府机关的监督）结束之后，宣布公司合并无效（第 22 条第 3 款）。最后，必须指出该指令第 4 章放松了对存续公司持

〔1〕 OJ 2001, L 82.

有被合并公司90%以上股份时的程序要求,以利于集团内部的合并(见段落10.26)。

(四)跨国合并

3.53 《第3号公司法指令》对成员国有关国内公司合并的法律作出了协调。这一点可以从第2条看出来,第2条要求成员国对受其国内法调整的公司制定有关合并的规则。因为跨国合并可能遇到很多法律与管理困难,欧共体委员会在1985年提出一项关于跨国合并的独立指令草案,直到20年后的2005年10月26日该《第10号公司法指令》才被采纳,2007年生效(见段落3.87)。但是,甚至在此之前,根据法律学者的意见,跨国合并的法律依据既可以是有关公司合并的国际私法,也可以是经过协调的有关国内法。相应地,已经实现了几起跨国合并,但主要是没有涉及员工与债权人的简单案例(见段落8.29)。这种实践已经在一定程度上被欧洲法院的*Sevic*案[2005]认可,欧洲法院认为一个成员国(德国)不得对一家设立于该国的公司与设立于另一成员国(卢森堡)的公司之间完成于2002年的合并拒绝登记。[1]

3.53a 在德国登记的Sevic Systems股份公司与在卢森保登记的Security Vision Concept股份公司同意进行合并,其中Sevic将是合并后存续公司。德国有关主管当局(the Amtsgericht Neuwied)拒绝了将该合并登记于国内商事登记簿的申请,理由是德国有关公司变更的法律仅规定了在德国设立的公司间的合并。

欧洲法院认为:

> 21 (……)主诉讼中争议的这种合并构成一种有效的公司变更方式,它使人们可以在一个单一操作框架内,以新形式不间断地从事特定活动,从而减少其他形式公司联合的复杂性、时间和成本等,例如伴随着财产清算的公司解散及随后以转让的财产设立新公司。

[1] Case C-411/03.

22　到目前为止，在其中一家公司设立于德意志联邦共和国以外的某成员国的情况下，依据国内法，以这种方式进行公司变更是不可能的，德国法律区别对待国内合并和跨国合并，这可能阻止《欧共体条约》规定的开业自由的行使。

23　这种差别待遇构成了《欧共体条约》第43条和第48条规定的一种限制，违背了开业权，只有当其奉行一种与《欧共体条约》相容的合法目标并且为公共利益所必需时才被许可。

其后是欧洲法院的裁决：

对未经清算而解散一家公司并将其全部财产转移到另一家公司的合并，如果这两家公司之一在另一成员国成立，《欧共体条约》第43条和第48条禁止成员国一般性拒绝将该合并记载于国内商事登记簿，假如这两家参与合并公司均在该国境内成立且满足特定条件就可以进行此项登记。

四、《第4号公司法指令》：年度财务报表

3.54　《第4号公司法指令》适用于年度财务报表和年度报告的提交、内容、采用的估值方法以及这些文件的审计和公开。[1] 在关于年度报表的协调进程开始之初，《第4号公司法指令》与关于合并年度报表的《第7号公司法指令》和关于审计的《第8号公司法指令》一起，可以被看作是欧洲会计法的萌芽。这三个指令协调了公司财务信息公开的要求，以使信息公开具有同等性和可比性。由于各成员国不同的会计方法和报告方法，几乎花了10年时间才达成《第4号公司法指令》。这些方法多种多样，从自由性、实用性到高度规范性，从股东导向的信息到以税务会计为基础的信息，甚至到宏观经济导向的信息。因此，估值和折旧规则差异很大，《第4号公司法指令》没有消除所有

---

〔1〕 1978年7月25日依据《欧共体条约》第54(a)条制定的《欧共体理事会关于特定类型公司年度财务报表的第4号公司法指令》[EEC 78/660，OJ 1978，L 222/11(修订后的)]。

的差异。[1] 协调年度报表规则的必要性立足于一项最重要的原则，即年度报表必须真实与公允地反映公司的财产和债务、财务状况和盈亏。为此，《第4号公司法指令》包含了许多详细规定，本书出于必要只做非常概括的讨论。自从采用最初三个指令以来，会计制度已经有了许多发展。从20世纪90年代以来，金融市场的国际化和公司丑闻已经引起了欧盟层面更加全面严格的调整，这当然超越了最初的萌芽阶段。

3.54a 该指令的前言强调了协调会计制度的重要性：

> 协调各国关于特定类型有限责任公司的年度财务报表和年度财务报告的提交、内容、所使用的估值方法及其公开的规定对于保护股东和第三人至关重要。

《第4号公司法指令》的目标在于协调成员国有关公众公司、私人公司和股份有限合伙的法律、条例和行政程序。它同样适用于合伙和无限公司，若它们的无限责任成员均为公众公司、私人公司或股份有限合伙，实际上就享有有限责任。这涉及德国的有限两合公司（GmbH & Co KG，见段落2.46）。但是第57a条规定如果一家有限责任公司的财务报表中包括了其所投资的合伙或无限公司的财务报表，则不适用该指令。该指令还适用于成员国法未调整但其法律形态与上述公司或合伙具有可比性的公司（第1条）。应当注意的是独立的专门适用于银行或其他金融机构的会计指令（86/635/EEC，已修订）以及适用于保险公司的会计指令（91/647/EEC，已修订）已经颁布。

3.55 在世纪之交，安然公司倒闭等公司丑闻刺激了监管机构更加关注公司治理和财务报表可信度。2002年美国的《萨班斯－奥克斯雷法案》[Sarbanes-Oxley Act（SOX）]为上市公司的独立审计人和财务报表问责制设置了新标准。欧盟委员会的第一反应是分析安然倒闭对

---

〔1〕 欧盟委员会：《成员国对第4号公司法指令的执行》（*The Fourth Company Law Directive. Implementation by Member States*），1987年，nr. CB－48－87－484－EN－C。Edwards著：*EC Company Law*，第117页及以下。

其政策的影响，特别是有关财务报告的政策。[1] 随后又设想对会计指令（即第4、7、8号指令）进行四项关键修订以提高公司财务报告的可信度。修订主要确定了以下规则：(1)在欧盟层面强化董事会成员对财务报告和关键性非财务信息的集体责任；(2)增加非上市公司与关联方之间交易的透明度；(3)改善有关资产负债表外安排的信息（包括特殊目的机构[Special Purpose Vehicles(SPV)]的规定；(4)建立上市公司出具年度“公司治理声明”的义务。[2] 该设想的结果是《2006/46/EC号修改指令》，将在以下段落中作简要讨论。[3]

3.56 《第4号公司法指令》（修订后）的内容概述如下。第1条和第2条是一般规定，特别是效力高于其他规定的首要原则——应提供真实和公允意见。为了提供真实和公允意见，在必要情况下应当提供额外信息，特殊情况下可以不适用该指令的其他规定（第2条第3～5款）。第3～6条规定了资产负债表以及损益表的格式。所设置的格式标准是强制性的，但中小型公司可以被许可采用合并数个项目的格式（第11、27条）。而且，该指令规定了年度报表（第8条）和年度报告（第9条）附注的最低内容要求。显然，年度报表中显示的项目必须经过估价，第7条和第7a条规定了估价规则。这些规则既有一般原则，

---

[1] *A first EU response to Enron related policy issues*, *Note for the informal Ecofin Council Oviedo* 12 *and* 13 *Apr*. 2002, <www.europa.eu.int/comm/internal_market/financial-reporting/index_en.htm>.

[2] 2006年6月14日《欧洲议会与理事会关于修改〈理事会关于特定类型公司年度账目的78/660/EEC号指令〉、〈关于综合账目的83/349/EEC号指令〉、〈关于银行和其他金融机构的年度财务报表和合并财务报表的86/635/EEC号指令〉及〈关于保险公司的年度财务报表与合并财务报表的91/674/EEC号指令〉的2006/46/EC号指令》。依据《关于修改理事会78/660/EEC号指令与83/349/EEC号指令的修改指令建议》，布鲁塞尔，2004年10月27日，COM(2004)725 final。

[3] 2006年6月14日《欧洲议会与理事会关于修改〈理事会关于特定类型公司年度财务报表的78/660/EEC号指令〉、〈关于合并财务报表的83/349/EEC号指令〉、〈关于银行和其他金融机构的年度财务报表和合并财务报表的86/635/EEC号指令〉及〈关于保险公司的年度财务报表与合并财务报表的91/674/EEC号指令〉的2006/46/EC号指令》（OJ 2006，L 224）。

例如公司被推定为作为一个持续营业的企业在进行经营活动(第31条(a)项),又如年度财务报表中显示的项目应当按照购买价格或生产成本原则进行估价,也有具体规定,例如必须在最多不超过5年期限内从"资产"科目下删除开办费、研究与开发成本、商誉(第34、37条)。但是成员国可以许可公司在超过5年的期限内删除商誉,条件是该期限不超过该资产的经济寿命(第37条第(2)项)。

3.56a 2001年,该指令进行了修订,增加了第7a条,允许对金融工具不使用传统估价根据(购买价格或生产成本)而以"公允价值"进行估价。这种价值应参照一个可靠市场的市场价值,或者被普遍接受的可以确保合理的市场价值近似值的估价模型决定(第42a条、42b条)。

3.57 金融市场的国际化要求对公开上市交易公司采用一套高质量的国际会计准则(IAS),使其财务报表在全球范围内具有可比性。否则,寻求资本的大型欧洲公司在全球资本市场,如纽约证券交易所(NYSE),必须专门准备第二套财务报表。[1] 为了跟上国际化步伐,欧盟委员会在其1999年《金融服务行动计划》(FSAP)中提议制定一项欧盟上市公司自2005年开始采用国际会计准则(IAS)的条例。该条例于2002年通过,授予欧盟委员会关于国际会计准则在欧盟内的适用性的决定权(EC 1606/2002)。有一个会计监管委员会(Accounting Regubtory Committee)(第6条)协助欧盟委员会。欧盟委员会已经采用了数项国际会计准则。[2] 这些标准适用于上市公司的合并报表,但成员国可以许可或者要求其他公司遵照IAS置备其年度报表(第4条)。

3.57a 已于2001年被International Accounting Standards Board(IASB)取代的International Accounting Standards Committee(IASC)最

---

〔1〕 Accounting Harmonisation, A new strategy vis-à-vis international harmonisation, Communication by the Commission, COM95(508).

〔2〕 有关概述见:www. europa. eu. int/comm/internal_market/accounting/index_en. htm。

初制订了《国际会计准则》(IAS)。IASB 是一个位于英国伦敦的独立的会计准则设计者,在主办方 IASC 基金会支持下运作,后者是一家在美国特拉华州设立的非盈利性公司。[1]

3.58 关于信息公开,该指令规定已正式批准的年度报表、年度报告和对报表的审计意见应当按照《第 1 号公司法指令》公布。成员国可以允许年度报告不以这种方式公布,但必须保证可以经请求取得一份报告复本(第 47 条)。中小型公司可以不完全照此进行,而是公布简化的资产负债表和简化的报表附注(第 47 条)。成员国可以免除小型公司置备年度报告的义务(第 46 条第(3)项)。年度报表必须由经过授权的人员进行审计(这点请看《第 8 号指令》)。只有小型公司可以免除此义务(第 51 条)。

3.59 制作和公开年度报表的义务与责任由第 50b 条和第 50c 条规定。成员国必须确保公司经营管理机构和监督机构的成员共同负有遵守该指令和适用的《国际会计准则》(IAS)的义务。这涉及年度报表、年度报告,适当情况下还涉及公司治理声明。

3.60 《2006 年修改指令》要求上市公司的年度报告中包含一份公司治理声明。该声明必须特别提到该公司应遵守的或自愿适用的公司治理准则。除此以外,还必须声明所有"已采用的国内法要求之外的"关于公司治理实践的信息。依据国内法一家公司违反了公司治理准则或者甚至决定不采用其规定的,则必须解释这样做的原因(第 46 条)。

此外,"资产负责表外安排"的重大风险和益处以及"关联交易"必须在财务会计报表(或合并报表)的附注中进行适当披露(第 43 条第 1 款)。

资产负责表外安排可以是与实体甚至非法人实体之间的没有纳入资产负债表的任何交易或协议。这种安排往往与创设或者利用一个或多个特殊目的实体[Special Purpose Entities(SPEs)]以及旨在达到经

[1] www.iasb.org/about/general.asp。

济、法律、税收、会计等目标的离岸活动有关。2006年指令的序言第9项谈到了这种资产负债表外安排的例子。

在欧盟委员会依据《(EC) No. 1606/2002号条例》而采用的《国际会计准则》(IAS)中可以看到对关联方的定义。IAS第24号指出以下类别为关联方：

(a) 直接或者通过一个或多个中间人间接控制报告企业，或者受报告企业控制，或者与报告企业一起受到控制的企业（包括控股公司、子公司与同系子公司）；

(b) 联营公司（见IAS28，对联营公司投资的会计）；

(c) 拥有对报告企业有重大影响的表决权，且对该表决权有直接或间接利益的个人及其密切家庭成员；

(d) 有权计划、指挥和控制报告企业活动的关键管理人员，包括公司董事和管理人员以及他们的密切家庭成员；

(e) 其表决权实质利益由(c)项或(d)项规定的人员直接或间接拥有的企业，或此类人员能够对其实施重大影响的企业。这包括由报告企业的董事或主要股东拥有的企业，以及与报告企业共同拥有一个关键管理部门成员的企业。

这份名单不如IAS24定义部分最后一句话那样全面："在考虑关联关系的每一种可能性时，应关注这种关系的实质而不仅仅是法律形态。"[1]

中小型公司

3.61　为了修改确定小型和中型公司的数额，《第4号公司法指令》作了多次修订。正如以前指出的，这类公司所负的会计义务较为宽松。相应地，小型公司是在其资产负债表所载日期没有超过以下三项标准中的两项的公司：

---

〔1〕 2003年9月29日依据《(EC)1606/2002号条例》制定的《欧盟委员会采纳特定国际会计准则(IAS)的(EC)1725/2003号条例》(OJ 2003, L 261)。

- 资产负债表总额:4,400,000 欧元;
- 净营业额:8,800,000 欧元;
- 本会计年度的平均雇员人数:50(已修改的第 11 条)。

中型公司是在其资产负债表所载日期未超过以下三项标准中两项的公司:

- 资产负债表总额:17,500,000 欧元;
- 净营业额:35,000,000 欧元;
- 本会计年度的平均雇员人数:250(已修改的第 27 条)。

五、已撤销的《第 5 号公司法指令草案》:公众公司的结构

3.62　1972 年欧盟委员会作出了关于公众公司结构的《第 5 号公司法指令》议案。在欧共体内公众公司有两种类型管理机构。在有的成员国,如英国,此结构基础是单层制(one-tier system),规定只有一个管理机构;而在其他成员国,如德国,则采用双层制。后一体制中,有负责管理公司业务的机构和一个负责对管理机构进行监督的独立机构。但在实践中,即使是在单层制中,也区分了执行董事与仅限于监督职能的非执行董事。欧盟委员会强调分别明确界定管理者的责任与监督者的责任的重要性。在这一方面,双层制看上去更优越,但正如前言所指出的"强制性地全面引进双层制目前是不切实际的,但是这种制度至少应当成为所有公众有限公司可以选择的一种模式。"因此,如果单层制被赋予某些与双层制功能相似的特点,那么可以维持单层制。该议案自提出后进行了多次修改。[1] 尽管如此,仍有争议。所提出的基本问题当然是《第 5 号公司法指令》所追求的统一是确有必要还是并不可取。[2] 不同于影响公司外部调整(*external regulation*,公司与第三人之间的关系)的《第 1 号公司法指令》和《第 2 号公司法指令》,《第 5 号公司法指令》涉及公司的内部结构。一个统一的公司外部结构看上去

---

〔1〕 最早的议案始于 1972 年,OJ 1972,C 7,修正案:OJ 1983,C 240 与 OJ 1991,C 7。

〔2〕 被提议的《第 5 号公司法指令》依据的是《欧共体条约》第 54 条第 3 款(g)项。

可以与各自不同的内部结构并存。再者,可以说没有一种现存结构优于其他结构。每一种体制都有自己的优点与不足。[1]

3.63 为了克服政治阻力,欧盟委员会于1990年作出数项提供了四种员工参与模式的新提案。其结果是有数种选择:单层制或双层制均可与四种员工参与模式中的一种相结合。如果具备所要求的员工人数,就应规定通过以下方式之一在任命监督机构成员或管理机构非执行成员时采取员工参与制(第4条和第21b条):

(a) 三分之一至二分之一的成员由员工任命(德国模式)(第4b条和第21d条);

(b) 由监督机构增选任命,但股东大会上的股东与员工代表均有反对权(荷兰模式)(第4c条)。作为一种替代选择,成员国可以规定不直接涉及监事机构或管理机构成员任命的员工参与制;

(c) 通过一个代表公司员工的机构(劳资委员会模式,works council model)(第4d条和第21e条);

(d) 通过集体同意制度(工会模式,trade union model)(第4e条、第21f条)。

3.64 《第5号公司法指令草案》的重要性多年来已经减退。首先,它关注的事项与公司治理紧密联系,后者在已经有了重大发展的情况下(见段落6.01)仍存在激烈争议。其次,欧洲公司(SE)的引入要求成员国既允许单层制也允许双层制公司结构(见段落4.13及以下)。虽然这一要求仅限于欧洲公司,但当成员国不愿意使国内公司法比欧洲公司法缺乏吸引力时,它会引起国内公众公司面临相同选择。最后,欧洲法院已经大大增强了公司开业自由,这使得企业家根据另一成员国法律设立公司更加便利(见段落2.54及以下)。鉴于公司法在

---

[1] Marcus Lutter 著:'Perspektiven eines europäischen Unternehmensrechts-Versuch einer Summe',ZGR 3(1992):439。还可参 Edward Balls 著:'Speculative Effects of Anglo-American Capitalism',*Financial Times* 11 Jan. 1993。

欧洲的这种发展以及关于被提议的《第 5 号公司法指令》的政治僵局，该草案最终被欧盟委员会撤销并不令人惊讶。[1]

六、《第 6 号公司法指令》：公司分立

3.65　《第 6 号公司法指令》关注公司分立（divisions），但与《第 3 号公司法指令》相反，它并不要求成员国在立法中规定分立程序。[2] 它要求成员国服从该指令，如果成员国许可该指令所适用的操作。公司分立与合并根据同样的原则进行。合并是指存续公司取得一家或多家公司的操作，存续公司既可以是其中一家参与合并的公司（吸收合并），也可以是一家新设公司（新设合并）。被吸收的公司解散后不进行清算，而是将其全部财产与债务转移给存续公司。作为交换，被吸收公司的股东取得存续公司股份。分立，又被称为"分裂"（scissio），[3] 则是基于同样原则。它们的主要区别是被分立的公司将其财产和债务转移给一个以上公司。因此，分立是一个公司将其财产和债务转移到其他数个公司，而在合并时，则是一个或多个公司将其财产和债务仅转移给另一个公司。

3.66　与合并相似，作为转移公司财产与债务的对价，被分立公司的股东在分立中取得股份。分立也可以因收购（被分立公司将其全部财产与债务转移给几个已存在的公司，第 2 条第 1 款）或设立新公司（被分立公司将其全部财产与债务转移给数个新设公司，第 21 条第 1 款）而发生。该指令通过的理由是通过为分立提供相同保护来防止规避适用于合并的担保。段落 3.46 曾指出，《第 3 号公司法指令》和《第 6 号公司法指令》最初包含在同一个提案中。因此，两部指令的规定在很多方面相同或类似并不令人惊讶。差异在于受让公司的多样性。因

---

〔1〕 http://europa.eu/scadplus/leg/en/lvb/l26002.htm; Christiaan W. A. Timmermans 著：*Company Law as Ius Commune*, First Walter van Gerven Lecture (Antwerp/Oxford/New York: Intersentia, 2002)，第 8 页。

〔2〕 1982 年 12 月 17 日依据《欧共体条约》第 54 条第 3 款（g）项制定的《欧共体理事会关于股份有限公司分立的第 6 号公司法指令》(82/891/EEC, OJ 1982, L 378)。

〔3〕 参见 Edwards 著：*EC Company Law*，第 91 页以英文法律语言对这一词汇的介绍。

此,应当关注的是被转移到每个受让公司的财产和债务的准确说明和分配情况,以及受让公司已发行股份向被分立公司股东分配的情况[第3条第2款(h)项、(i)项]。

3.67　该指令允许成员国许可联合分立方式,即收购分立与新设分立结合(第1条第3款)。同《第3号公司法指令》一样,《第6号公司法指令》也包含反规避条款。该指令甚至仍适用于成员国允许现金对价超过所发行股份票面价值10%的情形(第24条)。对成员国允许第1条规定的操作且被分立公司继续存续的,该指令大部分规定仍适用(第25条)。

3.68　如果一项分立受到司法机关的监督,成员国可以免除公司的特定义务。此项选择权仅适用于司法机关具有特定权力,尤其是召开被分立公司的股东大会以决定分立事宜的权力(第23条)。[1]

七、《第7号公司法指令》:合并财务报表

(一)公司集团或"企业联合体"

3.69　许多公司是一家公司集团(group of companies)或《第7号公司法指令》命名此类集团的"企业联合体"(Body of Undertakings)的成员,后一名称显然没有排除其他法律实体。[2] 该指令的目的在于协调为公司集团置备合并财务报表的要求,并且在这个意义上为关于年度财务报表的《第4号公司法指令》完成了收尾工作。显然,我们需要从确定区别公司集团成员与其他公司或实体的标准开始。通常,有两种不同的理念:一种是法律方法,另一种是经济方法。[3] 前者必须有决定性的控制权。如果一家公司在另一公司(或其他法律实体)的股

---

〔1〕 参见Edwards著:*EC Company Law*,第101页。

〔2〕 1983年6月13日通过的以《欧共体条约》第54条第3款(g)项为依据的《欧共体理事会关于合并财务会计报表的第7号公司法指令》(EEC 83/349,OJ 1983,L193)。

〔3〕 M. P. van Achterberg,*De juridische definitie van het economische verschijnsel concern in het ondernemingsrecht* (diss.)(Deventer:Kluwer,1989),151. Edwards,*EC Company Law*,157 et seq.

东大会上拥有多数表决权,它就有义务通知股东自身事业的这种扩展。这是传统的英国和爱尔兰观点。相比之下,经济的或者说欧洲大陆的观点是一个经济实体的财务事务,并且应当反映在合并报表中。这可以导致不同结果,因为拥有多数表决权并不一定意味着经济上的一体化。因此一个集团是否是一个经济实体的关键要素是有效的控制。按照这种观点,如果一个母公司对一个子公司具有支配性影响,不论母公司有多少表决权,他们都构成一个集团。

3.70 在起草讨论过程中观点分歧是一个主要问题。[1] 结果是该指令第1条以法律方法作为出发点,但从第1条中可以看到两种方法。欧盟委员会起初比较偏爱法律方法,因为它可以对合并的范围作出更精确的定义。[2] 法律方法反映在拥有另一公司多数表决权或拥有任命、解除另一公司多数董事权力的公司即是母公司,另一公司就是子公司的规定。如果第一家公司有权依据与第二家公司之间的合同或者第二家公司的章程对第二家公司实施支配性影响,也是如此(第1条第1款(a-c)项)。在这些情形中,母公司(通常为一家控股公司)必须制作合并财务报表和合并年度报告。

而且,如果一家公司是另一家公司的股东或成员,并且因为运用其表决权独立任命了后一公司的大部分董事,那么第一家公司即为母公司。如果依据与其他股东的协议,一家公司单独控制了另一家公司的多数表决权,它也是母公司。(第1条第1款(d)项之(i)和(ii))。

3.71 经济方法可以在第1条第2款找到。它规定除了第1款规定的情形外,如果一家公司有权力实施或者实际上实施了对另一家公司的支配性影响,或者母子公司统一由母公司管理,成员国可以要求这些公司编制合并报表和报告。

---

〔1〕 Edwards, *EC Company Law*, 161.

〔2〕 Karel Van Hulle *Council Directive*(*EEC*)83/349 (Seventh Company Law Directive-Consolidated Accounts) in: Butterworths European Law Service -Company (London: Butterworths, 1992).

3.72 值得注意的是,《第7号公司法指令》没有定义如何构成“集团”(group),而是使用了“企业联合体”(body of undertakings)概念。该指令基本上只是列举了触发合并报表义务的企业之间实际上主要是公司之间的关系。[1] 包含上述列举的《第7号公司法指令》第1条相当复杂,其规定如下:

1. 成员国应当要求受本国法管辖的任何公司(原文是undertaking,外延宽于公司,为便于阅读译为公司——译者注。)制作合并财务报表及合并年度报告,如果该公司(母公司):

(a) 在另一公司(子公司)中拥有股东或成员表决权的大多数;或者

(b) 有权任免另一公司(子公司)的经营管理机关或监督机关成员的大多数,同时也是那家公司的股东或成员;或者

(c) 有权对自己是股东或成员的另一公司(子公司)行使支配性影响,其所依据的是与子公司之间的合同或者子公司的章程大纲或章程条款,而管辖子公司的法律允许其遵循这样的合同或章程规定。成员国不必规定母公司必须是子公司的股东或成员。其法律没有规定这种合同或章程条款的成员国不应当被要求适用本项规定;或者

(d) 是一家公司的股东或成员,并且

(aa) 自前一会计年度至编制合并报表时的会计期间,该公司(子公司)经营管理机关或监督机关的大多数成员,完全是由于母公司行使表决权而任命;或者

(bb) 根据与该公司(子公司)其他股东或成员签订的协议,单独控制该公司股东或成员表决权的大多数。关于此类协议的内容与形式,成员国可以制定更详细的规定。

成员国应当至少规定上述(bb)项涉及的制度安排。

成员国可以将适用上述(aa)项的条件规定为持有股东或成员表决权的20%或更高比例。

但是,当另一家公司拥有上述(a)、(b)或(c)项规定的有关子公司

[1] 参见Edwards著:*EC Company Law*,第161~162页关于最初提案的协商。

的权利时，不应当适用上述(aa)项。

2. 除了第1款规定的情形外，成员国可以要求受国内法管辖的任何公司编制合并财务报表和合并年度报告，如果：

(a)一家公司(母公司)有权实施或者实际上对实施了另一公司(子公司)的决定性影响或控制；或者

(b)一家公司(母公司)与另一公司(子公司)统一由母公司管理。

3.73　在大多数情况下，法律方法与经济方法将引起相同的结果。通常，母公司将持有子公司的多数表决权，同时实施支配性的影响或者统一管理子企业。但是"横向集团"(horizontal group)不符合任一种定义。当公司之间没有多数表决权或控制关系，但依据合同或章程条款进行统一管理，或者这些公司的董事会主要成员相同时，就构成这种集团。该指令第12条规定成员国可以要求归属于横向集团的公司编制合并财务报表和报告。如果成员国作此要求，可以允许将那些不从事工业或商业活动的母公司从合并年度报表中省略(第15条)。一个传统的横向集团的例子是荷兰/英国联合利华集团(the Dutch/British group of Unilever)。荷兰皇家壳牌股份公司(Royal Dutch Shell Plc)成立于2005年，目的是联合由荷兰皇家石油股份公司[N. V. Koninklijke Nederlandsche Petroleum Maatschappij(Royal Dutch)]与壳牌运输贸易股份公司(Shell Transport and Trading Company Plc)组成的前荷兰/英国横向集团。联合的目的主要是为了寻求更加清晰、简洁的公司治理，并加强问责制。[1]

3.74　第1条之后的条文提高了该指令适用范围的精确性。根据第2条，在计算母公司对子公司拥有的多数表决权和任免权时，其他子公司拥有的此类权利必须加到母公司拥有的这些权利上。但是，子公司的表决权总数必须减去子公司自身或孙公司持有的股份的表决权。可以将母子公司间的关系理解成跨国集团结构，因为第3条规定母公

[1] 2004年10月28日，Shell Transport 董事会与 Royal Dutch 董事会宣布他们已经同意向股东建议两家公司联合于一家新的母公司 Royal Dutch Shell plc。请股东们于2005年6月28日参加股东大会对所提议的联合进行表决。

司与其所有子公司都是应当合并报表的公司，不论这些子公司的登记住所位于何处。该指令的另一特征是它的回归性。正如第 3 条第 2 款所规定，“任何子公司的子公司都应当被视为母公司的子公司，应当制作合并报表。”根据第 4 条，合并报表的义务适用于母公司及一家或多家子公司是公众有限公司（PLC）、私人有限公司或股份有限合伙时。

3.75　成员国可以对以下公司免除第 1 条规定的合并报表义务：(1)不干预子公司管理的金融控股公司（第 5 条）；或者(2)本应合并报表但他们合计未超过中型公司标准的公司（第 6 条）（见段落 3.61）。[1] 该指令以数个条文规定了多层集团，目的是协调集团内位于中层的公司合并其各自子公司报表的义务。因此，一个成员国应当使任何同时是子公司的母公司不负与其母公司合并报表的义务，如果它自身的母公司受该成员国法管辖，而且符合其他相应条件，例如其子公司少数股东（如果有得话）同意此豁免（第 7 条）。

（二）合并财务报表的置备与公开

3.76　合并财务报表应当包括合并资产负债表、合并损益表及报表附注。同独立报表一样，它们应当将应合并公司作为一个整体，真实、公允地反映其资产、负债、财务状况、利润及亏损的状况（第 16 条）。原则上，这些报表的格式与《第 4 号公司法指令》规定的一致（第 17 条）。但是，合并报表要求更加特别的估价规则，例如关于公司所持子公司股份的账面价值应与其所代表的公司资本和公积金比例相抵销的规定（第 19、20 条）；以及其他避免重复计算的规则，例如纳入合并报表的公司之间的债权、债务应当从合并报表中剔除（第 26 条）。如果纳入合并报表的一家公司与不纳入合并报表的一家或数家企业共同管理另一家企业，成员国可以允许按比例合并会计报表（第 32 条）。最后，第 34 条要求报表附注载明有关几个事项的信息，包括从估价方法到关于集团构成、资产负债表外的财务承诺与安排信息，从关联交易

---

〔1〕 在计算时必须排除集团内部交易，但成员国可以许可或要求第 6 条第 2 款的替代制度。

到未来税负(第 34 条)。

合并年度报告必须包括第 36 条所规定的事项,特别是要求上市(控股)公司披露集团的内部控制和风险管理制度的主要特点。[1]

3.77 经正式批准的合并报表,连同合并财务报表审计人出具的意见,应当由编制合并报表的公司公布,公布所依据的法律是成员国根据《第 1 号公司法指令》制定的法律。成员国必须确保经营管理机关、监督机关成员在制作合并报表、合并报告时共同负有义务遵守《第 7 号公司法指令》的要求,并在适当情况下遵守《国际会计准则》(IAS)(第 36a 条)。

(三)观点

3.78 因为该指令包含了超过 50 项选择权,成员国的执行结果并不统一,尽管成员国倾向于要求合并报表以达到法律和事实上的控制(后者凭借经济手段)。[2] 如同《第 4 号公司法指令》一样,为了规定金融衍生工具的估价规则,《第 7 号公司法指令》曾由《2001/65/EC 号修改指令》作了修改。[3] 而且,《2003/51/EC 号指令》又增加了关于附加声明及金融与非金融关键绩效指标的规定。[4] 进一步协调上市公司合并报表所提供的财务信息的一项重要刺激因素是自 2005 年起《国际会计准则》(IAS)及《国际财务报告准则》(IFRS)的强制适用(见段落 3.58)。

八、《第 8 号公司法指令》:法定审计

3.79 关于有权对会计文件进行法定审计的人员资格的《第 8 号指令》最初可追溯至 1984 年。这些人员应确保具有独立性、良好声誉,

---

[1] 由《2006/46/EC 号修改指令》增加,与《第 4 号公司法指令》相似。

[2] Company Law, Council Directive (EEC) 83/349, Commentary, *London* 1992, Karel Van Hulle. *Accounting Harmonisation, a New Strategy Vis-à-Vis International Harmonisation*, Communication by the Commission, COM95(508).

[3] OJ 2001, L 283/28.

[4] OJ 2003, L 178/16.

以及高水平的理论知识和实践能力。[1] 此后,欧盟委员会推出了好几项旨在使公司报表的审计程序现代化并强化的通讯(communications)与推荐规范(recommendations)。[2] 珀玛拉特(Parmalat)、阿霍德(Ahold)等公司丑闻,以及美国采取的措施(2002 年萨班斯法案)导致了一个新的《第 8 号公司法指令》,它于 2004 年由欧盟委员会提议,于 2005 年由欧洲议会批准。[3]

3.80 《第 8 号公司法指令》(新)涉及年度财务报表与合并财务报表的审计,根据欧共体法,这种审计是强制性的。相应地,被称为法定审计。就像《第 4 号公司法指令》、《第 7 号公司法指令》以及那些关于银行、其他金融机构及保险公司的年度报表与合并报表的指令所规定的一样,《第 8 号公司法指令》序言中介绍了审计义务。《第 8 号公司法指令》规定的主要事项是法定审计人员的责任、独立性、道德品质保证,对审计行业的公众监督及改善欧盟内监督机构之间的合作。

3.81 正如序言第(5)项指出的,该指令的宗旨是法定审计要求的高层次协调,虽然不是全部。这意味着成员国可以制定更加严格的要求,除非该指令另有规定。该指令促进审计人员在欧盟范围内开展审计业务,因为法定审计师依据该指令取得的审计资格在各成员国之间被视为同等。因此,成员国不得再坚持由地方批准的审计师持有一个审计事务所的多数投票权。而且,该指令不是独自处理与法定审计

---

〔1〕 1984 年 4 月 10 日根据《欧共体条约》第 54 条制定的《欧共体理事会关于批准负责对会计文件进行法定审计的人员的第 8 号公司法指令》((*EEC*)84/253,OJ,1984 L 126。还请参见 Van Hulle 著:*Company Law*, *Council Directive*(*EEC*)84/253, *Commentary*。

〔2〕 'Statutory audit in the European Union, the way forward'(OJ 1998, C 143 of 8 May 1998)(Communication), Recommendation 2001/256/EC on quality assurance for the statutory audit in the European Union: minimum requirements, Recommendation 2002/590/EC-Statutory Auditors' Independence in the EU: A Set of Fundamental Principles, 'Reinforcing the Statutory audit in the European Union'(OJ 2003, C 236 of 2 Oct. 2003)(Communication), 'Preventing and combating corporate and financial malpractice' 2004(Communication).

〔3〕 Brussels 30 Sep. 2005, 2004/0065(COD).

有关的所有事项，而是授权欧盟委员会制定关于道德标准、独立性及国际审计准则的执行措施。

3.82　欧盟理事会1999年6月28日的决定[1]将采取执行措施的权力授予了欧盟委员会。一个基本文件，例如一项指令（理事会决定第1条），可以授予这种权力。采取执行方式有四种不同的程序。第一种是建议程序，各成员国代表组成一个建议委员会（第3条）来协助欧盟委员会，欧盟委员会将最大限度地考虑该委员会提交的意见。第二种是管理程序，各成员国代表组成一个管理委员会（第4条）来协助欧盟委员会。如果欧盟委员会采取的方式与该委员会意见不一致，欧盟委员会必须将这些方式传达给欧盟理事会。欧盟委员会可以延迟采用这些方式，于是欧盟理事会可以作出不同决定。第三种方式是调整程序，各成员国代表组成一个委员会（第5条）以协助欧盟委员会，如果欧盟委员会设想的方式与该委员会的意见不一致，或者该委员会没有提交意见，欧盟委员会必须向理事会提交一项关于拟采取方式的议案，并通知欧洲议会。第四种为保障程序，适用于基本文件授予欧盟委员会保障措施决定权的情形（第6条）。这时欧盟委员会必须通知理事会和作出决定的成员国。任何成员国均可在有关基本文件规定的期限内将此决定提交给理事会。理事会可以采取不同的态度，或者在基本文件对此有规定时可以确认、修改或撤销由欧盟委员会采纳的决定。

3.83　《第8号公司法指令》要求成员国指定负责核准法定审计师与审计事务所的主管机关[第3条第(2)项]。个人只有在达到大学入学水平或相同水平，然后完成理论辅导课程，再经过实习训练，最后通过由有关成员国组织或认可的、大学毕业或同等水平的专业考试，才可以被核准从事法定审计（第6条）。成员国必须建立一种认可在其他成员国得到核准的法定审计师的程序，这种程序不得超出能力测试范围。此测试必须以成员国批准的语言之一进行，只能涵盖成员国内与法定审计有关的法律法规知识（第14条）。审计师和审计事务所必

---

〔1〕　1999/468/EC, OJ 1999, L 184.

须在一个公共登记簿上进行登记。成员国必须确保公众可以通过电子方式进入此登记簿(第15条)。成员国必须禁止法定审计师或审计事务所与被审计单位存在任何直接或间接的财务、商事或雇佣关系,以确保审计师的独立性(第22条1a款)。法定审计师或审计事务所必须由被审计单位的股东会或股东任命,除非成员国允许有其他可以确保法定审计师独立于被审计公司管理层的任命制度(第35条)。

3.84 成员国必须确保有效的调查、惩罚制度,以发现、纠正和阻止不适当的法定审计(第30条第1款)。成员国还必须组织一个有效的法定审计公众监督制度(第31条第1款)。这些制度必须可以在欧盟层面上相互配合(第32条)。

3.84a 欧盟委员会应当在2006年年底之前提交一份关于国家责任规则影响的报告,该国家责任涉及在欧洲资本市场进行法定审计和为法定审计师与审计事务所保险。这包括了一项限制经济责任的客观分析。根据这份报告,欧盟委员会应当在它认为合适的时候向成员国提交推荐函(第30a条)。

3.85 成员国必须尊重原籍国规范原则和其他成员国的监督(第33条第1款)。在对合并报表进行法定审计时,成员国不得对成立于其他成员国的子公司的法定审计师或审计事务所附加额外要求(第33条第2款)。当一家公司的证券在另一成员国的受管制市场上交易,而不是在该公司登记住所所在国交易时,适用类似的规则。证券交易所在的成员国不得对该公司的年度或合并报表的法定审计师或审计事务所附加额外要求(第33条第3款)。

九、已撤销的《第9号公司法指令》:公司集团

3.86 当然,欧盟委员会起初计划继《第8号公司法指令》后采用《第9号公司法指令》对公司集团进行全面规范。实际上,只提出了一个《第9号公司法指令》初步草案,随之而来的大量批评就阻止了该草案被提交给欧盟理事会。其后的1993年,欧盟委员会发动了一个欧洲范围内的关于公司集团的比较研究,以调查各成员国中公司集团现象

的发展状况。[1] 是否有必要对公司集团进行欧盟立法的问题在法学著述中进行了更深入的辩论。[2] 根据《公司法行动计划》,欧盟委员会认为没必要重建《第 9 号公司法指令》,但是该《公司法行动计划》宣称将在中期引进一套公司集团的框架性规则。此规则必须允许集团下属公司的管理层采纳和执行统一的集团政策,该政策必须使该公司债权人的利益得到有效保护,必须使该公司股东的利益和负担达到公允平衡。[3] 公司集团法将在第 10 章进一步讨论。

十、《第 10 号公司法指令》:跨国合并

3.87 《第 10 号公司指令》涉及跨国合并,但如同段落 3.53 提到过的,该指令并没有为这类交易规定一个唯一方式。《第 10 号公司法指令》的出发点是《第 3 号公司法指令》对受同一国家法律管辖的公司之间合并规则的协调。[4] 与适用《第 3 号公司法指令》的合并类似,跨国合并也可以通过收购或新设公司而实现,其后果也与国内合并

---

〔1〕 Eddy Wymeersch(ed.),Groups of Companies in the EEC:A Survey Report to the European Commission on the Law Relating to Corporate Groups in Various Member States,with a foreword by G. E. Fitchew(Berlin/New York:1993).

〔2〕 例如:Eddy Wymeersch,'Do We Need a Law on Groups of Companies?' in *Capital Markets and Company Law*,eds K. Hopt & E. Wymeersch(Oxford:Oxford University Press, 2003),573 – 600. 还请参见:the report 'Corporate Group Law for Europe' by an International Group of legal academics(Forum Europaeum),*European Business Organization Law Review* 1,no. 2(2000):165 et seq。

〔3〕 *Modernising Company Law and Enhancing Corporate Governance*,COM(2003)284 final,18 也概括了初步草案的要领。一套框架规则的相法至 2006 年关于该行动计划未来优先事项的磋商中没有得到支持,*Summary Report on the Consultation on Future Priorities for the Action Plan on Modernising Company Law and Enhancing Corporate Governance in the European Union*,见 http://ec. europa. eu/internal_market/company/consultation/index_en. htm#060706。

〔4〕 2005 年 10 月 26 日《关于享有有限责任的公司跨国合并的 2005/56/EC 指令》。最初的提案源自 1984 年:依据《欧共条条约》第 54 条第 3 款(g)项制定的《关于公众有限公司跨国合并的第 10 号公司法指令的提案》(COM(84)727 final),OJ 1985, C 23。

相同。[1]《第10号公司法指令》对跨国合并规定了与国内合并不同的额外要求,例如对采取适当法律形式的文件的制作与认证的必要同步。一项跨国合并一旦完成,就不得被宣布无效,而《第3号公司法指令》允许对国内合并作此宣布。[2] 不同于《第3号公司法指令》,《第10号公司法指令》没有限于公众公司,而是涉及其他有限责任的公司类型,虽然只在国内法允许此类公司合并时。最后,《第10号公司法指令》还规定了《第3号公司法指令》未涉及的员工参与问题。但《第10号指令》的起草者在这一方面具有借鉴以前有关欧洲劳资委员会(EWC)和欧洲公司(SE)员工参与制指令的优势。《第10号公司法指令》第16条第2款和第3款旨在防止损害跨国合并中的员工参与权。

3.87a　例如,当一家拥有员工共同决策制监事会的德国股份公司(AG)被一家英国股份公司吸收合并时,就会产生跨国合并中的员工参与问题。如果没有额外规定,德国公司员工可能失去(在监事会中共同决策的)参与权,因为英国公司倾向于不设这种监事会,而且在英国法中根本不存在员工共同决策。请注意,甚至在德国,员工共同决策也具有严格的国民性,只对德国公司的员工提供这种参与权。因此,在一家英国股份公司被一家德国股份公司吸收合并的相反情况下,英国股份公司的员工也得不到共同决策权。此时,将存续公司变更为一家欧洲公司(SE)并且达成一份《欧洲公司指令》所规定的协议,就可以使所有员工都获得参与权。

3.88　适用于跨国合并的规则在很多方面与《第3号公司法指令》规定的国内合并规则相同。因为具有跨国因素,这些规则也与通过合并设立欧洲公司(SE)的规则相同(段落4.18)。跨国合并生效的日期由管辖存续公司的法律决定(第12条)。

3.88a　《第10号公司法指令》的主要规定如下:

-参与合并公司的经营管理机关必须起草跨国合并共同草案条

---

〔1〕《第10号公司法指令》第2、14条。

〔2〕《第10号公司法指令》第17条,《第3号公司法指令》第22条。

款，其中应包括以下情况：对雇佣可能产生的影响，参与合并公司开始在会计上被当作合并后公司对待的日期，合并形成的公司的地位，以及有关员工参与安排的决定程序的信息（第5条）。

- 共同草案条款必须依据《第1号公司法指令》在每个参与合并公司的国家公报上公布。公布必须在决议合并的股东大会召开之日至少一个月以前进行。与国内合并相比，要求提供对债权人和少数股东（成员）行使权利的安排的额外信息（第6条）。[1]
- 合并的法律与经济报告必须由每家参与合并公司的经营管理机关起草。此报告必须对股东（成员）、员工或员工代表公开。依据国内法提交员工代表意见的，此意见必须附于报告上（第7条）。
- 在决议合并的股东大会召开至少一个月以前必须制作一份独立专家报告。此报告应至少包括《第3号公司法指令》对国内合并规定的同样详情（第8条）。[2]
- 每一家参与合并公司的股东大会批准合并共同草案条款。共同草案条款可以规定以股东大会明确批准对存续公司的员工参与安排作为合并实施条件（第9条）。[3]
- 必须由每个有关成员国的主管机关（法院、公证人或其他机关）出具已经在各有关成员国适当完成合并前行为与手续的结论性

---

〔1〕 关于所提供保护的评论，见：Marieke Wyckaert & Koen Geens, 'Cross-border Mergers and Minority Protection: An Open-ended Harmonization', European Company Law 5, no. 6 (Dec. 2008): 288－296, Geert T. M. J. Raaijmakers & Thijs P. H. Olthoff, 'Creditor Protection in Cross-border Mergers: Unfinished Business', European Company Law 5, no. 6 (Dec. 2008): 305－308。

〔2〕 如果参与合并公司的所有股东均同意，那么可以不要求出具独立专家报告（第8条第4款）。

〔3〕 如同《第3号公司法指令》，成员国法律不必要求收购公司股东大会批准合并（第9条第3款）。

证明(第10条)。

- 如果成员国规定了一个详细审查、修改股份交换比例或补偿合并后受影响的少数股东的特殊程序,只有在其他公司股东大会批准合并时明确接受该程序的,该程序才能适用(第10条第3款,见段落4.18)。
- 跨国合并完成的合法性必须由登记存续公司的成员国的主管机关进行详细审查(第11条)。
- 一家持有被吸收公司所有表决权的公司(第15条)进行跨国吸收合并的,适用简化程序。
- 跨国合并后的存续公司应遵循其住所所在成员国的员工参与规则(第16条第1款)。若这些规则导致员工参与权全部或部分丧失,则不适用(第16条第2款)。这时,界定员工参与制的范围与权利准用欧洲公司(SE)设立规则(第16条第3款,见段落4.35及以下)。跨国合并不得以排除已有员工参与的方式进行(第16条第6款)。当存续公司在员工参与制下运作时,它必须确保员工权利在其后三年内遇有国内公司合并时受到保护(第16条第7款)。

3.89　《第10号公司法指令》可追溯至2005年10月26日,成员国应当在2007年12月15日之前实施该指令(第19条)。实施5年后,欧盟委员会将对该指令进行审查(第18条)。

十一、《第11号公司法指令》:分公司

3.90　《第11号公司法指令》所涉事项比《第10号公司法指令》简单得多。[1] 它的目的在于协调有关分公司的信息披露要求。设立分公司,同设立子公司一样,是公司在另一成员国行使设立权的可能性之一。《第11号公司法指令》起源于1989年,宗旨是消除分公司与子公司在信息披露要求方面的差异。由于对制定、审计、披露公司文件的

[1] 1989年12月《欧共体理事会关于受某一成员国法律管辖的特定类型公司在另一成员国设立分公司的信息披露要求的第11号指令》(EEC)89/666,OJ 1989,L395。

国内法的协调,以前关于分公司文件的国内规定可能不再合理。为此,该指令包括了关于《第1号公司法指令》适用的公司(公众公司、私人公司、股份有限合伙)设立分公司的数项规定。有关分公司文件与记载事项的强制披露限于第2条、第3条所列举的范围。

3.91 这些要披露的文件与记载事项包括分公司的活动、公司名称、保存公司档案的登记机关。另外还包括分公司办事处和被授权代表公司的人员的任命与解任、依据管辖该公司的成员国法律编制、审计和公开的公司会计文件(第2、3条)。但是,分公司所在成员国可以规定会计文件以另一种欧共体官方语言公开,这些文件的翻译文本应当经过认证(第4条)。该指令要求来自第三国的公司的分公司与来自成员国的公司的分公司公开相同的记载事项与文件(第7~9条)。会计文件没有依据《第4号公司法指令》和《第7号公司法指令》或运用相同方式制作的,成员国可以要求制作并公开与分公司活动相关的会计文件(第9条)。

3.92 每个成员国应当确定由谁负责完成披露手续(第13条)。未披露该指令规定事项的,成员国应规定适当处罚(第12条)。该指令不适用于某些信用机构和金融机构所设的分公司,不必适用于保险公司开设的分公司(第14条)。对于这些分支机构,欧盟已经规划或采用了特别措施。

十二、《第12号公司法指令》:一人公司

3.93 传统上,国内法将公司视为两个以上的人之间的合作形式。例如,设立一家私人公司要求至少有两人,设立一家公众公司有时甚至会要求更多人。[1] 但是,如果只有一个人在经济上参与公司,有多名股东并不能反映真实状况。

3.94 在有些成员国,公司成立之后只有一个成员并不违法。在

---

〔1〕 Grundmann, *European Company Law. Organization, Finance and Capital Markets*, nr. 324.

荷兰,一个企业主往往在持有一股的帮手的帮助下设立公司。这一股在公司成立后立即被转让给这个企业主。逐渐地,荷兰法律发生改变,自1987年起允许由一个人设立公司。在德国,一人私人公司出现得更早。《德国有限责任公司法》自1980年修改后包含了几个关于一人公司的特别规定。[1] 1994年,德国还允许一人股份公司(常被称为the *kleine AG*)。[2] 在英国,虽然一人公司在遇到诸如因要求有两个成员召开股东年会因而不能召开此股东会之类原因和问题而解散,一人公司本身并不违法。[3] 如果一人股东向其提名的持股人转让一股,这些问题就可以避免。鉴于此,一人公司特别规则有时被视为"荒谬,并且……只是粗心者的一个陷阱"。[4]

3.95 《第12号公司法指令》的宗旨在于消除各成员国一人公司立法的分歧。[5] 它要求成员国许可一人公司,以使单个企业主通过设立公司而享受有限责任。因此,一人公司只能适用于私人公司,但是如果成员国许可得话也可以适用于公众公司(第6条)。

依据该指令:

- 公司可以在设立时仅有一名股东,当公司的全部股份转移给一人单独持有时,也可以仅有一名股东(第2条第1款)。
- 说明公司变为一人公司的详情和一人股东的身份必须归档或登记,并且公开(第3条)。
- 一人股东应当行使股东会的权力,行使该权力所做的决定应当记载于会议记录或以书面形式起草(第4条)。

---

〔1〕《德国有限责任公司法》第1条。Karsten Schmidt, *Gesellschaftsrecht*, 4. Auflage (Köln/Berlin/Bonn/ München: Carl Heymanns Verlag, 2002), 1243.

〔2〕《德国股份公司法》第42条, Drucksache 12/6721(1994)。

〔3〕修订前的《1985年英国公司法》第366条。

〔4〕John Murray, 'New Concepts in Corporate Law', in *Corporate Law, the European Dimension*, eds Philip Bentley et al., (London/Dublin/Edinburgh/Munich: Butterworth, 1991), 19.

〔5〕1989年12月21日《欧共体理事会关于一人有限责任公司的第12号公司法指令》(EEC)89/667, OJ 1990, C 240/7。

- 一人股东代表公司与自己订立的合同也应当记载于会议记录或以书面形式起草,成员国不必将这项规定适用于正常情况下的日常运营(第5条)。
- 成员国可以保留对一个自然人作为数家公司(一人公司集团)的一人股东或者一人公司作为另一公司的一人股东的情形的特殊规定或处罚(第2条)。

十三、《第13号公司法指令》:收购要约

3.96 取得一家公司控制权的最普通方式就是收购(takeover),即收购那家公司股份直到其所代表的表决权足以达到控制比例。欧盟委员会在其致力于完善内部市场的《白皮书》中宣布了对关于收购要约和其他一般要约的成员国法律的协调,目的是在单一市场内为收购建立一个公平竞争环境。欧盟委员会从积极角度看待收购,只要收购鼓励通过市场力量选择最具竞争力的公司。因此,为了消除上述收购"领域"的障碍,一项关于《第13号公司法指令》的议案出台。[1] 该议案引发了一场长久的争论,直至欧洲议会拒绝了指令草案后由欧盟委员会组织的高水平公司法专家小组作出《2002年关于收购要约问题的报告》才得出结论。[2] 委托该专家小组是为了重新考虑是否应当以及在何种程度上建立收购要约的公平竞争环境。专家小组评估了公司法中的这种机制与结构,发现有可能挫败或抑制收购要约。建立公平竞争环境有两个推荐指导原则。第一,股东作出决议对收购要约应当是决定性的。第二,风险负担资本与控制权之间必须有均衡比例。后一项原则意味着,拥有参与分配公司赢利或清算剩余财产的无限权利的股本,通常应在行使控制权(表决权)时承

---

〔1〕《关于收购与其他一般要约的障碍》,欧盟委员会至理事会的通讯(COM(88)823 final)。《欧盟理事会关于收购与其他一般出价的第13号公司法指令》的修改议案,OJ 1990,C 240/7。

〔2〕2001年9月4日新闻公告IP/01/1237。

担相应风险。[1]

3.96a 关于《第13号指令》的首次议案在1989年提出，引起强烈反响，主要是因为人们认为它通过阻止部分防御措施而向敌意收购打开大门。反对者认为该指令的后果是只有不得不采取法律防御措施的公司才被暴露于敌意收购，而机构防御却没有包括在指令中，例如存在于其他成员国的交叉持股。[2] 高水平专家小组递交了第一份关于《第13号公司法指令》（收购指令）有关事项的报告后，欧盟委员会延长对专家小组的委托，以解决若干公司治理问题，这导致了第二份报告：《公司法的欧洲现代调整框架》。[3]

3.97 《第13号公司法指令》的调整范围是对公司证券的收购要约，这些公司受成员国法律管辖并且其全部或者部分证券在一个规范的市场上挂牌交易。该指令不适用于从事集合投资的公司和成员国的中央银行所发行的证券（第1条）。在实施该指令时，成员国必须遵守一系列基本原则。这些基本原则规定在第3条中：

(a) 受要约公司的所有同类证券持有人享有平等待遇，并且如果一名持股人取得对公司的控制权，其他持股人应当受到保护；
(b) 受要约人应当拥有充分的时间和信息对要约作出明智决策；
(c) 受要约公司的董事会的行为符合公司的整体利益，并且不得剥夺证券持有人考虑决定收购交易益处的机会；
(d) 不得为受要约公司、要约公司或其他任何有关收购要约的公司的证券创造虚假的市场；

---

[1] 《关于收购要约问题的报告》(*Report on Issues Related to Takeover Bids*) (Brussels: 10 Jan. 2002)，第2～3页，参见 http://ec.europa.eu/internal_market/company/docs/modern/report_en.pdf。

[2] OJ 1989, C 64, 14 Mar. 1989, 8; with explanatory memorandum, Suppl. 3/89-Bull. EC. J. M. M. Maeijer & K. Geens (eds), *Defensive Measures against Hostile Takeovers in the Common Market* (Dordrecht/Boston/London: 1990). K. Byttebier, 'Protective and Defensive Measures against Hostile Take-Overs', in *Further Perspectives in Financial Integration in Europe* ed. Eddy Wymeersch (Berlin/New York: 1994), 181.

[3] Brussels, 4 Nov. 2002.

(e) 如果要约中允诺了现金对价,那么只有在要约人确保可以足额支付任何现金对价,并且要约人采取了所有合理措施确保证券对价或现金与证券结合对价的履行后,要约人才应当宣布要约;[1]

(f) 收购一家公司证券的要约对该受要约公司业务的妨碍不得超过合理期限。[2]

3.98 《第 13 号公司法指令》的主要条款是关于强制要约。任何因取得一家公司特定比例表决权而控制该公司的人,都有义务发出以合理价格取得该公司所有证券的要约(第 5 条第 1 款)。代表控制权的表决权比例应由该公司住所地成员国的法律规定(第 5 条第 3 款)。发出要约的决定(不论是否为强制要约)必须毫不迟疑地公布,并且通知有关成员国的监管机构。接着必须在适当时间公布要约文件,其中包括证券持有人对要约作出决策的必要信息。但要约文件首先要报送给监管机构(第 6 条)。

3.98a 设置强制要约的目的是阻止投机要约,及确保保护持有少数股份(证券)者。成员国可以自由设立进一步的(少数)证券持有人保护措施。例如,在要约人未取得公司控制权时,成员国可以要求部分要约(前言第 9 条)。第 5 条第 1 款提到的合理价格是要约人在要约前 6 至 12 个月的期间内对相同证券支付的最高价格。成员国可以授权监管机构在明确确定的情形下调整价格,例如该证券的市场价格被特别事件影响的情况(第 5 条第 4 款)。

3.99 自发布收购要约的决定被公布之时起,除了寻求替代收购要约外,受要约公司的董事会在采取任何导致要约受挫的行动前应当获得股东大会的事先授权(第 9 条)。受要约公司董事会应当公布一份对要约表明意见的文件(第 9 条第 5 款)。

3.99a 受要约公司董事会的意见应当包括执行收购要约对公司

---

[1] 第 5 条第 5 款允许这种对价。

[2] 所使用的术语由第 2 条定义。

所有利益特别是雇佣问题的影响。还应当考虑要约人对该公司的战略计划和对雇佣可能产生的影响,以及要约文件陈述的公司营业地点。同时,受要约公司董事会应当将其意见告知员工代表,或者在没有员工代表时告知员工。若受要约公司董事会及时收到一份来自员工代表的关于收购要约对雇佣的影响的独立意见,该意见应当被附在该文件上(第9条第5款)。公司采取双层制的,"董事会"(board)既指董事会,也指监事会(第9条第6款)。

3.100 收购要约前的安排也可以具有反收购效果。因此,该指令第11条在这一点上规定了一个"突破"。章程或合同安排的证券转让限制在要约的承诺期内不得适用于要约人。对表决权的限制在决定防御措施的股东会议上不产生任何效力,多重表决权在该会议上只具有一个表决权。一旦要约人持有至少75%的有表决权资本,要约终止后由要约人召集的目的在于修改章程或解任、任命董事会成员的首次股东会议适用同样规则。成员国应当规定必须对持股人因权利被上述"突破"撤销而遭受的损失进行补偿的条款(第12条第1款)。

3.101 成员国有权不要求住所位于本国的公司适用第9条、第11条所规定的限制(第12条)。因此,受要约公司的董事会可以在收购要约发出后自由采用防御机制,不受制于突破规则。但是,成员国选择不适用的,应当赋予国内公司适用上述限制的选择权。这样公司可以选择适用该指令的基本规定,即在要约公开发出后不得采用防御措施,不得阻碍新的控制股东的决定。选择适用的决定应当由股东大会作出,应当向国内监管机构及该公司证券上市的成员国的所有监管机构通告。然而,这样一家"未受保护"的公司在面对一家"受保护"公司的收购要约时,不应当是无防御的。因此,成员国可以引进一项互惠规则,使"选择适用"的公司免于适用第9条、11条的限制,如果他们成为一家不适用相同条款的公司的收购目标。[1]

---

〔1〕 ECL 2004/1,Defensive Measures against Hostile Takeovers and the Impact of the Thirteenth EC Directive.

十四、计划中的《第 14 号公司法指令》:公司住所变更

3.102　早在 1997 年,欧盟委员会在公开咨询后认识到“一项迫切需要”,即欧盟法律允许公司将住所转移到另一成员国而无须在原成员国解散。公司在原成员国解散,接着在另一成员国取得法人资格,容易产生法律和税务难题。这些难题可以通过允许公司变更住所来避免。而且,公司可以通过选择最合适的国内法来改变其位置与组织结构。[1] 欧洲法院曾经认为这种住所变更不能仅仅依据《欧区体条约》第 43 条规定的开业权,而没有进一步法律依据。[2] 因此,欧盟委员会在其《2003 年公司法行动计划》中将起草《第 14 号公司法指令》列于优先考虑清单。[3] 2006 年关于行动计划优先考虑事项的磋商与听证会对此进行了确认。[4] 尽管欧盟委员觉察到了紧迫性,但仍在 2007 年公布了一项对该计划指令影响的评估,负责委员决定这一问题并不需要在欧盟层面采取行动,认为关于跨国合并的《第 10 号公司法指令》的影响尚未明晰,变更住所问题将由欧洲法院在不久的将来进行解释。[5] 然而,欧洲议会委员会不赞成此项工作的暂停,建议关于跨国

---

〔1〕 Press Release(新闻发布),IP/04/270,Brussels,26 Feb. 2004。

〔2〕 案件 81/87(*Daily Mail*)[1988] ECR 5483。欧洲法院曾经解释《欧共体条约》第 43 条为允许在某种程度上转移公司实际住所(见段落 2.54 及以下)。

〔3〕 欧盟委员会至欧盟理事会和欧洲议会的通讯——Modernising Company Law and Enhancing Corporate Governance in the European Union-A Plan to Move Forward, COM(2003)284。

〔4〕 欧盟委员会内部市场和服务总署(Directorate General for Internal Market and Services):Summary report on the consultation on future priorities for the Action Plan on Company Law and Corporate Governance,第 34 – 35 条,www. ec. europa. eu/internal_market/company/consultation/index_en. htm。

〔5〕 依据《对跨国变更公司登记住所的指令的影响评价》(*Impact Assessment on the Directive on the Cross-border Transfer of Registered Office*),Commission Staff Working Document,Brussels,12 Dec. 2007 SEC(2007)1707。Philippe Pellé 著:‘Companies Crossing Borders within Europe’,*European Company Law* 5, no. 6(Dec. 2008),第 284 ~ 287 页。

变更公司住所的指令应当在2009年推出。[1]

3.103 根据欧盟委员会先前的观点，拟定的《第14号公司法指令》应当迫使每个成员国承认公司依照适当程序变更住所的权利。股东大会变更住所的决定应当提前公开，公司在东道国（迁入国——译者注）登记所必不可少的章程修改也应当提前公开。其他登记要求也可能适用，例如登记住所与实际住所在均在东道国。这在东道国对本国公司奉行真实住所主义时当然如此。股东大会所作决定的合法性应当受到原成员国的监督，而东道国则应监督该公司被赋予法人资格及登记的国内实质性正式程序要求。最后，变更应当在有关成员国的登记簿上均进行登记。少数股东及债权人的保护与《第3号公司法指令》、《第10号公司法指令》以及有关欧洲公司（SE）的法律所提供的保护类似（欧洲公司可以变更其住所）。该变更在税务上应当是中立的，并且与跨国合并具有相同后果。[2] 员工的地位应当由东道国法律管辖，除非员工在原成员国享有更多的这方面权利。在后一种情况下，员工权利应当维持不变或进行协商。[3]

第三节　《股东权利指令》

3.104 关于公司法现代化与公司治理强化的《欧盟委员会行动计

---

[1] Draft Report with recommendations to the Commission on cross-border transfers of company seats, Committee on Legal Affairs, 17 Oct. 2008, 2008/2196(INI)，以及之前的 Draft Opinion of the Committee on Economic and Monetary Affairs, 23 Sep. 2008, 2008/2196(INI)。

[2] Directive 90/434/EEC, OJ 1990, L 225.

[3] 《第14号公司法指令草案提纲》属于2004年磋商文件的一部分，参见 < www. ec. europa. eu/internal_market/company/seat-transfer/2004-consult_en. htm >。

划》优先考虑的事项之一是在各成员国改善公司股东权利状况。[1] 为了这一目的,《股东权利指令》于2007年被采纳。[2] 与《第13号公司法指令》类似,《股东权利指令》只适用于上市公司。[3] 更确切地说,这个指令适用于登记住所位于某一个成员国并且其股份可以在一个位于或运作于某一成员国的受规制的市场上交易的公司(第1条第1款)。第4条规定这些公司应当确保同类股东在参加股东会、行使表决权方面受到平等对待。[4] 应当解决跨国表决的障碍,鼓励采用电子方式。[5] 跨国投资者将会从该指令的规定中获益,以电子方式行使股东权的成本可以降低。因此,该指令涉及应当在股东大会召开之前提供的信息(第5条),给股东大会议事日程中增加项目和提出议案的权利(第6条),在股东参加股东大会并表决方面对成员国的要求(第7条),通过电子手段参加股东大会(第8条),提问权(第8条),以及代理表决与信函表决(第9~12条)。该指令解决的问题之一是如何及何时在股东大会召开前确定股东身份。这些权利应当落实到在股东大会召开前的特定日期(登记日)已由股东持有的股份上。该指令允许成员国为发行无记名股的公司与发行记名股的公司设置不同的登记日(第7条)。该指令进一步确保公司可以选择让股东以电子方式参加股东大会,特别是(a)股东大会的实时传输、(b)使股东能够从远距离参加股东大会的实时双向沟通;以及(c)无论在股东大会召开期间或之前都不需要任命一名代理人亲临会场的投票机制(第8条)。关于

---

〔1〕 欧盟委员会至理事会的通讯——*Modernising Company Law and Enhancing Corporate Governance in the European Union-A Plan to Move Forward*, COM(2003)0284 final,段落2.1。

〔2〕 《关于上市公司股东行使特定权利的2007/36/EC指令》(Directive 2007/36/EC on the exercise of certain rights of shareholders in listed companies), OJ 2007, L 184,于2009年8月3日前转化为成员国法律。

〔3〕 请注意《股东权利指令》没有像以前的公司法指令一样编号。

〔4〕 请参《第2号公司法指令》第42条:成员国法律应当确保股东在本指令规定的事项方面受到平等对待。

〔5〕 前言第(1)、(2)项。

代理投票,该指令规定每名股东都有权任命其他任何自然人或法人作为代理人以该股东的名义出席股东会议参加表决。但是,成员国可以对代理的使用加以限制,例如限制一名股东可以任命的代理人的数量(第10条、第11条)。

第四节 金融服务指令

3.105 欧盟废除对开业自由的限制的任务及有关服务的规定还延伸到了金融服务。三个主要领域是银行、保险、投资与证券。为了充分认识欧盟金融服务部门的潜力,欧盟委员会出台了《1999 金融服务行动计划》(FSAP)。[1] 它的主要目的是一个关于综合证券和衍生品市场的共同法律框架和一套独立的上市公司财务声明,后一目标当然要求对《第4号公司法指令》和《第7号公司法指令》进行修订。金融业新形式和全球化使欧盟的"审慎框架"产生缺陷,《金融服务行动计划》表明欧盟委员会将消除此缺陷看作一个最紧迫的问题。欧盟委员会感到金融服务立法发展的方式需要改革。因此,统一的《2001/34/EC号指令》通过,目的是取代现行的有关证券交易所接纳证券上市的条件、上市公司应当向投资者披露的财务信息的指令,并使其现代化。[2] 而且,一个由欧盟建议委员会推荐并由兰法鲁斯先生(Mr. Lamfalussy)主持的四级方式已经建立。[3] 第一级指令规定框架性原则;第二级指令包含执行方式;第三级代表了通过委员会,如欧洲证券委员会(ESC)和欧洲证券监管委员会(CESR),增强成员国、国内监管

---

[1] Financial Services: Implementing the framework for financial markets: Action Plan COM(1999)232, 11 May 1999.

[2] 《关于接纳证券在正式证券交易所上市及这类证券信息公开的2001/34/EC号指令》,OJ 2001, L 184。

[3] Final Report of the Committee of Wise Men on the Regulation of European Securities Markets(Brussels: 15 Feb. 2001).

者、欧盟委员会之间的合作;第四级,通过欧盟委员会、其他欧盟机构和市场参与者的行动加强欧共体法规的执行。

自2003年以来,四个一级指令已被采用,部分地补充了2001年统一指令:

-《市场滥用指令》;[1]

-《招股说明书指令》;[2]

-《金融工具市场指令》;[3]

-《透明度指令》。[4]

《市场滥用指令》的目的在于防止内幕交易和操纵市场。《招股说明书指令》赋予证券发行人"单一护照",允许他们在全欧洲范围内融资。《金融工具市场指令》确保保护投资者利益并为投资公司创建单一护照,使他们能在全欧洲范围内经营。《透明度指令》为整个欧盟的证卷发行人设置了统一的信息披露规则。有数份文件作了关于在其他层面对这些措施的概述,特别是定期进展报告。[5]

---

[1] 2003年1月28日《欧洲议会与欧盟理事会关于内幕交易和操纵市场(滥用市场)的2003/6/EC号指令》,OJ 2003,L 96。

[2] 2003年11月4日《欧洲议会和欧盟理事会关于证券公开发行或被接纳上市交易时招股说明书公开的2003/71/EC号指令》,及《2001/34/EC号修改指令》,OJ 2003,L 345。

[3] 2004年4月21日《欧洲议会与欧盟理事会关于修改欧洲议会与理事会85/611/EEC号、93/6/EEC号指令和2000/12/EC号指令并撤销理事会93/22/EEC号指令的关于金融工具市场的2004/39/EC号指令》,OJ 2004,L 145。

[4] 2004年12月15日《欧洲议会与欧盟理事会关于协调其证券被受管制市场接纳交易的发行人信息透明要求并修改2001/34/EC号指令的2004/109/EC号指令》,OJ 2004,L 390。

[5] 文件可从以下网址获得:www. ec. europa. eu/internal_market/finances/actionplan/index_en. htm#。例如《第10号报告,走出低谷,面对欧洲资本市场整合下一阶段挑战》(the Tenth Report,Turning the Corner,Preparing the challenge of the next phase of European capital market integration(Brussels,2 Jun. 2004)。还请参见欧盟委员会工作文件《欧盟证券市场立法中Lamfalussy程序的运用》[The Application of the Lamfalussy Process to EU Securities Market Legislation(Brussels,15 Nov. 2004)],SEC(2004)1459。

3.105a 《金融服务行动计划》(FSAP)出台后公布了数份进展报告。自2005年年底,42项建议措施的98%都已经在预定时间内完成。[1] 根据欧盟委员会统计,成员国将欧共体法转换为本国法的比率较低。[2] 欧盟委员会已经使公众可以通过互联网数据库(Internet database FSAP Transposition)获取有关金融服务的所有国内立法。[3]

《金融服务行动计划》(FSAP)涵盖了公司法的数个问题,例如为了承认"公允价值会计"(fair value accounting),上市公司负有依据《国际会计准则》置备财务会计报表的义务(段落3.58和3.78)。《第4号公司法指令》、《第7号公司法指令》、《第8号公司法指令》的调整内容,连同改善公司治理以及《第10号公司法指令》和《第14号公司法指令》涉及的问题,被视为欧盟金融服务市场正常运作所必不可少。[4]

3.106 《滥用市场指令》将内幕信息界定为:

> 直接或间接涉及一个或多个金融工具发行人或一个或多个金融工具的,一旦公开将可能对这些金融工具或相关衍生金融工具的价格产生重大影响的尚未公开的准确信息。

成员国必须禁止大范围内的拥有内幕信息人员利用内幕信息,无论是为他们自己或第三人的账户进行交易,还是披露此信息或将其作为"小费"(第2条、第3条)。而且,金融工具发行人应当尽快地将与发行人直接相关的内幕信息通知公众(第6条)。

操纵市场则主要是以下"交易或交易指令:

-对金融工具的供应、需求或价格给予或可能给予虚假或误导性信号;

---

〔1〕 Commission Staff Working Document SEC(2006)17.

〔2〕 《白皮书,金融服务政策》(White Paper, Financial Services Policy 2005 -2010),第5页,见 www. ec. europa. eu/internal_market/finances/policy/index_en. htm。

〔3〕 <www. ec. europa. eu/internal_market/finances/actionplan/transposition/index_en. htm>.

〔4〕 Financial Services: Implementing the framework for financial markets: Action Plan, COM(1999)232, 11 May 1999.

－一个人或在一致行动的数人使一个或数个金融工具的价格停留在异常或人为水平(第1条)。

成员国必须禁止任何人从事操纵市场行为(第5条)。每个成员国必须委派一个主管机构确保《市场滥用指令》规定的实施(第11条)。

3.107　接纳证券上市的条件由《2001/34/EC号指令》(统一指令)进行了协调。[1]《招股说明书指令》通过关于起草、批准和分发招股说明书的规定以及为证券发行人引入"单一护照"的规定增补了上市条件。该指令覆盖的证券范围广泛,既包括股票,也包括非股票证券(第2条)。成员国不得允许在公开招股说明书之前在其领土内公开任何证券要约(一些小的要约除外,第3条)。该指令规定了招股说明书必须包含的信息(第5条)。任何招股说明书在经发行人所属国的主管当局批准之前不得公开(第13条)。原成员国的批准是一个"单一护照",因为它对公开要约或被许可在另一成员国交易有效(第17条)。

3.108　《金融工具市场指令》覆盖了提供金融服务或进行专业投资活动的公司(第1条)。法人或自然人提供这些服务或进行这些活动应在其所属国事先取得批准(第5条)。法人所属的成员国是其登记依据所在国。每一个成员国应当要求这类法人在其登记住所所在国拥有总部。无法人资格的公司应当在其总部所在国取得批准(第4、5条)。此批准代表了一个单一护照,因为它在整个欧共体内均有效(第6条)。为了取得批准,投资公司必须具备资本和组织条件,并且建立公平、有序交易的规则和程序(第12～14条)。成员国应当确保主管机关能够监督投资公司的活动(第25、48条)。此外,该指令规定了对受管制市场特定制度的批准以及对金融工具进行交易的接纳(第36、40条)。

3.109　修改了《2001/34/EC号指令》的《透明度指令》,协调了上

[1] 2001年5月28日《欧洲议会与欧盟理事会关于接纳证券在正式证券交易所上市和这些证券应公开信息的2001/34/EC号指令》,OJ 2001,L 184。

市证券发行人信息透明度要求。这些发行人应当提供常规信息流。年度财务报告必须在会计年度终了后四个月内公开(第4条)。而且,半年度报告应当覆盖前6个月并应当在该期间结束后2个月内公开(第5条)。而且,每半年要提交一份中期管理声明,提供对重大事件及交易的解释,以及对发行人财务状况、业绩及其所控制企业的综合说明(第6条)。成员国必须确保发行人被告知"主要持股"情况,即收购或出售股份超过特定比例的股东(第9条)。发行人必须公开通知中包含的信息(第12条)。

第四章　欧盟法下的商事组织

第一节　导　　言

4.01　欧洲法下的商事组织已经在段落 2.49 中作为欧盟对公司的部分影响作过介绍。本章专门讨论欧洲经济利益集团(EEIG)、欧洲公司(SE)和欧洲合作社(SCE)(分别见段落 4.02、4.13、4.45)。欧盟主要管理所有这些类型,它们可以将登记住所从一个成员国转移到另一成员国,其设立需要一个跨国要素。但是,频繁援用国内法削弱了它们的欧洲特征。所有这些因素也呈现在长期未决的关于欧洲协会(EA)和欧洲互助会(ME 或 EMS)的议案中。近期引进欧洲私人公司[European Private Company(*Societas Privata Europaea* or SPE)]的议案包含了一项这方面的新方法。跨国因素目前没有起作用,拟订的条例包含了一套全面的规定,从而最大限度减少援用国内法。正如所料,关于这两个因素的批评比比皆是,2008 年提议的欧洲私人公司(SPE)能否被欧洲立法者接纳仍有待观察(见段落 4.47)。

4.01a　援用国内法的技术常被称为"反致"(renvoi),并且经常在关于欧盟法下的商事组织的条例中使用。必须注意的是关于欧洲经济利益组织(EEIG)的条例区分了"内国法"(internal law)和"国内法"(national law),这需要作些解释。该条例使用集团登记成员国的"内国法"指代有关集团及其内部组织设立合同的附加法规。[1] 内国法不

---

[1] 第 2 条。

包括所谓的冲突规范，援用内国法意味着毫无疑问要适用这种法，即使冲突规范指明此问题适用另一法律制度。[1] 这样，包括解决法律冲突的国内规范的"国内法"，决定了自然人与法人的法律地位与能力、成员的无限连带责任后果、集团清算、破产以及税法。[2] 如果一个成员国由数个对上述事项拥有自己的法律规则的领土单位组成，每个领土单位被作为一个国家考虑。[3] 英国由三个这种单位组成：共享相同法律制度的英格兰与威尔士，苏格兰和北爱尔兰。在这种情况下，《欧洲经济利益组织条例》（EEIG Regulation）由两套不同的法律文件（次级立法）在大不列颠（前两个单位）和北爱尔兰实施。[4] 本书不对成员国的"内国法"与"国内法"的区别作详细阐述，而是使用"国内法"（national law 或 domestic law）于上述两类含义。[5]

第二节　欧洲经济利益集团

4.02　虽然长期以来欧洲公司（SE）的未来并不确定，但欧洲经济利益集团（EEIG）的引入使人们首次认识到一种超国家的商事组织概念。欧洲经济利益集团（EEIG）是一种"适中"的法律形态，具有灵活、简洁的跨国合作结构。它受《欧盟理事会（EEC）2137/85 号条例》管辖，该条例要求成员国采取适当措施使 1989 年中期以前可以设立欧洲经济利益集团（EEIG）。[6] 欧洲经济利益集团在性质上是一种不同成

---

〔1〕 关于这一点参见 Werlauff, *EU Company Law*, 2003，第 121 页。

〔2〕 Articles 2(1), 24(1), 35(2), 36, 40.

〔3〕 第 2 条。

〔4〕 Anthony G. Hickinbotham & Alec J. Burnside, in *European Economic Interest Grouping*, eds Dirk van Gerven & Carel A. V. Aalders (Deventer/Boston: 1990), 254.

〔5〕 《欧洲公司（SE）条例》使用"national law"（国内法）、"national legislation"（本国制定法）或"national provisions"（本国规定）时没有作这种区别。

〔6〕 OJ 1985, L 199.

员国的企业之间进行合作的途径。设立一个欧洲经济利益集团所需手续很少,不必缴纳初始资本,因而,其成员负无限连带责任。一个欧洲经济利益集团就像一个合伙,拥有区别于其成员的能力,但集团是否具有法人资格由成员国法决定。[1] 该条例第 40 条确保财务透明,这意味着一个集团的盈亏仅由其成员纳税。欧洲经济利益集团(EEIG)的目的必须限于促进和发展其成员的经济活动,而不是为自己营利,其活动只能是对其成员的经济活动起辅助作用。这种集团的结构简单,只有两个必设机关:成员和管理人员。

4.02a　发明这样一种易于操作的用于合作的法律形式,应当感谢法国。经济利益集团[*groupement d' intérêt économique* (GIE)]于 1967 年引入法国并取得成功,[2]甚至在国际合作领域也是如此。关于后者最著名的例子是空中客车(*Airbus*),最初为由几家欧洲飞机制造商设立的一个经济利益集团(GIE)。空中客车现在是一家法国简易股份公司(*Société par Actions Simplifiée*),是由位于阿姆斯特丹的 EADS 公众公司(80%)与位于伦敦的 BAE 系统公众公司(20%)共同设立的合资企业。

4.03　该条例第 1 条规定该集团"必须根据该条例所规定的条件、方式、效果而设立",从而保证了欧洲经济利益集团的欧洲特征。该条例较国内法具有优先效力,直接在成员国适用。因此,欧洲经济利益集团应当是"法律上中立的",其成员地位平等,因而不会有某个成员在更熟悉的法律环境下经营。[3] 但是,事实并非完全如此,因为该条例

---

〔1〕 在丹麦,EEIG 未被明确承认为法人。根据德国法和意大利法,EEIG 不是法人,见 Christian Müller-Gugenberger 和 Peter Schotthöfer 著:*Die EWIV in Europa. Texte und Erläuterungen aus rechtsvergleichender Sicht*,第 1 版(München:Verlagsgruppe Jehle-Rehm,1995)(*Die EWIV in Europa*),第 661 页和第 686 页。欧共体委员会:《EEIG:欧洲合作的一种新形式的诞生》(EEIG. *The Emergence of a New Form of European Cooperation*)(Brussels/Luxembourg:1993),第 16 页。

〔2〕 Georges Ripert, *Traité élémentaire de droit commercial*, douxième édition par Rene Roblot(Paris,1986),no. 282.

〔3〕 Communication from the Commission,97/C 285/10,OJ 1997,C 285,Ch. II.

具有约束力的规定没有覆盖经济利益集团的所有方面。该条例涉及的问题包括：

- 组建一家集团的条件；
- 集团内部运作的某些方面；
- 对集团的成员及第三人的保护。

甚至在上述方面，国内法也可以完善该条例的规定。而且，一些重要的事项，例如负债和破产的后果完全援用国内法。

一、设立与信息公开

4.04 设立集团的各方当事人必须订立一个合同，并在该经济利益集团的正式地址所在成员国登记。[1] 集团设立合同及其内部组织受到其正式地址所在成员国法律的管辖。[2] 合同必须包括冠以或缀以"欧洲经济利益集团"或"EEIG"的集团名称，[3]并至少包括正式地址。另外，合同还必须包括设立集团的目的，每个成员的名称和其他信息，以及集团的存续期限。如果缺少最后一项，则被推定为无限期。[4] 如果国内法规定了集团设立无效，其无效必须由司法裁决确认或宣布。然而，集团事务有可能得到整饬的，法院必须给予时间以完成整饬。[5]

4.05 集团设立合同必须与其他文件，特别是经理任命通知、经理姓名及登记簿所在成员国的法律所要求的其他身份证明一起，在商事登记处存档。而且，经理可以单独行动或者必须共同行动的通知，以及

---

〔1〕 第1条和第6条。

〔2〕 第2条第1款。此规定不禁止成员同意合同中的特定法律关系，如关于成本分担和保险，由另一个国家的法律管辖。参阅 Werlauff, *EU Company Law*, 2003, 121。

〔3〕 强制使用的词语或缩写应当为本国语言。丹麦语：*Europæisk Φkonomisk firmagruppe*（EΦFG）；荷兰语：*Europees Economisch Samenwerkingsverband*（EESV）；德语：*Europäische wirtschaftliche Interessenvereinigung*（EWIV）；波兰语：*Europejskie Zgrupowanie Interesów Gospodarczych*；西班牙语：*agrupación europea de interés económico*（AEIE）。欧洲法院已经裁决国内法可以要求包含其他要素，案件 C-402/96(EITO) as of 18 Dec. 1997。

〔4〕 第5条。

〔5〕 第15条。

有关经理任期届满的任何信息,都必须存档。[1] 集团的任一机构的地址与集团的正式地址不在同一成员国的,必须在其实际地址所在的成员国进行登记。该"次级"登记只需提交集团"首次"登记必须存档的文件的副本,必要时还应提交一份符合该机构登记处惯例的译本。[2] 首次登记后,欧洲经济利益集团即告成立,并拥有前文提及的司法能力。[3] 从这时起,集团还可以承担在其登记之前为集团利益从事的活动所产生的债务。如果集团不承担这些债务,行为人将承担无限连带责任。[4]

4.06 登记后,一些详细资料必须在国家公报上公开,例如合同必须记载的内容,登记的号码、日期和地点,以及几乎所有在登记处存档的文件及详细资料。[5] 虽然信息公开不是集团存在的前提条件,却在它与第三人交往时起到至关重要作用。按照《第 1 号公司法指令》,在可以适用的成员国法律所规定的条件下,集团可以依据必须公开的文件及详细资料对抗第三人。[6] 在国家公报上进行公开后,集团成立的通知应当提交给《欧共体官方公报》(*Official Journal of the EC*)。[7]

4.07 合同必须载明欧洲经济利益集团的正式地址。该地址必须位于欧共体内,必须位于集团的中心管理机构所在地,或者集团某一成员的中心管理机构所在地,如果集团的成员是自然人,而且集团在该自然人从事主要活动之处开展某项活动,也可以是该自然人从事主要活动之处。[8] 由此,第二种选择使得欧洲经济利益集团利用其某一成员

---

〔1〕 第 6 条、第 7 条、第 9 条和第 39 条。欧共体委员会:EEIG. *The Emergence of a New Form of European Cooperation*,第 73、74 页。

〔2〕 第 10 条。

〔3〕 第 1 条。

〔4〕 第 9 条第 2 款。

〔5〕 第 8 条。

〔6〕 第 25 条。

〔7〕 第 8 条和第 11 条。《欧共体官方公报》(the Official Journal of the EC)现在名为《欧盟官方公报》(the Official Journal of the EU)。

〔8〕 第 12 条。

的基础设施进行活动变得合法。正式地址可以在欧盟内迁移,只要新地址满足上述条件。如果地址迁入另一成员国,这种迁移将导致适用法律的改变。这时,必须起草迁移计划书并存档,公布拟迁的地址。公布两个月之后,经集团所有成员一致同意,才能作出迁移决定。如果集团登记地成员国的法律作了规定,在这两个月期间主管机关可以基于公共利益对迁移提出异议。[1] 如果没有异议,该经济利益集团可以在迁入国进行登记。在旧地址的注销未被公布之前,第三人可以继续信赖旧址,除非他们确实知道地址已变更。[2]

4.08 如前所述,该条例要求集团的活动对其成员的经济活动起辅助作用,而不以为自己营利为目的。因此,打算开始一项与自己的经济活动无关的新经济活动的合作者们应当建立另一种类型的经济组织,如公司。辅助角色不得被解释得过于狭窄,即解释为"附属的"或"比较不重要"。[3] 该条例甚至没有禁止欧洲经济利益集团暂时完全接管其成员的某些活动。例如,在建筑业中以完成现场作业为目的时可以这样做。[4] 与其辅助特征相符,一个欧洲经济利益集团不得像公司集团一样管理,即对其成员或另一企业的活动行使管理权或监督权。只有在为实现集团目标的必不可少时或为其成员的利益时,集团才能持有另一企业的股份。集团也不得在国际背景下为了避免复杂的债务链而成为另一个集团的成员。[5]

4.08a 另外,还有两项禁止性规定。集团雇员不得超过500名,

---

〔1〕 第13、14条。西班牙、英国和爱尔兰已经运用了这种规定,参见 *Die EWIV in Europa*, *o. c.*,第595页、第631页和第740页。但是有人认为,在其他成员国,当局也可以进行干预,例如采取措施以确保集团遵守纳税义务,见 Aalders, *European Economic Interest Grouping*,第73页、120页、138页、204页、236页、259页。

〔2〕 第14条。

〔3〕 欧共体委员会:EEIG. *The Emergence of a New Form of European Cooperation*,第47页。

〔4〕 Communication from the Commission, 97/C 285/10, OJ 1997, C 285, Ch. II(3).

〔5〕 欧共体委员会:EEIG. *The Emergence of a New Form of European Cooperation*,第59页。

该限制起源于关于监事会雇员代表的德国法(见段落6.42、6.31)。如果没有这项限制,一个雇员超过500名且正式地址位于德国的集团则必须拥有雇员代表,与雇员超过500名的非德国集团不同。[1] 第二,当管辖公司的成员国法律有禁止性规定时,公司不得利用集团为该公司董事获取贷款,或在公司与董事之间转移财产。[2] 这一条款是应英国的请求而增加,反映了《英国公司法》的某些内容(见段落6.76)。在一般情况下,成员国可以规定适当的制裁措施,以防止某一集团滥用或规避国内法律。[3]

4.09　欧洲经济利益集团的成员只包括三种:

- 《欧共体条约》第48条所规定的公司或商行;
- 依据成员国法律设立并且其登记住所或法定住所和管理中心位于欧共体内的其他法律主体;
- 在欧共体内从事商事活动或提供服务的自然人。[4]

实践中这些限制并不严格,因为很大范围的法律实体均被包括在内,不仅商业机构,还包括非营利组织和公法管辖的法律机构,只要他们从事一项经济活动。[5] 但是,依据"第三国"法律设立的实体,如在特拉华州设立的公司,不能成为欧洲经济利益集团的成员。[6] 他们要加入一个欧洲经济利益集团,首先应当依据某一成员国的法律设立一个上述之一的实体。

有关企业必须位于至少两个不同成员国的要求,保证了集团的跨国特征。[7]

---

〔1〕 Aalders, *European Economic Interest Grouping*, 13.

〔2〕 第3条。

〔3〕 该条例的序言。

〔4〕 第4条第1款。

〔5〕 Aalders, *European Economic Interest Grouping*, 15.

〔6〕 但是可以通过私下协议创造一个"准成员",参见 Werlauff: *EU Company Law*, 2003, 第122页。

〔7〕 第4条第2款。

4.09a 集团成员对集团的债务和其他任何性质的责任承担无限连带责任。新成员承担所有现存义务,除非设立合同中增加了新成员对其加入之前产生的债务免责的条款。[1] 集团的前成员在退出后5年内对其作为成员期间因集团行为而产生的债务承担责任。[2] 在集团清算终结之前,债权人不得对(前)成员提起清偿之诉,除非他们已经首先向集团请求清偿,且在合理期间内未受清偿。[3]

如前所述,成员国法律决定成员及前成员承担责任的后果,例如当一名成员清偿的债务超过自己的份额时,可以向其他成员追索。

二、结构

4.10 集团的必设机关是成员集体行动的成员大会和一名或数名管理人员,但集团设立合同还可以规定其他机关。成员大会作为一个机构可以为实现集团的目标而作出任何决定。[4] 每名成员拥有一票表决权。但是,如果没有一名成员掌握多数表决权,集团设立合同可以给予特定成员一票以上表决权。[5] 有些决定的通过往往需要全体一致同意,例如:改变集团目标,将正式地址迁往另一成员国,改变分配给每名成员的表决权票数,或者决定接纳新成员。对于其他决定,设立合同可以规定不同的规则,否则也要求一致同意。[6] 成员有充分的召开会议的自由,并且可以调整做出决议的方式,除会议外,还可以通过其他手段如邮寄投票或远程电话做出决议。[7]

4.10a 集团由一名或多名合同任命或成员确定的自然人管理。成员国可以允许法人担任管理人员,条件是该法人指派一名或多数自

---

〔1〕 第26条第2款和第7条j项。

〔2〕 第34条。

〔3〕 第24条。

〔4〕 第16条。

〔5〕 第17条第1款。

〔6〕 第17条第2、3款,第26条第1款。

〔7〕 欧共体委员会:EEIG. *The Emergence of a New Form of European Cooperation*,第12页。

然人为代表。他们像集团管理人员一样承担责任。管理人员的任命和解任由设立合同决定，否则由成员一致同意决定。[1] 每一名管理人员都可以代表集团与第三人交往，其代表集团的行为对集团有约束力。有关超出集团目标或可以用来对抗第三人的管理人员对外权限的行为的规则，反映了《第1号公司法指令》的规定。[2] 管理人员对成员的法律责任由欧洲经济利益集团正式地址所在成员国的法律调整。[3] 为此，关于法人的管理人员的责任的一般规定可以适用于欧洲经济利益集团的管理人员。成员国还可以适用关于合伙人的规定。[4] 而且，一些特殊规定也可以适用，例如在破产的情况下。[5] 集团和/或其管理人员对第三人的责任，当然受依照国际私法可适用的法律管辖。[6]

三、员工参与

4.11 不同于欧洲公司(SE)和欧洲合作社(SCE))，欧洲经济利益集团(EEIG)不受有关员工参与的欧共体特别法的管辖。因此，这一事项由国内法管辖。但是须注意到，欧共体法当然对员工的地位具有影响。由于一项1994年指令，欧共体范围内的企业可能有义务建立一个欧洲劳资委员会(EWC)或一个员工知情与磋商替代程序。取决于具体情形，欧洲经济利益集团或其成员的员工可以加入这种委员会或

---

〔1〕 第19条。

〔2〕 第20条，本书段落3.28。

〔3〕 第2条第1款。

〔4〕 第一种情形的例子是《荷兰民法典》第2编第9条："每名官员或管理董事应当正确履行分配给自己的职责，对法人负责……"第二种情形的例子是《西班牙商法典》第144条规定的"合伙人故意、滥用权力或明显疏忽造成合伙利益损害的，该合伙人应承担责任……"

〔5〕 例如，适用于欧洲经济利益组织的《荷兰民法典》第2编第138条规定如果管理层"明显没有适当地履行其职责"，每名常务董事均应承担责任。

〔6〕 对于非合同之债，通常适用行为地法(*lex loci delicti*)，参见Werlauff，*EU Company Law*，2003，428及Aalders，*European Economic Interest* Grouping，第45页。关于裁判权，参见2000年12月22日《欧盟理事会关于裁判权与承认和执行民商事判决的(EC)44/2001号条例》。

程序。在国内范围,另一个指令强制成员国在2007年以前满足最低限度的员工知情权和磋商权要求。

员工参与制将在第7章进行深入讨论。

四、欧洲经济利益集团的前景

4.12 在欧共体层面引进欧洲经济利益集团的目标是促进跨国合作,特别是中小型企业(SMEs)的合作。[1] 这一意图因增进公司间合作的全球趋势而变得非常合理。[2] 欧洲经济利益集团在设立、运作及融资方面的灵活性应当使这一形式特别适合于中小型企业。[3] 通过相互合作,中小型企业在不丧失独立性的前提下可以与大企业的优势相比。但是,中小型企业间的国际合作并不像其优势所暗示的一样普遍。经营小企业的商人之间缺乏交流,以及不同国家之间经商条件的差异造成了障碍。这里法律障碍看上去并不严重。[4]

据欧盟委员会报告,截止到1997年已经成立了超过800个欧洲经济利益集团,但对这一法律形态的最佳利用还没有出现。欧盟委员会对期望以"联营企业"方式合作以参与公共合同和公共资金资助项目的公司建议采用欧洲经济利益集团。[5] 关于集团成员从事经营的领

---

〔1〕 Communication from the Commission,97/C 285/10,OJ 1997,C 285. 对实践中的EEIG持正面观点是Gugenberger & Schotthöfer著:*Die EWIV in Europa. Texte und Erläuterungen aus rechtsvergleichender Sicht*,第21~25页。注意因为引进了EEIG,欧盟政策从中小型企业转到了企业主,参见Rudy Aernoudt著:*European Enterprise Policy. From SME Policy to Entrepreneurship Policy* (Antwerp/Oxford/New York: Intersentia,2003)。

〔2〕 S. E. Huyzer et al. ,S. E. Huyzer et al. ,*Strategische samenwerking. Orientatie en Implementatie*,2nd edn(Alphen aan den Rijn/Zaventem:Coopers & Lijbrand Dijker Van Dien,1992),11.

〔3〕 欧共体委员会:EEIG. *The Emergence of a New Form of European Cooperation*,第8页。

〔4〕 Commission,*Panorama of Industry* 1993,99 -106.

〔5〕 Participation of European Economic Interest Groupings(EEIGs)in public contracts and programmes financed by public funds,COM(97)434 final,OJ 1997,C 285.

域，一份较早时期的调查显示主要是在服务领域。集团可以从事的活动包括多种类型。但是，最常见的是用作为其成员或第三方提供服务的一种方式，但也用来进行分销、研究和生产。[1]

第三节　欧洲公司

4.13　在统一市场的背景下，欧盟委员会在1970年提议制定关于欧洲公司［正式名称为*Societas Europaea*（SE）］的法律。[2] 欧洲公司背后的想法是创建一种超国家的商事组织以使企业在欧共体层面重组营业。最初的议案雄心勃勃。欧盟委员会建议该法将覆盖现代公司法的所有方面，避免适用差异较大的国内法，但是这项议案在2001年逐步采用之前已经作了大量修改并且在此方面被弱化。结果是《关于欧洲公司（SE）法的条例》和在雇员参与方面补充该法的《SE指令》于2004年10月8日生效。[3]该法和指令均以《欧共体条约》第308条为依据。根据第308条，在《欧共体条约》没有提供必要权力时，为了达到欧共体的目标，欧盟理事会经一致同意后可以采取适

---

〔1〕 欧共体委员会：EEIG. *The Enrergence of a New Form of European Cooperation*，第23、35页。

〔2〕 OJ 1970，C 12411；Supplement to the Bulletin 8 – 1970 of the European Communities. Pieter Sanders提交了一份初步草案，见Pieter Sanders著：'From Conception to Reality'，in *The European Company*：*Developing a Community Law of Corporations*：*Collected Papers from the Leiden University Unilever Programme* 2002，ed. Jonathan Rickford（Antwerp/Oxford/New York：Intersentia，2003），第37～39页。

〔3〕 Council Regulation（EC）No. 2157/2001 of 8 Oct. 2001 on the Statute for a European company（SE），OJ 2001，L 294，10 Nov. 2001 P. 0001 – 0021（*SE Regulation*）；Council Directive 2001/86/EC of 8 Oct. 2001 supplementing the Statute for a European company with regard to the involvement of employees，OJ 2001，L 294，10 Nov. 2001 P. 0022 – 0032.

当措施。[1]

4.13a 最初的议案引起了有关雇员参与以及诸如集团法等其他事项的大量争议,这些事项是草案一的部分内容。因此,该议案被证明是“无法协商的”,并在数年里被大量修改以提高其政治上的可靠性。[2] 与最初的议案相比,后来的议案在广泛性方面弱了许多并经常援用国内法。[3] 逐渐地,约30个选择项被引入,在这些事项上成员国可以遵循国内公司法。最终,有关雇员参与的条文从该法中一并移除,构成一个独立指令(《SE指令》)的内容。事后看来,可以说,缺少欧洲公司(SE)不会严重阻碍过去数十年里欧洲商事企业的国际化。欧盟委员会在初次起草时可能过高估计了对欧洲商事组织的需求。[4] 但不能否认的是,对1997年SE咨询文件的反响相当支持欧盟委员会的观点。[5]

4.14 虽然欧洲公司不是第一种非国内性质的公司类型,但正如段落1.02显示的,当提及“国际公司”时,欧洲公司的引进被赞为“欧洲公司法中独特的和历史性的一步”。[6] 它为欧洲商业的重组和国际化提供了新的可能性。它还提供了灵活性,因为欧洲公司(SE)可以不

---

〔1〕 欧盟委员会最初计划《欧洲公司法》(SE Statute)以第44条(原第54条)的“传统”法律依据为基础。关于法律依据,见A. Wehlau著:'The Societas Europaea:A Critique of the Commission's 1991 Amended Proposal', *Common Market Law Review* 29, no. 3(1992),第473页。

〔2〕 Jonathan Rickford(ed.), *The European Company*, 18.

〔3〕 Supplement to Bulletin EEC 4175; OJ 1989, 263/07 and 263/08; OJ 1991, C 176/01 and C 138/08.

〔4〕 Thomas Raiser, 'Die Europäische Aktiengesellschaft und die nationalen Aktiengesetze', in *Unternehmen und Unternehmensführung im Recht*, ed. Festschrift fur Johannes Semler zum 70. Geburtstag(Berlin/New York: Walter de Gruyter, 1993), 296.

〔5〕 Analysis of Replies to Commission Consultation Paper on Company Law(XV/6013/97). 关于SE草案的历史的充分描述,见Edwards著:*EC Company Law*,第399页及以下。

〔6〕 Erik Werlauff, *SE-The Law of the European Company* (Copenhagen: DJΦF Publishing, 2003), 1.

解散而跨国迁移住所,一般而言这对依据国内法运作的公司是不可能的。因为它的法律优先于国内法,欧洲公司可以帮助解决跨国收购或合资企业的准据法之类微妙问题。[1] 欧洲公司还是法律进一步发展的催化剂,它的引进无疑有助于成员国接受关于跨国合并的《第 10 号公司法指令》。甚至作为草案时,欧洲公司已经为欧盟委员会提议的其他欧洲商事组织提供了范式,如欧洲合作社(SCE)。[2]

4.15　欧洲公司是一种资本分为股份的公众有限责任公司,一旦登记即取得法律人格。[3] 欧洲公司的股东主要是各国的公众有限责任公司,它们在具备特定条件时甚至可以直接变更为一家欧洲公司。私人有限责任公司及其他法律实体只能分别通过设立一家控股公司或合资子公司来参与设立一家欧洲公司。[4] 欧洲公司的一项重要特征是它可以不必解散而在欧盟内变更登记住所。[5] 另一特征是欧洲公司的创办人拥有对单层制或双层制结构的选择权。[6] 另外,欧洲公司的雇员参与制也很有特色,附随的《2001/86/EC 号指令》对此作了规定。[7]

一、适用的法律

4.16　同欧洲经济利益集团(EEIG)一样,欧洲公司的欧洲特征是由决定适用法律的规则所保障。对欧洲公司,《欧洲公司条例》(SE

---

〔1〕 见本书段落 2.65。

〔2〕 2003 年 7 月 22 日《欧盟委员会关于欧洲合作社(SCE)的(EC)No.1435/2003 号条例》(OJ 2003,L 207)和 2003 年 7 月 22 日《欧盟理事会在员工参与方面补充欧洲合作社法的 2003/72/EC 号指令》(OJ 2003,L 207)。还请参 OJ 1992,C 99(已修订的)和 OJ 1993,C 236。

〔3〕 2001 年 10 月 8 日《欧盟理事会关于欧洲公司(SE)法的(EC)No.2157/2001 号条例》[OJ 2001,L 294,10 Nov.2001 P.0001-0021(SE Regulation)]。

〔4〕 第 2 条。

〔5〕 第 8 条。

〔6〕 第 6 章总体涉及的是董事会结构。

〔7〕 2001 年 10 月 8 日《欧盟理事会在员工参与方面补充欧洲公司法的 2001/86/EC 号指令》(OJ 2001,L 294,10 Nov.2001 P.0022-0032)。

Regulation)第9条第1款对法律渊源进行了分类。这样,欧洲公司主要由该条例管辖,当条例明确授权时,由其章程管辖。[1] 如果一家欧洲公司的某些事务不受或不完全受《欧洲公司条例》调整,则受其登记住所所在成员国的法律调整。首先,为执行欧共体措施而特别采用的国内法是可适用的。[2] 其次,涉及公众公司的国内公司法可以适用。最后,欧洲公司章程可以包含国内公众公司章程可以采用的条款。[3] 重要的是要注意到,在税收方面欧洲公司将遵循其登记住所所在国的法律,与其他商事组织相比,对于国外开业引起的损失并不能享受到更多扣减。[4]

4.16a 如下文所述,《欧洲公司(SE)条例》本身所包含的最重要的事项是设立欧洲公司(SE)、登记住所迁移、董事会结构和股东大会。熟悉第3章所列公司法指令的读者将感到《欧洲公司条例》的许多细节很熟悉,因为它包含了公司法协调的精髓。[5] 依照《欧洲公司条例》,一家欧洲公司的章程可以规定关于欧洲公司内部组织的一些事项,例如:决定董事会采取单层制或双层制(第38条),决定董事会成员人数(尤其是第43条第2款)和股东大会作出修改章程决议所要求的多数比例(第59条第1款)。

4.16b 《欧洲公司(SE)指令》必须同其他任何公司指令一样,由

---

〔1〕 Wino J. M. van Veen, 'The Law Governing SEs: An Interpretation Based on a Textual Analysis and the Referencing Methodology in the Regulation', *European Company Law* 1, no. 3 (Oct. 2004): 111 – 116.

〔2〕 这些执行措施必须与公众公司适用的指令一致,第9条第2款。关于这一点见Werlauff著:*SE-The Law of the European Company*,第23页。

〔3〕 第9条1c款iii项。当《欧洲公司(SE)条例》指向协调后的法律时,就难以发生成员国之间的法律制度竞争。Carla Tavares da Costa & Alexandra de Meester Bilreiro, *The European Company Statute* (The Hague/London/New York, 2003), 14.

〔4〕 序言之事实陈述第20条。Directive 90/434/EEC on the common system of taxation applicable to mergers, divisions, transfers of assets and exchanges of shares concerning companies of different Member States must be amended as to include the SE.

〔5〕 Werlauff, *EC Company Law*, 1993, 75.

成员国采取适当措施来执行。[1] 该指令确保欧洲公司的员工参与由员工代表与管理层进行协商。当这种协商所产生的安排与欧洲公司章程冲突，那么安排的效力更高，章程必须作相应修改。这种协议的优先地位由《欧洲公司条例》第12条第4款规定。这种冲突的例子之一是一项安排导致监事会的席位多于章程规定席位（第39条第4款）。

4.16c 国内法中级别最高的是专门用来执行《欧洲公司条例》和《欧洲公司指令》的法规。《欧洲公司条例》将调整某些事项的任务交给成员国法，其中有的可以选择，有的为强制性。例如：指定确认欧洲公司完成登记住所迁移手续的主管机构的义务（第8条第8款），要求额外公开登记住所迁移计划的选择权（第8条第2款），以及要求请求召开股东大会的股东持有10%以下认购资本的选择权（第55条第1款）。[2] 国内法中第二级别的规定是有关"公众有限责任公司"的公司法规定。《欧洲公司条例》的附件I详细说明了这类公司。再次，《欧洲公司条例》本身参考了适用于公众公司的成员国公司法。这样一来，《欧洲公司条例》在欧洲公司资本（第5条）、置备年度账目（第61条）等事项上援用了协调后的国内法。但是，国内法中未经协调的规定也被援用，如终止、清算、破产、停止支付及类似程序（第62条）。[3] 通过引入对执行《欧洲公司条例》并非绝对必要的国内法规定，成员国可以使欧洲公司成为更有吸引力的法律形态，从而在创建欧洲公司方面与其他成员国竞争。[4]

---

〔1〕《欧共体条约》第249条。

〔2〕根据Wino Veen的观点，《欧洲公司条例》40%以上的规定均以这种方式援用成员国法，见The Law Governing SEs: An Interpretation Based on a Textual Analysis and the Referencing Methodology in the Regulation，第113页。

〔3〕《欧洲公司条例》中有33处援用关于公众有限公司的国内法，见Wino Veen著：The Law Governing SEs: An Interpretation Based on a Textual Analysis and the Referencing Methodology in the Regulation，第114页。

〔4〕Michel Menjucq, 'Implementation in France of the Regulation on the European Company: A Strategic Interpretation', *European Company Law* 1, no. 3 (October 2004): 117 et seq.

4.16d 遵循《欧洲公司条例》第 9 条规定的效力级别,欧洲公司的章程只能包含《欧洲公司条例》或依据《欧洲公司条例》可以适用的国内法所未涉及的额外规定。因此,欧洲公司章程中允许包含哪些额外规定,在很大程度上取决于欧洲公司的登记住所所在成员国。

二、设立与信息公开

4.17 设立一家欧洲公司可以按照几种不同方法。前四种是“初始”设立方法,意思是没有预先存在的欧洲公司参与,这种情况在“二级”设立时才存在。在此要提及每一种方法,下一段(4.18)着重强调《欧洲公司条例》(SE Regulation)的有关规定。欧洲公司可以通过以下方法设立:

(1)通过数家公众有限公司的合并设立一家欧洲公司(*Formation of an SE by merger*)。这些公司必须依据某一成员国法设立,并且其登记住所和总部位于欧共体内。为了保障跨国性,至少有两家公司受不同成员国法管辖(第 2 条第 1 款)。合并可以通过合并一方(吸收方)的收购进行,一旦合并完成将采用欧洲公司形式,或者设立一个欧洲公司形态的新公司(第 17 条)。

(2)由数家公众有限公司和/或私人有限公司设立一家控股欧洲公司(*Formation of a holding-SE*)。如方法(1),参与公司必须依据某一成员国法设立,并且其登记住所和总部位于欧共体内。至少其中两个公司必须由不同的成员国法管辖,或者在至少两年内,其子公司由另一成员国法管辖,或者其分公司位于另一成员国(第 2 条第 2 款)。

(3)由《欧共体条约》第 48 条所规定的数家公司和商行,包括由公法或私法管辖的其他法律实体,甚至非营利性的,设立一家下属欧洲公司(*Formation of a subsidiary SE*)。第(2)种方法所涉及的条件仍然适用:参与的公司、商行和其他法律实体必须在欧共体内拥有登记住所和总部。其中至少两个必须由不同成员国法管辖,或者在至少两年内,其子公司由另一成员国法管辖或其分公司位于另一成员国(第2条第3款)。

(4)一家公众有限公司变更为一家欧洲公司(*Conversion into an SE*),如果在至少两年内该公众公司的一个子公司由另一成员国法管辖(第2条第4款)。

(5)由一家欧洲公司设立一家下属欧洲公司(*Setting up an SE subsidiary*)(第3条第2款)。因为这种方法意味着预先存在一个欧洲公司,这种设立有时被称为"二级"设立。[1] 类似情况是一家欧洲公司通过合并或创建一家控股欧洲公司或下属欧洲公司的方式参与设立另一家欧洲公司。《欧洲公司条例》便于这种设立方式,因为它规定一家欧洲公司在这一点上将被视为一家受其登记住所所在成员国法律管辖的公众有限公司。因此,除了第(5)种方式提及的建立下属欧洲公司,其他"二级"设立方式也可供利用。

(6)通过一家欧洲公司与一家或多家其他欧洲公司或公众有限公司合并而设立一家欧洲公司(*Formation of an SE by merger*)。这种设立方式的条件与方式(1)的条件相同,所以这些参与公司必须根据一个成员国法设立并且其登记住所和总部位于欧共体不同成员国。

(7)一家欧洲公司与一家或多家其他欧洲公司或(2)所提及的公众公司或私人公司设立一家控股欧洲公司(*Formation of a holding SE*)。

(8)一家欧洲公司与一家或多家其他欧洲公司或(3)所提及的公司或法律实体设立一家下属欧洲公司(*Formation of* a *subsidiary SE*)。

这里必须注意到,在根据《欧洲公司指令》的规定设置好员工参与制以前,不可能仅靠登记完成欧洲公司的设立。[2]

4.17a 总之,欧洲公司不得由自然人或不具备"跨境凭据"的公

---

〔1〕 第3条第2款保证下属欧洲公司可以被全资控股。

〔2〕 第12条第2款。

司、商行和其他法律机构设立。[1] 原因不难理解,因为根据《欧共体条约》第308条的措辞,引进欧洲公司是"在共同市场运作过程中为实现欧共体的目标之一而必不可少的"。再者,它有助于利用这种新类型抑制必须受国内法管辖的公司规避国内法。但是,跨国特征看上去易于创造,因为并没有要求参与设立一家欧洲公司的数家公司必须相互独立。《欧洲公司条例》甚至便于控股公司与全资子公司或持股90%或以上的子公司合并。[2] 例如,位于某一成员国的公司A可以在另一成员国设立子公司B,随后两家公司可以合并成一家欧洲公司或者以控股公司方式设立一家欧洲公司。[3]

4.18 《欧洲公司条例》包括数条关于设立程序的规定,尤其是通过合并或设立一家控股公司的方式设立欧洲公司的。这些规定如下:

- 关于以合并方式设立欧洲公司的第17~31条在很大程度上与《第3号公司法指令》和《第10号公司法指令》有关条款相似,这些在第3章有述及。[4] 鉴于合并的跨国因素,成员国可以规定其主管机关可以为公共利益反对合并。[5] 成员国还可以采用规定以确保对少数异议股东的保护。[6]
- 第32~34条规定了控股欧洲公司的设立。这是一种非常不同的操作,因为不像在合并中一样发生公司的终止,而且股东享有将其股份变更为将要成立的欧洲公司股份的实际决定权。[7] 但是该程序与合并程序有很大相似性。设立一家控股公司的协议草案应包括相同事项并且必须经过每一个参与公司的股东会

---

〔1〕 Rickford, *The European Company*, 22.

〔2〕 第31条。注意这一条文是指《第3号公司法指令》。

〔3〕 Rickford, *The European Company*, 22.

〔4〕 本书段落3.46和段落3.87。合并程序在第8章也进行了讨论。

〔5〕 第19条。例如,可以提及的理由是税收要求,它可以因合并受到威胁。

〔6〕 第24条第2款。

〔7〕 第33条第1款、第4款。

批准。[1]

- 规范下属欧洲公司设立的第 35 ~ 36 条仅仅规定援用有关公众有限公司设立子公司的国内法。
- 第 37 条解决的是公众有限公司变更为欧洲公司的问题。这种操作不引起公司的终止或新设。变更必须在变更方案草案、对股东和雇员潜在影响报告等文件制作完毕后,经过公司股东大会的批准。

4.18a 合并程序的实质要素包括:

- 参与合并公司的股大东会批准合并协议草案(第 20 条、23 条);
- 信息公开(第 21 条);
- 独立专家审查合并协议草案(第 22 条);
- 对债权人、债卷持有人以及股票以外其他有价证券持有人的保护(第 24 条);
- 参与合并公司的国内主管机关和合并完成后欧洲公司登记和成立的成员国的主管机关对合并前行为和手续合法性的详细审查(第 25、26 条)。

有些成员国规定了一项在不阻碍合并情况下详细审查、修改股份交换比率的专门程序,或补偿少数股东的程序。这种程序可能有利于一家参与合并公司的股东损害其国内法中无此程序的其他参与公司的股东。为了达到"武力均等",第 25 条第 3 款规定这些规定只有在经其它公司股东会接受后才能适用。如果其他公司股东会接受,该程序中的决定就对欧洲公司及其所有股东具有约束力。[2] 合并在欧洲公司登记之日生效(第 27 条),此后不可被宣布为设立无效(第 30 条)。员

---

[1] 第 32 条第 2 款、第 6 款。Christoph Teichmann 讨论了是否要求达到合法多数的问题,见'Minderheitenschutz bei Gründung und Sitzverlegung der SE',ZGR 3(2003),第 367 页及以下。

[2] 第 25 条第 3 款提到的一项特殊程序是德国裁决程序 the German Spruchverfahren,见 Christoph Teichmann 著:'Minderheitenschutz bei Gründung und Sitzverlegung der SE',第 367 页及以下;Christoph H. Seibt 著:'Report from Germany',*European Company Law* 1,no. 3(Oct. 2004),第 131 ~ 134 页。

工参与事项必须在欧洲公司登记之前解决,请参见本书段落4.29等。

4.18b 建立一家控股欧洲公司不同于合并程序,特别是在以下方面:

- 政府无权以公共利益为由反对设立控股欧洲公司;
- 没有对成立前手续合法性的详细审查;
- 只有当个人股东决定在三个月内缴纳股资,而且每个参与公司50%以上的股资已缴付时,公司才能成立(第32条和第33条)。[1]

4.19 无论以何种设立方式,欧洲公司在其住所所在成员国登记之日取得法律人格。[2] 登记时要求欧洲公司的名称必须冠以或缀以缩写"SE"。[3] 欧洲公司登记之前必须对员工参与作出安排,或者在无法实现此安排时,根据《欧洲公司指令》另行确定了员工参与的适当规则。[4] 此外,欧洲公司的成立与登记以各有关成员国法依据《第1号公司法指令》规定的方式公布。而且,欧洲公司的登记公告还在《欧盟官方公报》(*Official Journal of the European Union*)公布。[5]

三、设立欧洲公司适用的法律

4.20 因为欧洲公司由来自不同成员国的公司参与设立,从而引起了一个问题,即应适用哪个国家的法律来设立。如前所述,《欧洲公司条例》第9条赋予该条例优先适用性,但该条例并没有覆盖设立程序中的所有问题。对于通过合并而设立,该条例第18条通过以下规定解决了此问题,即对未规定事项,每家参与设立公司受其国内法中有关公众公司合并的规定约束,而这些规定已由《第3号公司法指令》协调。但是,合并的完成则受欧洲公司拟定住所所在成员国法

---

〔1〕 Teichmann, 'Minderheitenschutz bei Gründung und Sitzverlegung der SE', 388 et seq.

〔2〕 第16条。

〔3〕 第11条。

〔4〕 第12条第2款。《2001/86/EC号指令》。见段落4.35。

〔5〕 第13、14条。

约束。[1]

4.20a 例如，如果一个西班牙公司与一个法国公司合并成一个新欧洲公司，作出决定、信息公开、债权人保护、合并前行为及手续的审查、注销登记等事项，分别由西班牙和法国法管辖。但是，这并没有完成合并，因为欧洲公司必须进行登记，法律效果必须被确定。因此，第26条与第15条规定由欧洲公司拟定住所所在成员国的主管机关对合并的合法性进行额外审查。如果一个由西班牙公司和法国公司设立的欧洲公司在比利时登记，合并的完成将受制于比利时法律。

4.21 设立一个控股欧洲公司适用同样路径，但这时没有相当于第18条的规定。但无论如何，控股公司成立之前的程序只能依据参与设立公司的国内法规定进行。例如，当一家波兰公众公司的股东大会批准在德国登记一家控股欧洲公司的设立方案草案时，波兰法律管辖在波兰的决策，正如在合并中一样。[2] 因此，在设立控股欧洲时应比照第18条。

同设立任何一种下属公司一样，设立一家下属欧洲公司由该欧洲公司住所所在地成员国法管辖。对于参与公司来说，国内法适用于作出设立子公司的决策，如同设立任何下属公司一样。

四、扩大参与公司的范围

4.22 第2条第5款规定，成员国可以选择规定一家总部不在欧盟内的公司参与设立欧洲公司。这家公司必须依据某一成员国法设立且住所位于该国，并且“真实、连续地与某一成员国保有经济联系”。不用说，这种公司只能依据秉持设立主义（incorporation doctrine）的成员国的法律设立并存续。[3] 立足于真实住所主义（real seat doctrine）

---

〔1〕 第26条、15条。

〔2〕 Teichmann, ‘Minderheitenschutz bei Gründung und Sitzverlegung der SE’, 388.

〔3〕 段落2.65及以下。注意这种公司的总部非常可能也位于同样适用设立主义的国家，因为只有这样它的法律地位才是牢固的。

的成员国不允许在该国登记的公司将总部设在其他国家。因此这些成员国可能不会使用此选择权,不同于持设立主义的国家,如英国、瑞典和荷兰。[1] 住所在欧盟之外的公司,无论其总部在何处,均不得参与设立欧洲公司,但在欧洲公司成立后当然可以成为其股东。

4.22a 因此,一家在英国登记的公众有限公司在英格兰有一家企业,但总部在美国,根据英国法这家公司可以参与设立一家欧洲公司。[2] 根据丹麦法或荷兰法,这种公司也可以参加设立欧洲公司。这意味着,一家丹麦公司可以与这种公司合并以设立一家在丹麦登记的欧洲公司。德国则情况不同,因为德国法没有提供这种选择权。回到总部在美国的英国公司的例子,结论应当是这种公司不能与参与设立一家在德国登记的欧洲公司。但是必须指出,真实住所主义本身并不完全阻止总部在欧盟以外的公司参与设立。根据德国法,应当依据真实住所认可一家外国公司。而其他国家的法律本身则可能指定适用设立地法。前文所提到的例子中,德国法指定适用美国法,后者指定适用英国法,这样,英国公司的合法存在得以稳固。[3] 因此该公司本可以设立一家登记住所位于德国的欧洲公司,仅仅因为该国没有采用第2条第5款提供的选择权才被阻止。

五、登记住所与总部

4.23 欧洲公司的登记住所应当位于章程规定的地方。它必须位于欧共体内,并与公司总部在同一成员国。成员国还可以要求在其境

---

〔1〕 使用该选择权的法律是 Statutory Instrument 2004, The European Public Limited-Liability Company Regulations, Regulation 51(英国), Lag om Europabolag(SFS 2004:575)(瑞典)第4段和 Uitvoeringswet verordening Europese vennootschap(荷兰)第2条。

〔2〕 前言之陈述第23项细化了"与某一成员国的经济具有真实、持续的联系"的含义。

〔3〕 关于真实住所主义在这一方面的效果,见 Hans-Werner Neye & Christoph Teichmann 著:'Der Entwurf für das Ausführungsgesetz zur Europäischen Aktiengesellschaft', *Die Aktiengesellschaft*, Heft 4(2003):171。

内登记的欧洲公司的总部必须与登记住所位于相同地点。[1]

4.23a　为了让所有成员国接受,《欧洲公司条例》第 7 条规定了真实住所安排,但在前言中,可以看出这样做并没有对成员国法的偏见,也没有预先防止选择其他欧共体公司法文本。但是,真实住所的要求阻止欧洲公司为了避免所适用法律的改变而将总部迁移到另一成员国却将登记住所留在原处。[2] 它还限制欧洲公司创办人进行"司法管辖区套利"(jurisdiction shopping)或仅变更登记住所的反向迁移。因此可以预料,随意选择登记住所而不管实际总部在何处的特拉华州效应,在这里不会有太大影响。[3]

4.24　在欧洲公司的登记住所与总部不一致的情形下,登记住所所在成员国应当采取适用措施迫使欧洲公司在一定期间内符合《欧洲公司条例》的规定。这既可以通过在登记住所所在的成员国重建总部,也可以通过将登记住所迁移到总部所在成员国实现。[4] 选择后一种方式的,必须遵循第 8 条规定的程序。该项引起欧洲公司迁移的程序,是欧洲公司的一个重要特征。这种迁移不会使欧洲公司终止或新设。但是跨越成员国边境将导致法律适用的重大改变,因为该条例频繁指定适用登记住所所在成员国的国内法。[5] 欧洲公司的迁移与欧洲经济利益集团(EEIG)受制于相同的规则(见段落 4.07)。迁移计划

---

〔1〕 第 7 条。更严格的要求——登记住所必须与总部地点相同——曾是最初的选择,例如德国曾采用,但已在公司法改革过程中被取消,该改革允许德国股份公司和有限公司的总部设在德国以外。

〔2〕 这一限制非常可能与欧洲法院的判例法冲突,见 Eddy Wymeersch 著:'Cross-border Transfer of the Seat of a Company. Recent EU Case Law and the SE Regulation',载 Rickford 编辑:*The European* Company,第 88 页。Erik Werlauff 著:'Cross-border Transfers of SE Companies. Domicile Requirements Contrary to the EC Treaty Right of Establishment',*European Company Law*,no. 3(Oct. 2004),第 121 页及以下。

〔3〕 Werlauff,'Cross-border Transfers of SE Companies',109 et seq. 关于总部的含义,见第 113 页及以下。

〔4〕 第 64 条。Werlauff 著:'Cross-border Transfers of SE Companies',第 115 页及以下。

〔5〕 第 8 条。

必须适当公开,公开后两个月内不得作出决定。成员国有权规定其主管机关可以基于公共利益反对此迁移。[1]

4.24a　针对欧洲公司住所迁移的《欧洲公司条例》第8条比《欧洲经济利益集团条例》的相应规定详细得多。例如,迁移欧洲公司的计划必须包括:(1)计划的欧洲公司登记住所;(2)计划的欧洲公司章程,必要时包括新名称;(3)迁移涉及的任何员工参与问题;(4)计划的迁移时间表;(5)为保护股东、债权人利益而规定的所有权利。[2] 迁移到另一司法管辖区域意味着一种对欧洲公司债权人的威胁。虽然他们还保有债权,但一旦欧洲公司越过边境,得到清偿可能变得更加困难。因此,欧洲公司要满足债权人和其他权利人的对欧洲公司享有的利益,确保他们受到充分保护,例如,提前主动通知债权人或者应他们的要求提供足够担保。[3] 这一保护涉及迁移计划公布之前产生的所有债务。成员国甚至可以将此种保护扩大到迁移之前产生或可能产生的债务。[4]

4.25　迁移决定由股东大会作出。[5] 成员国有权选择采用保护持异议少数股东的规定。一旦作出了迁移决议,它们对欧洲公司的态度可能非常不同,因为欧洲公司将适用一套新的国内法规则。当然,异议股东可以在迁移之前出售其股份,但并不是常常都会有买家。因此,

---

〔1〕 该选择权将被大多数成员国采用,例如英国(Regulation 54 Statutory Instrument 2004)和荷兰[《欧洲公司实施条例》(Uitvoeringswet verordening Europese vennootschap)第5条]。

〔2〕 第8条第2款。

〔3〕 The UK, SI 2004, Regulation 52, Germany, SEEG, s. 13(1), the Netherlands, Uivoeringswet Europese Vennootschap, Art. 4(1).

〔4〕 英国的2004年法律文件《条例53》(Statutory Instrument 2004, Regulation 53)将这种保护扩大到迁移之日,荷兰的《实施条例》(Uitvoeringswet)第4条提供了一种可以在迁移计划公布之后2个月内采用的保护手段,但也可以对迁移之日前产生的债务采用。德国将此保护延长到迁移计划公布后15天,《欧洲公司推行法》(SEEG)第13条第2款。

〔5〕 第8条第6款和第59条。

应当在国内公司法的保护之外再对他们提供保护。[1] 虽然成员国趋向于依赖已有规则，但德国已经在这一方面采用了特别规则。[2]

迁移程序有一个内置安全阀，因为只有当“原”成员国主管机关提交了一份证实迁移前法律行为和手续已经完成的证明后，在“新”成员国的登记方能生效。[3] 迁移自新住所登记之日起生效。[4] 一旦公布，新登记就可以用来对抗第三人。但是，只要欧洲公司在原成员国的注销登记尚未公布，第三人仍可以信赖原登记住所，除非可以证明他们当时已知道新的登记住所。[5]

六、资本

4.26 欧洲公司的资本和股份以欧元计价，最低认购额不得低于120,000欧元。此最低限额旨在保证欧洲公司拥有充足财产，且不会使中小企业设立欧洲公司过于困难。[6] 成员国法可以要求从事特定经营的国内公司如金融机构和保险公司认购更多资本。在这种情况下，更高的额数应当适用于从事这类营业且登记住所在该成员国的欧洲公司。[7] 不以欧元为流通货币的成员国[8]可以要求欧洲公司与公众有限公司适用相同的资本规则。任何情况下，欧洲公司均可用欧元表明其资本。[9]《欧洲公司条例》没有更多关于资本的规定，第5条规定所有其他事项适用国内法。

---

〔1〕 第8条第5款。Werlauff著：‘Cross-border Transfers of SE Companies’，第124页。

〔2〕 英国和荷兰没有使用这一选择权。根据德国法，欧洲公司必须对异议股东发出回购要约（现金支付），《欧洲公司实施法》（SEAG）第12条第2款。

〔3〕 第8条第9款。

〔4〕 第8条第10款。

〔5〕 第8条。

〔6〕 前言之陈述第13项，第1条第2款和第4条。

〔7〕 第4条第3款。

〔8〕 因为经济与货币联盟（EMU）第3阶段尚未实施。

〔9〕 第67条第1款。一国的流通货币与欧元的汇率应当是欧洲公司成立前一个月最后一天的汇率。

七、结构:单层制或双层制

4.27 欧洲公司的结构包括股东大会,以及双层制下的管理机构和监督机构,或者单层制下的管理机构。欧洲公司章程决定在两种制度间的选择。[1] 成员国没有对公众有限公司规定其中一种制度的,应当对在该国境内登记的欧洲公司采取适当措施。[2] 换句话说,除了适用国内制度的某些规则,例如关于公司机构成员的登记、其权利义务和任职条件的规定外,成员国还应使欧洲公司易于使用这两种制度。有的成员国,如对所有公众公司强制适用双层制的德国,已经引进了这种规定,从而为在德国登记的欧洲公司和公众公司提供了法律的确定性和平等待遇。[3] 其他国家,如由章程分配公司权力从而使公司法显示了极大灵活性的英国,没有采取这种额外措施。[4]

4.28 在双层制中,管理机构(董事会)负责管理欧洲公司。成员国可以规定管理机构的一个或多个成员作为常务董事像国内公众有限公司常务董事一样在相同条件下负责日常管理。[5] 欧洲公司的管理机构成员由监督机构(监事会)任命和解任,但如果成员国允许欧洲公

---

〔1〕 前言之陈述第14项,及第38条。两种体制已经均已在关于已撤销的《第5号公司法指令草案》部分进行了简要讨论,见段落3.62。

〔2〕 第39条第5款和第43条第4款。

〔3〕 《欧洲公司实施法》(SEAG)第20条及以下。Silja Maul,'Konzernrecht der deutschen SE-Ausgewählte Fragen zum Vertragskonzern und den faktischen Unternehmensverbindungen',ZGR 5-6(2003):743 et seq.

〔4〕 (英国)贸易工业部(DTI):Implementation of the European Company Statute,A Consultative Document,2003年10月,段落3.40。在荷兰,双层制对符合特定条件的公众公司是强制性的,但欧洲公司不在此列,见《解释性备忘录》(Memorie van Toelichting),第29条、309条,第3页及以下。根据Klaus Hopt在Rickford编辑的'The European Company:Developing a Community Law of Corporations'第52-53页的观点,成员国必须采取措施排除不确定性。

〔5〕 第39第第1款。在瑞典,每个公众有限公司都必须拥有一个由董事会任命的常务董事。这一点对在瑞典登记的欧洲公司同样适用,并且这种常务董事必须由公司行政机构(单层制)或管理机构(双层制)任命,见Anders Waltner著:'Report from Sweden',载*European Company Law* 1,no.3(Oct.2004),第138页。

司章程另行规定得话，该权力可以归于股东会。〔1〕 监督机构成员由股东大会任命，但这一规则不影响成员国法允许少数股东或其他人员任命部分公司机关成员。〔2〕 而且，关系到监事会组成的员工参与安排，也应当被考虑到。〔3〕 监督机构监督管理机构履行职责，但不得行使管理机构的职权。〔4〕

4.29　在又被称为单一董事会制的单层制下，行政机构（董事会）有权管理欧洲公司。在双层制下管理职责和监督职责自动分离，在单层制下这两种职责必须被清楚的界分。〔5〕 成员国可以明确规定单层制董事会的一名或多名成员在与国内公众有限公司同等条件下负责日常管理。〔6〕 股东大会任命和解任行政机构成员，除非国内法对少数股东权或员工参与安排另有规定。〔7〕 总体上，在单层制下，股东大会直接影响着管理公司事务者的选举。

4.30　该条例的数项规定（第 46 ~ 51 条）对单层制和双层制是通用的。其中有以下规定：

- 公司机构成员任期不得超过 6 年，但可以连任；〔8〕
- 如果欧洲公司登记住所所在国法律对公众有限公司没有作出另外规定，欧洲公司章程可以允许法人成为其某一机构成员；该法人必须指派一名自然人履行其职责；〔9〕
- 章程应当列明要求监督机构授权管理机构批准的交易（双层制），或者要求由行政机构明确决定的交易（单层制）；

---

〔1〕 第 39 条第 2 款。

〔2〕 第 40 条第 2 款和第 47 条第 4 款。

〔3〕 第 40 条第 2 款。

〔4〕 第 40 条第 1 款。

〔5〕 前言之陈述第 14 项。

〔6〕 第 43 条第 1 款。这项选择权以瑞典董事会模式为基础。德国为欧洲公司引进了一种类似制度，《欧洲公司实施法》（*SE-Ausführungsgesetz*，简称 SEAG，是德国为执行《欧洲公司条例》而颁布的实施法——译者注）第 40 条第 1 款。

〔7〕 第 43 条第 3 款。

〔8〕 第 46 条。

〔9〕 第 47 条第 1 款。

– 要求至少半数成员出席（或代表出席）并且由出席（或代表出席）成员的多数才能作出的决定，除非该条例或章程另有规定；[1]
– 欧洲公司管理机构或监督机构的成员对自己违反职责义务而使欧洲公司遭受的损害，承担法律责任；这种责任受欧洲公司登记住所所在成员国的公众公司所适用的法律管辖；[2]

4.30a 《欧洲公司条例》迫使欧洲公司制作一份列出要求监督机构批准或由单一董事会作出明确决定的交易清单。成员国可以选择规定由监督机构指定须经其批准的交易（虽然仅对双层制）。[3] 成员国也可以决定欧洲公司章程必须指明的特定交易。要求批准或明确决定的交易通常包括重大商业操作，如大型投资，设立、收购、出售或关闭企业，以及借款或放贷。因此，如果管理机构或监督机构中有员工代表，批准或审议的要求可以被看作对员工代表影响力的保证。

八、结构：股东大会

4.31 如同已经实施的一样，股东大会根据《欧洲公司条例》或《欧洲公司指令》作出决议，并对决议事项单独负责。[4]除了前文已述的任命欧洲公司管理机构成员外，该条例将迁移欧洲公司登记住所的决定权、修改章程的权力以及将欧洲公司变更为国内法中的公众公司的权力分配给股东大会。[5]而且，一家欧洲公司通过合并方式或设立控股公司方式参与设立另一家欧洲公司的，《欧洲公司条例》规定股东大会是决定机构。[6] 此外，欧洲公司股东大会决定国内公众有限公司股东大会负责决定的事项。各种事项几乎全都被指定适

[1] 第50条第1款。
[2] 第51条。
[3] 德国已经使用了这一选择权，《欧洲公司实施法》（SEAG）第19条。
[4] 第52条。
[5] 第8条第4款，第59条第1款，第66条第6款。
[6] 第3条第1款。

用国内法这一点具有特殊的重要性，尤其是年度财务报表及欧洲公司的终止。

4.31a　综上所述，《欧洲公司条例》的下列条款要求由欧洲公司股东大会决定：

- 第 8 条第 4 款：欧洲公司登记住所的变更。
- 第 23 条第 1 款：对欧洲公司据以设立的合并方案草案的批准（如果有一家欧洲公司参与合并）。
- 第 32 条第 6 款：对一家控股欧洲公司的设立方案草案的批准（如果一家欧洲公司是参与设立的一方当事人）。
- 第 23 条第 2 款和第 32 条第 6 款：对伴随着合并或设立一家控股欧洲公司的员工参与安排的批准（如果一家欧洲公司参与，且其股东大会保留了批准权）。
- 第 40 条第 2 款，双层制：对监督机构（管理机构，只有在成员国选择的情况下，第 39 条第 2 款）成员的任命。[1]
- 第 43 条第 3 款，单层制：对公司行政机构成员的任命。
- 第 59 条：欧洲公司章程的修改。
- 第 66 条第 6 款：对欧洲公司变更为公众有限公司及其章程变更的方案草案的批准。

4.32　股东大会决议由多数票作出，除非《欧洲公司条例》或国内法另有要求。[2] 欧洲公司章程的修改要求 2/3 多数票通过，例外是如果成员国许可的话，只要代表了至少半数已认购资本的简单多数通过即可。[3] 注意，投票总数不包括股东未参加投票、弃权或投空白票或毁损票。[4] 欧洲公司拥有两种或更多类别股份的，如果股东大会决议影响股东类别权利的，股东大会的每个决议应当由不同类别股东分别

---

[1] 注意第 39 条第 2 款处理公司行政机构成员的任命和解任，而第 40 条第 2 款和第 43 条第 3 款只涉及任命（分别为监督机构和行政机构成员）。

[2] 第 57 条。

[3] 第 59 条。

[4] 第 58 条。

投票。[1]《欧洲公司条例》包括数项关于股东大会召集的规定,召集权通常属于欧洲公司的机构,但也可能由少数股东自行召集。[2] 这些少数股东也可以要求股东大会议程中增加额外项目。[3] 至于这些规定没有涉及的股东大会的组织与主持及投票程序,则适用有关公众有限公司的国内法。[4]

九、年度财务报表、解散与清算

4.33 年度报表和合并报表的置备,包括所附的年度报告以及这些文件的审计与公开,均受国内法管辖,当然这些国内法已由《第4号公司法指令》、《第7号公司法指令》和《第8号公司法指令》协调。上市的欧洲公司,同欧盟内的其他上市公司一样必须遵守《国际会计准则》(IAS)(见第9章)。[5]

4.34 关于解散、清算、破产、停止支付及类似程序,欧洲公司应当受可适用的国内法管辖,包括与股东大会作出此类决议有关的法律规定。[6] 与年度报表不同,这里援用的是未被协调的国内法。

4.34a 关于破产,商事企业从事跨国活动的,则可能产生有关管辖权和承认外国破产程序的问题。国际破产法以两条相互冲突的原则为特征。一个是普遍性原则,要求债务人的所有财产均包括在单一破产程序中,不论该财产和债务在哪一国境内。另一个是属地原则,主张无论任何外国破产裁决,国内法律程序始终可能适用。因为协调破产实体法非常困难,尤其是有关优先权,《破产条例》(Insolvency Regula-

〔1〕 第60条第1款。
〔2〕 第54、55条。
〔3〕 第56条。
〔4〕 第63条。
〔5〕 Werlauff, 'Cross – border Transfers of SE Companies', 160.
〔6〕 第63条。

tion 1346/2000)主要面向破产程序。[1] 它保证了一个成员国的破产程序在其他成员国能够产生法律效力,从而使债权人享受平等待遇。依据该条例,主要破产程序可以在债务人主要利益中心所在的成员国开始。次要程序可以在债务人企业所在的成员国开始。次要程序的效力限于该国境内的财产。如果一家欧洲公司破产,真实住所主义通常意味着主要程序必须在欧洲公司登记地有关法院开始(见段落 10.20 和 10.30)。[2]

十、员工参与

4.35 如第 7 章所述,欧盟内各国的员工参与一直差异较大,但却不外乎两种基本形式。[3] 第一种存在一种员工通过代表机构获取信息和进行磋商的机制,无论是通过劳资委员会(works council)还是通过工会(trade unions)代表均可。第二种形式称为员工参加决策(employee participation),包括董事会或监事会级别的员工代表,或者影响董事会或监事会成员的选举或任命。第一种形式在欧盟内很普遍,只有部分成员国引进了第二种形式。[4] 有人担心欧洲公司的设立可以被用来规避国内法,特别是关于第二种形式的国内法。这种担心可能成为事实,例如,如果一家德国股份公司将与一家英国公众有限公司合并,以设立一家在英国登记的欧洲公司。结果是,如果不采取适当措施,英国所不具有的德国式员工参加管理制将消失。另一方面,假如欧共体立法保护所有现存的员工权利,英国可能会担心德国的员工参加管理制输出到在英国登记的欧洲公司中。

4.36 多年来,员工参与一直是一件有争议的事。尽管争论仍在

---

〔1〕 2000 年 5 月 29 日《欧盟理事会 EC/1346/2000 号条例》(OJ 30 Jun. 2000, L 160/1)。丹麦没有采用这一条例,不受其约束,见前言之陈述第 33 条,还请参 Werlauff 著:'Cross-border Transfers of SE Companies',第 163 页及以下。

〔2〕 关于主要利益中心的含义,见 ECJ 2 May 2006, C - 341/04(Eurofood)。

〔3〕 《欧洲公司指令》(SE Directive)第 1 条界定了这些形式。

〔4〕 The Davignon Report, *Group of Experts on European Systems of Worker Involvement*, Final Report(Brussels, May 1997), Table 1.

继续,1994 年通过了关于欧洲劳资委员会(EWC)的指令,这当然有利于为欧洲公司的推出铺平道路。[1] 这项指令包括了一个欧共体企业(undertakings with comminity dimension)的员工参与机制。该机制以建立一个员工代表特别协商机构为起点。该机构负有与中心管理部门一起对欧洲劳资委员会的范围、构成和功能,或者对一种同等的知情与咨询程序进行协商的任务。万一协商失败,将适用该条例所附的《次级要求》(标准规则)。欧洲劳资委员会将在第 7 章进行详细讨论,这里应当注意到这种与标准化规则相结合的协商制度被复制到了《欧洲公司指令》(Directive 2001/86/EC supplementing the SE Regulation。因该指令主要解决欧洲公司的员工参与问题,故又被简称为《员工参与指令》。——译者注)中。[2]

4.37 《欧洲公司指令》的前言解释道,创建欧洲公司同时意味着在国际层面引入员工知情与磋商程序的必然性,以及在设立欧洲公司的公司内已有员工参加管理权的保留,但当事人可以对后者作出不同决定。[3] 根据所谓的之前和之后原则(before and after principle),欧洲公司成立前生效的员工权利应当成为已成立的欧洲公司提供员工参与权的基础。所以,这一途径不仅适用于欧洲公司的初始设立,也适用于现存欧洲公司内的结构变化。[4]

4.38 该指令广泛调整了磋商程序。采取必要步骤以开始磋商的

---

〔1〕 Council Directive 94/45/EC of 22 Sep. 1994 on the establishment of a EWC or a procedure in Community-scale undertakings and community-scale groups of undertakings for the purposes of informing and consulting employees, OJ 1994, L 254.

〔2〕 Paul L. Davies, 'Employee Involvement in the European Company', in The European Company: Developing a Community Law of Corporations: Collected Papers from the Leiden University Unilever Programme 2002, ed. Jonathan Rickford (Antwerp/Oxford/New York: Intersentia, 2003), 67 et seq.; Werlauff, 'Cross-border Transfers of SE Companies', 133 et seq.; Carla Tavares da Costa & Alexandra de Meester Bilreiro, The European Company Statute (The Hague/London/New York, 2003), 73 et seq.

〔3〕 前言之陈述第 6、7 项。

〔4〕 前言之陈述第 18 项。

职责属于参与设立欧洲公司的公司的机关。[1] 当然，信息应当被提供。该指令决定必须在合并或设立控股公司的方案草案公布后，或在设立子公司或变更为欧洲公司的计划被同意后，尽快提供信息。必须提供的信息包括参与公司的身份、有关子公司或企业、雇员人数。[2] 必须依据该指令建立一个特别磋商机构。该机构的成员必须与参与公司及其有关子公司或企业在每一成员国中的员工人数成一定比例。[3] 该磋商机构一旦成立即开始磋商，磋商可能持续6个月。但当事人可以决定将该期限延长至一年。[4]

4.39　该磋商机构对磋商结果作出决定。决定可以由绝对多数作出，只要该多数也代表了员工的绝对多数。如果该结果导致员工参加决策权减少，则要求由特定多数通过。该特定多数因欧洲公司的设立方式不同而有所区别。[5] 为了遵守欧洲公司拥有员工的成员国已生效的知情与磋商规则，该磋商机构还可以决定不开始磋商或终止已经开始的磋商。这时又一次要求特定多数。[6] 如果磋商失败或者经磋商各方同意，那么将适用必须由各成员国执行的《标准规则》。《标准规则》可以在《欧洲公司指令》附件中找到。[7] 《标准规则》包括员工代表机构的组成规则（第1部分）、知情与磋商规则（第2部分）和参加决策规则（第3部分）。

4.39a　综上所述，必须考虑到以下选择项：

(1) 磋商要么产生(a)一份员工参与协议，要么产生(b)一份适用《标准规则》的协议；

---

〔1〕 第3条第1款。

〔2〕 同上。

〔3〕 第3条第2款。

〔4〕 第5条。

〔5〕 第3条第4款。

〔6〕 第3条第6款。

〔7〕 附属于《欧洲公司指令》的《标准规则》（Standard Rules）几乎与《关于欧洲劳资委员会的指令》（Directive on the EWC）附件中的《辅助条件》（Subsidiarity Requirements）相同。

(2)磋商没有结果或者(延长的)磋商期限界满的,适用《标准规则》;

(3)该磋商机构决定终止磋商或根本不开始磋商的,对该欧洲公司没有特别的员工参与规定,而是适用国内法。[1]

4.40 虽然各方当事人在达成最终协议时都相当自主,但该指令规定了无论如何必须处理的事项。这些事项主要包括员工代表机构的组成、职能,以及知情与咨询程序。一旦该代表机构成立,其运作即应适用《欧洲公司指令》的有关规定,包括关于透露给代表的信息的保密性和代表保护的规定。[2] 如果达成了员工参加决策的安排,必须说明此安排的基本内容,以及欧洲公司的管理机构或监督机构中由员工选举、任命、推荐或反对的成员人数。[3]

4.40a 《标准规则》将代表机构的能力限于跨国事务:"有关欧洲公司本身及其位于另一成员国的子公司或企业的问题,或者在单一成员国内超越决策机构权力的问题。"[4]基于此背景,可以预期类似准则将会成为知情与磋商协议的组成部分。通常管理部门不会轻易同意雇员享有比《标准规则》规定的更多的参与机会,而磋商机构不愿接受较低标准。因此这种磋商被被称为"法律阴影下的讨价还价"。[5]

4.41 如前所述,《标准规则》适用的情形包括当事人同意,磋商期满未果,或因磋商机构的决定而从未开始协商。[6] 《标准规则》第三部分针对的就是员工参加决策事项,但这些规则仅在满足额外标准

---

〔1〕 Lone L. Hansen 叙述了几个例子,见'Employee Involvement and the Formation of a European Company. The Competition between the Approaches of Different Member States When a European Company Is Formed through International Merger',*European Company Law* 第3期(Oct. 2004),第126页及以下。

〔2〕 第9、10条。

〔3〕 第4条。

〔4〕 《欧洲公司指令》附件第2(a)部分。

〔5〕 见 Davies,'Employee Involvement in the European Company',77.

〔6〕 第7条第1款。

时适用:

- 公众有限公司变更为欧洲公司的,当关于员工参加决策的国内法适用于变更的公众公司时,员工参加决策适用于欧洲公司。[1] 第3部分(a)项强调所有现存规则"应当继续适用于欧洲公司"。磋商机构或公司管理部门无权选择使欧洲公司不适用员工参加决策。[2]
- 在合并的情况下,如果参与合并的一个或多个公司现有的员工参加决策规则覆盖了涉及合并的所有员工的至少25%,除非磋商机构决定降低该门槛。[3]
- 建立一家控股欧洲公司或下属欧洲公司的,门槛是覆盖50%,但这时磋商机构再一次可以决定即使现有的员工参加决策制度覆盖了少于50%的所有有关员工,也适用第3部分。[4]

如果参与设立一欧洲公司的不同公司中有一种以上的员工参加决策形式,则由特别磋商机构决定在该欧洲公司内建立其中哪一种形式。[5]

在合并的情形下,成员国可以选择不适用《标准规则》第3部分,这样就阻止了"输入"附件所决定的员工参加决策制。[6] 如果使用该选择权,将阻止合并情形下欧洲公司的登记,除非没有任何一家参与公司受制于员工参加决策规则或者达成了一项包括员工参加决策规则的员工参与协议。[7]

4.41a 英国没有决定不适用关于员工参加决策的《标准规则》第3部分。有人认为接纳包含董事会层面员工参加决策的员工参与安排

---

〔1〕 第7条第2款(a)项。

〔2〕 第3条第6款,第4条第4款,第3(a)部分。

〔3〕 第7条第2款(b)项。

〔4〕 第7条第2款。

〔5〕 同上。

〔6〕 第7条第3款及前言之陈述第9条。

〔7〕《欧洲公司条例》第12条第3款。关于此选择权,见 Rickford 编辑:The European Company:Developing a Community Law of Corporations,第28页。

可能产生社会效益,因为建立一家欧洲公司是完全自愿的,根据具体情况,公司可能意识到这种社会效益。有人针对来自位于德国的拥有劳资委员会的日本公司的证据,评价说这种员工参加决策不会减缓公司内部决策过程。[1]

4.42 最后,关于欧洲公司内员工参与的规则构成《欧洲公司条例》"不可分离的补充",必须同时适用。[2] 这些规则的适用受到保障,因为只有已经确定了员工参与制,欧洲公司才能得到登记。正如已指出的,这要求已经达成了一项协议,即采用标准规则,或者磋商机构已经作出了依据国内立法的有效决定。[3] 当欧洲公司章程与员工参与安排发生冲突时,以后者为准,章程必须修改。[4]

4.42a 《欧洲公司指令》的规则与《欧洲劳资委员会指令》的规则不累积适用。如果一家欧洲公司因是欧共体企业而属于《欧洲劳资委员会指令》调整范围,该指令的规则让步于员工参与协议,只在协议未达成时适用。[5] 有关员工参加决策的国内法规定,除了执行《欧洲公司指令》的规定以外,均不适用于欧洲公司。但是,《欧洲公司指令》并不妨害国内立法提供的其他员工参与权。[6]

十一、欧洲公司的前景

4.43 欧洲公司应当促进商事企业在欧洲层面的重组,并简化集团结构。因此,欧洲公司可以替代一系列在不同规则下运转的国内公司。而且,欧洲公司还因可以将登记住所迁移到另一成员国而提供了很大的灵活性。最后,欧洲公司代表了一种可能创造额外商誉的"欧

---

〔1〕 DTI, Explanatory Memorandum to the European Public Limited – Liability Company Regulations 2004, no. 2326.

〔2〕 《欧洲公司条例》前言之陈述第 19 条和第 22 条。

〔3〕 《欧洲公司条例》第 12 条第 2 款。

〔4〕 《欧洲公司条例》第 12 条第 4 款。

〔5〕 《欧洲公司指令》第 13 条第 1 款。

〔6〕 《欧洲公司指令》第 13 条第 2、3 款。关于国内规则,见第 9 章。

洲身份”。[1] 不利的一面是,有关员工参与的谈判程序显然有可能耗时较长,[2]多方参照国内法使得位于不同成员国的欧洲公司之间存在很大区别,以及缺乏独立的税收制度。[3] 这些利与弊在实践中将被如何看待,以及欧洲公司将在多大范围内被采用,仍有待观察。[4] 至2008年10月,已登记欧洲公司284家。[5] 大多数这类公司在登记时

---

〔1〕 欧洲公司大部分优点都可以在《欧洲公司条例》前言中找到。还请参欧盟委员会委员 Frits Bolkestein 著:'The New European Company:Opportunity in Diversity', in:Jonathan Rickford(ed.),*The European Company:Developing a Community Law of Corporations:Collected Papers from the Leiden University Unilever Programme* 2002 (Antwerp/Oxford/New York:Intersentia,2003),第41~42页;Carla Tavares da Costa & Alexandra de Meester Bilreiro 著:*The European Company Statute* (The Hague/London/New York:Kluwer Law International,2003),第59页。

〔2〕 谈判程序已被证明不是设立大型欧洲公司的障碍,尤其是在德国,见 Jochem Reichert 著:'Experience with the SE in Germany', *European Company Law* 5 no. 6 (Dec. 2008),第297~304页。

〔3〕 Bolkestein 在'The New European Company'第43页提到修改关于欧洲公司 SE(和欧洲合作社 SCE)的倡议导致了修改《90/435/EEC 号指令》(母子公司指令)的《2003/123/EC 号指令》,以及一项欧盟委员会2003年10月作出的修改《合并指令》的建议。还请参国际财政文献局(International Bureau of Fiscal Documentation) 2003年关于欧洲公司的税务调查,http://europa. eu. int/comm/taxation_customs/taxation/company_tax/developments. htm。

〔4〕 关于相当乐观的前景,见 Die Aktiengesellschaft 著:Heft 4(2003)第169页及以下,及 Da Costa & De Meester Bilreiro,The European Company Statute,第175~178页。关于与执行《欧洲公司指令》有关的事项,见 Communication from the Commission on the Review of Council Directive 2001/86/EC of 8 Oct. 2001 Supplementing the Statute for a European Company with Regard to the Involvement of Employees, Brussels,30 Sep. 2008,COM(2008)591(final)和 the reports and minutes of the Group of Experts 'SE-European Company' on the implementation of the SE Directive,见 http://ec. europa. eu/employment_social/labour_law/documentation_en. htm。

〔5〕 根据欧洲工会联合会研究所(ETHUI-REHS)网站:www. worker-participation. eu/european_company。欧洲公司数量从182家(2008年6月)增加到284家(2008年10月),有可能是由于律师事务所在设立“待售”欧洲公司(“shelf” SEs)或“不明”欧洲公司(“UFO”SEs,指不太为人所知而且没有在欧盟中央登记处登记的欧洲公司,大部分属于待售欧洲公司——译者注)以将它们出售给具有欧洲视野从而需要欧洲公司的公司。

尚无员工,这引起了《欧洲公司指令》中的义务将得不到遵从的担忧,因为这些义务适用于欧洲公司设立期间。[1]

无论其实际应用情况如何,欧洲公司都可能在法律问题上进一步发展。最终在2009年,欧盟委员会应当向欧盟理事会和欧洲议会提交一份关于《欧洲公司条例》的适用报告,并应在适当时候提出修改建议。该条例第69条要求欧盟委员会着重对以下问题的适当性进行分析:

(a)允许欧洲公司的总部与登记住所位于不同成员国;

(b)为承认其他类型的合并,扩大第17条第2款中的合并概念(例如实际为《第6号公司法指令》规定的分立的"合并"类型);

(c)因已经采用有关法律渊源而在必要时修改第8条第16款的司法管辖权条款;

(d)允许成员国享有同意欧洲公司章程条款的更大自由,甚至当本国公众公司不得使用这些章程条款时。

欧盟委员会在2008年对《欧洲公司指令》的评价中,得出的结论是缺乏适用该指令的实践经验。尽管有些问题被认为值得进一步考虑,但欧盟委员会将不会在评价完《欧洲公司条例》前修订该指令。[2]

第四节　其他欧洲商事组织

4.44　欧盟委员会在1992年仿效《欧洲公司法》草案,提出了关于欧洲协会(EA)、欧洲合作社(SCE)、欧洲互助社(ME或EMS)的议案。在经济与社会委员会作出评论后,最初的建议于1993年被修订。[3] 在这些实体中,欧洲协会(EA)不被看作一种商事组织,因为它

---

〔1〕 ETHUI-REHS网站。COM(2008)591(final),第7页和第8页。

〔2〕 COM(2008)591(final),第9页。

〔3〕 OJ 1992,C 99 and 1993,C 236 and OJ 1993,C 236.

不得向成员分配任何收益。[1] 通过对比，欧洲合作社（SCE）与欧洲互助社（ME）基本上可以被视为商事组织，因为它们是自然人之间的合作，这些自然人依据与其他经济主体不同的原则行动。这些原则体现了人优先于资本的观念，表现为不依据出资份额分配表决权。[2] 有时协会、合作社、互助社与基金会一起，被称为"社会经济体"（the Social Economy，指经济生活中介于私人商事组织、政府公共部门之间的第三种组织，从事经济活动但不以营利为目的而旨在实现某种社会目的——译者注）。不同于资合公司，它们没有投资者驱动的组织结构，但它们也是因其成员的经济与社会需求而产生，并通常依据"一人一票"原则来管理。然而，欧盟委员会推出了大量在许多方面几乎与欧洲公司（SE）相同的规则。所以，为每种实体所作的议案均由一部条例构成，该条例包含了一部法令和一个用于补充条例的有关员工参与的指令。2003年，欧盟理事会采用了《欧洲合作社条例》（SCE Regulation）和《欧洲合作社指令》（ECS Directive）。[3] 前者自2006年8月18日起实施。关于欧洲协会（EA）和欧洲互助社（ME）的议案正在讨论之中。

一、欧洲合作社（European Cooperative Society）

4.45 欧洲合作社（SCE）拥有法人地位，是一种资本分为股份的公司。其成员只以其股份为限承担责任，除非章程规定了更严格的责任。欧洲合作社（SCE）的目的是满足其成员的需要、促进成员的经营以及/或者社会活动。除非章程另有规定，欧洲合作社（SCE）不得为非

---

〔1〕 已修订的《欧洲协会法条例建议稿》（the proposed regulation concerning the Statute of the European Association）第1条。

〔2〕 已修订的《欧洲合作社法条例建议稿》（the proposed regulation concerning the Statute of the European Cooperative Society）前言，已修订的《欧洲互助会条例建议稿》（the proposed regulation concerning the Statute of the European Mutual Society）。

〔3〕 Council Regulation（EC）No. 1435/2003 of 22 Jul. 2003 on the Statute for a European Cooperative Society（SCE），OJ 2003，L 207 and Council Directive 2003/72/EC of 22 Jul. 2003 supplementing the Statute for a European Cooperative Society with regard to the involvement of employees，OJ 2003，L 207.

成员服务。[1] 参与创办欧洲合作社没有严格限制。欧洲合作社可以由至少定居在两个成员国的5名或5名以上的自然人发起,也可以由1名或1名以上自然人与1家或1家以上公司、商行或其他合法组织一起设立,或者由2家或2家以上公司、商行或其他合法组织设立。必须至少两个以上成员国的法律管辖这些参与设立的公司、商行或合法组织。欧洲合作社还可以通过两家合作社的合并而成立,或由一家合作社变更而成。同欧洲公司(SE)一样,成员国可以规定一家总部不在欧共体内的合法机构可以参与欧洲合作社的设立(见段落4.22)。[2]

4.46 《欧洲合作社条例》在很多方面与《欧洲公司条例》相似,例如关于可以适用的法律,或者在组织机构方面同样允许在单层制与双层制之间作选择。[3] 然而,合作社的合作特征由一些特殊条款反映出来,例如,关于取得和丧失社员身份的条款。章程可以包含认购最低出资额等社员条件。[4] 当一名社员退出欧洲合作社时,有权要求偿还其出资份额,但要按比例减去亏损额。[5] 另一个表现了合作特征的例子是一人一票规则,这是第59条第1款规定的一项原则。但是,如果欧洲合作社的登记住所所在成员国法允许得话,章程可以规定受一定限制的多重表决权,例如单个社员的表决权不得超过表决权总数的30%。[6] 因为其决策所具有的特征,合作社恐怕不易找到愿意入股的投资者。因此,章程可以允许社员不经常使用欧洲合作社的服务(非用户社员)。但这种社员不得拥有占表决权总数25%以上的表决权。[7]

二、欧洲私人公司(European Private Company)

4.47 什么是欧洲私人公司(SPE)?欧洲私人公司的概念最早在

---

〔1〕《欧洲合作社条例》(ECS Regulation)第1条。

〔2〕第2条。

〔3〕第8条和第36条。

〔4〕第14条第2款。

〔5〕第16条。

〔6〕第59条第2款。

〔7〕第59条第3款。

1973 年由 Boucourechliev 女士在一项名为 *Pour une SARL européenne* 的研究中提出。[1] 随后有一项比较研究,由欧盟委员会于 1997 年公布。[2] 此研究强调,世界经济一体化要求欧洲商事企业之间相互合作,以实现效率和规模经济。然而,在面对合作对方或多方利益时,欧洲商事企业通常只在自身利益有充分保障时才这样做。因此,对利润和亏损如何分配、可以发挥何种影响以及如何组织决策问题,必须毫无疑虑。这时欧洲私人公司可供利用(SPE),特别是对中小型企业。但是,欧洲立法者始终全神贯注于公众公司,正如欧盟协调进程和引进欧洲公司(SE)所表明的。这一政策的一个重要原因当然是因为各国的私人公司法差异更大。[3] 为了推进欧洲私人公司的概念,1998 年巴黎商会提出了一项条例草案。[4] 尽管有这种私人倡议,但欧盟委员会没有立即采取行动。它在一个通过法律、税收和社会政策体制来促进中小企业发展的更大框架内看待欧洲私人公司。在其 2003 年《"公司法现代化"行动计划》中,欧盟委员会宣布了一项可行性研究,以提出一份关于欧洲私人公司法的中期议案。[5]

4.48 至 2008 年 6 月,欧盟委员会提出了一份关于欧盟私人公司法的理事会条例议案(the SPE Proposal)。[6] 利用条例意味着欧洲私

---

〔1〕 Jeanne Boucourechliev, *Pour une SARL européenne* (Paris: PUF, 1973).

〔2〕 Propositions pour une société européenne, Étude du centre de recherche sur le droit des affaires de la Chambre de commerce et d'industrie de Paris (CREDA), CCIP-CREDA, 1997.

〔3〕 同上,第 34 ~ 36 页,47 页及以下。

〔4〕 <www.etudes.ccip.fr/dossiers/spe/gb/textgb.htm>. 最新版本发表在 *European Company Law* 3, no. 6, 第 279 页及以下。

〔5〕 Modernising Company Law and Enhancing Corporate Governance in the European Union: A Plan to Move Forward (Brussels, 21 May 2003), COM(2003)284 final, 20 – 21.

〔6〕 2008 年 6 月提交。Commission of the European Communities, 'Proposal for a Council Regulation on the Statute for a European Private Company', {SEC(2008)2098} SEC(2008)2099], Brussels, COM(2008)396/3. 可查询网站: www.ec.europa.eu/internal_market/company/docs/epc/proposal_en.pdf。《欧洲私人公司议案》(the SPE Proposal)的章节如下:1. 总则;2. 设立;3. 股份;4. 资本;5. SPE 的组织;6. 员工参加管理;7. 登记住所的迁移;8. 重组;9. 附则;10. 最终条款。

人公司立法将与其他超国家公司形态[即欧洲经济利益集团(EEIG)、欧洲公司(SE)和欧洲合作社(SCE)]采用相同形态,但不同于SE和SCE,欧洲私人公司(SPE)没有(建议的)关于员工参与的附随指令。[1] 欧洲私人公司是一种欧洲超国家层次的私人有限责任公司,具有其他欧洲超国家公司形态的基本特征和传统益处,例如在欧盟内迁移公司住所的程序。欧洲私人公司的各种支持者中有相当多人同意它是一种简单而灵活的公司类型,特别适合中小型企业适用统一法律(即不必参照国内法的理想状态)。[2] 通过使用欧洲私人公司,欧盟委员会希望:

> 促进中小企业在其他成员国建立子公司(一些中小企业大力支持这一点[3]);简化中小企业的跨国合并;为中小企业提供比欧洲公司更简便的公司登记程序;为中小企业提供比欧洲公司更便利的最低资本条件;减少活跃于多个欧盟成员国的中小企业支出的大量关于建议、咨询和信息的成本。[4]

简言之,欧洲私人公司(SPE)是欧洲公司(SE)的轻量版,为适应中小企业做了特别剪裁。但是,由于并没有严格限制采用欧洲私人公

---

〔1〕 附随指令分别是:Council Directive 2001/86/EC of 8 Oct. 2001 supplementing the Statute for the European company with regard to the involvement of employees. OJ 2001, L 294/22;和 Council Directive 2003/72/EC of 22 Jul. 2003 supplementing the Statute for a European Cooperative Society with regard to the involvement of employees. OJ 2003, L 207/25。该问题在《SPE 条例建议稿》第 6 章中有简要规定。

〔2〕 详情请参:Lehne, K-H. 'Committee on Legal Affairs', Report, with recommendations to the Commission on the European Private Company Statute(2006/2013(INI)(EN)。该报告以专家听证会为基础,由 Bloemarts、Druzy、Lamandini、Schunk 以及 Teichnnann 所作的陈述发表于 *European Company Law* 3, no. 6(2006),第 265 页及以下。

〔3〕 尤其请参见 Kristina Schunk 的陈述,见'Presentations Held at the Public Hearing before the Committee on Legal Affairs of the European Parliament in Brussels, 22 Jun. 2006, on the European Private Company',载 *European Company Law* 3 第 6 期(Dec. 2006),第 265 ~ 278 页。

〔4〕 例如见 the European Commission Action Plan(Brussels, 21 May 2003),第 9 页。

司的公司的规模,较大型公司和公司集团也可以利用欧洲私人公司。[1]

4.49　尽管提议中的欧洲私人公司与欧洲现有的公司法律形态有一些基本的共同特征,但却不完全吻合,因为欧洲私人公司具有一些特别的关键要素。首先,欧洲私人公司设立时可以没有跨国元素,这一点产生了一个问题,即该议案是否可以经受《欧共体条约》第5条规定的辅助性原则(subsidiarity,欧盟法中的一项重要基本原则,意指只有在成员国采取行动是不充分的情况下,欧盟才能介入。——译者注)的考验。其次,该议案的特色是条文含有"开放式规范"(open norms),这是《欧洲公司条例》所没有的一种类别,尤其是有关董事义务的规定。[2] 再次,欧洲私人公司的章程比欧洲公司的章程起到更重要的作用。这一当前议案中有更多独特的特征,如简化的设立管理程序;象征性的1欧元最低资本;未要求登记住所和中心管理机构或主要经营场所位于同一地;没有关于员工参与的附随指令。[3]

---

〔1〕 欧盟委员会也认识到了这一点。例如可参见 the Explanatory Memorandum to the SPE Proposal,第2页。这一问题也在2008年3月的会议中进行了讨论,可参见 Lennarts, M. L. & Uziahu-Santcroos, O. ' Report on the Conference on the European Private Company', Societas Privata Europaea (SPE), held in Brussels, 10 Mar. 2008 [2008] *Ondernemingsrecht* 7(2008),第263~268页。

〔2〕 欧洲合作社(SCE)也没有。此一般规则的一个例外是术语"公共利益"(public interest),例如《欧洲公司条例》第8.14条明确表达的——成员国的主管部门只可凭该理由反对一家欧洲公司迁移住所。

〔3〕 关于该议案的更详细分析,见 A. F. M. Dorresteijn & O. Uziahu-Santcroos 著:' The Societas Privata Europaea under the Magnifying Glass (Part 1)' *European Company Law* 5(2008),第277－283页;Peter Hommelhoff & Christoph Teichmann 著:' Eine GmbH für Europa: Der Vorschlag der EU-Kommission zur Societas Privata Europaea (SPE)', *GmbHRundschau*, 99. Jahrgang, Heft 17 (2008),第897~911页;Peter Hommelhoff、Rüdiger Krause 和 Christoph Teichmann 著:' Arbeitnehmer-Beteiligung in der Europäischen Privatgesellschaft (SPE) nach dem Verordnungsvorschlag', *GmbHRundschau*, 99. Jahrgang, Heft 22 (2008),第1193~1204页。注意:截至2008年底,这些问题中的一部分已经成为欧洲研究机构内特定团体讨论和建议修改的对象。

第五章　公司的设立与融资

第一节　导　　言

5.01　本章的目的是分析与本书有关的欧盟成员国的私人有限责任公司与公众有限责任公司设立程序的主要特征。并且一并讨论公司设立的最基本实质条件和与公司设立直接相关的责任问题。为此，将对《第1号公司法指令》与《第2号公司法指令》的有关规定进行概述，在适当的时候将关注不同法律制度中的一些明显的特殊性。[1] 私人公司和公众公司的设立在不同成员国显得颇为相似。这一点无疑是由欧盟的协调计划，特别是《第1号公司法指令》与《第2号公司法指令》的通过和随后的修订促成的。

第二节　公 众 公 司

一、设立程序

5.02　通常，公众公司既可以通过设立也可以通过一个现有法律实体的变更而成立。前一种情形下，有两种选择：(1)资本仅由成员认购，成立一个封闭持股的公司；(2)初始资本也可以通过公开认购股份

〔1〕 虽然本章分别讨论公众公司与私人公司的设立，但仍值得提及在英国这两种程序几乎是相同的，而在荷兰与比利时也颇为相似。

筹集，以成立一家开放公司或公众持股公司。有的司法管辖区，例如西班牙和法国，规定了这种设立公司的特别程序（法国的 *constitution avec appel public à l' épargne*，西班牙的 *fundación sucesiva o por suscripción pública*）。[1] 由于其条件的复杂性，想要设立公众公司的人很少采用这种特别程序。尽管如此，它仍然是法律的调整对象。

5.03 既适用于私人公司也适用于公众公司的《第1号公司法指令》特别涉及公司的设立。它不仅设定了特定文件和详情的强制公开标准，也限制以公司名义负担的债务不具约束力的理由——这涉及债务的有效性以及公司被宣布无效的情形。制定该指令旨在保护股东和第三人的利益（见段落3.19及以下）。《第2号公司法指令》，通常又被称为《资本指令》，旨在规范资本的维持与变更，对本章而言最为重要的是涉及公众公司或股份公司的设立。该指令的主要目的是保护股东和债权人的利益（见段落3.35及以下）。

5.04 成员国应当确保公司公开其设立文件（instrument of constitution）和章程（articles of association，根据《第1号公司法指令》为"statutes"），如果公司章程为独立文件。[2] 相应地，公司设立文件或章程必须至少载明以下信息：[3]

- 采用的法律形态和公司名称[4]；
- 公司的目的；
- 公司无授权资本的，实际认购的资本数额；
- 授权资本的数额（公司有此类资本的）；和公司设立时以及授权资本数额变动时实际认购的资本数额；
- 当法律未作规定时，规制代表公司与第三人交往的机构的成员

---

〔1〕 Cozian, Viandier & Deboissy, *Droit des Sociétés* (Paris: Éditions du Juris-Classeur, 2004), 214 and Guillermo J. Jiménez Sanchez (coord.), *Derecho Mercantil* (Barcelona: Editorial Arial, 2006), 273.

〔2〕 1968年3月9日《第1号公司法指令》(68/151/EEC)第2条第1款。

〔3〕 1976年12月《第2号公司法指令》(77/91/EEC)第2条。

〔4〕 公众公司的名称应当包含不同于其他类型公司所要求的字样，《第2号公司法指令》第1条第1款。

的人数和任命程序,公司的经营管理、监督或控制,以及这些机构之间的权力分配的规则;

- 公司的存续期间,除非公司的存续期间是无限的。

5.05　此外,根据《第1号公司法指令》第3条规定的程序规则公布的公司设立文件、章程或一份独立文件必须至少包括以下内容:[1]

- 登记住所;
- 实际认购股份的票面价值和数量;
- 成员国法允许发行无面值股份的,已认购的无面值股份的数量;
- 限制股份转让的特别条件;
- 有不同类别股份的,每类股份的上述三点所要求的详细信息,以及每类股份所包含的权利;
- 股份类型的注明(记名股或无记名股,如果这二种股份均被成员国许可)和有关这些股份转换的规定,除非法律已有规定;
- 公司成立时认购资本中已缴付的数额;
- 股份的票面价值;如果股份没有票面价值,以非现金对价发行的股份的数量,以及对价的类别和出资人的姓名或名称;
- 亲自或委托他人签署公司章程或公司设立文件的自然人或法人的身份;
- 公司应承担的设立费用总额或估算额,适当时也包括公司被授权营业前的费用;
- 参与设立公司或参与使公司取得营业授权的事务的人的特别利益。

因《第2号公司法指令》规定了信息公开的最低限度,成员国可以要求应公开文件增加其他内容。

5.05a　在德国,股份公司(AG)章程必须包括以下条款:与公司公告一致的公司类型,对工商业企业目的的说明应包括关于所制造、交

[1] 《第2号公司法指令》第3条。

易的产品和商品类型的详细信息。[1]

5.05b 西班牙股份公司(SA)[2]的设立契约(formation deed)还包括一份保证以下事项的声明,发起人设立此种公司的意愿,将来首先管理和代表公司的人员的身份,公司成员达成的遵守该协议的规定和该公司组织原则的协议。[3][4]而且,公司章程应当包括营业开始日期、股东会会议程序以及对公司会计年度结束日期的说明。[5]

5.05c 在英国,公司设立的两个主要文件是备忘录(memorandum,意指章程大纲、章程要领——译者注)和章程(the articles of association,意指章程细则——译者注)。虽然对打算设立公司的人来说,英国的设立程序并不是特别烦琐,但公司法审查指导小组(the Company Law Review Steering Group)——一个负责发展一项磋商程序以便为即将到来的公司法现代化建立"战略框架"的委员会,已经提出了一些实质性改变的建议,目的是创立一个甚至"更顺畅、更高效"的程序。该小组还提出一些改善建议,即起草部分条文以使条文"更简单、更易理解"。[6] 2006年11月8日通过的《英国公司法》(以下称为《英国2006年公司法》)的很多条款都吸收了公司法审查指导小组的建议。因此,随着《英国2006年公司法》的通过,备忘录的形式和范围都发生

---

〔1〕《德国股份公司法》(*Aktiengesetz*)第23条第3、4款。原则上公司公告应当刊登于联邦电子公报上,但章程也可以规定"其他期刊或电子媒体作为公司指定期刊",《德国股份公司法》第25条。

〔2〕SA主要由公司法(*Ley de Sociedades Anónimas*)调整,该法已由《西班牙股份公司法》(Real Decreto Legislativo 15 64/1989)修改。还应当提到很重要的《西班牙商事登记条例》[Reglamento del Registro Mercantil(Spanish Commercial Register Regulation)],由皇家法令(Real Decreto)1784/1996批准,规定了有关股份公司(SA)登记方面的问题并撤销了《西班牙股份公司法》的几个条文。

〔3〕《西班牙股份公司法》第8条,《西班牙商事登记条例》第114条。

〔4〕《西班牙股份公司法》第10条,《西班牙商事登记条例》第115条及以下。

〔5〕《西班牙股份公司法》第9条。

〔6〕《英国2006年公司法注释》(Companies Act 2006-Explanatory Notes),见www.opsi.gov.uk;《2006年公司法调整影响评估》(Companies Act 2006,Regulatory Impact Assessment,Jan. 2007),见www.berr.gov.uk。

了很大改变。[1] 现在备忘录的作用是陈述投资者设立公司并成为公司股东的意愿。在公司具有股本的情况下,备忘录还表明成员同意每人至少认购一股。[2] 按照英国公司法律制度,公司宪章(constitution,由 memorandum 和 articles of association 共同组成——译者注)不仅包括章程,也包括几种股东决议和协议。[3][4] 公司章程旨在规定关于"董事与股东之间内部权力分配"的关键信息。[5][6] 公司也有可能(全部或部分)采用示范章程。[7] 必要时这些示范章程还可以作为默认章程使用。[8]

5.06 根据《第1号公司法指令》,除了在法律规定了公司设立时的预防性控制措施的成员国中以外,公司设立文件和章程都"应当以适当的法律形式制定和验证"。[9] 这些文件的任何修订也是如此。

5.06a 本章分析的大部分成员国在公众有限责任公司的设立方面都规定了对公司设立文件或章程的强制公证要求。[10] 但是,法

---

〔1〕《英国2006年公司法注释》(Companies Act 2006-Explanatory Notes),见 www. opsi. gov. uk;《2006年公司法调整影响评估》(Companies Act 2006, Regulatory Impact Assessment, Jan. 2007),见 www. berr. gov. uk。

〔2〕《英国2006年公司法》第8条,《英国2006年公司法注释》第6条,见 www. opsi. gov. uk。

〔3〕《英国2006年公司法注释》第10条,见 www. opsi. gov. uk。

〔4〕《英国2006年公司法》第29~30条。

〔5〕《英国2006年公司法注释》第6条,见 www. opsi. gov. uk。

〔6〕《英国2006年公司法》引入了设置"防御条款"的可能性,这种条款使公司成员更加难以修改章程的某些条款。Companies Act 2006, 'Regulatory Impact Assessment', Jan. 2007, 39, 见 www. berr. gov. uk。

〔7〕公众公司和私人有限公司采用不同形式的示范章程,《英国2006年公司法》第19条。

〔8〕《英国2006年公司法》第20条。

〔9〕《第1号公司法指令》第10条。

〔10〕《比利时公司法》(*Wetboek van Vennootschappen*)第215、440条,《德国有限责任公司法》第2条,《德国股份公司法》第23条,《波兰商事公司法》第157条、306条,《西班牙股份公司法》第7条,《荷兰民法典》第2编(*Boek 2 Burgerlijk Wetboek*)第64、175条。

国股份公司的章程只是在公司拥有不动产时,才必须以书面形式制定并公证。[1] 比利时规定了一项独特的规则,要求公司在设立时置备一份为期两年的财务计划,这确保了认购资本的充足,以满足公司在通常情况下的正常经营。因此,如果公司在成立之日起三年内破产,并且法院认为至少两年内其资本不足以执行公司的经营计划,发起人则要负无限责任。[2] 公证并不核实这一财务计划,但却保证这一计划与初始章程并存。在荷兰,公司的设立仍然以保留政府核准制度为特色,该制度有一项要求,即由司法部长证明没有人反对设立这家公司。[3] 只有存在法定理由,即该公司将被用于违法目的或者该公司的活动可能损害债权人时,才能拒绝出具无反对意见证明。[4] 英国没有公证的概念。除了《第2号公司法指令》规定的要求以外,英国法要求[5]一份遵守声明(statement of compliance,即遵守《2006年公司法》登记要求的声明——译者注),[6]它旨在取代以前的"法定声明"(statutory declarations)(依法证实的签名)。

登记

5.07 一般而言,创办人在取得公司设立协议(the deed of incorporation)后,为了将公司登记于商事登记簿,必须在一定期限内提交一份协议书摘录和章程,适当时还应提交其他文件。所有的文件都已正确提交并且每项法律要求均已妥为遵守的,商事登记机构应当对公司

---

〔1〕 Cozian, Viandier & Deboissy, *Droit des Sociétés*, 83. 股份认购名录可以由一名公证人登记,但也可以由其他机构如法国信托局(Caisse des dépôts)登记,《法国商法典》第R225-6条。

〔2〕 《比利时公司法》第440条、第456条第4款。

〔3〕 《荷兰民法典》第2编第64条第3款规定:"公司设立行为必须在证明无反对意见之日起3个月内实施。"

〔4〕 《荷兰民法典》第2编第68条。

〔5〕 还值得一提的是在英国私人公司与公众公司的设立程序几乎是相同的。

〔6〕 《英国2006年公司法》第13条。该声明不必被证实,而且既可以纸面形式也可以电子形式提交。毫无疑问出具虚假遵守声明是犯罪行为,《英国2006年公司法》第1112条。

进行登记。[1] 相应地,登记公告必须在成员国为此指定的国家公报上公布。

5.08 成员国应当保证档案在一个中央商事登记机构或所有公司均在此登记的公司登记机构中对公众开放。[2] 自 2007 年 1 月 1 日起,成员国均被要求通过电子方式促进文件归档,特别是电子形式的设立文件和章程。而且,成员国还应保证申请人可以选择从登记机构取得这些文件的“纸质或电子形式”复本。[3] 公司设立文件和章程的公开必须在国家公报上公布才能生效,国家公报可以采用电子形式保存,甚至可以用效果相同的方式替代,包括可以按照时间顺序从一个中央电子平台获取信息的系统。[4] 公司设立文件和章程“应当以公开该档案的成员国的语言规则许可使用的语言之一制定和存档”。[5]

5.08a 各成员国中,登记和保存登记簿的机构各不相同。它可以是(商事)法院,如比利时和法国;也可以是商会,如荷兰;或者公司登记处,如英国的登记机关。在大多数成员国,登记对公司的成立至关重要(见段落 1.09)。在不要求公证书的情形下,登记显得尤为重要。因此,在英国登记员将给公司颁发成立证书,该成立证书是证明所有设立手续都已履行而且该公众公司已经登记的确凿证据。[6]

二、实质条件

5.09 一家公众公司可以由一人或多人作为创办人或认股人出于

---

〔1〕 特别是纳税义务。Francis Lefebvre 著:*Sociedades Mercantiles* 2007 (Santiago de Compostela/ Madrid:Ediciones Francis Lefebvre,2006),第 77 页,关于西班牙股份公司的设立。

〔2〕 《第 1 号公司法指令》(已被 2003/58/EC 修订)第 3 条第 1 款。

〔3〕 《第 1 号公司法指令》第 3 条第 2、3 款。

〔4〕 《第 1 号公司法指令》第 3 条第 4 款。

〔5〕 《第 1 号公司法指令》第 3a 条。

〔6〕 《比利时公司法》第 67、68、73 条,《法国商法典》第 R210 - 1 条及以下和附件 R123 - 30,《德国股份公司法》第 33 ~ 36 条,《荷兰商业登记法》(*Handelsregisterwet*)第 3 条,《英国 2006 年公司法》第 14 ~ 16 条。

任何目的而依法设立。在有的国家,超过一个人才能设立公众公司,这不同于私人公司,通常后者可以被设立为一人公司。但是,这项条件看起来正在衰退,因为已经有国家允许设立一人公众公司,如荷兰和波兰。[1] 德国于1994年放弃了只有5人以上才能设立股份公司的条件,2006英国也通过了一人可以设立公众公司(而不仅是私人公司)的规则。[2] 在法国,设立股份公司的最少人数要求仍然是7人,而西班牙最低人数是3人,[3]比利时公司法要求2名或2名以上创办人。[4]根据《第1号公司法指令》第5条,在成员国法律要求公司成员必须多于1名的情况下,所有股份由一名成员持有的事实并不导致公司的自动解散。

5.10 有关设立公众有限责任公司的资本条件是《第2号公司法指令》涵盖的一项主题(第6－10b条)。应注意,在欧洲,关于法定资本及其维持要求,各国有不同方式。例如在英国,法定资本概念仅仅由于实施《第2号公司法指令》而引进,《第2号公司法指令》在某种程度上借鉴了德国模式。各国对维持法定资本制度的需要没有达成共识。

5.10a 《第2号公司法指令》在欧洲实施时,《美国示范公司法》正在废除法定资本制和强制性优先购买权,原因是它们被宣称不能产生预期效果并加重公司负担,产生无意义的成本。[5] 2004年,一个由Jonathan Rickford领导、英国会计准则委员会[British Accounting Stand-

---

〔1〕《荷兰民法典》第2编第74条。《波兰商事公司法》第301条。

〔2〕经《德国放松公司管制法》[*Gesetz für kleine Aktiengesellschaften und zur Deregulierung des Aktienrechts*,(BGBL 1994 I,1961)]修订后的《德国股份公司法》第2条。《英国2006年公司法》第7条,关于英国公司法督导委员会的建议,见《英国公司法注释》第6条,www.opsi.gov.uk。

〔3〕《法国商法典》第L225－1条,《西班牙股份公司法》第14条。

〔4〕《比利时公司法》第440条,但是第211条明确允许私人公司只有一名创办人。

〔5〕见《欧洲政策研究中心欧洲影子金融监管委员会第21号声明》('European Shadow Financial Regulatory Committee of The Centre for European Policy Studies Statement n. 21'),可在以下网站检索:www.ceps.eu。

ards Board(ASB)]和英国国际比较法研究所[British Institute of International Comparative Law(BIICL)]公司法中心赞助的多学科专家工作小组发表了关于这一法律制度的价值的研究。根据这项研究,法定资本制是昂贵、多余、有缺陷的。实践中,债权人并不是广泛依赖于这一制度,根据该报告,该制度易于引起"成员国的不同公司之间以及欧盟不同成员国之间不一致的结果"。显然,该小组支持《第2号公司法指令》应当被废除的意见。[1][2]根据Rickford的意见,在这种情况下,英国仍然可以"依靠信托责任(包括保护债权人的特殊责任)和不法交易加上强有力的清算程序"。[3]

5.10b 由Marcus Lutter指导的"欧洲资本"工作小组得出了相反结论。这一德国小组和其他欧洲公司法专家进行了一项关于确定的法定资本的优势及有关细节的研究。[4]这项研究的结论发表于2006年,结论是确定的法定资本具有有益作用,应当使欧盟委员会确信《第2号公司法指令》具有的优势以及为了使其更有效而修改的余地。[5]

资本

5.11 《第2号公司法指令》规定成员国应当对公司设立时应认

---

〔1〕 J. Rickford et al., 'Reforming Capital: Report of the Interdisciplinary Group on Capital Maintenance', *European Business Law Review* 15(2004):919 – 1027; see also J. Rickford, 'Legal Approaches to Restricting Distributions to Shareholders: Balance Sheet Tests and Solvency Tests', *European Business Law Review* 7(2006):179.

〔2〕 2007年2月19日欧洲影子金融监管委员会采纳了相同立场,见'European Shadow Financial Regulatory Committee of The Centre for European Policy Studies Statement n.21'。

〔3〕 J. Rickford, 'Legal Approaches to Restricting Distributions to Shareholders', 179.

〔4〕 See Marcus Lutter(ed.), 'Legal Capital in Europe', *European Company and Fi nancial LawReview*, special vol. 1(2006), 701 pages.

〔5〕 See Universität Bonn website, <www. zew. uni-bonn. de>.

购的最低股本提出要求。[1] 该最低数额不得低于25,000欧元,[2][3]各成员国采用了不同的最低资本额要求。

5.11a 本书涉及的各成员国所要求最低资本限额如下:

- 在比利时设立股份公司应当认购的最低股本是61,500欧元。[4]
- 法国要求股份公司设立时注册资本至少为37,000欧元。[5] 但是,如果公司股份是公开发行的,最低股本额必须是225,000欧元。[6]
- 德国公司法规定设立股份公司的最低股本额是50,000欧元。[7]
- 设立荷兰公众公司的最低股本为45,000欧元。[8]
- 设立波兰公众公司的最低股本是100,000兹罗提(PLN)(约23,000欧元)。[9]
- 设立西班牙股份公司的最低股本是61,101.21欧元。[10]

---

〔1〕 有些司法管辖区称之为"授权资本(authorized share capital)",即可发行资本额的最高限(任何情况下这一限制均可通过普通决议而被提高)。《英国2006年公司法》废除了初始"授权资本"要求。参见《英国2006年公司法注释》,可查询网站 www. opsi. gov. uk,也可参见《英国2006年公司法的实施影响评估》(2007年1月),可查询网站 www. berr. gov. uk/。《荷兰民法典》第67条规定,授权资本不得低于最低资本额。

〔2〕 《第2号公司法指令》第6条第1款。

〔3〕 股份不得以低于面值的价格发行,无面值股则不得低于其账面价值,《第2号公司法指令》第8条。

〔4〕 《比利时公司法》第439、448条。

〔5〕 有些营业活动要求更高的最低股本,例如保险公司为450,000欧元,银行为225,000欧元。Cozian, Viandier & Deboissy, *Droit des Sociétés*, 215.

〔6〕 《法国商法典》第L224-2条。

〔7〕 《德国股份公司法》第7条。

〔8〕 《荷兰民法典》第2编第67条第2款。

〔9〕 《波兰商事公司法》第308条。

〔10〕 《西班牙股份公司法》第4条。该法仍沿用原货币——10.000.000比塞塔(PTS)。

–英国的最低股本额为50,000英镑(约为72,165.68欧元)。[1]

5.12 该指令进一步指出公司设立时“已发行的对价股必须缴足”至少面值的25%。[2] 而且,“股东缴纳出资的义务不得被免除”。[3] 除法国以外,我们所分析的所有成员国均将这一最低限额设置为已认购资本面值的25%。在法国,这一比例被设置为面值的50%,而且余额必须在公司成立后5年内付清。[4]

5.12a 未遵守成员国关于足额交付最低资本额规定的,可以导致法院宣布公司设立无效(《第1号公司法指令》第11条第2款(d)项)。这种违法情况何时发生并不总是很清楚,因为欧盟法没有规定付清余额的时限。[5]

5.12b 在比利时和荷兰,关于最低资本的规则高于指令的要求,因为最低资本在这两个国家不仅涉及认购的最低资本,而且涉及公司设立时实缴的资本。[6][7]

5.13 《第2号公司法指令》要求已认购资本只包括现金或“可估价财产”。为了确保后者的价值,非货币出资必须由一位独立专家作出报告。这些允许成员国作出的要求及例外规定在段落3.39和3.40中讨论,请读者查阅。

5.13a 根据《第2号公司法指令》第10条第2款,该专家报告至少应包括每项财产的说明,包括所采用的估价方法,并说明运用这些方法算出的价值是否至少与为这些资产而发行的股份的数量和面值或无面值股的记账价值相符,而且适当时与股份的溢价款相符。因此专家

---

〔1〕《英国2006年公司法》第763条第1款。

〔2〕《第2号公司法指令》第9条第1款。

〔3〕但是,如果减资的规则得到遵守,则可以免除该义务(《第2号公司法指令》第12条)。

〔4〕《法国商法典》第L225–3条。

〔5〕Werlauff, *EU Company Law*, 2003, 208.

〔6〕《比利时公司法》第439、448条。

〔7〕《荷兰民法典》第2编第67条第3款、第80条第1款。

应当声明财产价值是否至少与相应股份的面值(或记账价值)相等。面值持续较低的,不会给该专家满足这些要求带来许多麻烦,因为这些股份会以溢价发行,溢价部分不必纳入专家声明中。

5.13b　因为第10条代表了最低保护水平,不涉及公司设立时非现金对价的所有具体问题,不同成员国的有关立法当然各不相同。几个例子可以说明这一点。比利时公司法要求创办人在专家报告之后作出报告,如果他们对非货币出资做出不同定价,应解释其理由。与此同时,荷兰立法者规定了相反的顺序,要求专家像创办人一样对非货币出资的情况和估价作出报告。[1] 鉴于指令规定非货币出资必须自公司成立之日或授权开业之日起五年内全部移交给公司,成员国明显可以选择一个更短期限。在波兰,出资必须在公司登记起一年内全部缴付;在荷兰,股份认购之后必须毫不延迟地缴付。德国执行了5年的期限。[2]

三、公司成立前的事务

5.14　当一家公司取得法律人格,就完全可以以自己的名义活动,并被视为一个区别于其成员的独立法人,从而赋予其成员有限责任。[3] 但是,创建公司的过程远不是瞬时的,因此可能产生许多关于公司成立前获取权利或负担义务的能力的问题。《第1号公司法指令》规定了一项关于所谓的公司成立前合同的规则,该规则已经在段落3.25和3.26中简要提及。根据第7条,如果在一家公司取得法律人格前,有人以公司名义实施了行为而“公司不承担因此而产生的义务,那么从事该行为的人应承担无限连带责任”,除非另有约定。相应地,公司取得法律人格后,可以对其成立前的交易承担责任。第7条的目的在于确保与公司缔约的第三人始终保有对债务人

---

〔1〕《比利时公司法》第444条;《荷兰民法典》第2编第94a条。

〔2〕《波兰商事公司法》第309条第3款,《荷兰民法典》第2编第80b条第2款,《德国股份公司法》第36a条第2款。

〔3〕见段落1.09关于公司成立的时间。

的追索权。[1]

5.15 在适用第7条时,关于行为应代表成立前的公司(在成员国法中可能构成一个合伙)还是未来法人的问题,存在不同意见。无论如何,正如Grundman指出的,《第1号公司法指令》英文版(包含"before a company being formed has acquired legal personality, action has been carried out in its name"的措辞)表明至少在以未来法人名义采取行动的情况下适用第7条。[2] 而且,公司承担责任并不一定要求公司的同意,尽管英文版及德文版、法文版似乎暗含这种解释。[3] 虽然承担债务不要求第三人(债权人)同意,但存在一个假定即第三人知道自己在与一家公司交往。否则,第三人不得被迫接受某一公司处于他的"假定合同伙伴"地位。[4]

5.15a 根据《比利时公司法》,公司在公证书生效时就完全成立,即在登记前公司即取得完整的法律人格。[5]公司能够对其成立前的交易承担责任,只要这些责任发生在公证书摘录和章程存档前两年内,并在上述存档后两个月内被认可。[6]对于公众公司,可能会将创办者区分为总计拥有至少1/3资本的出资人和其他出资人。[7]后一种股东不对涉及股本的认购、增加和有效支付的债务承担责任。[8]

5.15b 虽然法国股份公司的创办人不必一定签署公证书,登记前

---

[1] Werlauff, *EU Company Law*, 2003, 207.

[2] Stefan Grundman著:*European Company Law*,第140~142页。根据他的观点,《欧洲经济利益集团(EEIG)条例》第9条第2款的用语支持这种观点。

[3] Stefan Grundman, *European Company Law. Organization, Finance and Capital Markets*, 140-142.

[4] Werlauff, *EU Company Law*, 2003, 207.

[5] 《比利时公司法》第66、450条。

[6] 《比利时公司法》第60条。

[7] 《比利时公司法》第450条。

[8] 《比利时公司法》第456条。

的公司在合同签订时即成立,但只有登记后股份公司才能取得法律人格。[1] 代表设立中公司(*société en formation*)行动的人,在公司完全取得法律人格前,对这些行为承担连带责任,除非经过正确的设立和登记后由公司承担责任。[2] 值得一提的是,根据法国法律,以未来法人名义实施的行为无效,因此只有那些以登记前公司名义实施的行为被法律所接受。[3]

5.15c 德国公司法在公众公司设立方面,设置了两个设立过程中的关键时刻。发起人必须认购全部股份。[4] 这种认购要由一名公证人记录并纳入设立公证书。一旦所有股份被认购,公司即设立并且一个"预备股份公司"(*pre-AG*)即被视为成立。[5] 它是"一个拥有临时法律能力并因此承担法律和章程义务的独立组织形式"。[6] 但是,预备股份公司在登记之前并不拥有完全的法律人格,以其名义实施行为者负有个人责任。[7] 登记使得该公司取得法律人格,尽管它有可能承受在登记前商定的权利和义务。[8]

5.15d 荷兰公众公司在无反对证明和设立公证书均生效时成立。[9] 公司成立前,可以以拟设公司的名义实施法律行为。这一点特别重要,因为取得无反对证明可能需要一定时间。公司成立前的法律行为,只有在公司成立后被明示或默示批准时,才对公司有约束力。公司批准之前,实施这种法律行为的人应承担连带责任,但尽管如此,如

---

〔1〕《法国商法典》第 L210 - 6 条。

〔2〕《法国商法典》第 L210 - 6 条。

〔3〕 Stefan Grundman, *European Company Law Organization, Finance and Capital Markets*, 140 - 142.

〔4〕《德国股份公司法》第 29 条。

〔5〕《德国股份公司法》第 29 条。

〔6〕 See Gerhard Wirth, Michael Arnold & Mark Greene, *Corporate Law in Germany* (Munchen: Verlag C. H. Beck, 2004), 69 and 74.

〔7〕《德国股份公司法》第 41 条第 1 款。

〔8〕《德国股份公司法》第 41 条第 2 款。

〔9〕 取得无反对证明后,公司设立公证书必须在 3 个月内生效,《荷兰民法典》第 2 编第 64 条第 3 款。

果他们知道或应当知道公司不可能履行该义务，他们对第三人遭受任何因公司不履行债务的损失承担责任。[1] 设立公司必须进行登记。如果董事未履行登记义务，则对约束公司的法律行为承担连带责任。[2]

5.15e 波兰公众公司的设立与德国股份公司类似。公众公司在所有股份被认购时成立，而且从这时起出现一个“设立中”的股份公司。[3] 相应地，从此该公司能够以自己的名义取得权利。[4] 在其登记之后，设立中的公众公司取得法律人格并成为原设立中公司的权利和义务的当事人。[5]

5.15f 西班牙公众公司在商事登记处登记后取得法律人格。在公司登记前以公司名义实施行为的人对由此产生的义务承担个人责任。一旦登记，如果公司在3个月内批准公司成立前的合同，则公司承担合同债务。[6]

5.15g 在英国，公司在登记后成立并取得法律人格。[7] 公司登记前，创办人可以代表拟设公司签订合同。[8] 因为没有登记前公司的概念，在登记以前代表公司利益订立的合同必须被解释为代表未来法人签订，否则合同无效。[9] 任何声称为了拟设公司利益或作为公司代理人而实施行为的人，都应当对合同承担责任，除非有相反的明确约定。这项规定旨在通过避免第三人与公司之间的合同无效而为第三人提高交易的确定性。[10]

---

〔1〕《荷兰民法典》第2编第93条。

〔2〕《荷兰民法典》第2编第69条。

〔3〕《波兰商事公司法》第310条。

〔4〕《波兰商事公司法》第11条第1款。

〔5〕《波兰商事公司法》第12条。

〔6〕《西班牙股份公司法》第9、15条。

〔7〕《英国2006年公司法》第7条。

〔8〕 Paul Davies, *Gower's Principles of Modern Company Law* (London: Sweet and Maxwell, 1997), 142.

〔9〕 同上。

〔10〕 同上，第142页。

第三节　私人公司

一、设立程序

5.16　通常私人公司的设立程序与公众公司并无太大区别，尽管《第2号公司法指令》只适用于公众公司。私人公司的设立文件和章程包括的要素大体上与公众公司的相同，章程生效的手续常常也相同。因此，以前述及的公司设立文件的事项，例如英国的遵守声明、比利时要求的财务计划或荷兰要求的无反对声明，对私人公司同样适用。一个值得注意的例外是最近《德国现代化法》(MoMiG)创造的。该法规定了示范章程，如果使用了该章程，则允许使用简易设立程序。但不能通过公证而免除对章程的认证。而是简化程序允许通过公证改为较低费用。以这种方式设立的公司的股东不得超过3名。[1]

登记

5.17　私人公司登记的方式基本上与公众公司的相同。但这里要提及几个特点。建立一家德国私人公司所要求的全部文件必须以电子方式提交给法院，法院核实申请是否符合要求。[2] 且代表半数以上最低资本额的1/4全部股份面值被缴足之前，不得申请登记。非货币出资在登记前必须已经处于公司的自由支配下。[3] 为了加快设立程序，

---

〔1〕《德国有限责任公司法》第2(1a)条，由2008年10月23日《调整有限责任公司的法律的现代化及反滥用法》(*MoMiG*)增加。

〔2〕符合2007年生效的《电子商事登记、合作社登记和公司登记法》。《德国有限责任公司法》第9条c款、第10条。

〔3〕《德国有限责任公司法》第7、8条。

必须附上的特定营业活动[1]所要求的政府许可证书已于2008年修改《有限责任公司法》时被废除。[2]

申请登记西班牙有限责任公司(*Sociedad de Responsabilidad Limitada*)也要求已取得政府许可证书。[3] 设立有限责任公司也必须通过政府批准,并在商事登记处登记。自登记时起,公司取得法律人格。[4]

在英国,《2006年公司法》规定申请登记的文件中必须有一份关于资本和最初持股的声明,被视为公司股本在特定时刻的"单帧照片"。[5] 这一要求与《第2号公司法指令》第2条对公众公司的规定相似。[6]

在法国,章程复本必须与董事任命文件(如果不在章程中)及一份遵守所有程序要求的声明一并提交给商事登记处(*registre du commerce et des sociétés*)。接着公司被登记。在登记处颁发登记证书(该证书被称为 *Recepisse K bis* or *Extrait K bis*)之前,不得将资本从公司的银行账户中抽出。[7]

二、实质条件

5.18 一般来说私人公司可以由一名或多名股东为了任何合法目的而设立。但是成员国仍可以坚持公司是一种合作的法律形式的观念,从而要求至少两名股东才能设立私人公司。西班牙即是如此,法律

---

〔1〕 例如,信贷机构——银行或投资公司,及运输或博彩公司。见 Klaus J. Muller 著:*The GmbH-A Guide to the German Limited Liability Company* (München: Verlag C. H. Beck/Kluwer Law International, 2006),第8页。

〔2〕 《德国有限责任公司法》第8条第6款已被《调整有限责任公司的法律的现代化及反滥用法》(*MoMiG*)取代。见德联邦司法部网站,新闻发布-Berlin, 23 May 2007。

〔3〕 《西班牙商事登记条例》(Reglamento del Registro Mercantil)(RD 1784/1996)第84条。

〔4〕 《西班牙有限责任公司法》第11条第1款。

〔5〕 《英国2006年公司法》第9、10条。《英国2006年公司法注释》第7~8条,见 www.opsi.gov.uk。

〔6〕 《英国2006年公司法注释》第10条,见 www.opsi.gov.uk。

〔7〕 《法国商法典》第L223-8条。

规定私人公司必须至少由两个人设立,[1]除非公司被明确设立为一人公司。[2] 西班牙私人公司的简化版,新型有限责任公司[*Sociedad Limitada Nueva Empresa*(SLNE)],只能由数名个人设立,并且设立时不得超过5名成员。[3]

5.18a 国内法也可以限制私人公司成员人数。例如,法国有限责任公司(SARL)不得拥有超过100名成员。如果公司超过了这一界限,将在一年内解散,除非在此期间人数正常化。这既可以通过减少成员人数,也可以通过将公司变更为另一种类型如股份公司而实现,后者的成员可以超过100名。[4]

5.19 成员国也可以对采用一人公司加以严格限制,以防止滥用,特别是在允许设立一连串一人公司、其中每个公司都是另一个一人公司的唯一股东的情况下,更令人担忧。因此,法国和波兰不允许一人公司再设一人公司。[5] 在比利时,一人股东对自己设立的其他一人公司的所有债务负责。一人公司再设一人公司的也是如此。[6] 荷兰法规定了一项更概括的规则,也适用于一人公司,即一个法人被任命为另一个法人的董事时,前一个法人的董事们对因后一董事职务而产生的债务负个人责任。[7]

5.19a 某些产业法规可能具有另一限制,要求只能以公众有限公司来经营。例如在法国,有限责任公司(SARL)不能被用于保险业、投

---

〔1〕《西班牙商法典》(*Código Comercial*)第116条。

〔2〕《西班牙有限责任公司法》(*Ley 2/1995 de Sociedades de Responsabilidad Limitada*)第125条。《比利时公司法》第1条也以复数创办人为出发点。

〔3〕《西班牙有限责任公司法》第133条第1款。只有在公司成立后才允许有更多的成员。这种公司类型已经在段落2.09a中提及。

〔4〕《法国商法典》第L233-3条。

〔5〕《法国商法典》第L233-5条;《波兰商事公司法》第151条第2款(第303条第1款针对股份公司)。

〔6〕《比利时公司法》第212、213条。

〔7〕《荷兰民法典》第2编第11条。

资业或作为信贷机构。[1]

资本

5.20 因为《第2号公司法指令》仅仅有关公众有限责任公司，所以对私人有限责任公司的合法资本问题没有统一的欧洲法规。这为立法竞争留下了相当大的空间，相应地，具有不同法律背景的司法管辖区域规定了不同的解决方式。在此背景下，英国传统上采取自由主义，因此在设立私人公司时无最低资本要求，而德国在2008年对有限责任公司(GmbH)立法进行现代化时保留了确定的法定资本。德国立法者没有遵从关于最低资本从25,000欧元降低到10,000欧元的建议。[2] 有人主张尽管资本条件在保护债权人利益上可能起不到基础性作用，但它也可以作为一个确保可信性和严肃性的门槛，以防止设立太多草率的公司。但是，《德国有限责任公司法》第5a条规定了一个例外，以促进创业，特别是在服务行业。[3] 欧洲其他司法管辖区近期以及计划中的私人公司法改革表明了相反的趋势，那就是趋于降低条件。例如，在法国设立一家有限公司(SARL)的最低资本条件已于2003年废除。荷兰政府2007年提交的一份关于简化私人公司立法的提案中也有相同的建议。[4] 这种趋势可以被解释为担心公司更愿意设立在比本国条件更低或更少的海外。自从欧洲法院在一定程度上将设立公司的市场自由化(见段落2.61及以下)以来，各国政府就开始重新考虑本国公司法的吸引力和灵活性。事实上，"Centros案件"后(即著名的*Centros Ltd v. Erhvervs-og Selskabsstyrelsen*案——译者注)，在英国设立公

---

〔1〕《法国商法典》第L223－1条第4款。

〔2〕Michael Michael Beurskens & Ulrich Noack著：'The Reform of German Private Limited Company：Is the GmbH Ready for the 21st Century?'，*German Law Journal* 9，no. 9(1 Sep. 2008)，Special Edition，请查阅www. germanlawjournal. com。

〔3〕见德国联邦司法部网站，新闻发布-Berlin，23 May 2007，www. bmj. de。

〔4〕Bill No. 31 058. Hylda Boschma，Loes Lennarts & Hanny Schutte-Veenstra，'The Reform of Dutch Private Company Laws：New Rules for the Protection of Creditors'，*European Business Organization Law Review* 8(2007)：590－598.

司的数量据说猛增。[1]

5.20a 此外，必须提到德国2008年改革为企业主引进了建立一种无最低资本要求的有限责任公司：创业公司（*Unternehmergesellschaft*）（有限责任）或简称UG（有限责任），从字面上应翻译为"entrepreneur company（limited liability）"。[2]这种变化的形式适合开始创业者的需求，只要求适量数额的名义资本（特别有关服务业）。但是，这种新形式有自己的局限，例如为使公司逐步节省或积累到一个标准有限责任公司所需的最低名义资本，对利益分配有相当大限制。[3]

5.20b 设立一家私人公司所要求的资本从适用于英国Ltd、法国SARL、德国UG（haftungsbeschränkt）的零资本到适用于德国GmbH的25,000欧元变化不等。[4] 位于中间的是其他司法管辖区域对公司的要求。根据比利时公司法，私人公司的最低资本要求是18,550欧元，其中三分之一应当在设立时缴足。而且，货币出资的20%必须缴足，实物出资必须全部缴付。[5] 在荷兰，设立私人公司（BV）所要求的最低资本额是18,000欧元。[6]已发行资本至少应代表授权资本的20%。[7] 此外，公司设立时至少应缴纳股份票面价值的25%，[8]如果最低资本已缴足。[9]

在波兰，设立（私人）有限责任公司所要求的最低资本是5000兹

---

[1] Marco Becht, Colin Mayer, & Hannes F Wagner. 'Where Do Firms Incorporate?'（Oct. 2006），CEPR Discussion Paper No. 5875. Available at SSRN：<http://ssrn.com/abstract=953820>.

[2] 《德国有限责任公司法》第5a条。

[3] 联邦司法部网站新闻发布-Berlin，23 May 2007，www. bmj. de。

[4] 《德国有限责任公司法》第7条第2款第1、2句。

[5] 《比利时公司法》第214、223条。相反，依据《比利时公司法》第223、211条，由一名创办人组成的私人公司应实缴的最低资本额为12,400欧元。

[6] 《荷兰民法典》第2编第178条第2款和2000年7月22日的皇家法令（Royal Decree）。

[7] 《荷兰民法典》第2编第178条第4款。

[8] 《荷兰民法典》第2编第191条。

[9] 《荷兰民法典》第2编第178条第2款。

罗提(PLN)(约 1100 欧元),[1]该数额必须全部付清(登记备案之前)。[2]

西班牙有限责任公司(SL)的资本要求是 3005.06 欧元,在公司成立前必须全部缴足。[3][4]另外,“新型有限责任公司”(Sociedad Limitada Nueva Empresa)不仅在设立时必须拥有 3012 欧元的最低资本,而且只能以货币出资,并且资本最多不得超过 120,202 欧元。[5]

5.21　一般而言,因为《第 2 号公司法指令》不适用于私人公司,所以关于这类公司的实物出资要求不太严厉。但是,有些国家仍然对公众公司和私人公司的实物出资作了相似规定。

5.21a　比利时和荷兰法律在私人公司和公众公司的实物出资方面采用相同规则。[6]德国、波兰和西班牙法律都要求实物出资详细记载于章程,因此不要求由独立专家出具报告。[7]在英国,私人公司不受制于评估师出具的资本充实报告之类的条件(对公众公司有此要求)。《法国商法典》要求备忘录和章程包含一份出资评估,该评估必须由一名由未来股东一致同意任命或由法院命令任命的公司设立过程审计师制订和负责。如果任何一份实物出资的价值都不超过 7500 欧元并且所有未经审计师审计的实物出资不超过资本的半数,那么未来的股东可以一致同意放弃聘用审计师。[8]

---

[1] 每股面值应至少是 50 兹罗提(PLN)。

[2] 《波兰商事公司法》第 154 条第 1、2 款,第 163 条之 2。

[3] 《西班牙有限责任公司法》第 4 条。

[4] 《西班牙有限责任公司法》仍然用“比塞塔”规定这一数额(PTS500.000),它是 2002 年之前的西班牙货币。

[5] 《西班牙有限责任公司法》第 135 条。

[6] 《比利时公司法》第 218、219 条。《荷兰民法典》第 2 编第 204a 条。仍有微小区别,例如根据荷兰法律,不同于公众公司,私人公司非货币出资的说明不必附于公证书。

[7] 《德国有限责任公司法》第 5 条第 4 款,《波兰商事公司法》第 158 条,《西班牙有限责任公司法》第 20 条第 1 款。

[8] 《法国商法典》第 L223－9 条。

三、公司成立前的合同

5.22 考虑到《第1号公司法指令》既适用于公众公司,也适用于私人公司,关于调整公司设立、取得法律人格的时间、公司成立前合同的债务,以及与私人公司创办人的责任有关的其他方面的大部分因素,通常都以与前述公众公司相同的方式调整。

5.22a 必须指出德国法对有限责任公司(GmbH)登记前的两个重要阶段的规定有别。第一个阶段是始于创办人通过达成一份初步的有约束力的协议而决定设立公司,至章程被公证——成立前的公司(*Vorgründung sgesellschaft*)。第二个阶段,公司采取民事合伙的法律形态,或者因为从事商事交易而采取普通合伙甚至有限合伙的法律形态。因此创办人被视作不享受有限责任的合伙人。在这一点上,公司类似于未来有限责任公司,除了它的权利能力仅仅在商事登记之后才产生。一旦德国有限责任公司在商事登记处登记,登记前有限责任公司[1]的权利和义务依法概括转移给"已登记的有限责任公司",并且股东(代表公司行动的人)的个人(连带)责任终止。[2]

第四节 公司融资

一、股本(Share Capital)

5.23 公司融资的传统方式之一是股本(share capital)(也被命名为equity),另一方式是借贷资本。根据定义,所有资合公司都有股本,

---

[1] 这意味着从这时起,《德国有限责任公司法》的有关部分即适用于"登记前有限责任公司",即使它们不预示着权利能力。见Wirth,Arnold和Greene著:*Corporate Law in Germany*,第5~6页。

[2] 《德国有限责任公司法》第11条第2款。Wirth,Arnold和Greene著:*Corporate Law in Germany*,第5页及以下。

它代表了股东缴纳的资本金,是可供公司对债权人履行债务的财产。公司法首先赋予公司确保这一资本金被实际缴付的权力——融资条款。而且,公司可以确保维持该资本,即为了债权人利益由公司保留这一资金而且在可能有损债权人利益时不返还给股东。通常,公司资本分为股份,[1]但它们的形式和可转让性可能有所不同。股本包括:(1)已配发股份的面值;(2)任何已支付的溢价额;(3)公司必须保留的资本公积金。《第2号公司法指令》要求成员国颁布关于筹集和维持公众公司股本的法规。该指令也强调了资本变更(增资[2]与减资),包括公司购买与赎回本公司的股份,公司为第三人收购本公司股份提供经济资助[3](见段落3.40及以下)。

5.23a 公司也可以发行无面值股份。[4] 这些股份在发行时既没有在章程中也没有在股票本身上标明面值。公司发行这种股份的原因之一是在股价降至面值以下时避免公司本应对股东承担的责任。而且,发行无面值股使公司将来公开募股的定价高低具有灵活性。

二、借贷资本(Loan Capital)

5.24 公司的借贷资本包括从特定贷方如银行或金融公司取得的贷款,公司发行的债券,即应当偿还的(通常在确定日期)、具有诱人的

---

〔1〕 在有些国家,私人公司不使用"股份"一词,而使用另一术语来命名资本的组成部分。例如,在西班牙为"participaciones sociales";在法国为"part social",与英文"parts"或"quotas"对应;在德国为"Geschäftsanteil";在波兰为"udzialu"。

〔2〕 增资指公司资本的实际增加,因此不包括公积金和溢价款转为资本,这被视为一种会计处理。

〔3〕 《2006/68/EC号指令》减少了对经济资助的一般限制,《第2号公司法指令》原第23条规定了这一限制,目前在特定条件下允许进行这种经济资助,《第2号公司法指令》第23条和第23a条。

〔4〕 例如《第2号公司法指令》原第3(h)条。

利息而不是股利的债权证券。[1] 公司可能以其全部或部分财产向借贷资本的提供者提供担保。在欧洲层面这种类型的融资没有经过协调。因此,该问题主要涉及国内法,后者规定了不同的解决方式,例如,关于可以发行的债券类型,甚至关于有权决定或批准发行债券的公司机构应遵循的程序。但是,甚至成员国法往往也不调整借贷资本。[2]

5.25 公司董事会所作的引进贷款或发行债券的决定可能需经公司其他机构的批准。例如,根据荷兰法律,一些事项要由监事会批准,包括债券的发行。[3] 在波兰,章程可以扩大监事会的权力以使董事会的某些行为要经过其同意,这种限制当然可能涉及获取贷款。[4]《德国股份公司法》也规定章程或监事会应当规定特定种类的交易只有在得到监事会同意后才能进行。[5]

5.26 总地来说,借贷资本可以被分为不同种类,我们主要讨论债券(bonds)、可转换债券(convertibles)和夹层融资(mezzanines)。债券和可转换债券总体上都是有价证券,即它们都是证明债权并可以在金融市场上交易的金融工具。夹层融资可以(部分地)包括有价证券如可转换债券,但也可以包括其他金融工具。

---

〔1〕 有价证券是为债务或财产提供凭证并且可以在金融市场上交易的金融工具。例如:股票、债券、票据、期权和认股权证。这些金融工具可以由公司、政府或其他组织发行。见关于金融工具市场的《2004/39/EC 号指令》第 4 条第 18 款,该指令通常被称为 MIFID(《金融工具市场指令》),是《欧盟委员会金融服务行动计划》的一部分,根本目的是促进欧洲资本市场的流动性、投资服务的竞争,加强投资者保护。关于对 MIFID 的影响的总结,见'What MIFID really means',载 *Financial Times*,2007 年 10 月 29 日版(www.ft.com)。

〔2〕 Werlauff,*EU Company Law*,2003,225.

〔3〕 《荷兰民法典》第 2 编第 164、274 条。

〔4〕 《波兰商事公司法》第 220、384 条。

〔5〕 《德国股份公司法》第 111 条第 4 款。根据《德国有限责任公司法》第 52 条,在"依据章程任命监事会"的情况下,那么依法适用《德国股份公司法》第 111 条,除非章程另有规定。

5.26a 债券是一种在特定日期或满足特定条件时支付一定金额而签署的书面承诺。通常,公司为债券提供抵押,从投资者(或持有人)角度来看债券的风险不大。相应地,利率较低。在清算时,债券持有人优先于股东受到清偿,债券利息优先于股东股利支付。反过来,债券持有人通常不能分享公司资本增值或者剩余利润。

5.26b 可转换证券通常是包含了一项在确定时期以确定价格将该证券转换为另一种形式证券(通常是普通股)的选择权的可转换债券或可转换优先股。与普通债券相比,可转换债券往往提供较低的回报率,换取了将债券转换为另一种证券的期权价值。因为这些证券在转换时可以引起股本的增加,以及债权人转变为公司的共同所有人(因而引起股东增加),发行这类证券受《第 2 号公司法指令》第 29 条第 6 款规定的增资规则管制。

5.26c 夹层融资(Mezzanine finance)是一种混合型的灵活融资方式,在资产负债表上被视为介于债务与股东权益之间。夹层资本被视为一种债务,典型的次级贷款,即次于高级银行贷款。这意味着夹层融资的债权人[1]只能在所有优先债权人受到全额清偿后才能受偿,这增加了夹层融资不获偿还的风险。通常,这种融资工具不要求抵押担保。但是在要求抵押担保的情况下,它还是次级的。因此,夹层贷款明显比银行贷款的成本高。通常,夹层贷款的债权人不仅要求更高的利率,还要求取得认股权证(warrants)以认购股份,或使用费(royalties)以分享借款公司的成功(或失败)。[2]这种固定部分与可变部分的结合使其可以灵活定价。因此,夹层贷款可以为满足借款

---

〔1〕 例如,投资银行或(最近增多的)私募股份公司(private equity firms)以及对冲基金(hedge funds)。这些是新型机构投资者,通常"组织为不受监管的投资工具"——"对冲基金"(多在短期内运作),以及"私募股权基金"(private equity funds)(多作3至5年的长期运作)。见 Eddy Wymeersch 著:'Shareholders in Action:Towards a New Company Paradigm?',载 *European Company Law* 4, no. 2(2007),第 50 ~ 57 页。

〔2〕 Kenneth H. Marks et al., *The Handbook of Financing Growth:Strategies and Capital Structure* (Hoboken, NJ:John Wiley & Sons, Inc., 2005).

公司的特殊需求而定制，可以适合于借款公司的预期现金流。本金通常在到期时偿还。虽然夹层融资是债务的一种形式，但它的特征是记载在资产负债表的权益项下，因此加强了公司的股东权益比率（equity ratio，即股东权益/总资产——译者注），这可以提高公司的高级信贷潜力。[1]

5.26d 一般来说，夹层资本是一种旨在支持经济增长的长期融资工具。相应地，它尤其被应用于收购、管理层收购、设备购买或营业扩张的融资。基于夹层资本涉及的额外风险，它通常只对财务记录健全、具有可观的现金流和良好管理的公司提供，这些都被视为公司具有成功潜力的关键指标。自1998年以来欧洲对这一融资工具的要求显著增加。[2]

5.26e 欧洲公司法指令没有明确提及夹层融资之类的中间融资工具。根据《89/299号指令》（关于信贷机构的自有资金），银行、抵押贷款公司和其他信贷机构可以使用次级资本出资，它们在一定条件下可以被加入公司股本，只要成员国允许。[3] 因此可以得出一个结论：承担次级资本出资的责任取决于成员国的国内法，若国内法无规定，则取决于贷款协议约定。[4]

---

〔1〕 这被命名为"杠杆效应"（leverage effect）。Bankengruppe（German National Promotional Bank for SMEs），Dietrich Suhlrie，'Mezzanine Capital for SMEs'，'The SME Guarantee Facility-Conference 2005-SME Access to Finance'，2005（PowerPoint presentation）. 请检索：www. eif. org/cms/htm/en/eif. org/attachments/presentations/map_conference_12. pdf。

〔2〕 参见'Deloitte and Touche 2004' mentioned in Bankengruppe（German National Promotional Bank for SMEs），Dietrich Suhlrie，'Mezzanine Capital for SMEs'。请检索：www. eif. org/cms/htm/en/eif. org/attachments/presentations/map _ conference _ 12. pdf。

〔3〕 《89/299号指令》第4条第3款。Werlauff，*EU Company Law*，2003，248 and 249.

〔4〕 同上。

三、证券化(Securitization)

5.27 证券化被认为是债务保理或债务贴现的一种高级类型。[1]它包含了这样一种交易,当应收账款(例如住房抵押贷款或消费信贷应收账款)的所有者——发起人/出售者(通常为银行或公司)将其出售给第三方,即一家特殊目的机构(SPV),以换取出售款。特殊目的机构(SPV)常常通过发行可销售债券或偶尔通过银行贷款支付这些应收账款的购买价款,并以这些应收账款作为担保。特殊目的机构(SPV)通常组建为公众公司,资本稀少,股份由发起人以外的人持有(例如慈善受托人),所以它不是一个应被合并于发起人的资产负债表上的附属机构,而是另一个法律实体。相应地,发起人不对SPV的债务承担责任。

总体上,证券化的主要效果是发起人将应收账款不获付款的风险转移给了投资者,而且从资产负债表上去除了这些财产和借款。

这种交易之所以被称为证券化正是因为无法销售的应收款项被转化为可销售财产,表现为贷方(lenders)可以出售的有价证券——债券。

5.27a 通过资产证券化,发起人试图取得额外资金并改善财务比率(financial ratios)。[2] 第一,证券化可以为发起人改善资产负债表,因为它可以不增加资产负债表的负债而融资,并可以将已出售应收账款余额作为利润保留,从而提高资本回报率。发起人因应收账款而取得的现金可以被用来清偿债务,一旦其资产和债务减少,财务比率(例

---

〔1〕 保理(factoring)与资产证券化的本质区别在于保理公司主要从银行融资,而在资产证券化中特殊目的机构(SPVs)发行以应收账款为担保的债券。而且,很多保理公司是银行的附属机构,而不是像在资产证券化中一样的单一目的公司。见Philip Wood,*The Law and Practice of International Finance Series*, vol. 5 of *Project Finance, Securitisations and Subordinated Debt* (Hong Kong: Thomson/Sweet & Masewell, 2007),第111~120页。

〔2〕 Wood, *The Law and Practice of International Finance Series*, 111–120.

如负债股权比率,debt to equity ratio[1])就会改善,因而提高发起人的借贷潜力。

第二,这种交易立即提高发起人的财务状况,但若没有资产证券化,发起人为获得应收账款的付款则需要等待一段时期。

第三,通常应收账款的质量要高于发起人总资产的平均质量,该交易是安全的,这些资产与卖方信用隔离。因此利率较低,比发起人通常从债券市场或银行取得的融资更加便宜。以这种方式筹集的资本也可以扩大公司的资金来源,从而缩小公司对银行贷款的依赖。

四、担保债券(Covered Bonds)

5.28 另一种要考虑的融资结构是担保债券(covered bonds)——在德国称为 *Pfandbrief*[2]——一种由"合格的抵押贷款池"[3]或来自其他债务的现金流如公共部门贷款来偿付的债券(通常由银行发行)。担保债券的持有人有权优先于所有其他债权人受偿。担保债券虽然与资产证券化中的资产担保证券相似,但二者有一个本质区别,就是担保债券必须记载于发行银行的合并资产负债表上。创造这类融资结构的目的在于使住房融资更为容易。[4]

五、资产负债表外安排(Off-Balance-Sheet Arrangements)

5.29 不同公司进行的证券化被认为是一个资产负债表外安排的

---

〔1〕 又被称为"资产负债"(gearing)或"杠杆"(leverage)。

〔2〕 担保债券起源于1769年名为 *Pfandbrief* 的德国法。现在担保债券在整个欧洲被普遍运用。

〔3〕 Wood, *The Law and Practice of International Finance Series*, 111 - 120.

〔4〕 同上。

例子。[1][2]通常，这些安排包括创建特殊目的机构（SPVs）（如前所述）或者在其他情况下涉及旨在提供经济、法律、税务或账目等服务的离岸活动。资产负债表外安排不仅使公司获利，在公司支持特殊目的机构对投资者负债的情况下也代表着风险。利益和风险都关系到对一家公司或在适当情况下对一个集团整体的财务状况的全面评价。在安然（Enron）、帕玛拉特（Parmalat）等一系列公司丑闻之后，美国和欧洲监管机构的反应是已将风险管理列入董事会成员最核心关注问题之一。[3]

5.29a　美国国会对安然事件和相关丑闻的反应是在2002年7月通过了萨班斯法案（SOX）。该法案旨在"通过提高公司依据证券法所做的信息披露的准确性与可靠性来保护投资者。"[4]该法案中有争议的条款是第404条，该条要求公司管理机构通过利用财务风险评估——被称为"自上而下的风险评估"针对财务报告的公司内部控制

---

[1] 修改《第4号公司法指令》、《第7号公司法指令》、《第86/635/EEC号指令》和《第91/674/EEC号指令》的《2006/46/EC号指令》的序言之陈述第8条和第9条。

[2] 资产负债表外安排的其他例子是：(1)外包（outsourcing）；(2)寄售库存安排（consignment stock arrangements）；(3)照付不议安排（take or pay arrangements）；(4)联合销售和回购协议（combined sale and repurchase agreement）；(5)经营性租赁协议（operating leasing agreement）；(6)风险分担和利益分享安排（risk and benefit-sharing arrangements）；(7)或合同义务如债务保理（or obligations arising from a contract like debt factoring）；(8)抵押资产（pledged assets）。

[3] 公司丑闻及垮台涉及安然公司（Enron）、世界通讯公司（WorldCom）、环球电讯公司（Global Crossing）和泰科（Tyco）、帕玛拉特（Parmalat）、威望迪公司（Vivendi）、斯堪的亚公司（Skandia）和阿霍德公司（Ahold）。帕玛拉特案的详情请参见Guido Ferrarini & Paolo Giudici著：'Financial Scandals and the Role of Private Enforcement: The Parmalat Case', in *After Enron: Improving Corporate Law and Modernising Securities Regulation in Europe and the US*, eds John Armour & Joseph A. McCahery (Oxford: Hart Publishing, 2006)，第159页及以下；以及John Coffee著：'A Theory of Corporate Scandals: Why the US and Europe Differ', in *After Enron: Improving Corporate Law and Modernising Securities Regulation in Europe and the US*, eds John Armour & Joseph A. McCahery，第216~231页。

[4] Sarbanes-Oxley Act of 2002, 24 Jul. 2002.

的充分性和有效性作出报告。而且，外部监查人要对管理机构所作的公司内部控制评估作出确认和报告。[1] 因此，金融界有机会使用内部控制报告。[2]

5.29b 欧洲的反应是修改了《第4号公司法指令》和《第7号公司法指令》（年度财务报表），并更替了《第8号公司法指令》（法定审计），尤其收录了保证法定审计员的独立性和要求董事会对公司或集团的内部控制进行报告的规定。[3] 这些事项在本书的段落3.55、3.60、3.76、3.79、9.31和10.04a中进行了讨论。此外，欧盟委员会发布了关于上市公司董事报酬、上市公司非执行董事或监事及董事会专门委员会职责的合理制度建议。[4] 2007年7月10日，欧盟委员会发布了"关于在公司法、会计、审计领域内简化的公司商业环境"的通讯，它反映了欧盟委员会对中小企业减轻行政负担需求的关注，特别是上述指令规定的被证明对中小企业过分沉重的规则。

5.29c "安然效应"对通过欧盟委员会条例采用《国际财务报告准则》（IFRS）（见段落9.06及以下）施加了额外推动力。应当强调的是，欧盟委员会在修改《第4号公司法指令》、《第7号公司法指令》和《第8号公司法指令》时，意图之一是使《国际财务报告准则》（IFRS）

---

〔1〕 Scott C. Wilkins & Parveen P. Gupta, 'Sustaining SOX 404: A Project Management Approach', *Management Accounting Quarterly* 8, no. 2 (Winter 2007).

〔2〕 进一步阅读，请参见 Deakin & Konzelmann 著：'Corporate Governance after Enron: An Age of Enlightenment', in *After Enron: Improving Corporate Law and Modernising Securities Regulation in Europe and the US*, eds John Armour & Joseph A. McCahery (Oxford: Hart Publishing, 2006)，第156页。

〔3〕 Klaus Hopt, 'Modern Company and Capital Market Problems: Improving European Corporate Governance after Enron', in *After Enron: Improving Corporate Law and Modernising Securities Regulation in Europe and the US*, eds John Armour & Joseph A. McCahery, 446. *Board Members on Risk Survey Report* 2006, Ernst & Young, 19. Retrievable from <www.ey.com/global/content.nsf/International/Home>.

〔4〕 Recommendation as of 14 Dec. 2004, OJ 2004, L 385 and Recommendation as of 15 Feb. 2005, OJ 2005, L 52.

接近《一般公认会计原则》(GAAP 或 US-GAAP),[1]后者是打算在华尔街证券交易所上市的公司必须遵循的。[2]

---

〔1〕《美国一般公认会计原则》(US-GAAP)由联邦会计标准委员会(FASB)编制和审查。

〔2〕Menezes Cordeiro, *Direito Europeu das Sociedades* (Coimbra: Almedina, 2005), 398 – 400.

第六章　成员国法下的公司管理与控制

第一节　导　　言

6.01　所有公众公司与私人公司都具有法律人格,可以履行合同、雇佣员工、拥有自己的财产。但是,公司是虚拟的人,因此实践中其活动必须由自然人实际进行。虽然公司成员因在经济上参与公司从而有时看上去是公司的所有者,但除了最小型公司以外股东无法日复一日地管理公司。因此,公司的管理不得不被委托给一名或多名有权作出各种有约束力的管理决定的个人,每个国内法都不得不建立一套公司管理结构并赋予管理机构广泛权力。但是,法律必须注重提供一个制约平衡机制以确保管理者不滥用权力损害股东利益。这就是公司控制,或按通行的说法,公司治理。这种制约常常表现为一个或多个拥有以下权利的机构,如质询权,关于日常事务的知情权或被咨询权,某些重要议案如变更公司章程或减资(见段落 3.35 及以下和第 5 章)需要经过其同意,以及可能最为重要的任命和罢免管理者以及对管理者损害公司的不当行为进行救济的权利。

6.01a　因此,有关公司治理的若干规则具有法定特征。上市规则可以是另一种调整公司治理的手段,如公司治理准则。这种准则解决的问题多种多样,从审计员的独立性、财务报告、非执行董事的独立性,到股东大会议事日程的安排。《英国公司治理联合准则》(UK Combined Code on Corporate Governance）就是一个例子。[1] 它包括主要原则、辅助原则和核心条款。公司不得违背主要原则和辅助原则。该准则期望公司"绝大部分时间遵守准则的规定"，并且对违反规定"作出深思熟虑的解释"。[2] 在美国，公司丑闻导致了2002年《萨班斯－奥克斯雷法案》的出台，该法案的焦点是财务报告（见段落5.29a和10.04a）。[3]

6.02　不同成员国法律提供了规定公司的管理和控制职能的不同方式。在某种程度上，方式的选择取决于公司规模，但很多也取决于各国的政治和社会经济政策，例如各国关于谁应当参与控制过程的认识，特别是这一过程中的员工参与问题（见第7章）。由于这些原因，尚未证明在这一领域有可能协调欧共体成员国法律，尽管寻求这一目的的《第5号公司法指令草案》已被纳入布鲁塞尔体系多年（见段落3.62）。关于欧洲公司（SE）的条例也没有解决这一问题，而是为公司自身提供了对单层制或双层制的选择权（见段落4.13及以下）。

6.03　但是，所有这些国家均赋予股东在股东大会上作决议的剩余控制权，至少理论上如此。股东可以拥有直接控制权，尤其是在私人公司中，或通过另一个代理控制部门进行控制，例如德国股份公司必备的监事会。股东的这种剩余多数控制权反过来产生了另一个法律问题，即如何保护少数股东免受多数股东损害，特别是当多数股东与管理者重合或相关联时。本章涉及一个法律框架，不同成员国法均在此框架内管辖所有这些管理和控制问题。在有些国家，公众公司（见段落2.42）与私人公司（见段落2.40）的制度非常不同，因此分别讨论。不

---

〔1〕 可以检索英国财务报告委员会（Financial Reporting Council）网站：www.frc.org.uk。

〔2〕 序言第5条以下。这就是所谓的"遵守或解释方法"。

〔3〕 见 www.sec.gov/spotlight/sarbanes-oxley.htm。更多内容见 Adriaan F. M. Dorresteijn & Cornelis de Groot 著：'Corporate Governance Codes: Origines and Perspectives', in *European Company Law in Accelerated Progress*, 载 European Company Law Series 第1卷, Steef M. Bartman 编辑（Alphen aan den Rijn: Kluwer Law International, 2006），第31～56页。

可避免地，每种结构中的许多具体规则，如会议的举行，没有被纳入。本章以对各国逐一分析的方式进行讨论。

第二节　法国的有限责任公司(SARL)

一、基本管理结构

6.04　SARL 由一名或多名管理人员(*gérants*)管理，他们受制于股东的一般政策指导和控制。管理人员必须是个人，但不必是股东。[1] 管理人员由股东会决议任命，或者由章程随后任命。[2] 该决议必须由代表半数以上股权的股东同意，但在无法达到的情况下可以由投票数的一半以上通过。[3] 公司章程可以规定为绝对多数，从而强化管理人员在公司中的地位。[4] 管理人员任职期限为公司存续期限，除非章程另有规定。[5] 实践中，只有那些非大股东管理人员的任期是固定的。章程或股东决定管理人员的报酬，管理人员的劳务合同应经公司股东同意。[6]

6.05　管理人员可以在所有事务上以公司名义行动，遵守特定限制，例如不违反公司章程，不超越公司的经营范围，不超越章程对管理人员的任何限制。这类限制一般不约束第三人，除非第三人是恶意的，但确实对管理人员活动进行了内部审查，[7]公司因此可以主张损害赔偿。一种典型的章程限制可以是规定管理人员在签订超出公司正常经

---

〔1〕《法国商法典》(Code de Commerce)第 L223－18 条第 2 款。

〔2〕同上。

〔3〕《法国商法典》第 L223－29 条。

〔4〕Yves Guyon, *Droit des Affaires I*, 12 edn(Paris: Economica, 2003), 535.

〔5〕《法国商法典》第 L223－18 条第 3 款。

〔6〕Guyon, *Droit des Affaires I*, 12 edn, 538.

〔7〕《法国商法典》第 L223－18 条第 4 款。

营程序的合同之前应请求股东同意。[1] 如果任命了好几名管理人员，其中每一名都有权在与第三人交往时不受任何限制地代表公司。[2] 即使一名管理人员对另一名管理人员的行为表示反对,也不会使后者的行为无效,除非第三人已经知道这一点。

6.05a 为了避免管理人员的个人利益与其职责冲突,法律对管理人员的权力作出了限制。公司不得贷款给管理人员或其近亲属或者为他们的个人债务提供担保,[3] 管理人员与公司之间的任何合同都必须由股东会批准,否则管理人员对因该合同给公司造成的任何损失承担赔偿责任。[4] 但是,若在常规经营过程中公司与管理人员之间的合同尊重公司利益,并且发生在正常情况下,那么法律不要求股东会的批准。[5]

二、对管理人员的监督

6.06 管理人员对任何违反关于有限责任公司(SARL)的法律、违反章程、故意或过失的管理不当行为所造成的公司损失承担责任。[6] 因为过失难以确认,法官以违反法律和/或章程为依据更为常见。[7] 如果公司不对管理人员起诉,一名或多名股东有权以公司的名义起诉,所获赔偿将付给公司。[8] 这种派生的诉讼被称为 *action sociale*。这种少数股东权不得以公司章程或股东决议的方式撤销或限制。[9] 但是,这种诉讼必须自不当行为发生起或在有掩盖的情况下真

---

〔1〕 Guyon, *Droit des Affaires I*, 12 edn, 542.

〔2〕《法国商法典》第 L223－18 条第 6 款。

〔3〕《法国商法典》第 L223－21 条。

〔4〕《法国商法典》第 L223－19 条。

〔5〕《法国商法典》第 L223－20 条。

〔6〕《法国商法典》第 L223－22 条第 1 款。

〔7〕 Guyon, *Droit des Affaires I*, 12 edn, 546.

〔8〕《法国商法典》第 L223－22 条第 3 款。

〔9〕《法国商法典》第 L223－22 条第 4 款。

相暴露时起三年内提起。[1]

6.07　另外,持有半数以上股本的股东可以作出决议罢免管理人员,而且公司章程不得限制该权利。[2] 虽然该决议不需明确免职原因,但管理人员可以以免职缺乏合理原因为由起诉公司,即免职原因不是管理不当或不称职。[3] 即使免职不合理,也仍然有效,但管理人员有权要求损害赔偿。[4] 如果管理人员也是股东,则也有权参加投票。因此身为大股东的管理人员在实践中不可能经股东投票被免职。[5] 因为罢免管理人员的权力属于多数股东,那么当管理人员持有大量股份时,该权力可能失效,所以少数股东受到进一步保护,享有向法院申请以合法理由(即管理不当或不称职)罢免管理人员的法定权利。[6]

三、公司成员的职能

6.08　如前所述公司成员(*associés*)在有关管理人员方面行使控制职能,而且被赋予作出修改章程等主要决定的权力。股东会议必须在一个会计年度结束后的 6 个月内召开,以批准财务报表和管理人员的年度报告,[7]或者在至少拥有四分之一资本的四分之一股东,或者至少拥有半数以上资本的股东的请求时召开。[8] 而且,任何股东均可以请求商事法院指派一名代理人,在他向管理人员发出正式通知后管理人员仍未召集股东会议时,该代理人有权召集股东会议。[9] 依据这些规定,管理人员可以召集股东会议,章程可以规定某些决议必须由股

---

〔1〕《法国商法典》第 L223 - 23 条。

〔2〕《法国商法典》第 L223 - 25 条第 1 款。

〔3〕《法国商法典》第 L223 - 25 条第 1 款。股东控制权的改变一般不是罢免管理人员的充足理由。见 Guyon 著:*Droit des Affaires I*,第 12 版,第 540 页。

〔4〕 Guyon,*Droit des Affaires I*,12 edn,541.

〔5〕 同上,第 540 页。

〔6〕《法国商法典》第 L223 - 25 条第 2 款。

〔7〕《法国商法典》第 L223 - 26 条第 1 款。

〔8〕《法国商法典》第 L223 - 27 条第 3 款。

〔9〕《法国商法典》第 L223 - 27 条第 4 款。

东会议或股东的书面磋商作出。后者以挂号信形式寄给每位股东，给股东 15 天投票回复时间。

6.09 公司成员拥有法定知情权。他们可以在任何时间检查公司近三年的文件。[1] 他们还可以在股东会议召开之前给管理人员发出书面询问，管理人员必须在股东会议上回答这些问题。[2] 一名或多名代表了至少 10% 公司资本的成员有权请求商事法院任命一名独立专家，对公司事务（*opérations de gestion*）中一个或多个特定问题作出报告。[3]

6.09a 决议既可以是普通决议也可以是特别决议，这取决于法律或章程的规定。一项普通决议必须由持有大多数股份的股东在第一次投票时通过，或者当第一次未通过时以出席会议股东表决权的简单多数通过，如果法律或章程允许。[4] 加权投票权受到禁止，这意味着每一名成员基于其股份都有表决权。[5] 特别决议由至少持有四分之三资本的股东通过，最重要的例子是修改章程。[6] 在特定情况下，法条要求其他特定多数的同意。增加成员承诺出资额的决议[7]和改变公司国籍的决议要求全体一致同意。[8] 这种变更只能发生在新东道国与法国已达成一项特殊协议，允许公司保持法律人格而取得新东道国国籍并将登记住所迁移到该国境内的情况下。[9]

---

〔1〕《法国商法典》第 L223－26 条第 4 款。

〔2〕《法国商法典》第 L223－26 条第 3 款。

〔3〕《法国商法典》第 L223－37 条。

〔4〕《法国商法典》第 L223－29 条。

〔5〕《法国商法典》第 L223－28 条。

〔6〕《法国商法典》第 L223－30 条第 2 款。2005 年的改革还引进了第一次和第二次召集修改章程的股东会议的法定出席人数，见《法国商法典》第 L223－30 条第 3 段。

〔7〕《法国商法典》第 L223－30 条第 5 款。

〔8〕《法国商法典》第 L223－30 条第 1 款。

〔9〕《法国商法典》第 L225－97 条。

第三节 法国的股份公司(SA)

一、可选择的管理结构

6.10 在法国,股份公司既可以采用单层制,也可以采用双层制。大多数情况下,公司管理结构由单一董事会(*conseil d' administration*)组成。但是,公司也可以采用双层制,同时拥有董事会(*directoire*)和监事会(*conseil de surveillance*)。在形式上这两种制度明显不同,在效果上它们在管理与监督方面也具有较大区别。单层制下,管理机构的职能在实践中由主席(*président directeur général*)和执行官行使,董事会的其他成员行使监督职能,只有理论上的管理权。在双层制下,董事会进行管理,监事会进行监督,而且它们的职能受到明确规范。在两种情形下,股东大会在一些基本事项上行使额外控制职能。

6.10a 最近的单层制改革要求董事会主席的职责与首席执行管理者的职责分离,引进了首席执行官(*directeur général*)职位。[1] 单一董事会因此变得更趋近于双层制。一些法国作者甚至谈到了公众公司的第三种管理模式,称为"双头统一结构"(two-headed uniform structure)[2]或"混合结构"(mixed structure)。[3] 尽管如此,新结构保留了单一制的部分内容并被认为仍属其类。

6.11 两种形式的区别在于在双层制中两个机构的管理与监督职能及其成员都被严格界定与分离,相应地它们的责任被分别规定;而在单一制中,这种区分可能变得模糊。而且两种制度在"控制"(control)

---

〔1〕《新经济制度法》[Loi sur les Nouvelles Régulations Économiques n° 2001 – 420 of 15 May 2001(NRE)]。

〔2〕 Michel Storck, ' Corporate Governance à la Française-Current Trends ', ECFR 1 (2004):36(43).

〔3〕 Guyon, *Droit des Affaires I*, 12 edn, 331.

这一概念上也有轻微区别。[1] 单一制下的非执行董事在对执行董事实施控制时,是在执行他们自身作为单一董事会成员必须负责的董事会战略性决定。与此不同,双层制下监事会成员所监督的是他们自己不必负责任的行为与决定,因为公司的管理,包括战略部分,并不是监督机构的任务。这两种制度也有许多共同特征,尤其是所有这些不同机构的成员在利益与职责冲突等方面的总体责任。审视过每种可选结构的制度后,本章在这方面将考虑到所有这些"董事"(directors),也就是董事会或管理部门的成员以及监事会成员。

二、单一董事会结构

6.12 董事会(*conseil d' administration*)决定公司经营活动方针并监督其实施。[2] 因此它是公司最高管理机构。除了明确赋予股东大会的权力和目的条款的限制外,董事会处理与公司适当经营有关的所有问题,通过决议决定所有有关事项。[3] 然而,确定公司战略及决定公司各种事务的总体性权力,与公司的一般管理权之间是有区别的。《法国商法典》第L225-51条将后者赋予了代表公司与第三人交往[4]的首席执行官,尽管董事会也有权代表公司。[5]

6.12a 董事会成员最初由章程任命,[6]后来由股东选举,[7]尽管也可以有职工代表参加董事会会议(见段落7.31)。通常,董事人数必须在3至18名之间。[8] 董事必须是公司股东。[9] 但是,董事不必

[1] 详情见Teichmann著:*Binnenmarktkonformes Gesellschaftsrecht* (Berlin/New York: De Gruyter,2006),第572页及以下。

[2] 《法国商法典》第L225-35条第1款。

[3] 同上。

[4] 《法国商法典》第L225-56条。

[5] 《法国商法典》第L225-35条第2款。

[6] 《法国商法典》第L225-16条。

[7] 《法国商法典》第L225-18条。

[8] 《法国商法典》第L225-17条。

[9] 《法国商法典》第L225-25条。

是个人。公司担任的董事在实践中由一名固定的自然人代表。该代表与董事负有同等职责、承担同等义务。[1] 如果董事数目不足3人,董事会必须立即召集股东大会补选董事。[2] 在这种情况下董事会不得指派替补董事,但在其他情况下它可以这样做,以便在该前董事任期结束前更换董事,且受制于股东会后来的确认。[3]

6.13 章程任命的董事任期不得超过3年,股东大会任命的不得超过6年。[4] 董事可以辞职或无限期连任。但是,70岁以上董事不得超过董事会的三分之一。[5] 特别重要的是,股东可以在任何时间通过特别决议罢免董事,且股东不必为该决议的合理性进行解释。[6] 章程不得以任何方式限制该权利,而且董事只有在因罢免遭受损害的情况下才会得到赔偿。董事们的出席费总额由股东大会分配,特殊任务另有报酬。[7] 但是,董事在任职期间不得成为公司雇员。[8] 他们只能保留担任董事前雇佣合同中的雇员身份,如果该雇员职责与董事职责明显不同。[9] 另外,董事通常不得担任5个以上公司的董事或监事。[10]

6.14 董事会通过开会和对股东会决议事项以外的所有公司事务作出决议的方式集体行动,尽管在实践中董事会仅仅履行总体政策管理职能。董事会从事的任何法律行为均可以约束公司,除非该行为与公司的目的相背,而且第三人被证明当时已经知道或应当知道这一事

---

〔1〕《法国商法典》第L225－20条。
〔2〕《法国商法典》第L225－24条第2款。
〔3〕《法国商法典》第L225－24条第1款。
〔4〕《法国商法典》第L225－18条第1款。
〔5〕《法国商法典》第L225－19条。
〔6〕《法国商法典》第L225－18条第2款。
〔7〕《法国商法典》第L225－45、L225－46条。
〔8〕《法国商法典》第L225－44条。
〔9〕《法国商法典》第L225－22条。
〔10〕《法国商法典》第L225－21条。

实。[1] 对董事会权力的内部限制(例如在章程中)对第三人不产生影响。该规则对首席执行官同样适用。[2] 董事会的职责包括起草公司的年度财产清单、置备年度财务报表、召集股东大会,以及特别重要的任命和罢免董事会主席、首席执行官,在首席执行官的建议下[3]任命和罢免执行官员,决定其报酬。这些人是实际负责公司日常管理的人。

6.15 首席执行官(*directeur général*)由董事会提名。[4] 董事会可以提名董事长为首席执行官(*président directeur général*)。两种职能的分离不是因为法律强制而是遵循单一董事会的意见。董事会支持或反对董事长与首席执行官分离的选择应当进行披露。这一点应当在董事会向股东会提交的年度报告中提及,[5]并在官方公报中披露。[6] 董事会可以在任何时间解除首席执行官职务。[7] 如果免职是不合理的,首席执行官有权得到赔偿。但是,在免职不合理的情况下,董事长兼任的首席执行官却无权得到赔偿。[8] 董事长和首席执行官必须是个人。[9] 除非在公司集团中,首席执行官不能担任一个以上公司的首席执行官。[10] 可以被任命辅助首席执行官工作的管理人员(*directeurs généraux délégués*)的数量最多为 5 人。他们的权力由董事会协同首席

---

〔1〕《法国商法典》第 L225 - 35 条第 2 款。

〔2〕《法国商法典》第 L225 - 56 条第 2 款。

〔3〕《法国商法典》第 L225 - 53 条和第 L225 - 55 条第 1 款。

〔4〕《法国商法典》第 L225 - 51 - 1 条。

〔5〕 Article 148 D. 1967(D. 是法国法律文献中 décret 的缩写,意指授权立法——译者注), see Bernard Saintourens, 'Les dispositions du décret du 3 mai 2002 relatives aux organes de direction de la société anonyme', *Revue des sociétés* 120 (2002): 430 (433).

〔6〕 Article 299 - 3 D. 1967, see Bernard Saintourens, 'Les dispositions du décret du 3 mai 2002 relatives aux organes de direction de la société anonyme', 430(434).

〔7〕《法国商法典》第 L225 - 55 条。

〔8〕《法国商法典》第 L225 - 55 条第 2 款。

〔9〕《法国商法典》第 L225 - 47 条第 1 款和第 L225 - 51 - 1 条。

〔10〕《法国商法典》第 L225 - 54 - 1 条。

执行官确定。[1]

三、双层制结构

6.16 双层制必须由公司章程选择适用。[2] 公司由董事会(*directoire*)管理,董事会在监事会(*conseil de surveillance*)的控制下履行职能。[3] 董事会可以由1至5名个人组成,上市公司可以达到7名。资本低于150,000欧元的公司可以只有一名执行董事。董事会主席在法律上代表公司与第三人交往。公司章程可以授权监事会将同样的权力赋予董事会的一名或多名成员。[4] 实践中会有一名董事会主席与其他人员一起作为实际执行官员。董事会承担了单层制中单一董事会的许多职责,例如制作年度财务报表、召集股东大会、向股东大会报告公司情况。[5]

董事会成员由监事会任命,任期2至4年。[6] 他们可以由股东决议罢免,或者在章程有规定时由监事会罢免。[7] 无理由的罢免可能引起索赔。他们不必是公司股东,年龄不得超过65岁,除非章程另有规定。[8] 不同于一元制董事会的董事,他们可以是公司雇员[9],但不得是监事会成员,也不得是其他公司董事会的成员。[10] 董事会成员集体活动,其行为可以约束公司,与一元制董事会相同。[11] 但是,与第三人的关系上,董事会主席代表公司,章程许可时监事会可以赋予其他董

---

〔1〕《法国商法典》第L225-56条第4款。
〔2〕《法国商法典》第L225-57条。
〔3〕《法国商法典》第L225-58条。
〔4〕《法国商法典》第L225-66条。
〔5〕Guyon, *Droit des Affaires I*, 12 edn, 382.
〔6〕《法国商法典》第L225-62条。
〔7〕《法国商法典》第L225-61条。
〔8〕《法国商法典》第L225-60条。
〔9〕Guyon, *Droit des Affaires I*, 12 edn, 379.
〔10〕《法国商法典》第L225-67条第1款和第L225-74条。
〔11〕《法国商法典》第L225-64条。

事类似权力。[1]

6.17　监事会的职责仅仅是监督董事会。[2] 它的基本功能在于对公司管理进行追溯控制，而不是积极干预管理决策。[3] 这反映在排除监事会成员对管理决议负任何责任的法律中（见段落6.19）。但监事会要参与《法国商法典》第L225－68条第2款罗列的以及公司章程罗列的重要交易的决定过程，即要求监事会事先同意。考虑到获得监事会同意的法定要求，董事会往往让监事会或至少监事会主席在更早时候参与决定过程。监事会也可以进行它认为合适的检查和控制，[4] 董事会必须至少一年三次向监事会提交一份关于公司事务的综合报告。[5] 监事会必须对董事会提交给股东会的报告做出评论。

6.17a　监事会成员的人数必须在3至18名之间，[6]可以包括职工代表（见段落7.31）。除了职工代表，其余成员必须是股东，章程对他们的首次任命期限为三年，其后的任期由章程确定，可以长达六年。几乎在所有方面，法律规范监事的方式与规范一元制董事（段落6.12）的方式相同，因此监事很少成为公司雇员，股东可以在任何时间以特别决议罢免监事。

四、董事的责任

6.18　所有董事、执行官、监事在此均被称为董事，其广泛权力受制于各种法律规制。为了避免个人利益与公司职责的冲突，董事与公司之间的协议受到严格规制。[7] 贷款和担保是受禁止且无效的。这

---

〔1〕《法国商法典》第L225－66条。

〔2〕《法国商法典》第L225－68条。

〔3〕Guyon, *Droit des Affaires I*, 12 edn, 384.

〔4〕《法国商法典》第L225－68条第3款。

〔5〕《法国商法典》第L225－68条第4款。

〔6〕《法国商法典》第L225－69条。

〔7〕《法国商法典》第L225－38条及以下（单层制），《法国商法典》第L225－86条及以下（双层制）。还请参见Yves Guyon著：*Droit des Affaires I*，第12版，第452页及以下。

一禁令扩大到直系亲属,但不适用于银行或集团内的公司董事。在后一种情形中,贷款和担保协议与公司与其董事之间的其他协议或拥有相同董事的公司之间的其他协议适用相同规定。规范这些协议的法律,也适用于董事在与公司的交易中有间接利益的情形。该协议必须提交给董事会或双层制下的监事会,得到同意之后才能履行。该交易必须通知审计员,并由审计员向股东大会报告,得到股东大会批准。相关董事不得在上述任何会议中表决。这些协议一旦被提交给董事会即对第三人有效,即使当时被董事会否决,但在这种情况下公司可以就所遭受的损失向所有董事索赔。

6.19　更普遍的是,董事被要求在法定权力范围内依据章程行动。[1] 他们还应当为公司的最佳利益而不是个人收益而行动。监事会成员的责任限于个人过错,不包括任何管理决策的责任。[2] 董事的具体过错或疏忽以及由此造成的公司损失应当举证。赔偿损失是唯一的救济——不当得利却未给公司造成损失的则无法救济。董事仅仅对履行董事职责时所实施的行为负责。而且,法国法律规定数种董事的自利行为属于犯罪,所谓的滥用公司资产(*abus de biens sociaux*),往往是管理人员以损害公司利益的方式利用公司财产。[3] 公司可以对董事起诉。为了保护少数股东利益,在多数股东不愿起诉的情况下,少数股东可以以公司名义向董事提起派生诉讼。但是个人股东向董事起诉的经济激励相当有限,因为赔偿将被支付给公司。法律因此规定了一种集体诉讼程序,即当少数股东代表了0.5%至5%的资本时(具体比例取决于资本总额),由一名共同代表人代表少数股东起诉。[4]

五、公司成员的职能

6.20　理论上,股东会的成员们是公司的最高机构。但实际上他

〔1〕《法国商法典》第L225－251条。

〔2〕《法国商法典》第L225－257条。

〔3〕Annie Médina, *Abus de biens sociaux*, Dalloz, Coll. Référence, 2001.

〔4〕《法国商法典》第L225－252条,D.1967第200条。

们的职能是一种总体控制权，他们不能干涉执行董事或管理机构正常行使权力。某些特定交易要经他们的同意，例如减资，他们拥有任命和罢免董事和批准财务报表、财务报告、利润分配的最终财务控制权等剩余权力。股东会议可以是普通会议或特别会议。前者是年度会议和为通过普通决议而召开的其他会议，例如罢免董事。特别会议是通过特别决议所要求的会议，例如修改公司章程。董事会或监事会可以召集股东会议。[1] 持有已发行股份至少5%的少数股东有权申请法院举行股东会议，并有权在任何股东会议上提出议案。[2] 后一种情形的持股比例要求在大公司中更低。

6.21　显而易见的规则是一股一表决权，[3]虽然章程可以允许持股超过两年的股东一股两票，[4]在适用于所有股东的情况下章程还可以限制任何股东的投票数量。[5] 普通会议要求的法定出席人数是持有四分之一已发行的有表决权资本的股东，但如果没有达到这一标准可以第二次召集且没有法定人数要求。该会议所作决议应以出席股东的简单多数表决权通过。[6] 要求作出特别决议如修改章程的情况下，应当召开特别股东会议。在第一次召集时要求的法定出席人数是持有半数以上已发行股本的股东，第二次召集时为四分之一。决议必须由出席数的三分之二多数通过。[7] 表决时，多数股东必须为了全体股东的整体利益行事，不得为其个人利益而损害少数股东利益。否则他们可能因滥用其多数地位（*abus de majorité*）而被起诉。法院可以撤销因此通过的决议。[8] 这也可以适用于少数股东持续阻碍一项对公司的

---

〔1〕《法国商法典》第L225－103条。
〔2〕《法国商法典》第L225－105条。
〔3〕《法国商法典》第L225－122条。
〔4〕《法国商法典》第L225－123条。
〔5〕《法国商法典》第L225－125条。
〔6〕《法国商法典》第L225－98条。
〔7〕《法国商法典》第L225－96条。
〔8〕Guyon，*Droit des Affaires I*，12 edn，498 et seq.

福祉必不可少的决议的情形。[1]

第四节 法国的简易股份公司(SAS)

6.22 1994年简易股份公司[SAS(*société par actions simplifiée*)]作为一种新的法律形态被法国立法者引进,目的是为法国企业,特别是打算与外国合作者设立合资企业的法国企业,提供一种简化的组织结构。它的法律框架,一方面在某种程度上参照了公众公司的一般条款,[2]另一方面给章程提供了更大的合同自由。公司与第三人交往时,由一名依据章程规定的条件和程序任命的总裁代表公司。[3] 简易股份公司的管理结构不是由法律进行规范,而是受制于公司章程。[4] 鉴于这种合同自由的范围,简易股份公司不得在证券交易所上市。[5]

第五节 德国的有限责任公司(GMBH)

一、管理结构

6.23 有限责任公司(GmbH)的管理由《德国有限责任公司法》[GmbHG(*Gesetz betreffend die Gesellschaften mit beschränkter Haftung*)]第三部分调整。法律或公司章程将管理权赋予一名或多名执行

---

〔1〕 Guyon, *Droit des Affaires I*, 12 edn, 499.

〔2〕 《法国商法典》第L227-1条。Yves Guyon, *Droit des Affaires I*, 12 th edn, 517.

〔3〕 《法国商法典》第L227-6条。

〔4〕 《法国商法典》第L227-5条。

〔5〕 《法国商法典》第L227-2条。

董事(*Geschäftsführer*),而将一般控制权和某些剩余权力赋予股东会。执行董事一旦被登记,就有权约束公司,有多名执行董事时,他们是共同签名人,除非章程另有规定。[1] 章程规定的职权限制或服务协议对第三人无约束力,除非第三人当时知道或有明显理由相信该董事的行为越权且损害公司利益。[2] 但是,它们确有内部效力。[3] 通常,某些交易将被规定要求股东同意,如果未获此批准,董事将对损失负责并立即被解职。依据商法,常务董事也可以任命一名或多名他人代表公司(*Prokuristen* 和 *Handlungsbevollmächtigte*),这些人必须进行登记。第三人可以认定他们有权签署其职权范围内的任何正常交易,如《德国商法典》所界定的。[4]

6.24 虽然有限责任公司(GmbH)的机构通常仅有常务董事和股东会,任何有限公司均可以选择设立一个监事会来实施股东会的诸多控制职能。如果公司雇员在500名以上,监事会是必设的。[5] 实施此强制性要求的原因在于德国法中的员工参加决策(employee participation)概念,它通过让员工成为监事会成员而使员工加入雇员500名以上的公司的管理结构。员工参加决策概念在段落7.32中讨论。在法律未作要求的情况下(例如其雇员少于500名),一家有限责任公司选择设立监事会,其监事会的主要权力、成员资格以及与股东会的关系由公司自行决定。法律对股份公司(AG)适用类似规定,除非公司章程另有规定。[6] 在因员工参加决策规定而强制设立监事会的情况下,股份公司将没有任何选择余地。

6.25 常务董事由股东任命,除非该职能被指定给监事会(当雇

---

〔1〕《德国有限责任公司法》(*GmbHG*)第35条第2款。

〔2〕《德国有限责任公司法》第37条第2款。BGH, 31 Jan. 1991, *Neue Juristische Wochenschrift* 1991, 1812(= BGHZ 113, 320).

〔3〕《德国有限责任公司法》第37条第1款。

〔4〕《德国商法典》(*Handelsgesetzbuch*)第49条(经理权),《德国商法典》第54条(代办权)。

〔5〕《职工三分之一参与法》(*Drittelbeteiligungsgesetz*)第1条。

〔6〕《德国有限责任公司法》第52条。

员超过2000名时这种指定是强制的)。[1] 管理人员的任何变化必须在商事登记簿上登记,每年必须提交一份常务董事名单。[2] 股东通过股东会议可以在任何时间罢免董事,除非章程作出限制。如果章程规定了这种限制,其中必须包括一项将此权力限于具有“重要理由”的情形的条款。[3] 但是,这种罢免将不影响董事已有的任何服务协议,该服务协议必须按其自身规定的期限终止。这通常包括当事人可以在一定期限通知而终止协议的条款,或者给常务董事一次性支付一定金额以终止协议而不必遵守此类期限的规定。

6.26　常务董事负有与其管理权有关的多项义务。通常,他们必须以人们对一名普通、谨慎的商人所期望的认真态度来管理公司。[4] 他们的其他义务包括章程或服务协议以及法律所规定的义务,例如保密义务。[5] 为了避免利益与职责义务的冲突,德国民法中有一项禁止协议的一方当事人代表另一方当事人的一般规则。[6] 这也适用于有限责任公司的常务董事。章程可以使常务董事免受该限制,任何此类对法律的有限适用都必须进行登记。[7] 因此,给董事的任何贷款均受禁止,除非章程允许董事进行自己交易。而且,只要可用资本未超过章程规定必须由公司支配的资本额,这种贷款就始终被禁止。[8]

二、股东会

6.27　股东会成员行使对常务董事的任命、罢免、任期等一般控制

---

〔1〕《德国有限责任公司法》第46条、52条。1976年《德国员工共同参与决策法》(Mitbestimmungsgesetz)。

〔2〕《德国有限责任公司法》第39条。

〔3〕《德国有限责任公司法》第38条。

〔4〕《德国有限责任公司法》第43条。

〔5〕《德国有限责任公司法》第85条。

〔6〕《德国民法典》(*Bürgerliches Gesetzbuch*)第181条。

〔7〕《德国有限责任公司法》第8条第4款。

〔8〕《德国有限责任公司法》第43a条。

权，还具有批准财务报表、资本变更和修改章程的特别职能。[1] 法律允许股东对管理人员发出有约束力的指示。[2] 除章程和资本的变更要求四分之三多数通过及公证以外，股东会决议以简单多数通过。[3] 全体股东一致同意而作出书面决议的，可以不正式召集股东会。[4] 除了有限责任公司是一人公司的情况外，法律不要求其他股东会决议必须进行记录。[5]

6.27a 股东对决议事项有个人利益时，不得投票，除非是关于任命他们为董事的决议。但是章程可以允许股东在有个人利益时投票。[6] 章程可以在《有限责任公司法》规定的权利之外赋予少数股东更多权利。特别是持有10%以上资本的股东有权要求召开股东会议，有权提交股东会议案。[7] 另外，每位股东都拥有知情和查阅账簿的广泛权利。[8]

第六节　德国的股份公司（AG）

一、双层制

6.28 《德国股份公司法》（AktG）要求股份公司（AG）设置董事会、监事会和股东会。大体上，董事会的职能是管理，监事会的职能是控制董事会而不是指挥董事会管理，股东的职能则是加入监事会、批准某些根本性事务如修改章程、变更资本。如果公司员工超过500人，那

---

〔1〕《德国有限责任公司法》第46条。
〔2〕《德国有限责任公司法》第37条第1款。
〔3〕《德国有限责任公司法》第53条。
〔4〕《德国有限责任公司法》第48条。
〔5〕《德国有限责任公司法》第48条第3款。
〔6〕Lutter & Hommelhoff, *GmbH – Gesetz*, 16 edn (2004), s. 47, n. 13.
〔7〕《德国有限责任公司法》第50条。
〔8〕《德国有限责任公司法》第51a、51b条。

么必须有员工参加监事会。[1] 有的具体规定旨在解决该制度的内在冲突,例如监事会中的股东与员工代表之间的冲突,在面对董事会时股东会与监事会之间的冲突。

二、董事会

6.29 董事会(*Vorstand*)负责公司的管理和公司与第三人的交易。它由一名或多名个人组成。如果公司资本超过三百万欧元,董事会至少要有两名成员(董事)。[2] 法人不能成为董事会成员。[3] 董事由监事会任命,任期最长五年,可连任。[4] 董事也只能由监事会罢免,但罢免理由受到限制,即严重违反职责或不职称,[5]因此他们比有限责任公司董事处于更有利的地位(见段落6.25)。股东会作出的不信任决议也构成罢免董事的正当理由,除非该决议明显是武断的。[6] 董事不必持有该公司股份。董事会构成的任何变化都必须登记。[7]

6.30 董事会专享管理公司的权利,包括账目的保存和风险管理制度的设立。[8] 它代表公司与第三人交往。[9] 如果董事会成员超过一名,所有成员在代表公司时必须集体行动,除非章程另有规定(并在商事登记簿上披露)。监事会无权干涉公司管理,虽然某些交易可能需要监事会同意。[10] 监事会否决的,董事会可以将该问题提交给股东会,只有在四分之三多数票同意时,股东会才能决定批准。与第三人交往时,管理人员约束公司的权力不得受到限制,但可以有内部限制,例

---

〔1〕《职工三分之一参与法》(*Drittelbeteiligungsgesetz*)。
〔2〕《德国股份公司法》(AktG)第76条第2款。
〔3〕《德国股份公司法》第76条第3款。
〔4〕《德国股份公司法》第84条第1款。
〔5〕《德国股份公司法》第84条第3款。
〔6〕同上。
〔7〕《德国股份公司法》第81条。
〔8〕《德国股份公司法》第76、91条。
〔9〕《德国股份公司法》第78条。
〔10〕《德国股份公司法》第111条第4款。

如要求取得同意，否则管理人员要承担由此给公司造成的损失。[1] 管理人员应当定期向监事会报告其活动。[2] 为了避免利益冲突，在与董事进行交易时公司必须由监事会代表。[3] 董事应尽的一般注意标准是一个勤勉、谨慎的管理人员应尽的注意，董事还负有保密义务。[4] 如果董事对公司管理不善或违反其义务或公司章程，则要承担责任。特别是董事不得与公司竞争或不经监事会同意从公司借款。[5] 如果董事按照有效的公司决议行动或公司免除其责任，则可免责，虽然公司免除董事责任只能发生在三年以后而且可以被持股 10% 的少数股东否决。[6] 如果董事严重违反了注意义务，未受偿的公司债权人有权起诉董事。[7]

三、监事会

6.31 监事会的主要功能是任命和罢免管理人员、全面监督董事会和批准财务报表以及按照章程规定批准其他事务。[8] 监事会成员由股东任命，在大多数情况下也由员工任命。[9] 如果公司职工超过 500 人，三分之一的成员必须是职工代表；如果职工超过 2000 人，则职工代表扩大到二分之一（包括子公司）。监事会的规模为 3 至 21 人，具体取决于公司规模，董事会成员不得兼任监事会成员。[10] 监事任期四年，可连任。[11] 他们与董事一样负有注意义务、保密义务。[12] 除了从

---

〔1〕《德国股份公司法》第 82 条。
〔2〕《德国股份公司法》第 90 条。
〔3〕《德国股份公司法》第 112 条。
〔4〕《德国股份公司法》第 93 条第 1 款。
〔5〕《德国股份公司法》第 88、89 条。
〔6〕《德国股份公司法》第 93 条第 4 款。
〔7〕《德国股份公司法》第 93 条第 5 款。
〔8〕《德国股份公司法》第 84、111 条。
〔9〕《德国股份公司法》第 96、101 条。
〔10〕《德国股份公司法》第 95 条、第 105 条第 1 款。
〔11〕《德国股份公司法》第 102 条。
〔12〕《德国股份公司法》第 116 条。

管理人员处获取信息的权力,他们在特殊情况下还有召集股东大会的权力。[1] 监事会还可以在董事会违反义务时发动诉讼,在这种情况下监事会的不作为可以构成对公司义务的违反。[2] 监事会的权利与义务平等适用于所有成员,这意味着员工任命的监事应当与股东任命的监事一样为公司的利益考虑。[3]

四、股东的职能

6.32 股东在股东大会的职责是任命和罢免监事会成员、任命审计人、批准财务报表、同意董事会和监事会确定的利润分配方案,许可章程的修改和资本的变更。[4] 修改章程要求四分之三的特别多数票。[5] 其他决议只要求简单多数即可通过,除非章程另有规定。[6] 股东大会通常由董事会召集,特殊情况下经持股 5% 的股东请求而召集。[7] 股东大会的议事日程不得增加项目,召集会议时必须公开议事日程,但持股 5% 的少数股东(或代表了 500,000 欧元的股东)可以要求为股东大会公布额外事项。这些事项在召集后 10 天内公布即可。[8] 表决权的大小取决于持有股份的数量。未上市的股份公司的章程可以限制股东拥有的表决权最高数量。[9] 但是章程不得在引入限制原则时将实际限制数额留给管理人员。[10] 如果股东大会的决议

---

〔1〕《德国股份公司法》第 111 条第 3 款。

〔2〕 Bundesgerichtshof(德国联邦法院),21 Apr. 1997, *Neue Juristische Wochenschrift*(《新司法周刊》) 1997,1926[=BGHZ(德国联邦法院民事裁判汇编)135,244].

〔3〕 Bundesgerichtshof(德国联邦法院),15 Nov. 1982, *Neue Juristische Wochenschrift*(《新司法周刊》) 1983,991[=BGHZ (德国联邦法院民事裁判汇编)85,293].

〔4〕《德国股份公司法》第 110、174 条。

〔5〕《德国股份公司法》第 179 条。

〔6〕《德国股份公司法》第 133 条。

〔7〕《德国股份公司法》第 121、122 条。

〔8〕《德国股份公司法》第 124 条第 1 款。

〔9〕《德国股份公司法》第 134 条第 1 款。

〔10〕 See Hüffer, *Aktiengesetz*, 7th edn(2006), s. 134, n. 7.

与一名股东对公司所负债务有关,这名股东不得投票。[1]

6.32a 通常,股东不能解决公司的管理事宜。[2] 但是,德国联邦法院(*Bundesgerichtshof*)承认股东会批准关于基本管理决策的决议的默示权力。[3] 标志性的决策是 *Holzmüller* 和 *Gelatine* 案。[4] 前一案例中,管理层决定将大约80%的公司资产转移到一个全资子公司,这样股东会原有的权利明显将由母公司董事会行使。这种处理实质上接近于章程的变更,必须由股东大会以四分之三多数同意。

6.33 正如已经指出的,少数股东有权要求召集股东会议并确定会议讨论事项。他们还有其他少数股东权,包括持股10%的股东有权向法院申请特殊审计(*Sonderprüfung*),即任命审计员对违反法律或章程的行为进行审查。[5] 在董事们的行为需经批准的情况下,同样的比例的少数股东还有权要求对每名董事单独进行表决。[6] 每一名股东均有权在会议期间得到关于会议日程中任何事项的信息。[7] 如果董事会没有充分回答问题,随后的决议可能被法院宣布无效,结果是知情权成为小股东手中的一个非常重要的"武器"。

6.33a 通常,任何违反法律或章程的决议都是可撤销的,都可能受到单个股东的挑战,如果该股东参加了股东会议并表示反对该决议。[8] 但在其他司法管辖区域,当监事会和/或大多数股东反对时,个

---

〔1〕《德国股份公司法》第136条。

〔2〕《德国股份公司法》第119条第2款。

〔3〕See Teichmann, *European Company Law* 3, no. 1(2006):30.

〔4〕Bundesgerichtshof(德国联邦法院), 25 Feb. 1982, *Neue Juristische Wochenschrift*(《新司法周刊》) 1982, 1703[= BGHZ(德国联邦法院民事裁判汇编)83, 122] and 26 Apr. 2004, *Die Aktiengesellschaft*(《股份公司》,期刊名——译者注)2005, 137(= BGHZ 159, 131).

〔5〕《德国股份公司法》第142条第2款。

〔6〕《德国股份公司法》第120条第1款。

〔7〕《德国股份公司法》第131条。

〔8〕《德国股份公司法》第243、245条。Hasselbach, Report from Germany, 'Minority Shareholder Protection', *European Company Law* 2, No. 3(2005):114.

人股东无权对违反义务的董事提起派生诉讼。德国法却规定持股 1% 的股东(或代表了上市公司 100,000 欧元股本的股东)可以申请预审程序,法院将评价诉讼请求的价值。[1] 如果法院认可进一步诉讼的请求,公司将承担该程序的费用,不论最终结果如何。

第七节　波兰的有限责任公司(The Sp. zo. o.)

一、管理结构

6.34　波兰的有限责任公司拥有一名或多名只能由自然人担任的董事。[2] 董事可以由股东会在任意时间罢免,除非章程另有规定。[3] 但是,罢免本身不影响依据一份独立服务协议产生的损害赔偿。董事负责管理公司。董事必须遵守章程规定或股东决议的管理权限。[4] 如果一名董事处于利益冲突中,就必须回避这方面的管理行为。[5]

董事代表公司与第三人交往。对董事管理权的内部限制不影响第三人。法律要求至少两名董事一起行动才能对公司产生法律约束力。[6] 依据《波兰商法》,可以授予一个人代表公司的特别权力——与德国的"经理人"(*Prokurist*)(见段落 6.23)相似,其授权范围由法律界定。如果有这样一名代表人,董事也可以与他一同行动以使他们的行为约束公司。章程可以确定唯一一名授权代表公司的董事。而且,一名董事总是有可能有效地接受指向公司的法律行为(与需要两名董事的"积极"代表相反的"消极"代表)。如果公司与董事之间达成协

---

[1] 《德国股份公司法》第 148 条。

[2] 《波兰商事公司法》(*Kodeks spólek handlowych*)第 201 条。

[3] 《波兰商事公司法》第 203 条。

[4] 《波兰商事公司法》第 207 条。

[5] 《波兰商事公司法》第 209 条。

[6] 《波兰商事公司法》第 205 条第 1 款。

议,公司要么由监事会代表,要么由股东授权的一名特殊代表人代表。[1] 这不适用于唯一股东同时担任唯一董事的情形,这时公司与董事之间的协议必须经过公证。[2]

有限公司可以自愿设立监事会,但大公司[资本超过500,000兹罗提(PLN)且股东超过25名]必须设立监事会。[3] 监事会至少应有三名成员,由股东任命和罢免。章程可以要求特定交易经过监事会批准,[4]但是除此以外,监事会不得对董事管理公司发出有约束力的指令。[5]

二、公司成员的职能

6.35 普通股东会议必须在会计年度终了后6个月内召开。它负责批准年度财务报表和罢免董事。[6] 股东会还有权批准转让公司所有财产或其中的独立组成部分,依据公司集团内部的特别协议(支配协议或利益转移协议)也是如此。[7] 而且,任何超过公司资本额2倍的交易必须由股东会批准,除非章程另有规定。[8] 经过所有股东同意的决议,可以以书面方式通过。[9] 决议通常要求以简单多数通过。修改章程、解散公司、转让公司全部财产或其中的独立组成部分必须经三分之二多数表决权通过。[10]

单个股东即享有知情权,章程可以赋予监事会知情权。监事会有权代表公司索赔(actio pro socio),如果公司在一年内未主张。[11] 代表

---

〔1〕《波兰商事公司法》第210条第1款。
〔2〕《波兰商事公司法》第210条第2款。
〔3〕《波兰商事公司法》第213条第2款。
〔4〕《波兰商事公司法》第220条。
〔5〕《波兰商事公司法》第219条第2款。
〔6〕《波兰商事公司法》第231条。
〔7〕《波兰商事公司法》第228条。
〔8〕《波兰商事公司法》第230条。
〔9〕《波兰商事公司法》第227条。
〔10〕《波兰商事公司法》第246条。
〔11〕《波兰商事公司法》第295、296条。

10%资本的少数股东有权要求召开股东会或者在股东会日程中增加讨论事项。[1] 他们还可以请求法院任命一名特别审计员。[2]

第八节 波兰的股份公司(The SA)

一、管理结构

6.36 波兰股份公司(The SA)的管理结构遵循双层制,拥有董事会和监事会,在这方面受到德国法的影响。[3] 董事会由一名或多名自然人组成,董事会成员由监事会任命(最长任期五年)和罢免。[4] 董事会成员也可以由股东会任命和罢免。[5] 遵循一份独立服务合同的监事会通常决定董事会成员的报酬。

董事会负责管理公司和对外代表公司。[6] 拥有个人利益的董事会成员必须回避有关管理行为。[7] 监事会和股东会均无权对董事会下达指令。[8] 章程而不是监事会本身可以制定一份要求监事会事先批准的交易目录。[9]

监事会控制董事会。监事会包括至少三名成员,上市公司中至少

---

〔1〕《波兰商事公司法》第236条。

〔2〕《波兰商事公司法》第223条。

〔3〕 See Peter Hommelhoff & Krzysztof Oplustil, 'Deutsche Einflüsse auf das polnische Recht der Kapitalgesellschaften: Vorgesellschaft, Eigenkapitalersatz und dualistische Organstruktur in Aktiengesellschaften', in *Festschrift für Horst Konzen, zum siebzigsten Geburtstag*, eds Barbara Dauner-Lieb et al. (Tübingen: Mohr Siebeck, 2006), 309 et seq.

〔4〕《波兰商事公司法》第358条第4款。

〔5〕《波兰商事公司法》第368条第4款。

〔6〕《波兰商事公司法》第368条第1款。

〔7〕《波兰商事公司法》第377条。

〔8〕《波兰商事公司法》第375条第1款。

〔9〕《波兰商事公司法》第384条第1款。

五名。[1] 监事会成员由股东会任命,最长任期五年。不同于德国,波兰的监事会中没有职工代表,除非是前国有而现在已被私有化的公司。但是波兰法中有一种表决程序允许少数股东任命一名监事会成员。代表至少20%公司资本的少数股东可以要求在单独表决组中表决。[2] 为了实现这一目的,股东需要被分成与监事会席位总数数目相同的组。每组股东任命一名监事会成员。

二、股东的职能

6.37 股东会的权限类似于有限责任公司(the Sp. zo. o.)关于普通股东会议的权限和决定重大事项的权力,如转让公司财产或其中一个独立组成部分,以及修改章程或公司集团内部的特别协议(支配协议或利润转移协议)。[3] 所有特别决议都要求四分之三多数票通过。[4] 股东可以向董事会询问会议日程主题信息。[5] 代表10%公司资本的股东可以请求召开股东会议或在会议日程中增加额外事项。[6] 在上市公司中,在股东会议上代表了5%以上表决权的少数股东可以请求任命一名专家,调查公司的特定管理行为。[7] 单个股东可以以违反公司章程、侵害公司或某位股东利益、内容不道德为由反对股东会决议。[8] 如同在有限公司(the Sp. zo. o.)中一样,如果公司未能在一年内要求赔偿损失,股东有权代表公司索赔(*actio pro socio*)。[9]

---

[1] 《波兰商事公司法》第385条第1款。
[2] 《波兰商事公司法》第385条。
[3] 《波兰商事公司法》第395条。
[4] 《波兰商事公司法》第415条第1款。
[5] 《波兰商事公司法》第428条。
[6] 《波兰商事公司法》第400、401条。
[7] 《波兰证券交易法》第158b条及以下。
[8] 《波兰商事公司法》第422条。
[9] 《波兰商事公司法》第486条。

第九节 西班牙的股份公司(SA)

一、管理与代表权

6.38 按照西班牙法律,股份公司(SA)或有限责任公司(SL)均不能选择双层制。这两种类型公司的管理和控制结构在很多方面是相似的,因此本节介绍适用于股份公司的法律,下一节则介绍有限责任公司法的主要不同之处。股份公司中只有两个机构,董事会和股东会。董事(*administradores*)被任命管理公司,董事不必是公司股东,除非章程另有规定。[1] 董事代表公司面对第三人。[2] 董事可以由自然人或公司担任,既可以在公司设立契约中任命,也可以由股东按章程确定的董事人数选举。如果有两名以上董事,他们就组成董事会(*Consejo de administración*)。[3] 在这种情况下,关于董事的选举有一些确保比例代表制的特别规则。股东们可以集中自己的选票选举一定比例人数的董事,所选董事人数取决于他们的总票数超过总票数除以董事人数的商的程度。这些股东不能参加其他董事的选举。[4] 关于上市公司管理的特殊规则于2002年出台,其中最重要的规则是设立一个审计委员会的义务。[5]

6.39 被任命的人一旦接受董事职位,董事任命即生效,任命决议必须在10天内向商事登记处申请登记。[6] 董事任期由章程规定,不

---

〔1〕《西班牙股份公司法》第123条[1564/1989号皇家法令(Real Decreto Legislativo)批准了经修订的公司法(the Ley de Sociedades Anónimas)]。

〔2〕《西班牙股份公司法》第128条。

〔3〕《西班牙股份公司法》第136条。

〔4〕《西班牙股份公司法》第137条。

〔5〕《西班牙金融体制改革措施法》(*Ley 44/2002 de Medidas de Reforma del Sistema Financiero*)第44条。

〔6〕《西班牙股份公司法》第125条。

超过五年。[1] 所有董事均可以被连选,董事报酬必须在章程中确定。[2] 如果董事报酬是公司盈利的一定份额,则必须在依法提取了资本公积金并且股东得到了至少4%的分红后,从公司的净利润中分配。以股份或股票期权作为董事报酬的,其支付条件需由股东会决议确定。股东会可以在任何时间罢免董事,任何股东均可以请求罢免从事竞业的董事。[3]

6.40 董事会必须包括一名主席、秘书和其他投票成员。经三分之二的多数董事同意,董事会可以将其管理职能委托给一名或多名常务董事或一个执行委员会。[4] 未经股东会同意,向股东会提交财务报表和年度报告等特定事项不可委托。董事会出于各种目的而代表公司的权力由法律确定,这关系到章程所规定的公司设立目的。第三人受到保护,首先对董事会权力的限制不得约束第三人,其次公司对善意第三人负损害赔偿责任,即使第三人的损害因超越公司目的的交易引起。[5] 董事违反法律、章程或勤勉义务而给公司、公司股东以及公司债权人造成的损害,由董事承担责任。[6] 注意义务的标准是一名有条理的商人和一名忠实的代表人应有的注意,而且在勤勉义务下董事还负有保密义务,甚至在其离职后。[7] 如果公司遭受损害,公司、股东甚至债权人可以起诉。[8] 董事还可能对第三人承担损害赔偿责任。[9]

二、公司成员的职能

6.41 董事由股东大会任命、罢免和控制。股东会普通会议必须

---

〔1〕《西班牙股份公司法》第126条。

〔2〕《西班牙股份公司法》第126、130条。

〔3〕《西班牙股份公司法》第131、132条。

〔4〕《西班牙股份公司法》第141条。

〔5〕《西班牙股份公司法》第129条。

〔6〕《西班牙股份公司法》第133条第1款。

〔7〕《西班牙股份公司法》第127条第1款。

〔8〕《西班牙股份公司法》第134条。

〔9〕《西班牙股份公司法》第135条。

在每一会计年度的前六个月内召开，以检查上一年度的公司管理，批准上一年的财务会计报表和报告，宣布分红和其他任何由股东提起的事项。[1] 同其他国家一样，非常重要的其他事项也要求股东决议通过。[2] 其他股东会议，即特别会议，可以在任何时间召开。[3] 可以由董事召集或者经持股15%以上股东请求而召集，在后一种情况下股东会议必须自请求之日起30天内召开。股东在提出的请求中必须陈述会议要讨论的事项。未依法召开股东会议的，法院可以命令召集。[4]

6.42　召开普通会议要求提前一个月以在《商业登记处官方公报》和一份省级日报上刊登广告的方式通知，通知内容除其他事项外还包含议事日程。[5] 第二次会议的日期可以在同一通知中一并告知，以防第一次日期达不到法定人数。第二次会议日期必须在第一次日期的至少24小时以后。通知条款不得被取消，因此如果未确定第二次日期且第一次未满足法定人数，第二次会议必须提前15天另行发布一份通知。[6] 最低出席人数由法律确定，第一次召开的法定出席人数是持股25%的股东，第二次召开则无法定人数要求。[7] 特别决议所要求的法定出席人数更高，例如修改章程。[8] 所有决议均由出席会议的股东以多数通过，因此特别决议是由更高的法定出席人数要求而不是像在其他国家一样由更高的表决权数受到保护。

6.43　公司章程可以限制任何股东拥有的表决权数量（包括由公司集团拥有的股份），并可以规定参加股东会会议的最低持股额。后者不得超过股本总额的千分之一。股东可以集中他们的股份以使其中

---

〔1〕《西班牙股份公司法》第95条。
〔2〕例如《西班牙股份公司法》第144条（章程的修改）。
〔3〕《西班牙股份公司法》第96条。
〔4〕《西班牙股份公司法》第100、101条。
〔5〕《西班牙股份公司法》第97条第2款。
〔6〕《西班牙股份公司法》第98条。
〔7〕《西班牙股份公司法》第102条。
〔8〕《西班牙股份公司法》第103条。

一名股东可以出席会议。[1] 为了避免召开会议的所有程序障碍，法律允许召开全体会议。[2] 唯一的法律要求是所有股东必须亲自或由代理人出席并同意举行会议，没有通知的要求。这一程序在公司的股东人数较少的情况下很有用。

6.44 少数股东权[3]被赋予代表至少5%资本的股东。这样一组少数股东可以要求召集股东会议[4]或者在议事日程中增加决议事项。[5] 因为章程可以修改法定人数要求，章程有时规定当少数股东要求召开股东会议时应达到更高的法定出席人数。有人认为这种降低了少数股东保护的条款是无效的，尽管在实践中它们很常见。[6] 个人股东享有知情权，无论在开会前（书面问题）还是开会过程中。[7] 持有至少1%股本的股东可以请求一名公证人出席会议以公证所有通过的决议。[8]

6.45 还有另一种少数股东保护方式，即股东有权以决议违法为由反对某一决议，违法的决议是无效的；或者以违反公司章程或公司利益为由而反对某一决议，这时决议是可撤销的。[9] 虽然任何股东、董事或债权人均可以在任何时候针对无效决议起诉，但投反对票或未出席会议的股东可以针对一项可能无效或被撤销的决议起诉。这种诉讼必须自该决议在商事登记处登记之日起40天内提出。[10]

---

〔1〕《西班牙股份公司法》第105条。

〔2〕《西班牙股份公司法》第99条。

〔3〕See for an overview Parejo & Urbano, Report from Spain, *European Company Law* on 'Minority shareholder protection' (2005), 116 et seq.

〔4〕《西班牙股份公司法》第100条第2款。

〔5〕《西班牙股份公司法》第97条第3款。

〔6〕See Kristoffel Grechenig, Spanisches Aktien – und GmbH – Recht. Das einstufige Verwaltungssystem in Beziehung zu Hauptversammlung und zu Gesellschafterrechten (Wien: Linde Verlag, 2005), 123.

〔7〕《西班牙股份公司法》第112条。

〔8〕《西班牙股份公司法》第114条。

〔9〕《西班牙股份公司法》第115条。

〔10〕《西班牙股份公司法》第116、117条。

第十节　西班牙的有限责任公司(SL)

管理结构

6.46　有限责任公司的管理结构反映了公司的封闭性。股东可以选择任命一名或数名董事或一个董事会来管理公司〔1〕及对外代表公司。〔2〕章程可以规定数种管理制度,由股东选择适用。股东任命董事,〔3〕通常以简单多数即可罢免董事。章程可以规定一个更高的多数比例,但应低于资本的三分之二。〔4〕董事无报酬,除非章程另有规定。〔5〕董事的义务与公众公司(SA)适用相同规则。〔6〕

6.47　股东的权力包括批准财务会计报表、修改章程、变更资本。而且,股东还可以对董事发出指令或对他们事前批准的问题作出管理决议。〔7〕虽然法律没有提到限制,西班牙学者认为股东不得干涉日常商业经营,而应专注于重要事项如战略计划或特殊交易。〔8〕股东决议以至少代表三分之一公司资本的简单多数通过。〔9〕章程可以规定更高的多数比例。修改章程及变更资本要求代表半数以上资本

---

〔1〕《西班牙有限责任公司法》(Ley 2/1995 de Sociedades de Responsabilidad Limitada)第 L57 条。

〔2〕《西班牙有限责任公司法》第 69 条。

〔3〕《西班牙有限责任公司法》第 58 条。

〔4〕《西班牙有限责任公司法》第 68 条。

〔5〕《西班牙有限责任公司法》第 66 条。

〔6〕《西班牙有限责任公司法》第 69 条。

〔7〕《西班牙有限责任公司法》第 44 条第 2 款。

〔8〕See Sanchez Weickgenannt, 'Eingriffsbefugnis der Gesellschafterversammlung in die Geschäftsführung der spanischen Sociedad de Responsabilidad Limitada', *Recht der internationalen Wirtschaft*(*RIW*)3(Frankfurt am Main: Verlag Recht und Wirtschaft, 2000):192(195).

〔9〕《西班牙有限责任公司法》第 53 条第 1 款。

的多数票，而变更公司类型、合并或分立要求三分之二多数。[1] 如果所有股东或其代理人出席并且同意召开股东会议，则不必遵守对召集会议的正式要求。[2] 与股份公司(SA)相比，股东拥有在开会前书面质询董事或在开会过程中口头质询董事以获取信息的单独股东权。[3]

6.48 最近引进的简化新型有限责任公司(SLNE)主要适用与普通有限公司(SL)相同的规定。[4] 但是，新型有限责任公司没有董事会，这意味着即使任命了数名董事，也不适用规范股份公司(SA)和有限责任公司(SL)董事会的规定。[5] 董事必须是股东，经股东决议而不是章程规定，他们可以取得报酬。[6] 如果股东通过一项决议罢免一名董事，该董事不得参加表决。[7] 这一规定受到了西班牙学者的批评，因为事实上小公司的股东通常热衷于参加管理，在这一方面不能只依赖于其他股东的表决。[8]

---

〔1〕《西班牙有限责任公司法》第 53 条第 2 款。

〔2〕《西班牙有限责任公司法》第 48 条。

〔3〕《西班牙有限责任公司法》第 51 条。

〔4〕 See Urbano, Parejo & Garcia-Nieto, Report from Spain, *European Company Law* (on 'Light Vehicle Competition') (2004), 183 et seq.

〔5〕《西班牙有限责任公司法》第 139 条第 1 款，对照该法第 57 条第 1 款关于董事会的规定。

〔6〕《西班牙有限责任公司法》第 139 条第 1 款，对照该法第 66 条要求章程作出规定。

〔7〕《西班牙有限责任公司法》第 139 条第 5 款。

〔8〕 例如 Embid Irujo, 'Eine spanische "Erfindung" im Gesellschaftsrecht: Die "Sociedade limitada nueva empresa"-die neue unternehmerische GmbH', *Recht der Internationalen Wirtschaft* (RIW) (2004): 760(765).

第十一节　比利时的公众公司(NV/SA)

一、管理结构

6.49　比利时公众公司拥有一个一元制董事会,因而管理由董事会负责,股东通过股东大会行使控制权和某些剩余职能。每家公司必须至少拥有三名董事,董事最初在设立协议(非章程)中任命,其后由股东会任命。[1] 任期必须是一个不超过六年的确定期限,除非设立协议另有规定。股东可以在任意时间以简单多数罢免董事,不论公司章程有任何相反规定。任命和罢免必须在《比利时官方公报》(*Belgian Official Journal*)正式公告。[2]

6.50　因为这种罢免风险,董事在其职位上不得成为公司雇员,但可以在其他明显区别于董事职责的职位上受雇于公司,履行该职时他受另一职位的控制。董事可以由公司担任,[3] 例如一家控股公司,该公司必然会任命一名个人作为其常驻代表。[4] 其他董事,除非章程另有规定,可以填补某一董事任期内发生的空缺,股东会将在下一次年度会议上批准该任命。[5]

6.51　法律将公司的全部管理权赋予董事会。[6] 只有法律特别保留给股东大会的权限不属于董事会的权力范围。章程可以将公司代表权赋予一名或多名董事,这一限制可以用来对抗第三人。[7] 如果章程对这些董事权力规定了额外限制(例如对特殊交易要求取得股东同

---

〔1〕《比利时公司法》(*Code des sociétés/Wetboek van Vennootschappen*)第518条。
〔2〕《比利时公司法》第74条。
〔3〕《比利时公司法》第517条。
〔4〕《比利时公司法》第61条第2款。
〔5〕《比利时公司法》第519条。
〔6〕《比利时公司法》第522条第1款。
〔7〕《比利时公司法》第522条第2款。

意），则这种限制对第三人不产生效力，但具有内部效力，因为董事如果违反这种限制，就是违反了对公司的义务。

6.52　法律可以授权董事会将其管理权委托给一个执行委员会（*comité de direction*）。[1] 公司的基本政策和法律明确赋予董事会的其他事项不得进行上述委托。执行委员会的成员既可以是董事，也可以是非董事。执行委员会成员的提名和报酬以及其他有关委员会职能的事项受公司章程或者董事会发布的准则的管辖。其成员的任命必须公开，公开后才能产生对抗第三人的效力。日常管理也可以被委托给个人，他们应当是股东，将被授予公司代表权。[2]

董事会被视为一种集体机构因而应当共同决策。在特殊情况下，如果所有成员均同意且章程允许得话，共同决策可以以书面方式作出。[3] 这种简化程序不适用于批准年度财务会计报表和决议使用授权资本。缺乏共同决议不影响第三人，但可以引起董事违反义务而向公司承担责任的问题。

二、董事对公司的义务

6.53　法律中有防止董事因其利益与职责冲突而滥用权力的规定。董事必须在作出决议的董事会会议召开之前将其个人利益（例如在拟议的合同中的）通知董事会，而且这一点必须记录在董事会会议记录中，并通知审计员。[4] 在上市公司中，董事不得参加与自身相关的措施的讨论或表决。董事会必须向下一次股东大会报告该决议作出的背景、该决议应遵守的条件及其对公司可能产生的影响。审计员还必须作出一份确认报告。如果公司或第三人因董事在此交易中的个人利益而受到损害，董事应对此作出赔偿。[5] 类似的规则适用于常务董

---

〔1〕《比利时公司法》第524*bis*条。

〔2〕《比利时公司法》第525、526条。

〔3〕《比利时公司法》第521条。

〔4〕《比利时公司法》第523条。

〔5〕《比利时公司法》第529条。

事或执行委员会的成员。[1] 发生利益冲突时应遵循的程序不适用于一家公司持有其子公司 95% 以上股本或者两家公司 95% 以上股本被同一家母公司持有的公司集团内。[2] 利益冲突规则也不适用于在正常市场条件下进行日常经营的交易。

6.54 从更一般的意义上来说，董事（包括执行委员会成员或被授予日常管理权的人）对其管理中的疏忽要向公司承担责任。[3] 注意的标准是一个与客户打交道的专业人士的标准。不够清楚的是董事的这种责任是否是连带责任。如果董事的行为违反公司法或公司章程，还要另外承担责任。[4] 这时的责任是连带责任，董事如果可以表明自己没有参与违反法律或章程的行为，只是无法阻止其发生，则可以进行抗辩。即使在这种情况下，他也不能免除责任，除非他在意识到问题后立即将其报告给股东大会。在公司破产时，如果董事被证明曾犯有严重错误致使公司的偿债能力恶化，将产生董事对债权人的最重大个人责任。[5]

6.54a 如果事情的真相曾经向股东大会披露过，那么股东大会可以免除董事对公司的责任。[6] 股东大会可以作出为了公司利益起诉董事的决议。[7] 代表了 1% 以上已发行股份或者至少 1,250,000 欧元股本的少数股东有权起诉董事，费用由公司承担。[8] 如果这种少数股东的诉讼败诉，有关股东可能要承担费用并赔偿被告遭受的损失。[9]

---

〔1〕《比利时公司法》第 524ter 条。

〔2〕《比利时公司法》第 523 条第 3 款。

〔3〕《比利时公司法》第 527 条。

〔4〕《比利时公司法》第 528 条。

〔5〕《比利时公司法》第 530 条。

〔6〕《比利时公司法》第 554 条。

〔7〕《比利时公司法》第 561 条。

〔8〕《比利时公司法》第 562 条。

〔9〕《比利时公司法》第 567 条。

三、股东的职能

6.55 股东大会可以通过关于公司事务的决议。[1] 但这一点被认为违背了管理职能被明确赋予董事会的背景。公司章程对董事会权力的任何限制对第三人都无效。[2] 董事必须向股东大会提交管理报告,回答股东有关其报告或会议日程中其他项目的问题,除非被询问的信息会严重损害公司、股东或职工利益。[3]

6.56 股东大会可以由董事会、审计员召开,持股5%的少数股东请求时也必须召开。[4] 所有会议邀请必须至少在开会15日以前在官方公报和一份全国性报纸上正式公布,内容包括会议议程,上市公司必须提前24日通知。[5] 定期会议即年度会议,每年至少召开一次,必须依据章程规定在每一会计年度终了后六个月内召开。[6] 年度会议必须由董事会召集,会议的职责是批准年度财务会计报表、审计报告和董事会报告。[7] 会议中要讨论的事项必须列明在已公布的会议日程中,上市公司还要公布决议内容计划。[8] 特别会议通常在要讨论修改章程或公司结构或资本重大变更的议案时举行。[9] 第一次召开时要求至少持股50%的股东出席,如果没有达到法定人数,可以召开没有法定人数要求的第二次会议。决议通常由出席会议并表决的股东以简单多数通过,但对某些事项,法律既要求法定出席人数,也要求以特别多数通过。支持决议的多数标准,第一次会议和第二次会议是相同的,分

---

〔1〕《比利时公司法》第531条。

〔2〕《比利时公司法》第522条第1款。

〔3〕《比利时公司法》第540条,上市公司管理报告的内容由《比利时公司法》第96条规定。

〔4〕《比利时公司法》第532条。

〔5〕《比利时公司法》第533条。

〔6〕《比利时公司法》第92、522条。

〔7〕《比利时公司法》第554条。

〔8〕《比利时公司法》第533条。

〔9〕《比利时公司法》第558条。

别是修改公司目的为80%的赞成票，修改章程其他事项为75%，以公司资本损失了四分之三为由解散公司的只要求25%的赞成票。[1] 如果股份的面值均相同，那么在股东大会上一股一表决权；否则，表决权取决于一股所代表的资本份额。[2] 在平等适用于所有股东的情况下，章程可以限制单个股东的表决权数量。[3]

四、董事的代表权

6.57 董事会享有代表公司与第三人交往的完整权力。而且，公司章程可以将代表权授予一名或多名董事单独或集体行使。虽然章程可以限制代表权，例如排除一名董事在超出一定经济利益时的公司代表权，但这种限制不影响第三人，除非此交易违反了公司目的并且第三人确实知道或在各种情况下均不可能不知道此交易违反了公司目的。已公布的设立协议或公司章程中包含此限制的事实在这个问题上不具有证据效力。[4]

第十二节　比利时的私人公司(BVBA/SPRL)

6.58 私人公司(BVBA/SPRL)的管理制度与前述公众公司(NV/SA)的颇为相似。但不同于公众公司，比利时法律只要求私人公司拥有一名董事。[5] 董事由股东任命。[6] 每一名个人董事都有权约束公司以及为公司利益作出决定，因为法律并未要求集体决定。章程

---

[1] 《比利时公司法》第558、559、633条。
[2] 《比利时公司法》第541条。
[3] 《比利时公司法》第544条。
[4] 《比利时公司法》第526条。
[5] 《比利时公司法》第255条。
[6] 《比利时公司法》第256条。

对公司代表权的限制一般不影响第三人。[1] 当章程要求一个以上的签名才能对公司产生约束力时,如果这一点被正式通知了第三人,那么章程的限制将对第三人产生影响,除非两个签名的义务只适用于特定交易。这时,公司不得依赖这一条款对抗第三人。而且,罢免董事的权力不得随意行使,必须基于一个严重原因才能罢免董事。[2] 还有一个区别是法律规定只有代表了已发行资本10%的股东可以起诉董事,有关费用由公司承担。[3] 最后,董事违反法律或章程的行为被认定促使公司破产的,如果不含增值税的公司前三年平均营业额不足620,000欧元,并且上一年度实现的资产负债表总额不超过370,000欧元,不适用关于董事对债权人责任的规则。[4]

第十三节 荷兰的公众公司(NV)与私人公司(BV)

一、管理结构

6.59 荷兰的公众公司(NV)与私人公司(BV)大部分情况下由同样的法律调整,其管理结构也是如此。管理体制有三种:只有一个董事会的单层制,自愿采用的双层制,强制采用的双层制。前两种制度具有传统的对管理权和股东在股东会中行使的权力的区分,而最后一种则意味着权力向监事会的转移。强制性双层制通常被称为结构制(*structuurregiem*),在20世纪70年代早期作为一项革新引入荷兰公司法。如同德国的股份公司,这种体制强制要求荷兰的公众公司(NV)和私人公司(BV)采用员工参与制。这一体制将在段落6.62及其后段

〔1〕《比利时公司法》第257条。
〔2〕《比利时公司法》第256条。
〔3〕《比利时公司法》第290条。
〔4〕《比利时公司法》第265条。

落中讨论,但对员工参与制的总体讨论在段落 7.33。

6.59a　如同段落 5.20 所述,荷兰政府在 2007 年提议简化私人公司立法,这将从根本上结束私人公司与公众公司的孪生关系。该法案计划几乎完全消除资本要求并给予相当大的改变公司内部组织的自由,以满足创办人或股东的需求。[1] 欧洲法院(ECJ)规定的开业自由在成员国之间发起了一场"轻型车比赛",荷兰的计划旨在促进私人公司成为一种富有吸引力的公司类型。[2]

6.60　根据其基本制度,日常管理由一名或多名董事进行,他们由股东通过股东会任命和罢免。[3] 董事可以是个人,也可以是法人;但是,在后一种情况下,董事的责任也被加到该法人的董事身上。[4] 关于董事的任命,法律没有限制,但章程可以规定任职条件。更有甚者,在章程规定一项任命要从章程授权的人提交的候选人名单中任命的情况下,章程可以严重地限制股东大会的权限。通常这些有资格提名者是特别股即所谓优先股的持有者,相应地他们有权对任命管理者施加决定性影响。虽然这种具有约束力的候选人名单可以被股东会决议推翻,但它仍然是一个难以克服的障碍,因为它要求代表了至少 50% 股本的三分之二以上表决权。[5] 董事会的主要任务是管理公司事务,而且它有权代表公司面对第三人。[6] 另外,每一名董事都有公司代表

---

〔1〕《第 31058 号法案》(Bill No. 31,058),至 2008 年 11 月仍未生效(2012 年 6 月 12 日荷兰上议院通过了《第 31058 号法案》和其执行法案《第 32426 号法案》,2012 年 10 月 1 日生效——译者注)。Hylda Boschma、Loes Lennarts 和 Hanny Schutte-Veenstra 著:'The Reform of Dutch Private Company Laws:New Rules fort the Protection of Creditors',载 *European Business Organization Law Review* 8(2007),第 590 ~ 598页。

〔2〕Tom van Duuren,'The Light Vehicle Competition in Europe:The State of Affairs', *European Company Law* 4(2004):153 et seq.

〔3〕《荷兰民法典》第 2 编(*Boek 2 Burgerlijk Wetboek*)第 132、242 条。

〔4〕《荷兰民法典》第 2 编第 11 条。

〔5〕《荷兰民法典》第 2 编第 132 条第 2 款、第 242 条第 2 款、第 133 条和第 243 条。

〔6〕《荷兰民法典》第 2 编第 129、130、239、240 条。

权,但章程可以剥夺部分甚至全部董事的代表权,适当公布后这种限制可以用来对抗第三人。[1] 董事始终可以由股东会罢免,但章程可以规定作出此种决议的多数比例。对董事的罢免原则上也终止了董事服务于公司的雇佣(或服务)合同。[2]

6.61 所有不必采取强制性结构制(compulsory structure regime)的公司都可以通过在章程中作出规定而设立监事会。如果未设监事会,董事会必须由股东会监督。董事会中可以有非执行董事,但这是个例外,因为法律没有规定非执行董事的义务与责任。政府在2008年计划引进关于单层制董事会中的非执行董事的规则。[3] 监事会由一名或多名成员组成,其成员必须是个人。监事会成员由股东会任命和罢免,除非章程规定由他人任命和罢免,但这只适用于最多三分之一的监事会成员。[4] 根据法律规定,监事会的任务是为了公司及其企业的利益监督董事会并提出建议。[5]

二、结构制(强制性双层制)

6.62 结构制(structure regime)对大型公司是强制性的。它适用于经常性雇员至少100名、依法必须建立一个劳资委员会(works council)且依据资产负债表股本与公积金之和达到皇家法令定期确定的数额(目前是16,000,000欧元)的公司。[6] 应当注意的是在评价是否达到这些标准时,必须考虑到子公司雇用的员工和子公司设立的劳资委员会。公司的初始义务是通过商事登记处披露上述标准适用于该公司。三年之后这种公司必须设立一个监事会,监事会不仅受上述一般规则管辖,还受关于监事的任命、罢免及监事会权力的特殊规则管辖。

---

〔1〕《荷兰民法典》第2编第6条。

〔2〕《荷兰民法典》第2编第134、244条。Hoge Raad 15 Apr. 2005, NJ(*Nederlandse Jurisprudentie*)2005/483(*Bartelink-Ciris*).

〔3〕《第31763号法案》(Bill no. 31 763)。

〔4〕《荷兰民法典》第2编第140条、第142~144条、第250条、第252~254条。

〔5〕《荷兰民法典》第2编第140条第2款、第250条第2款。

〔6〕《荷兰民法典》第2编第153、263条。

6.62a　2004年之前，监事会成员由原成员增选任命，因此是由监事会自己任命。有一个职位空缺时，董事会、股东会和劳资委员会各自均有资格提名一个候选人。而且，一旦监事会已经决定推荐一名候选人，股东会和劳资委员会都有反对权。实际上，监事会成员往往连任二次甚至三次，这引起了结构制能否正常发挥作用以及股东与劳资委员会的影响力的问题。[1] 2004年的改革改变了任命监事的程序。

6.63　监事会成员由股东会任命和罢免，但是该程序大大降低了股东对监事会构成的实际影响。[2] 股东会从监事会处接到关于任命人选的建议，只有代表了三分之一或更多公司资本的多数票才能反对该建议。如果股东会既没有任命被推荐的候选人，也没有明确反对，监事会本身可以任命其监事。该程序主要是关于监事会如何进行监事提名建议的规则。监事会必须既允许股东会也允许劳资委员会推出他们的候选人。监事会必须按照劳资委员会的建议任命三分之一的监事，除非监事会依据法定理由反对该候选人。[3]

6.64　结构制扩大了监事会的权力。除了普通监事会的基本任务和权力，它有权任命和罢免公司董事。而且，董事会的部分重要决议必须由监事会批准，例如关于发行股票和债券或者与另一个法人的持续性合作的决议。[4]

6.64a　结构制在公司隶属于一个国际集团的情况下变得缓和。[5] 这时为了不妨碍集团的中央管理，监事会无权任命和罢免董事。但是根据判例法，甚至在缓和的结构制下，荷兰子公司监事会的多

---

〔1〕 A. Dorresteijn, 'Corporate Governance Issues in the Netherlands: The Legal Structure for Large Companies', in *Further Perspectives in Financial Integration in Europe*, ed. Eddy Wymeersch, (Berlin/New York: De Gruyter, 1994), 209 et seq.

〔2〕《荷兰民法典》第2编第158、268条。

〔3〕《荷兰民法典》第2编第158、268条。

〔4〕《荷兰民法典》第2编第164、274条。

〔5〕《荷兰民法典》第2编第155、265条。《荷兰民法典》第2编第155a条和第265a条对股东是个人的一人公司也缓和了结构制。

数成员也应当是独立的,而监事会可以说服法院免于适用该规则是有充分理由的。[1] 结构制不适用于受制于结构制的公司的子公司。[2]

三、董事的义务

6.65 董事和监事履行职务时在很大程度上应承担相同义务,因此我们将只讨论董事的义务。大体上,董事有义务正确履行职责。[3] 他们必须为了公司和公司所经营企业的利益行动。[4] 在公司破产时,他们可能为清算后未清偿的公司债务承担责任。如果管理人员明显履行职责不当而且这一点是非自愿清算的重要原因,董事就要承担公司未清偿债务。[5] 当一名或数名董事与公司之间存在利益冲突时,适用特殊义务。

6.65a 如果一名或数名董事与公司之间产生利益冲突,那么所有董事都丧失公司代表权。这时,监事会必须代表公司活动,但股东大会始终可以指派一定特别代表人。[6] 为了使股东大会考虑这种特别指派,任何利益冲突都必须及时通知股东大会。因此,利益冲突阻碍了董事代表公司的权力,除非章程另有规定或股东大会指定一名董事,甚至可以是利益冲突董事,作为公司代表人。根据荷兰最高法院在 *Mediasafe II* 案中的意见,只有第三人知道或应当知道存在利益冲突时,公司才可以主张董事无代表权。如果公司不能提供这种证据,尽管存在利益冲突和随之发生的无代表权,公司仍然受到该行为的约束。[7] 案例法还发展出了其他规则。在 *Linders* 诉 *Hofstee* 案中,一名监事会成

---

〔1〕 Ondernemingskamer(*Enterprise Chamber*)2 Feb. 1989, NJ 1990, 86(Kodak).

〔2〕《荷兰民法典》第2编第153条第3款、第253条第3款。

〔3〕《荷兰民法典》第2编第9条。

〔4〕 法律规定该义务只与监事有关,《荷兰民法典》第2编第140、250条,但被认为也适用于董事。

〔5〕《荷兰民法典》第2编第138、248条。

〔6〕《荷兰民法典》第2编第146、256条。

〔7〕 Hoge Raad(*Supreme Court*)11 Sep. 1998 NJ 1999/171(*Mediasafe II*). See also ECJ, C-104/96(Coöperatieve Rabobank 'Vecht en Plassengebied' BA).

员以相当高的价格将其在另一公司的股份全部出售给本公司，从而被严重怀疑该交易没有经过任何艰苦谈判。法院认为当产生利益冲突时，有利益关系的监事以及监事会本身，有义务披露相关利益，而且该利益必须与公司利益严格分离。另外，他们在必要时应当征求一名独立专家的意见。[1] 一份有关利益冲突法规的评论公布于2008年。[2]

四、股东的职能

6.66 从上述段落中可以看出股东在股东会中的地位可能有相当大变化。但是无论如何都是由股东会决定基础性事务，例如修改章程，包括公司目的、类型及清算。[3] 对于公众公司（NV），关于"公司身份或特征的重要改变"，如将公司营业转让给第三人，必须经过股东大会批准。[4] 此外，权力分配的一项基本规则是，法律将未赋予公司其他机构的所有权力均赋予公众公司和私人公司的股东会。[5]

6.66a 股东会的权力可以因各种不同原因受到限制。首先，在适用结构制的情况下（见段落6.62），由法律进行限制。除此以外，任何公司的章程都可以将股东会的部分权力分配给其他机构，如发行股份的权力。[6] 法律还可以要求特定决议由其他人提议或批准，例如由优先股持有人提议或批准。这甚至可以适用于任命董事的决定，章程可以使其受制于一项有约束力的提名，只有特定多数表决权才能反对。[7] 但是在上市公司中，简单多数表决权原则上就可以取消这种提名。[8] 另一种经常使用的降低投资者影响的方法是股份证明书。这

---

〔1〕 Ondernemingskamer 26 May 1983, NJ 1984, 481.

〔2〕 《第31763号法案》（Bill no. 31 763）。

〔3〕 《荷兰民法典》第2编第18、19、72、183条。

〔4〕 《荷兰民法典》第2编第107a条。

〔5〕 《荷兰民法典》第2编第107、217条。注意此规则与有些成员国的规则相反，如《德国股份公司法》第119条。

〔6〕 《荷兰民法典》第2编第96、206条。

〔7〕 例如《荷兰民法典》第2编第133、243条。

〔8〕 《荷兰公司治理准则》原则IV.1。

意味着股份由一名中间人持有,中间人往往是发行股份证明书的基金会。股份证明书持有人面对中间股东时的地位是一名合同当事人,但他们对公司享有法定权利,例如参加股东大会会议。因此他们的地位类似于其他国家的无表决权股持有人。虽然最初设计的目的是减少局外人的影响,但这些设置的结果是在敌意收购时成为管理部门的防御措施。因此,法律不允许上市公司超出特定范围限制股东会权力。[1]

6.67　股东会议必须一年召开一次,但章程可以规定在特殊情况下召开特别会议。[2] 在全国性报纸上发布通知或以电子方式公布后,董事会或监事会召集股东会议,章程另有规定的依章程。[3] 私人公司(BV)股东必须以书面或电子方式得到通知。[4] 当董事会拒绝召集股东会时,每一名股东都可以由法院授权召集强制性股东会议。而且,如果股东会议有利于自身利益,代表10%以上已发行资本的股东可以请求法院授权召集股东会议。[5] 照例,召集股东会议的人安排议事日程。对于多数股东或管理人员滥用权力,少数股东可以通过对任何公司机关所作的决定寻求司法干预来进行自我保护。公司机关的决定如果违反法律、章程或者批准、通知之类强制性前置行动,可能是无效或可撤销的。而且,如果决定违反了合理性和公平性原则,也可能被宣布无效。[6]

6.68　代表了至少10%已发行资本的少数股东有权向企业法庭[Enterprise Chamber,阿姆斯特丹上诉法院的一个特殊部门,对公司诉讼有专属管辖权,其最重要的诉讼程序是调查程序(inquiry proceed-

---

〔1〕《发行规则》附录X(上市手册)[*Bijlage* X *Fondsenreglement* (Listing Manual)]。

〔2〕《荷兰民法典》第2编第108、218条。

〔3〕《荷兰民法典》第2编第109、219条。

〔4〕《荷兰民法典》第2编第223条。

〔5〕《荷兰民法典》第2编第110～112条和第220～222条。

〔6〕《荷兰民法典》第2编第14、15条。

ings)——译者注]申请关于公司经营政策和管理的调查。[1] 如果通过对调查报告的评估,企业法庭的结论是公司行为不当,最初申请人可以寻求数种救济,例如决议无效、罢免董事或监事,甚至解散公司。调查权经常被采用,甚至可以在公司已经进入破产阶段时提出申请。但在这种情况下,主要目的不是使公司重生,而是调查谁应当对此灾难性后果负责。[2]

第十四节　英国的公众公司与私人公司

一、一般治理结构

6.69　依据英国法律,公众公司与私人公司的管理和控制结构相同,即拥有股东会和少数股东保护制度的单层制。根据以前法律,很多内容留待法院运用来自普通法和衡平法的一般概念来裁决,《2006年公司法》通过对判例法的某些方面进行法典化而制定了一个更广泛的框架,尤其是关于董事职责。[3] 许多具体问题也由公司章程决定,章程可以遵循也可以不遵循国务大臣颁布的示范章程所建议的模式。[4] 特别是,董事的权力由章程规定,因为除了要求某些事项如修改章程或减少资本由股东会决定以外,该法将许多在董事会和股东会之间的权

〔1〕《荷兰民法典》第2编第344条及以下。见 Mieke M. Tuijtel 著:'The Dutch Inquiry Proceedings:A Unique Instrument for Minority Protection from a Comparative Law Perspective',载 *European Company Law* 2,no. 3(2005),第90页及以下。

〔2〕Hoge Raad(*Supreme Court*),10 Jan. 1990,NJ 1990,466(Ogem).

〔3〕《关于公司法改革的白皮书》(The White Paper on the Company Law Reform)可以在贸易工业部(DTI)网站下载(www. dti. gov. uk/files/file13958. pdf)。还请参 John Birds 著:'Reforming United Kingdom Company Law in a European Context:A Long and Winding Road',载 *European Company Law in Accelerated Progress*, Bartman 编辑(Alphen aan den Rijn:Kluwer Law International,2006),第10页(第18页及以下)。

〔4〕《英国2006年公司法》(Companies Act 2006)第19条。

力分配留给了章程。

6.69a 《2006年公司法》的不同部分已经逐步由连续的法律文件实施。许多规定自2007年和2008年已经生效,在计划的时间表中,最终的生效定于2009年10月1日。现有的示范章程,尤其是关于私人公司和公众公司的Table A,已经根据新公司法进行了修改。[1]

6.69b 公司宪章(constitution)由该法第17条规定,除章程(articles)以外还包括符合诸如第29条及以下规定所要求的决议和协议。这种决议或协议的复本必须在其通过或作成后15天以内被提交给登记员。

6.70 实践中,董事的权力非常广泛,股东控制董事的能力非常有限。在大公司中,有效的控制常常由其他法律机构(如投资者保护委员会)或业务规则(如《伦敦证券交易所联合规则》)来实施,它依赖于非执行董事和独立董事的存在。[2] 不仅证券交易所,伦敦收购与兼并委员会(the City Panel on Take-overs and Mergers)也起到了法律之外的管制作用。在较小的公司中,董事常常也是大股东,这阻碍了对股东会滥用权力的控制。因此,少数股东保护条款扮演了非常重要的角色。

二、董事的任命、罢免与权力

6.71 公众公司必须有两名董事,私人公司只需要一名董事。[3] 第一部分董事是在交给登记员的关于公司设立的董事声明中任命的董事,但是,所有后任的董事按照公司章程的规定任命。因此,关于董事的任命方法和任期长短没有法定要求。通常,章程规定董事由股东会

[1] Informal Keeling Schedule to Statutory Instrument (SI) 2008. 0739 (The Companies (Tables A to F)), SI 2007. 2826 and SI 2007. 2541, retrievable from < www. berr. gov. uk >.

[2] 《伦敦证券交易所联合准则》(the Combined Code of the London Stock Exchange)文本可以从英国金融服务管理局(the Financial Services Authority)网站获得:www. fsa. gov. uk/pubs/ukla/lr_comcode2003. pdf。

[3] 《英国2006年公司法》第154条。

任命，其中三分之一的董事要每年重新选举。有关公众公司的附表 A（Table A）允许董事任命一些董事，只要不超过章程规定的董事最高人数。以这种方式任命的董事只能任职到下一次股东会议，在下次股东会议上其任命必须得到确认。该法规定选举公众公司董事时，每名董事必须是单独选举出的。[1] 永久董事提名董事的权利是完全有效的。股东会始终可以以普通决议罢免董事，但该董事有权要求股东会听取他对该决议的陈词。[2]

6.72 董事本身不是公司雇员，不接受未经公司批准的任何报酬。这种批准权被授予董事会的一个委员会，只有在没有遵循正确程序时董事报酬才会受到抨击。因此在 *Guinness plc* 诉 *Saunders*（1990）案中，因董事在收购战中提供帮助而支付的报酬可以被追回，因为该报酬没有经合适的委员会批准。[3] 董事还可以根据服务合同被公司雇用。《2006 年公司法》要求这种合同经受股东会的审查。[4] 上市公司董事必须在每一会计年度制作一份董事报酬报告。[5] 正如已经提到的，该法还授予股东随时以普通决议罢免董事的权力，不管董事与公司之间的协议如何规定。[6] 实际上可以通过给予每位董事关于任何此类决议的加权投票权而规避这一点，使董事的职位事实上颇有保障，这在一些小型私人公司中相当合理。[7] 此外，这种罢免将违反其服务协议，从而在实践中成本太高。[8] 除了股东会的特定保留职能外，管理权在董事会与股东会之间的分配由公司章程决定。这在实践中赋予董事广泛的权力。

6.72a 除股东会保留权力外，被频繁采用的附表 A（Table A）授

---

〔1〕 附表 A（Table A）（公众公司）第 79 条，《英国 2006 年公司法》第 160 条。

〔2〕 《英国 2006 年公司法》第 168、169 条。

〔3〕 *Guiness plc v. Saunders* (1990), 2 A. C. 663 (HL).

〔4〕 《英国 2006 年公司法》第 228 条。

〔5〕 《英国 2006 年公司法》第 420 条及以下。

〔6〕 《英国 2006 年公司法》第 168 条。

〔7〕 *Bushell v. Faith* (1970) A. C. 1099 (HL). Paul L. Davis, 311E.

〔8〕 关于失去职位的补偿还请参见《英国 2006 年公司法》第 215 条及以下。

权董事管理公司业务、行使所有公司权力。[1] 法院一直对此类条款作有利于董事的广泛解释，所以董事不受股东会任何普通决议的约束。[2] 通过以正确方式修改章程可以改变董事将来的权力，但这种修改不具追溯力。章程还可以授权董事任命一名或多名常务董事，实践中这种日常管理将被委托给一名或多名全职工作的董事，其余董事作为非执行董事而活动，表现为对执行董事的控制。但《英国 2006 年公司法》没有作这种区分。

6.73 英国法律将董事视为公司的代理人，因此他们可以使公司受其职权范围内任何交易的约束。根据英国代理法，这意味着董事在其实际代理权、默示代理权（对于这种类型的代理人很常见）与表见代理权（代理人如同有代理权一样代表公司与第三人交往）范围内的行为。鉴于默示代理权是一个法律问题且因董事类型不同而不同，整个董事会的默示代理权相当广泛。表见代理是一个关于是否实施代理行为的事实问题。如果董事的行为违反了章程备忘录或章程细则，不影响与公司交往的善意第三人。善意是推定的，除非有证据证明事实相反，第三人不会仅仅因为知道董事的行为超出公司宪章下的职权范围而被视为恶意。[3] 与章程相反的行为属于违反董事对股东的义务，要求公司出于内部目的以特别决议批准，因为未经批准将意味着对章程的事实变更。[4]

三、董事的义务

6.74 《英国 2006 年公司法》规定了关于董事对公司的一般义务的法定声明，并将相关案例法法典化。[5] 根据"注释"（Explanatory

---

〔1〕 依据《示范章程》（Model Articles）（2008），该职位位于第 3 条。

〔2〕 例如 Breckland Croup Holdings Ltd 诉 London & Suffolk Properties Ltd（1989）B. C. L. C. 100。

〔3〕 《英国 2006 年公司法》第 40 条第 2 款。

〔4〕 还请参见《英国 2006 年公司法》第 40 条第 4 款：虽然该行为可能不影响第三人的处境，但一名公司成员有权提起限制董事进行越权行为的诉讼。

〔5〕 《英国 2006 年公司法》第 170 ~ 177 条。

Notes)，一般义务“构成一部行为法，它规定董事应如何行动，而不是明确规定董事应当做什么。更具体地说，该义务重点解决(1)董事将其个人或其他利益置于公司利益之上的可能性；和(2)董事疏忽的可能性”。[1]

6.74a　第170条第3款和第4款规定如下：

(3)一般义务建立在适用于董事的某些普通法规则和衡平法原则的基础上，并就董事对公司所负义务具有替代那些规则和原则的效力。

(4)一般义务应当按照与普通法规则和衡平法原则相同的方法来解释和适用，在解释和适用一般义务时应当尊重相应的普通法规则和衡平原则。

6.75　首先，英国公司的董事必须根据公司宪章行动，只能按照他们被授权的目的行使权力。[2] 而且，英国公司的董事负有三种类型的义务：受信义务；合理注意、技能和勤勉的普通法义务；召集股东会等特殊义务。[3] 这些义务主要在以下段落中讨论。

6.76　第一，作为代理人的董事被视为公司的受托人，因而应承担一系列最初由衡平法为受托人设计的受信义务(*fiduciary duties*)。这种义务主要有三个方面：

- 第一，董事必须以善意的方式、为了公司的利益而不是其个人利益行使其管理权，这一点目前规定在该法第172条关于促进公司成功的义务。就此而论，传统上公司被用来指全体股东，但是第172条要求董事也关心其他人，尤其是商业伙伴以及员工的利益。[4]
- 董事应负的第二种受信义务是不得从公司的交易中获取非法利

---

[1] 《英国2006年公司法注释》(Explanatory Notes to Companies Act 2006)第45页。

[2] 《英国2006年公司法》第171条。

[3] 《英国2006年公司法注释》第47页指出，“其他义务仍未编入法律，例如在面临破产威胁时考虑债权人利益的任何义务。”

[4] 还请参见案例 *Re DKG Contractors Ltd* (1990) BCC 903，董事被要求对公司出资。

益(*unauthorized profit*)。这种义务部分地被第 176 条涵盖,该条规定了不得从第三人处接受利益的义务。作为受信义务,公司即使没有遭受损失或自身不可能营利,也可以没收非法利益。[1] 这种行为不是为了损害赔偿,而是行使归入权(原文使用 an accounting,又称为 accounting for profits,一种常见的用于违反受信义务案件的衡平法救济措施,即一种要求被告退还因违反受信义务所获利益的行为,类似于我国的归入权——译者注)。这种义务扩大到利用公司利息和商业机会,但不针对董事获知的一般信息。[2]关于董事会是否可以代表公司拒绝交易利益从而使董事免于承担受信义务的问题,仍有争论。

- 第三种义务要求董事不将自己置于其个人利益和对公司的义务相冲突的地位。相应地,第 175 条规定了避免利益冲突的董事义务,第 177 条要求董事公开其在计划的交易或安排中的利益。因此,董事必须披露公司交易中的所有个人利益,否则公司可以请求撤销该交易。这种交易或安排若经独立董事批准,则没有违反受信义务,但对一家公众公司而言这种批准必须是章程许可的。[3]

6.76a 如果董事行使一项权力时违背该项权力的立法目的,即使他们没有从该交易中获得个人利益而且认为他们确实是为了公司利益行事,那么关于董事是否因为这种受信义务的内容而始终承担责任的问题,存在一些争论。在 *Howard Smith Ltd* 诉 *AmpolPetroleum Ltd* (1974)案中,法院对管理人员的普通权力和影响公司结构的权力(例如发行股份)进行了区别,前者只能用善意(bona fide)来考察,后者用正当目的(proper purpose)来考察。[4] 鉴于善意考察的主观性,如果法

---

〔1〕 参见案例 *Regal* (*Hastings*) *Ltd* 诉 *Gulliver* (1967) A. C. 134s。

〔2〕 参见案例 *Island Kexport Finance Ltd* 诉 *Umunna* (1986) B. C. L. C. 460。

〔3〕《英国 2006 年公司法》第 175 条第 4 款和第 5 款。这种义务(部分地)也适用于影子董事,《英国 2006 年公司法》第 187 条。

〔4〕 *Howard Smith Ltd v. Ampol Petroleum Ltd* (1974) A. C. 821.

院认为该董事诚实地相信他是为了公司的最佳利益而行事,考察即可通过;而正确目的考察则是客观的。在 *Howard Smith Ltd* 诉 *Ampol Petroleum Ltd* 案中,法院主张以操纵投票控制权使结果有利于某一特定股东为目的而发行股份属于目的不正当,即使公司可能因出售股份筹集到资本而获益。

6.77　董事的第二种义务是起源于普通法的在公司管理中尽到合理注意的义务(*reasonable care in the management of the company*)。〔1〕这一点规定在该法第 173 条独立判断义务和第 174 条合理注意、技能和勤勉的义务。董事要为一般情况下管理公司事务过程中的疏忽承担责任。董事应尽的注意的标准与不当经营(*wrongful trading*,英国 1986 年破产法中的一项制度,目的是使对破产企业经营不善负有责任的董事对债权人承担相应责任——译者注)的相同,既包括客观方面,即以一个居于该职位的人应尽的合理注意为依据;也包括主观方面,即以其专业技能为依据[*Norman v. Theodore Goddard* (1991)]。〔2〕这与较早前的案例有别,较早前案例似乎只以董事的个人主观技能为基础判断合理注意义务。〔3〕

6.78　第三,董事在特定领域应遵守具体法定管制(*specific statutory controls*)。对董事的额外管制适用于"影子董事",即公司董事习惯于根据其指导或命令行动的人。〔4〕对于涉及董事的大宗财产交易、给董事贷款和失去职位的补偿,公司法均有管制,要求由股东批准。〔5〕特别重要的是《1986 年破产法》第 214 条引进的董事对不当经营

---

〔1〕《英国 2006 年公司法》第 173 条(独立判断义务)和第 174 条(合理注意、技能和勤勉义务)。

〔2〕*Norman v. Theodore Goddard* (1991) B. C. L. C. 1028.

〔3〕关于注意和技能义务的发展,请参见 Paul Davies 著:*Gower's Principles of Modern Company Law* (Sweet and Maxwell),第 432 页及以下。

〔4〕如《英国 2006 年公司法》第 251 条的定义。

〔5〕《英国 2006 年公司法》第 190 条及以下、第 197 条及以下、第 215 条及以下。第 223 条规定这些管制适用于影子董事。

(wrongful trading)的责任。[1] 这条规定主张如果董事知道或应当知道公司不可能避免破产清算,董事对增加破产公司财产负有个人责任。但是,如果董事为了减少公司债权人的潜在损失采取了所有措施,法院则可以持有相反观点。第214条还进一步规定董事应当得出的结论和应当采取的步骤是一个在合理程度上勤勉的人会知晓或查明、得出或采取的,这个人具备(1)一个像该董事对公司一样执行相同职能的人被合理地期待应具备的一般知识、技能和经验,和(2)该特定董事事实上具备的一般知识、技能和经验。

6.78a 《英国2006年公司法》第178条规定了任何违反一般义务的民事后果,因而保留了适用于受信义务的衡平原则与合理注意、技能和勤勉义务之间的区别,后者不被看作受信义务。违反后者可能引起损害赔偿,违反受信义务的结果也包括恢复公司财产、公司归入权、解除董事未披露个人利益的合同。[2] 行政结果包括对公司及其事务的调查和取消董事资格。[3]

四、股东会的成员

6.79 虽然该法没有对股东会的权力作出限制,但在实践中股东会的职责被章程减少到章程明确保留给股东会的权利,如减资、修改章程或批准特定交易,[4]以及产生于需要其批准财务报表的剩余监督职能和罢免董事的终极权力(任命权不是其必然具有的)。任何对董事

---

〔1〕 见 Hans H. Hirt:'The Wrongful Trading Remedy in UK Law:Classification,Application and Practical Significance',载 ECFR 1(2004),第71页及以下。关于这一规定能否成为欧洲立法的范本,近来发生争论,见 Thomas Bachner:'Wrongful Trading-A New European Model for Creditor Protection?',载 *EBOR* 5(2004),第293页及以下。

〔2〕 《英国2006年公司法注释》第50条。

〔3〕 《1986年公司董事资格取消法》。根据《英国1985年公司法》,国务大臣可以任命调查人,《2006年公司法》保留了这一权力并通过在《1985年公司法》中插入新规定而作出修改,《英国2006年公司法注释》第197条及以下。

〔4〕 如前所述,段落6.78。见《英国2006年公司法》第4章。

从事的构成疏忽、失职、违反义务或违反信托的行为的追认都必须由股东作出决议，并且该董事或关联人支持该决议的投票不得计入。[1] 任何针对违反义务董事的行动同样必须由股东批准，因为不法行为损害的是公司，因此如果股东作出了反对该行动的决议，那么几乎没有例外地该行动不得进行。股东可以选择提起派生诉讼，该诉讼的理由源于一个实际发生的或提议的董事行为或董事的疏忽性失职、不履行义务、违反义务或违反信托。《英国2006年公司法》重申了 *Foss* 诉 *Harbottle* 案的规则，并使派生诉讼可适用于违反合理注意、技能和勤勉义务的情形，即使董事没有获得个人利益，并且申请人不必表明行为不当的董事控制了公司大部分股份。[2]

6.80 《英国2006年公司法》的许多条款规定了关于股东会的组织和决议的程序性规则。[3] 公众公司应当每年举行一次年度股东会议，其他会议(特别会议)可以按照章程规定举行，通常根据董事会的命令召开。[4] 该法第303条允许持股10%的少数股东请求召集股东会，董事会必须在收到请求之日起21天内召集。在召集困难(例如不能满足法定人数)的情况下，法院将会按照它认为适当的条件召集股东会议。[5] 这时普通决议(出席并表决者的简单多数票)即满足要求，除非章程或法律另有规定。特别决议由出席会议并表决股东所持表决权的75%通过。[6] 例如修改章程要求特别决议。[7] 不同类别股份允许有不同表决权，股东可以作出约束自己的表决权协议。在大型公司中，虽然有少数股东保护条款，大多数表决权仍由代理人行使，实

---

〔1〕《英国2006年公司法》第239条第4款。

〔2〕《英国2006年公司法》第260条及以下，《英国2006年公司法注释》第74条及以下。

〔3〕《英国2006年公司法》第281~300条(决议)，第301~335条(关于所有公司)，第336~340条(公众公司)和第341~361条(上市公司)。

〔4〕《英国2006年公司法》第302、303、336条。

〔5〕《英国2006年公司法》第306条。

〔6〕《英国2006年公司法》第281、282条。

〔7〕《英国2006年公司法》第21条。

际上在发生争议时该制度有利于董事会。[1]

6.81　正如段落6.79所述，少数股东受到新修订的派生诉讼条件的保护。而且，当公司事务是以不公平地损害部分或全部股东的方式进行时，任一股东都可以依据《英国2006年公司法》第994条向法院起诉。这部分法条规定了大量可能导致不公平有害行为（unfairly prejudicial conduct）的决议。不公平有害行为的概念已经被证明是一个宽泛的概念，只要原告作为一名股东的"合法期待"受到侵害即可适用。[2] 如果法院支持该诉讼请求，就可以发出适合于解决受诉事项的命令，尤其是一项要求其他股东或者公司自身购买任何股东股份的命令。[3]

---

〔1〕《英国2006年公司法》第324条及以下。

〔2〕Paul Davies, *Gower's Principles of Modern Company Law*（Sweet and Maxwell），513－523.

〔3〕《英国2006年公司法》第996条。

第七章　员 工 参 与

第一节　导　　言

7.01　员工可以在企业(enterprise 或 undertaking)内在不同强度层次上参与决策过程。第一层次的员工参与(employee involvement)始于将公司决议通知员工。第二层次是在作出任何影响员工权利的公司决议之前咨询员工。最高一层的员工参与是员工参加(participation)公司机构的决策过程。因此,严格意义上的参加决策(participation)是最实质性的员工参与形式。员工参与在各国以不同形式发展,但欧洲和全球范围内商业企业的国际化,导致它发挥作用的条件已经改变。这并不是说现存的员工参与途径在跨国公司(MNE)背景下完全失效。跨国公司的企业结构要求建立中心化战略,因为商品与服务从公司原籍国送往别处的子公司,这样员工参与可以保留一些对企业政策的影响。但是,跨国企业员工的集合性不可能在国家安排的基础上表现,因此只有公司原籍国的员工参与可以发挥一定影响。但在跨国企业拥有另一种结构并发展了多中心、网状结构战略的情况下,无法保持这种影响。这种跨国企业不是按传统意义在本国经营,而是通过全球化经营将本地经营与成本价格降低和规模经济联合。[1] 总

---

〔1〕 W. M. G. Allertz, *Grensoverschrijdende organisatie-ontwikkeling en medezeggenschap* (Assen: Van Gorcum 2002). For the structures of MNE's: C. A. Bartlett & S. Ghoshal, *Managing Across Borders: The Transnational Solution* (Boston: Harvard Business School Press, 1989). From the same authors: The Multinational Corporation as an Interorganizational Network, *The Academy of Management Review* 15, no. 4 (Oct. 1990): 603 – 625.

之,员工参与的国内程序与跨国企业的跨国结构不是非常兼容,可能导致受到这些企业决策影响的员工遭受不公平待遇。[1] 欧盟委员会早在1980年已经注意到,国内市场的完备必将引起企业的国际化进程,从而导致这种矛盾。针对这一背景,欧盟已经采取了数项立法行动以确保内部市场的社会维度(social dimension),本章将讨论一些相关度最高的指令。在初次敲响警钟几乎30年后,欧盟委员会再次将全球化进程列入议事日程。在其《2008年新社会议程》中,欧盟委员会指出技术更新、全球化和人口老龄化正在改变欧洲社会,欧盟的政策需要跟上这些趋势并帮助人们适应不断变化的环境。[2]

7.01a 1980年,欧盟委员会提议了一项关于结构复杂的企业特别是跨国企业的通知与咨询员工指令。[3] 该指令草案可以被视为已经通过的关于集体裁员和企业转让时保护工人权利指令的补充。[4] 但是在无法达成任何政治协议的"激烈争论"后,该指令被废弃。[5] 在该指令草案受到政府和管理人员层面的强烈反对之时,第5号指令草案也遭遇同样情形。正如Blanpain指出的:"这些议案意识形态色彩浓厚,触及到管理部门和劳动者之间微妙的权力平衡……"[6] 尽管其政治上敏感,但员工的角色现在已牢固地植根于欧共体政策中。根据1989年《欧共体工人基本权利宪章》(Community Charter of the Fun-

---

〔1〕 关于员工参与制的经济和社会内容以及产业关系的进一步内容,见Javier Calvo等著:*Employee Representatives in an Enlarged Europe*,第1卷,载European Commission: Directorate-General for Employment, Social Affairs and Equal Opportunities, Apr. 2008(可检索:http://bookshop.europa.eu),第19页及以下。

〔2〕 Communication of the Commission: A Renewed Social Agenda: Opportunities, Access and Solidarity in 21st Century Europe.

〔3〕 OJ 1980, C 297. 该草案被称为"弗莱德林指令"(Vredeling-directive),根据负责的委员的姓名而命名。

〔4〕 Directive EC 75/129, OJ 1975, L 48 and Directive EC 77/187, OJ 1977, L 61.

〔5〕 Roger Blanpain, *Labour Law and Industrial Relations of the European Community* (Deventer/Boston: Kluwer Law and Taxation Publishers, 1991), nr. 334 - 337.

〔6〕 Roger Blanpain, 'Representation of Employees at the Level of the Enterprise and the EEC', *Recht der Arbeit* 2(1992):127.

damental Rights of Workers),必须发展员工参与制,特别是在公司或在两个或两个以上成员国拥有分支机构的公司集团中。[1] 欧洲议会要求欧盟委员会采取一系列员工权利保障措施。它敦促应当有一部指令"将知情与被咨询权以相同形式纳入所有公司法,将参加决策权以对应形式纳入所有公司法,而不论公司的法律结构是有限公司、欧洲公司、合作社、互利公司(mutual benefit companies)还是自我管理公司,也纳入欧洲经济利益集团(EEIG)法。"[2] 而且,除英国以外的成员国在1992年制定《马斯特里赫特条约》时同意执行该宪章。为了执行该政策,欧盟委员会成功地制定了一份新的欧共体内企业的员工知情与咨询议案,该议案于1994年成为《欧洲劳资委员会指令》(the EWC Directive)。至1997年,阿姆斯特丹欧洲理事会(Amsterdam European Council)同意将该社会政策协议纳入《欧共体条约》,从此英国也接受了《欧洲劳资委员会指令》。[3]

7.01b 本书主要涉及法律问题,因此企业实施员工参与制可能产生的后果不在讨论之列。但是,该主题时有的争议性可能有理由指向最近的调查结果,它表明在英国对"工人意见实践"——工人与管理者交流意见的正式机制——反应更灵敏的管理将提高生产力。[4] 根据一份对荷兰高级管理人员与劳资委员会之间互动方式的调查,它看起来会大大改变公司的经济地位,即管理人员对劳资委员会的积极态度与公司绩效呈正态联系。[5]

---

[1] 1989年12月9日通过的欧共体宪章第17、18条。

[2] 1990年9月13日《A3-175/90号决定》(Resolution A3-175/90)第46条。

[3] 将《94/45/EC号指令》(OJ 1997, L 010)扩展到大不列颠及北爱尔兰联合王国的1997年12月15日《97/74/EC号指令》。

[4] A. Bryson, A. Charlwood and J. Forth, 'Worker Voice, Managerial Response and Labour Productivity: An Empirical Investigation'. *Industrial Relations Journal* 37, no. 5 (2006): 438-455.

[5] Annette van den Berg, Yolanda Grift & Arjen van Witteloostuijn, Works Councils and Organizational Performance. The Role of Top Managers' and Works Councils' Attitudes in Bad Vis-À-Vis Good Times (Utrecht University, Tjalling C. Koopmans Research Institute), Discussion Paper Series nr. 08-14, 2008, retrievable from <http://igitur-archive.library.uu.nl/CTK/2008-1124-201117/UUindex.html>.

7.02　有好几部指令涉及员工的知情与被咨询权。其中具有全面性的是建立了员工知情与被咨询的一般框架的《2002/14/EC 号指令》。[1] 该指令之前的一部较早立法是关于特殊情形下，即企业被转让或计划集体裁员情形下的知情与被咨询商问题。[2] 另外，1994 年一部适用于"欧共体规模企业"或"欧共体规模企业集团"的指令被采纳，它涵盖了国际化企业的知情与磋商问题。这些企业或集团必须设立欧洲劳资委员会(EWC)或替代性的员工代表知情与咨询程序。[3] 应当注意到，这里提到的指令是关于就业与社会权利，以及工作时间和派遣工人的安全和健康条件等问题的欧盟政策的一部分。[4]

7.03　员工参加决策与知情和被咨询权具有不同特征，它将劳动者与公司(或其他法律实体)的内部决策机制联系起来。员工参加决策权由规范欧盟商事组织和跨国合并的条例和指令在欧洲层面进行规范。这些规则在设立欧洲公司(SE)或欧洲合作社(SCE)时或者在跨国合并时保护现有的参加决策权。各成员国的员工参加决策制度尚未统一，这当然是因为提议的关于公司结构的《第 5 号指令》(段落 3.62 ~ 3.64)被废弃。

7.04　本章我们将讨论员工参与，首先概括欧洲劳资委员会(EWC)的知情与被咨询权，其次对《欧洲公司法》(the Statutes of the SE)和《欧洲合作社法》(the Statutes of the SCE)的配套指令(段落7.15 ~ 7.16)进行解释。接着按时间顺序讨论协调各国知情和被咨询权的指令(段落 7.17 ~ 7.27)。本章其余段落将讨论一些成员国的员工参与的主要特征。

7.04a　为了达到概念清晰，必须注意《欧洲公司指令》(SE Direc-

---

[1] OJ 2002, L 80.

[2] 分别是《77/187/EEC 号指令》(Directive 77/187/EEC, OJ 1977, L 61)(现为 Directive 2001/23/EC, OJ 2001, L 82)和《75/129/EEC 号指令》(Directive 75/129/EEC, OJ 1975, L 48)(现为 Directive 98/59/EC, OJ 1998, 225)。

[3] Directive 94/45/EC, OJ 1994, L 254.

[4] 见 http://ec.europa.eu/employment_social/labour_law/index_en.htm。

tive)第2(h)条规定的“员工参与”(involvement of employees)定义:“任何包括知情、咨询、参加决策的机制,通过该机制员工代表可以对公司里的决策施加影响”。该术语还运用在《欧洲合作社法》配套指令以及关于跨国合并的《第10号公司法指令》。[1] 但在较早的法律文件和有关文献中,“员工参加”(participation of workers)是一般性概念,而“共同决定”(co-determination)被用来指现在的参加决策(participation)。[2] 在法学研究中还可能使用其他一般性概念,例如“员工代表”(employee representation),其含义与“员工参与”类似。[3]

第二节　通知与咨询:THE EWC、THE SE和THE SCE

7.05 关于建立欧洲劳资委员会(EWC)或者员工知情与咨询程序的1994年指令适用于欧共体规模的企业或企业集团。[4] 当一家企

---

[1] 关于参加决策权问题,该指令第16条基本上引用《欧洲公司指令》(SE Directive)。

[2] 关于广义“participation”的例子,见《1989年欧共体工人基本权利宪章》(1989 *Community Charter of the Fundamental Rights of Workers*)。Klaus J. Hopt:‘Labor Representation on Corporate Boards:Impacts and Problems for Corporate Governance and Economic Integration in Europe’,载 *International Review of Law and Economics* 14(1994),第204页及以下。还请参见 Michael Gold:*Direct Communications in European Multinationals:A Case Study Approach* (Dublin:European Foundation,1994),他对‘direct forms of participation’(参加决策的直接形式)(工作一线级别的磋商与委托)与‘representational forms of participation’(参加决策的代表制形式)(经由员工代表的通知与咨询)进行了辨析。

[3] Calvo et al. ,*Employee Representatives in an Enlarged Europe*,vol. 1,European Commission,Directorate-General for Employment,Social Affairs and Equal Opportunities,Apr. 2008(retrieved from <http://bookshop. europa. eu>),17.

[4] 《第94/45/EC号指令》(OJ 1994,L 254/64),各成员国的执行不晚于1996年9月22日。

业在各成员国共拥有至少1000名员工并且每个成员国(要求至少两个成员国)的员工最少150名,那么就达到了欧共体规模。对于一个企业集团,后一标准则换成了一项类似要求:该集团必须至少有两家位于不同成员国的企业,各自拥有的员工不少于150名[第2条第1款(c)项]。

7.06　基本上该指令代表了对协商的激励,因为它尊重在该指令生效前达成的关于跨国知情和被咨询权的所有协议。因此只在没有这种协议或者协议期满时有关当事人不续约的情况下,该指令才能适用(第13条)。其实该指令通过之前在BSN、Thomson等法国跨国公司中就已经率先建立了欧洲范围的员工参与。跟在这些先行者之后的是其他几个跨国公司如福特(Ford)、大众(Volkswagen)和大陆制罐(Continental Can)。它们的内容多种多样,既有欧洲工厂的员工代表之间联合互访安排,也有欧洲层面的集团范围的联合知情与磋商论坛都各有不同。[1] 据估计在该指令实施前已达成超过400项与管理者之间的安排。[2]《欧洲劳资委员会指令》(EWC Directive)的基本契约特征(协商与未达成协议时的备用标准规则相结合)已经被《欧洲公司指令》(SE Directive)和关于跨国合并的《第10号指令》(段落3.87、4.36和段落8.35)所效仿。

7.07　如果适用该指令,企业或集团的中心管理部门就要负责建立一个欧洲劳资委员会(EWC)或者一套替代性的通知与咨询程序。[3] 劳资委员会可以启动谈判,在至少两个位于不同成员国的企业或分支机构的不少于100名员工或其代表书面提出请求时必须启动磋

---

[1] Gold, Direct Communications in European Multinationals, 20 et seq., Aldo Dikker & Astrid de Lange, 'Europees Overleg in opmars', Praktijkblad voor Medezeggenschap 4 (1994): 8. Michael Gold & Mark Hall, Report on European-level Information and Consultation in Multinational Companies. An Evaluation of Practice (Dublin: 1992).

[2] *The Impact of the European Works Councils* (1998), 见 < www.eurofound.europa.eu/eiro/index.htm > (Aug. 2008), 欧洲产业关系观察站(EIRO)网址。

[3] 第4条。

商。该指令包含组成一个员工特别谈判机构的指导准则,从而确保每个企业或机构所在成员国的员工都被代表。[1] 该谈判机构的任务是与中心管理部门一起通过书面协议决定该欧洲劳资委员会(或替代性的通知与咨询程序)的范围、组成、功能和工作期限。[2] 第6条第2款规定了协议必须确定的细节:

(1)协议所涵盖的欧共体规模集团内的企业或欧共体规模企业的机构;

(2)欧洲劳资委员会的组成、成员数量、席位分配以及工作期限;

(3)欧洲劳资委员会的职能和通知与咨询程序;

(4)欧洲劳资委员会会议的场所、频率和持续期间;

(5)分配给欧洲劳资委员会的资金、物资资源;

(6)协议的有效期和再次谈判的程序。

如果无法达成协议,或者中心管理部门和谈判机构决定如此,则适用中心管理部门所在成员国法律所规定的"次级"(默认)要求。这种要求必须至少符合该指令附录的规定。[3] 尽管有这种稳定的备用规定,谈判机构可以经三分之二以上票数表决而决定不开始谈判或者终止已经开始的谈判,从而不适用次级要求。

7.08　根据该指令附录中的次级要求,欧洲劳资委员会的知情与磋商能力限于与欧共体规模企业或企业集团整体或两个以上位于不同成员国的分支机构或集团企业有关的事项[第1(a)段]。其他条款包括欧洲劳资委员会的组成、一年一度会见中心管理部门的权利、选择专家协助的权利(第1、2、6段)。如果特别情况的发生对员工利益产生很大影响,欧洲劳资委员会有权得到通知并会见中心管理部门。这一点尤其适用于企业搬迁、关闭和集体裁员的情形(第3段)。

7.09　各成员国应当制定规则以确保谈判机构成员或欧洲劳资委员会不得泄露明确以保密方式提供给他们的信息。成员国还应当规定

---

〔1〕 第5条第1、2款。

〔2〕 第5条第5款。

〔3〕 第7条。

中心管理部门不得传播任何根据其性质将会严重损害企业的信息。但是这种对通知义务的减损应当事先经过行政或司法授权。[1] 该指令对员工代表提供了进一步的保护。依照替代性知情与咨询程序履行职责的谈判机构成员、欧洲劳资委员会和员工代表在其就业国享受国内立法和/或司法实践为员工代表提供的同等保护和保证。[2]

7.10 成员国对该指令的执行不仅是通过实施必要的法律、条例和行政法规，还要通过确保管理人员和劳动者通过（集体）协议引进必备的条款。迄今为止，最普通的方式是将该指令转化为法律，虽然数个成员国在采取立法措施前咨询了社会合作伙伴（social partners，该术语通常指从事社会对话的资方和劳方的代表，即雇主组织与工会——译者注）。[3] 该指令不影响国内法中的员工知情权和被咨询权（第12条第2款），因此它的执行对现有产业关系（industrial relations，即劳资关系——译者注）未产生显著影响，因为欧洲劳资委员会可以被纳入到现有安排中去。[4]

7.11 有关建立欧洲劳资委员会的问题曾被提交给欧洲法院。在Anker［2004］案中，总部位于瑞士的Anker集团的德国子公司的劳资委员会要求从其当地管理机构获得建立欧洲劳资委员会的信息。根据德国的实施法规第5条，欧共体规模公司集团的核心管理部门必须应要求依据员工平均人数、员工在各成员国的分布、企业和分支机构以及集团的结构向员工代表提供信息。Anker的劳资委员会要求从当地管理部门得到该信息，后者本应将该要求提交给中心管理部门。德国子公司的管理部门回答说其母公司，即一家荷兰私人公司，和集团内的一家瑞士母公司，都拒绝给自己提供该信息。该劳资委员会随即向位于比勒费乐德（Bielefeld，德国）的劳动法院起诉。法院将先决问题（pre-

---

〔1〕 第8条。

〔2〕 第10条。

〔3〕 *The Impact of the European Works Councils*（1998），见 < www. eurofound. europa. eu/eiro/index. htm >（Aug. 2008），欧洲产业关系观察站（EIRO）网址。

〔4〕 同上。

liminary questions)提交给欧洲法院,特别是当集团内的位于其他成员国的企业收到了内部员工代表机构要求取得信息的请求时,集团内的被视为中心管理部门的企业是否有义务向其提供信息的问题。欧洲法院认为,成员国应当要求在其境内设立并作为一个欧共体规模集团的中心管理机构的企业承担向该集团设在另一成员国的企业提供开始谈判以设立一个欧洲劳资委员会的基本信息的义务。当实际中心管理机构位于欧共体之外时,Anker 案即是如此,同样的规则适用于集团内的“视同中心管理机构”。在这种情况下,中心管理机构的责任落在其位于某一成员国的代理人,即企业的管理机构身上,或者落在位于任一成员国的雇员人数最多的集团企业身上(EWC 指令第 4 条第 2 款)。欧洲法院强调对这些义务的其他解释如果对中心管理机构或视同管理机构有约束力,则要对破坏该指令的有益作用承担责任。[1]

7.12　两个更早的案例已经表现出员工代表在请求获得有关建立欧洲劳资委员会的信息时可能遭遇的困难。类似 Anker 案中的先决问题在 Kühne & Nagel [2004] 案和 Bofrost[2001]案中被提交给欧洲法院。前一案件中,类似于在 Anker 案中,集团的中心管理机构位于瑞士。欧洲法院认为如果中心管理机构拒绝合作,为了履行其向员工代表提供信息的义务,“视同中心管理机构”必须要求集团中的位于成员国境内的其他企业提供信息。“视同中心管理机构”有权从上述企业获得信息,而上述企业的管理机构必须提供自己拥有的或能够获得的有关信息。[2] 在 Bofrost[2001]案,知情权被拒绝的理由是没有一家企业能够进行中心管理。在 Bofrost 集团中达成了一份特殊协议以在不同企业之间建立平等待遇,从而使任何企业都不具支配性并且企业之间没有等级。欧洲法院认为“企业集团中的企业应当对内部员工的代表机构提供信息,甚至在该代表机构并未建立的情况下,员工向其提出请求的管理机构就是集团内具有控制权企业的管理机构。”

---

〔1〕 Case C－349/01(*ADS Anker*).

〔2〕 Case C－440/00(*Kühne &Nagel*).

7.13 《欧洲劳资委员会指令》(EWC Directive)在劳资关系几乎超越国界的时期生效。传统上,工会利益的多样化和跨国企业集体谈判中雇主战略利益的缺乏是阻碍跨国劳资关系发展的因素。[1] 欧洲劳资委员会的引进可以被视为使这些关系"欧洲化"的激励,因为它们代表了知情与咨询的新竞技场。[2] 至2007年大约建立了820个欧洲劳资委员会,代表了1400万雇员。虽然这些数字令人印象深刻,但在2008年更多公司落入《EWC指令》调整范围并且其覆盖的员工总数已经达到2400万。[3] 欧盟委员会在2008年出台了一项修改指令议案,旨在扩大欧洲劳资委员会的数量并且消除其法律不确定性,以及增加来自不同指令的知情与被咨询权之间的清晰的相互作用规则。[4] 原则上,修订不会引起现有协议的强制重新谈判,除非欧共体规模企业或企业集团的结构有很大改变,或者在两份或更多可适用协议之间存在冲突。类似地,当协议缺少特定条款时,中心管理机构必须主动开始谈判或者在至少100名员工或其他代表书面请求时开始谈判(草案第13条)。欧洲议会在2008年12月16日一读时通过了一份普遍支持立场(a generally supportive position)。[5]

---

[1] Wolfgang Lecher et al., *European Works Councils. Developments, Types and Networking* (Aldershot(UK)/Burlington(US): Gower Publishing, 2001), 119.

[2] 同上,第120页。

[3] Commission Staff Working Document accompanying the proposal for an amending EWCDirective, SEC(2008)2167.

[4] Brussels, 7 Feb. 2008, COM(2008)419 final. 修改《EWC Directive》的议案是欧盟委员会新修订的社会议程的一部分(段落7.01)。

[5] 《旨在采用欧洲议会和欧盟委员会关于设立欧洲劳资委员会(EWC)或在欧共体规模企业和欧共体规模企业集团内以通知和咨询员工为目的的程序的2009/.../*EC*号指令的2008年12月16日欧洲议会一读立场》(P6_TC1-COD(2008)0141, Position of the European Parliament adopted at first reading on 16 Dec. 2008 with a view to the adoption of Directive 2009/.../*EC* of the European Parliament and of the Council on the establishment of a EWC or a procedure in Community-scale undertakings and Community-scale groups of undertakings for the purposes of informing and consulting employees)。

7.14 欧盟委员会提议的修正案所涵盖的事项主要包括：

- 员工知情与磋商安排必须遵循有效性的一般原则，但欧洲劳资委员会的能力（或同等程序）应当限于跨国事务（草案第1条）；
- 制定知情与咨询概念的新定义，以使员工代表对提供的信息表达意见（草案第2条）。
- 欧洲法院关于欧共体规模集团内企业的义务的判决已被纳入立法（见段落7.11和段落7.12）；因此企业有义务提供启动有关建立欧洲劳资委员会谈判所要求的信息，特别是关于企业、集团及其全体员工的结构的信息（草案第4、5条）；
- 增加特别谈判机构构成的更简明的新规则（草案第5条）；
- 建立劳资委员会的协议必须安排欧洲劳资委员会的知情与咨询与国内代表机构的知情与咨询之间的联系；若这种安排失败，在决策有可能引起工作组织或合同关系重大变化的情况下，成员国必须确保对欧洲劳资委员会和国内代表机构的通知与咨询程序并行开始（草案第12条）。

7.15 《欧洲劳资委员会指令》（EWC Directive）谈判模式的目的是雇主与特别联合谈判机构中的员工代表之间达成一份协议，未达成协议时适用附属（默示）规则，这种谈判模式被复制到欧洲公司（SE）和欧洲合作社（SCE）法的配套指令中。根据《欧洲公司指令》（SE Directive）前言，在建立欧洲公司的所有情形下，跨国层面的知情与咨询程序都必须得到确保，并首先通过有关当事人达成协议的方式确定，在未达成协议时通过适用一套附属规则或标准规则确定。标准规则被规定在该指令附录第2部分，它们界定了在欧洲公司（SE）内设立的代表机构的能力与权力，而第1部分则包含了组成这种机构的标准规则。知情与被咨询权模仿了《欧洲劳资委员会指令》的规定。这些问题及《欧洲劳资委员会指令》与《欧洲公司指令》的关系曾在段落4.39－4.42中讨论。

7.16 《欧洲合作社指令》与《欧洲公司指令》在许多方面相似，在未达成员工参与协议时适用的规则相同。不同于欧洲公司（SE），欧洲合作社(SCE)可以由数名自然人设立,也可以由一名法人或自然人设立。当这些自然人或法人雇用的员工少于50名或只在一个成员国等于或多于50名,员工参与由当地法律调整。欧洲合作社本身适用其登记地成员国法律,其下属机构和分支机构则适用所在成员国法律。但欧洲合作社登记后,经过三分之一的员工总人数的请求,其下属机构和分支机构将足以适用指令的基本规则,确切地说就是开始关于跨国通知咨询程序的谈判程序(第8条)。

第三节　有关通知与咨询的其他指令

7.17　关于集体裁员的指令、关于企业转让时员工权利保护的指令,以及一些关于安全与健康的指令,均包含了关于通知与咨询员工代表程序的规定。[1] 这些指令涉及的是特殊情况,而《2002/14/EC号指令》为通知与咨询员工建立了一个总体框架。[2]

7.18　《关于集体裁员的指令》(*Directive on collective redundancies*)(1975,1992年修订)[3]适用于一名雇主进行的非员工个人原因的解雇。成员国可以规定一个特定解雇数量作为起点。例如,可选择的做法之一是在90天内至少裁员20人的情况下适用这种规则,而不论该企业通常雇佣员工的人数(第1条)。集体裁员的信息必须在作出该决定并通知有关当局以前通知员工代表。雇主有义务以书面方式作出解释,尤其是对裁员、裁员人数、通常雇佣的员工人数以及该裁员发生的期间(第2条第3款)。雇主有义务将集体裁员方案通知主管当局(第3条)。磋商必须包括避免或减少裁员以及减轻其后果的途径

---

〔1〕 (EEC)75/129, OJ 1975, L48; (EEC) 111 187, OJ 1977, L61; inter alia (EEC) 89/391, OJ 1989, L 183.

〔2〕 OJ 2002, L 80.

〔3〕 见统一指令 Directive 98/59/EC, OJ 1998, L 225。

和方法。雇主还应当向与员工代表咨询以达成协议。集体裁员的生效时间不得早于通知主管当局后30天(第4条)。[1]

7.19 《企业转让时员工权利保护指令》(*directive on the safeguarding of employees' rights in the event of transfers of undertakings*)(1977,2001年被替换)[2]适用于经济形势引起企业结构、营业变化从而导致雇主变更的情形。更确切地说,该指令适用于由于合法转让或合并而引起的企业、营业全部或部分转让给另一雇主的情形[第1(a)条]。为了清晰起见,它规定该指令适用于转让一个经济实体且保持其特性,即就是以从事一项经济活动为目的的有组织的资源组合,无论该经济活动是核心的还是辅助的[第1(b)条]。这种说法实质上纳入了大量欧洲法院作出的关于转让的概念和企业或部分企业的概念的判例法。[3] 该指令设置的规则适用于被转让企业位于欧盟内的情形(第1条第2款)。该指令使员工依据现有合同保持工作,只是雇主变为受让人(第3条)。出让人和受让人都必须将转让日期、转让原因、对员工的法律、经济和社会影响和对员工的计划措施通知受转让影响的员工的代表。出让人或受让人考虑与有关其员工的措施时,必须咨询员工代表以达成协议(第6条)。该指令的更多细节在段落8.35中讨论。

7.20 所谓《安全与健康框架指令》(*Framework Directive on safety and health*)(1989,2007年被修订)涉及改善员工在工作中的安全与健康的一般性措施。[4] 除其他事项外,它还规定了涉及企业的安全与健康政策的员工参与。根据第10条,员工必须获得所有有关安全与健康

---

[1] Blanpain, *Labour Law and Industrial Relations of the European Community*, nr. 283 - 293.

[2] 《77/187/EEC号指令》(OJ 1977, L 61),由1998年《第98/50/EC号指令》(OJ 1998, L 201)修订;这两部指令均被统一指令《2001/23/EC号指令》(OJ 2001, L 82)所废止。

[3] C. de Groot, 'The Council Directive on the Safeguarding of Employees' Rights in the Event of Transfers of Undertakings: An Overview of the Case Law', *Common Market Law Review* 30(1993):331 - 350.

[4] (EEC)89/391, OJ 1989, L 183 and 2007/30/EC, OJ 2007, L 165.

风险以及在这方面采取的措施和活动的必要信息。第11条第1款要求雇主咨询员工及/或员工代表意见,并允许他们参加所有有关工作安全与健康问题的讨论。这包含了员工被咨询权和建议权。它的前提是国内法和/或惯例中也有与此相称的员工参与。[1]

7.21 《建立通知与咨询员工的一般框架的指令》(*Directive establishing a general framework for informing and consulting employees*)(2002)的立法目的是统一欧盟内的知情与咨询原则。[2] 它对在上述段落中讨论过的现有指令进行增补并弥补国内法律与实践的不足。

7.22 该指令的通过受到了Renault Vilvoorde案的激励,于是有人称该指令为Vilvoorde指令。雷诺公司(Renault)的管理部门宣布关闭位于维尔福德(Vilvoorde)(比利时)的生产工厂[3],却没有事先咨询员工代表。同时,雷诺公司似乎计划通过西班牙官方和欧共体的资助来扩大其在西班牙的生产能力。未经适当咨询而作出影响3000多名员工工作的决定,激起了工会和比利时官方的强烈反应。它还引起了欧共体层面的兴趣,一名欧盟委员会委员宣布他打算根据《欧洲劳资委员会指令》和《集团裁员指令》(75/129/EEC)对雷诺行动的合法性进行评估。[4] 但是雷诺曾通过自愿协议在1996年9月之前建立了一个"欧洲集团委员会",从而免除了建立一个欧洲劳资委员会的再谈判义务(根据《欧洲劳资委员会指令》第16条)。这份协议未规定雷诺公司有义务召开该委员会的特别会议就关闭维尔福德工厂进行磋商。对这一案件,比利时与法国的法院都认为尽管有自愿协议,知情与被咨询权仍受到侵犯。该协议必须以符合其前言的方式进行解释,其前言参考了《欧洲劳资委员会指令》和《欧共体工人基本社会权利宪章》。按照《欧洲劳资委员指令》,任何对员工利益有重大影响的决定都必须

---

[1] 1989年指令中的这些规定未被修改,因此旧术语"员工参加"(participation of workers)仍被使用[等于"员工参与"(involvement of employees)]。

[2] 2002/14/EC,OJ 2002,L 80.

[3] 注意'Vilvoorde'也被拼写为'Vilvorde'。

[4] 欧洲议会通过了一项决定,声称这些指令已被违反,OJ 1997,C 115。

经过欧洲劳资委员会(EWC)的知情与咨询。凡尔塞上诉法院(Versailles Court of Appeal)认为咨询不一定必须在决定之前,但必须留有批评的余地以便逐步修改最初的决定。[1] "维尔福德"案之后,比利时立法者制定了更严格的规则以防止对知情与被咨询权的任何进一步侵犯。[2]

7.23 传统上在各成员国中,员工由劳资委员会和/或工会代表来代表。各国关于知情与被咨询权的制度可能有很大区别。[3] 该指令没有表现出对其中任何一种制度的偏爱,而是仅仅建立了一个规定员工和/或员工代表的知情与被咨询权最低要求的一般框架。对这一权利的实际安排必须根据成员国的国内法和产业关系实践,以确保其有效性的方式来确定和实施(第1条)。关于知情与咨询的规则适用于企业在一个成员国雇用了至少20或50名员工的情形。成员国可以选择其中任一起点(第3条)。必须在适当时间、以适当方式提供信息,以使员工代表可以进行充分的研究并且在必要时为磋商作好准备。咨询必须在适当层面进行,特别是关于可能导致工作组织或合同关系发生重大变化的决定,只要这些决定是在雇主权力的范围内。咨询必须以达成有关这些变化的协议为目的而进行(第4条)。该指令规定保密信息处理规则被实施的程度是员工代表可以被保密义务约束。如果信息有害于企业雇主的运作,在指定情形下,向员工披露信息或咨询员工就不是强制性的(第6条)。

7.24 根据该指令的核心条款第4条,成员国必须确保适用以下

---

〔1〕 Filip Dorssemont, 'The Renault Saga (revisited)', *European Company Law* 3, no. 1 (Feb. 2006): 5 et seq. Cases are reported in the *Chroniques de Droit Social* 1997, 325 et seq. and 1998, 376 et seq. and *Revue de jurisprudence sociale* 1997, nr. 829.

〔2〕 Isabelle Schömann, Stefan Clauwaert & Wiebke Warneck, *Information and consultation in the European Community. Implementation report of Directive* 2002/14/*EC*, European Trade Union Institute for Research, Education and Health and Safety (ETUI-REHS) (Brussels, 2006), 7 (retrieved from < www. worker-participation. eu, Aug. 2008 >).

〔3〕 Calvo et al, *Employee Representatives in an Enlarged Europe*, 45.

规则：

(2)知情与咨询应当覆盖：

(a)关于企业或机构的活动与经济状况的近期大概发展信息；

(b)关于企业或机构内就业的状况、结构与可能的发展，以及尤其是在出现就业威胁时关于设想的预期措施的知情与磋商；

(c)关于可能引起工作组织或合同关系(……)重大变化的决定的知情与咨询；

(……)

(4)咨询应当：

(a)确保时间安排、方式和内容适当；

(b)根据所讨论的主题，在管理和代表的有关级别进行；

(c)以雇主根据本条例第2(f)条提供的信息和员工代表有权表达的意见为基础；

(d)以确保员工代表会见雇主并得到雇主对员工代表表达的任何意见的回复及其理由的方式进行；

(e)以达成一份协议为目的，协议内容是属于段落2(c)规定的雇主权力范围内的决定。

7.25 该指令允许成员国选择赋予管理机构和劳动者代表通过协议建立通知与咨询员工的实际安排的自由。这种安排可以不同于第4条，但应当符合第1条规定的原则。这意味着应确保这些原则的有效性，而且“雇主与员工代表应当本着合作精神和对相互权利义务的尊重开展工作，既考虑到企业利益，也可考虑到员工利益”。

7.26 虽然该指令应当在2005年3月23日前实施，但至2007年10月，有三个成员国仍然处在法律转换的进程中。[1] 四个成员国曾

---

[1] 卢森堡、芬兰和比利时。Edoardo Ales 著：Studies on the Implementation of Labour Law Directives in the Enlarged European Union. Directive 2002/14/EC establishing a general framework for informing and consulting employees in the European Community, Synthesis Report (Synthesis Report) (Oct. 2007)，检索自：<http://ec. europa. eu/employment_social/labour_law> (Aug. 2008)，第4页。

宣布不需要实施，因为国内法律和惯例已经与该指令的规定一致；但欧洲法院在两个这种案例中作出了不同判决。[1] 该指令第10条包含了一条过渡条款，允许没有一般性、永久性的员工或员工代表知情与咨询法律制度的成员国临时限制超出第3条要求的最低员工人数的企业或机构适用国内执行条款。只有六个成员国受益于这一规定。[2] 对该指令的实施评价表明仍存在一系列问题。其中包括由于“企业”(undertaking)、“机构”(establishment)和“员工”(employee)定义的含糊性所导致的该指令执行范围的不明确，以及对处理保密信息的第6条的法律转换不完全。[3]

第四节 各成员国的员工参与

7.27 为了阐明员工参与在国内层面的特征，下一段将选择一些成员国来简要解释如何处理这一主题。虽然前文没有对这些指令的实施给予特别关注，但还是值得说明一下，成员国可以在其国内劳动法中纳入实施措施，或者制定单行法来实施指令。例如，《法国劳动法》(Code du travail)连续规定了在设立欧洲公司(SE)或欧洲合作社(SCE)以及跨国合并时不同形式的员工参与，即通过工会、员工代表或劳资委员会(包括欧洲劳资委员会EWC)。[4] 作为对比，荷兰立法者制定了独立于《劳资委员会法》的实施法(Wet op de ondernem-

---

[1] C－320/06(关于比利时)和C－385/05(关于法国)。

[2] 塞浦路斯、爱尔兰、意大利、马耳他、波兰和英国。Ales, Studies on the Implementation of labour Law Directives in the Enlarged European Union, 5.

[3] 同上，第34页。

[4] *Code du Travail* (*version en vigeur au* 5 *septembre* 2008，检索自：<www.legifrance.gouv.fr>)。

ingsraden)。[1] 当然,后一种方法在使员工参与规则易于被接受方面帮助不是很大。

7.28 总的来说,尽管协调指令有一定效果,但各成员国的员工参与制仍有很大区别。第一,虽然这些指令是调整员工参与的重要连接因素,但应当注意到《2002/14/EC 号指令》界定的"企业"(undertaking)和"机构"(establishment)概念过于含糊,以至于很难产生协调作用。第二,在知情与咨询领域,首要因素要么是作为员工代表机构的劳资委员会,要么是工会代表(例如英国的)。这两种"途径"可以并存,在一定程度上具有不同任务,但在以下情况下也可以具有关联性:一是他们的成员具有关联性的,例如在法国就是如此;二是工会在建立劳资委员会时起主导作用,如波兰。第三,对于劳资委员会或其他员工代表与雇主之间的冲突案件,各国司法程序有很大区别。例如在荷兰,如果雇主的决定违反了咨询规则,这种程序可以产生一份强制令,强制雇主撤销其决定;而在法国,雇主可能受到刑事处罚,但这不影响已作出的决定。

7.29 最后,谈到董事会层面的员工参加决策(employee participation),必须注意到这不是成员国的共同特征。根据 2008 年 4 月前完成的研究,这种参加决策制在十三个成员国采用。[2] 最常见的是这些成员国的员工代表拥有公司机构的三分之一席位,往往是监事会。[3] 在其他五个成员国,员工参加决策限于国有公司或市政当局拥有的公司,

---

〔1〕 *Wet rol werknemers bij de Europese vennootschap*, 17 Mar. 2005. 比利时于 2005 年 8 月 10 日也通过了一部单行法(*Wet betreffende de rol van de werknemers in de Europese Vennootschap*)。

〔2〕 丹麦、芬兰、挪威、瑞典、德国、奥地利、荷兰、卢森堡、捷克共和国、斯洛伐克共和国、匈牙利、斯洛文尼亚,见 *Employee Representatives in an Enlarged Europe* 第 1 卷,第 64 页。

〔3〕 Calvo 等著:*Employee Representatives in an Enlarged Europe* 第 1 卷,第 64 ~ 65 页。不在本书讨论范围之内的瑞典立法,授权至少拥有 25 名员工的公司的员工派出两名董事会常任代表及两名副手;如果公司拥有 1000 名以上员工并且经营至少两种不同营业,则数量为三名常任代表和三名副手。

另有两个成员国将其扩大到私有化的公司。[1] 十二个成员国根本没有公司机构层面员工参加决策的法律安排。[2] 虽然员工参加决策尚未被协调,但调整跨国性事务的指令(《第10号指令》、《SE指令》、《SCE指令》)已考虑到这一问题。[3]

一、比利时[4]

7.30 比利时于1948年立法引进劳资委员会,并由皇家法令和集体协议进行进一步调整。[5] 如果雇主在一家企业雇用了平均50名或50名以上员工,就必须建立一个劳资委员会。[6] 如果雇用了这么多员工,还必须建立一个独立机构——安全与健康委员会。此外,工会在社会政策领域积极参与问题解决时,在企业层面可以拥有自己的代表。劳资委员会的候选人名单由工会推荐并且其组成方式必须代表各类员工。[7] 但是劳资委员会的成员是混合的,因为雇主或其代表也有席位,劳资委员会会议主席由雇主或雇主代表担任。[8] 劳资委员会中的员工任期为四年,他们有权促进教育和培训等。[9] 他们享受不得降低职位的保护。只允许因有限的理由而终止他们的合同,例如经济或技术环境。劳资委员会有权得到有关企业财务、经济、社会事务方面的信息。被咨询权适用于社会事务和企业生产能力等经济问题,或者寻求

---

〔1〕 比利时、希腊、爱尔兰、波兰和西班牙。法国和马耳他已将员工参加制扩大到私有化的公司,见 *Employee Representatives in an Enlarged Europe* 第1卷,第64页。

〔2〕 爱沙尼亚、拉脱维亚、立陶宛、塞浦路斯、罗马尼亚、保加利亚、意大利、英国和葡萄牙。同上,第64页。

〔3〕 见段落3.87、4.13和段落4.44。

〔4〕 Calvo 等著:*Employee Representatives in an Enlarged Europe* 第1卷,第94～101页。

〔5〕 1948年9月20日法案(已修订)(Wet van 20 sep. 1948 houdende organisatie van het bedrijfsleven)。

〔6〕 1948年9月20日法案第14条。

〔7〕 1948年9月20日法案第14、16、20ter条。

〔8〕 1948年9月20日法案第16、22条。

〔9〕 1948年9月20日法案第21条。

其建议的问题。[1] 劳资委员会对特定问题有共同决定权,例如假期计划。[2] 在发生冲突的情况下,雇主或员工可以将问题提交给法院。[3] 除少数由国家或地方拥有的公司外,比利时法律未规定公司机构层面的员工参加决策。[4]

二、法国[5]

7.31 法国版的劳资委员会(comité d'entreprise)于1945年立法引进。如果在前三年内,无论是否连续,企业在12个月内雇用的员工达到50名或更多,建立劳资委员会就是强制性的。在任何情况下,均可以通过协定或集团协议建立劳资委员会。[6] 每四年应当举行一次选举。候选人名单可以由工会提交,名单必须反映不同类型的员工。[7] 同比利时一样,雇主或其代表是劳资委员会的一名成员,并且主持会议。[8] 员工成员享有免于终止雇佣合同的保护。[9] 雇主必须为劳资委员会的文化和社会活动提供资助,并承担劳资委员会咨询专家的费用。[10] 劳资委员会有知情权,雇主作出重要经济决定前必须咨询劳资委员会,例如合并和重组,但在雇主发出公开收购要约的情况下不必进行咨询。[11] 雇主不履行这一义务将构成刑事犯罪。[12] 法国立

---

〔1〕 1948年9月20日法案第15条。

〔2〕 同上。

〔3〕 1948年9月20日法案第24条。

〔4〕 A. M. Koene & H. Slomp, Medezeggenschap van werknemers op ondernemingsniveau (The Hague: Vuga, 1991), 63-96. Calvo et al., Employee Representatives in an Enlarged Europe, Vol. 1, 94-101.

〔5〕 Calvo et al., *Employee Representatives in an Enlarged Europe*, Vol. 1, 204-218.

〔6〕 《法国劳动法》(*Code du travail*)第L2322-1、L2322-2、L2322-3条。

〔7〕 《法国劳动法》第L2324-1、2324-2、2324-3、2324-4条和第L 2324-24条。

〔8〕 《法国劳动法》第L2324-1条。

〔9〕 《法国劳动法》第L2411-1条及以下。

〔10〕 《法国劳动法》第L2323-86条和第L2325-35条及以下。

〔11〕 《法国劳动法》第L2323-1、2323-19、2323-25条及以下。

〔12〕 《法国劳动法》第L2328-1、2328-2条。

法者允许作出比法律规定更有利于劳资委员会运作和能力的集体安排。[1]

7.31a　企业集团的劳资委员会必须由支配企业设立。其成员由工会从集团内企业的劳资委员会成员中委派。集团的劳资委员会在集团层面和企业层面均拥有扩大的知情权。[2]

被委派的劳资委员会成员有权参加股份公司(SA)的董事会或监事会所有会议,并就所讨论的事项提出建议。通常有两名被委派的成员,但在劳资委员会由三类人员选举时,委派四名成员。[3] 虽然有权参加所有会议,但劳资委员会委派的成员不是公司机构的成员。不过股份公司章程可以规定一定数量的员工代表被选为董事会或监事会成员。[4]

7.31b　除劳资委员会以外,还常常选举员工代表(délégués du personnel),他们可以同时是劳资委员会成员。[5] 在雇用200人以下的企业,雇主可以决定由员工代表(delegates)担任劳资委员会中的雇员代表(representation)。[6] 这些代表的主要任务是向管理机构和劳资委员会传达员工的投诉。[7] 另外,工会代表有责任促进员工中工会成员的利益,并可以与雇主达成集团协议。[8] 不过,工会代表也是劳资委员会成员的情形很常见。通过集体协议建立的一个机构通常是"自由表达小组"。员工对其工作和工作条件享有自由表达的法定权利。[9]

---

〔1〕《法国劳动法》第L2325-4条。

〔2〕《法国劳动法》第L2331-1条及以下,第L2332-2、L2332-1条。

〔3〕《法国劳动法》第L2323-62条。

〔4〕《法国商法典》,《法国劳动法》第L225-27、L225-79条。还请参见第L225-23条和第L225-71条关于在员工持有3%以上公司资本的情况下员工代表选举的规定。

〔5〕如果企业有11名或11名以下员工,就满足了选举代表(delegates)的起点,第L2312-1条。

〔6〕《法国劳动法》第L2326-1条。

〔7〕《法国劳动法》第L2313-1条。

〔8〕《法国劳动法》第L2111-1条及以下。

〔9〕《法国劳动法》第L2281-1条及以下。

这是一项集体权利,在工会拥有代表人的企业中,行使该权利的方式必须由与雇主达成的协议规定。[1]

三、德国[2]

7.32 德国拥有关于劳资委员会的长期传统,因为它们在20世纪前数十年就已经受法律调整。但是员工参与的现代形式是双重的,不仅包括通过劳资委员会参加决策,也包括大公司监事会中有员工代表[共同决策(co-determination)或 Mitbestimmung]。原则上劳资委员会解决工厂层面的事务,例如工作条件,而共同决策解决的则是监督层面的公司经济政策。监事会中的员工代表对某些商业组织是强制性的,特别是员工超过500名的公众公司和私人公司。这时三分之一的监事会成员由员工选举(段落6.28)。[3] 员工超过2000人的,为二分之一。员工在2000人至10,000人之间的,监事会必须有12名成员,其中6名为员工代表,即4名员工和2名工会代表。如果员工人数更多,这一数字也不同,监事会成员的最高人数(20)必须由员工超过20,000名的公司任命。类似地,这些席位的半数留给员工代表,其中一部分保留给工会代表。[4] 为了避免僵局,主席有决定性一票。主席必须由监事会以三分之二多数选举,监事会中的员工代表和股东代表均可以阻止任命。但这时,股东代表可以选择主席。员工代表可以选择副主席。[5]

7.32a 《员工共同参与决策法》主要适用于股份公司和有限公司。监事会的所有成员都同样有责任促进企业利益,其中员工代表的法律地位与其他成员没有区别。[6]

---

〔1〕《法国劳动法》第L228-5条。

〔2〕Calvo et al., *Employee Representatives in an Enlarged Europe*, vol. 1, 228-246.

〔3〕《三分之一共决法》(*Gesetz über die Drittelbeteiligung der Arbeitnehmer im Aufsichtsrat* (DrittelbG))第1条。

〔4〕《员工共同参与决策法》(*Mitbestimmungsgesetz*)第1、7条。某些产业可以依据《煤钢员工共同参与决策法》(*Montan-Mitbestimmungsgesetz*)适用不同规则。

〔5〕《员工共同参与决策法》第27、29条。

〔6〕《员工共同参与决策法》第25条,《股份公司法》第116条和第93条。

7.32b　每个有5名以上员工的企业,或者最低3名员工或工会要求召开选举会议的企业,都必须设立一个劳资委员会(Betriebsrat)。[1] 如果雇主设立了一个以上劳资委员会,它们必须组成一个共同劳资委员会(Gesamtbetriebsrat)。如果企业隶属于某一集团,共同劳资委员会可以组建一个集团劳资委员会(Konzernbetriebsrat)。[2] 选举必须每四年举行一次,在三个月内完成,候选人由5%的员工、50名员工或工会提名。[3] 不同于比利时与法国法律,德国立法者只允许员工被选为劳资委员会成员。[4] 他们不得因成员身份而处境不利,并享有不终止雇佣合同的保护。[5] 劳资委员会有权就法律规定的主要经济决策,特别是企业的关闭与合并,得到通知并被咨询。[6] 关于社会政策的管理决策也是如此,在有些情况下劳资委员会甚至有共同决定权。[7] 冲突可以提交给一个法定的调解委员会(Einigungsstelle),在有些情况下必须提交。[8] 除劳资委员会以外,在管理职能中还有员工代表委员会(Sprecherausschüsse)。[9] 另外,企业中可能有工会代表,但实践中工会代表仅仅在大型企业中发挥作用。[10]

---

〔1〕《劳资关系法》[*Betriebsverfassungsgesetz*(BetrVG)]第1条。

〔2〕《劳资关系法》(BetrVG)第47条、第54条及以下。

〔3〕《劳资关系法》(BetrVG)第13、14条。

〔4〕《劳资关系法》(BetrVG)第5条。

〔5〕《劳资关系法》(BetrVG)第78条,《就业保护法》(Kündigungsschutzgesetz)第15条。

〔6〕《劳资关系法》(BetrVG)第106、111条。

〔7〕《劳资关系法》(BetrVG)第91、99条。

〔8〕《劳资关系法》(BetrVG)第76条。

〔9〕《管理人员发言人委员会法》(*Sprecherausschußgesetz*)第1条及以下。

〔10〕《劳资关系法》(BetrVG)第2、23、77条。*Employee Representatives in an Enlarged Europe*, Vol. 1, 228 – 229. Von Hoyningen-Huene in *Munchener Handbuch zum Arbeitsrecht*, B and 3, para. 294, Rdnr 28 – 30. 关于德国员工参加决策概况,见Koene & Slomp著:*Medezeggenschap van werknemers op* ondernemingsniveau,第97~142页。

四、荷兰[1]

7.33 在荷兰，第一部调整劳资委员会的法律（1950年）规定雇主主持委员会会议。但自1979年以来，雇主不得再成为劳资委员会成员。如果企业雇用了50名或更多员工，设立劳资委员会（ondernemingsraad）就是强制性的。[2] 在较小的企业，员工有权每年举行两次会议，并就对就业水平有较大影响的主要决定获取信息并提供意见。[3] 在这种小企业，雇主可以建立一个与劳资委员会拥有部分相同权利的员工代表机构（personeelsvertegenwoordiging）。[4] 劳资委员会的候选人可以由工会和最低人数的员工推荐。劳资委员会可以决定与集团或企业部门有关的候选人名单。成员任期三年。[5] 他们享有一定便利并有资格获得教育和培训。[6] 他们享受工作职位不降低、就业合同不被终止的保护。[7] 如果雇主已经为企业设立了一个以上劳资委员会，或者企业是集团的一部分，那么设立集团劳资委员会（groepsondernemingsraden）和中心劳资委员会可能是强制性的。劳资委员会有权获取信息，主要是关于经济和社会政策的信息，也包括财务信息。[8] 法律明确规定的主要经济和财务决定，如企业的关闭或转让，必须征求劳资委员会的意见。[9] 对法律明确规定的社会政策事务的决策，劳资委员会有共同决定权，如工资制度的改变。[10] 如果雇主不履行法律规定的有关劳资委员会的义务，劳资委员会有权寻求司法救济。没有适当地

---

〔1〕 Calvo et al., *Employee Representatives in an Enlarged Europe*, Vol. 2, 78－87.

〔2〕《劳资委员会法》（*Wet op de ondernemingsraden*）第2条。

〔3〕《劳资委员会法》第35b条。

〔4〕《劳资委员会法》第35b～35d条。

〔5〕《劳资委员会法》第9～12条。

〔6〕《劳资委员会法》第16～18条。

〔7〕《劳资委员会法》第21条。

〔8〕《劳资委员会法》第31～31d条。

〔9〕《劳资委员会法》第25条。

〔10〕《劳资委员会法》第27条。

咨询劳资委员会的，法院可以命令雇主撤销其决定。有关社会政策的决定如果没有劳资委员会的参与，则可能无效。[1]

7.33a 同德国一样，除了劳资委员会，某些商事组织还有一种监事会层面员工参加决策形式。[2] 该制度在荷兰适用于相当大型的公众公司和私人公司，即股本为 1600 万欧元并且员工至少 100 人的公司。监事会成员根据一套相当复杂的机制任命，该机制来源于一项 2004 年的法律审查。虽然监事会成员由股东大会根据监事会的提议任命，但股东会和劳资委员会都可以首先提出监事会成员人选。监事会三分之一席位必须给劳资委员会提议的人选。监事会只能基于被提议者缺乏履行职责的能力或者监事会的构成将不合理的原因反对被提议的人选。如果达不成协议，监事会可以请求阿姆斯特丹上诉法院企业法庭（the Enterprise Chamber of the Amsterdam Court of Appeal）对此作出裁决。[3] 所谓的结构制（structure regime system）与德国制度的更进一步区别在于监事会成员不得受雇于公司、其子公司或参与公司集体谈判的工会。[4] 作为一项原则，监事会成员必须具有独立性（见段落 6.64a）。最后，应当特别注意到国际控股公司免于适用结构制。[5]

五、波兰[6]

7.34 劳资委员会于 2006 年由《2002/14/EC 号指令》的实施法引入波兰。因此，所有从事经济活动并且雇员为 50 名或 50 名以上的

---

[1] 《劳资委员会法》第 26、27 条。

[2] 《荷兰民法典》第 2 编（Book 2 Dutch Civil Code）第 152 条及以下（公众公司）和第 262 条及以下（私人公司）。

[3] 《荷兰民法典》第 2 编第 158、268 条。

[4] 《荷兰民法典》第 2 编第 160、270 条。

[5] 《荷兰民法典》第 2 编第 153、263 条。

[6] Calvo 等著：*Employee Representatives in an Enlarged Europe*，第 2 卷，第 115 ~ 123 页；Jan Czarzasty 和 Rafal Towalski 著：'Information and Consultation Bill Adopted'，可在欧洲产业关系观察站（European industrial relations observatory）网站在线检索：www.eurofound.europa.eu/eiro/2006/country/poland.htm。

雇主有义务设立一个劳资委员会。实施法中没有“企业”(undertaking)和“机构”(establishment)的定义,而是将其与“雇主”概念联系起来。[1] 在有工会的企业中,劳资委员会成员由工会选举。如果有不止一个工会,那么每个工会都有权选出至少一个成员,但这可能与劳资委员会成员的有限人数冲突;例如,员工为50至250人的,劳资委员会成员为三人。这时,可以选出更多的成员,以便每个工会可以正常选举。工会选举劳资委员会成员的,劳资委员会活动的费用由工会承担。如果没有工会代表,成员由员工选举,根据全体员工多少由10或20名员工提出候选人。劳资委员会成员受到免于终止就业合同及不降低其工作条件或报酬的保护。劳资委员会应当得到一定设施并可以利用专家的帮助。雇主应当将雇主活动和经济状况的进展、就业发展、可能导致工作组织变化的措施通知劳资委员会并咨询其意见。雇主的这一义务规定在总则中,与该指令第4条相似。劳资委员会要求披露特定文件的请求往往遭受雇主反对。但是华沙法院的一项判决强制雇主披露原告要求的关于雇主雇用的临时人员成本的信息。[2] 除了在国有企业,波兰的公司机构中没有员工参加决策制。[3]

六、西班牙[4]

7.35 西班牙的劳资委员会最初在1947年受到法律调整,劳资委员会在雇主管理下工作,但1980年立法引进了全体员工组成的劳资委员会。[5] 如果企业雇员在50名或50名以上,设立劳资委员会(comité de empresa)就是强制性的。[6] 在较小的企业,必须选举员工

---

〔1〕 Ales, *Synthesis Report*, 67.

〔2〕 Rafal Towalski, ‘Court Ruling Gives Works Council More Extensive Right to Information’, 2008, retrieved from < www.eurofound.europa.eu/eiro/2008/country/poland.htm > (Sep. 2008).

〔3〕 Calvo et al., *Employee Representatives in an Enlarged Europe*, vol. 2, 122 and 123.

〔4〕 同上,第197~208页。

〔5〕 该法于1994年修订,*Boletin Oficial del Estado*(国家官方公报),1994/122。

〔6〕《工人权利法》[Ley del Estatuto de los Trabajadores(ET)]第63条。

代表(delegados de personal)取代劳资委员会。[1] 如果设立了劳资委员会,但是企业属于某一企业集团,则必须通过集体协议建立一个集团劳资委员会。[2] 劳资委员会候选人可以由工会和劳资委员会最低人数成员推荐。必须至少有两份名单反映法律规定的两类员工,粗略地说就是蓝领工人和白领工人。[3] 劳资委员会成员任期四年,但选举他们的员工可以在一定条件下以多数表决撤销其职位。[4]《工人权利法》没有规定专家的帮助。劳资委员会成员不得因其成员身份受到格外有利或不利待遇。他们受到免于终止就业合同的保护。[5] 劳资委员会对一些经济和社会事务享有知情权,并且应被咨询,特别是对关于工作条件的重大改变计划、集体裁员计划,通常被咨询的问题是关于可能引起工作组织重大改变的雇主决定。[6] 如果雇主不履行其有关劳资委员会或劳资委员会有权积极参与的事务方面的义务,劳资委员会可以寻求司法救济。劳资委员会或员工代表可以参加集体协议的缔结。[7]

7.35a 平行于劳资委员会的员工代表或小企业中的员工代表人,可以建立一个工会委员会并任命工会代表。他们的职位在很多方面与代表员工的其他人相同。[8] 实践中,劳资委员会与工会委员会的成员往往有一部分重叠。[9]

7.35b 除了劳资委员会,员工有权在企业的场所举行会议。这

---

〔1〕《工人权利法》(ET)第62条。

〔2〕《工人权利法》(ET)第63条(*comité intercentros*)。

〔3〕《工人权利法》第69、71条。

〔4〕《工人权利法》第67条。

〔5〕《工人权利法》第68条。

〔6〕《工人权利法》第41、51、64条。这条条文同样地适用于小企业的员工代表,ET第41条第4款、第51条第4款、第62条。

〔7〕《工人权利法》第87条。

〔8〕工会的法律地位主要由《工会自由法》(Ley Orgánica de Libertad Sindical)调整。

〔9〕Calvo et al., Employee Representatives in an Enlarged Europe, vol. 2, 197 – 198; Koene & Slomp, Medezeggenschap van werknemers op ondernemingsniveau 215 – 232.

种会议由员工代表、劳资委员会或者33%的员工召集。会议用于以多数票批准可以影响所有员工的协议。[1]

七、英国[2]

7.36　在英国,没有法律规定企业层面必须有员工代表。但是,存在这种代表时,数个法条规定了代表的权利。传统上工会几乎是排他地应对企业层面员工代表问题。[3] 由于执行《2002/14/EC号指令》,雇主负有一项义务,在收到员工的有效请求时开始谈判,以达成协议,特别是关于雇主在何种情形下必须通知和咨询员工的协议。为便于谈判,雇主应当对谈判代表的选举或任命作出安排。[4] 根据实施法条款建立的机构被赋予该指令所规定的标准的知情与被咨询权。[5] 这种机构被称为联合咨询委员会或劳资委员会,其功能是作为工会代表(这是员工代表的主导形式)的补充或有时替代工会代表。他们所覆盖的工作场所数量相对较少。[6]

7.36a　大多数员工在企业层面由工会代表所代表,后者通常被

---

〔1〕《工人权利法》第77条及以下和第80条。

〔2〕Calvo et al., *Employee Representatives in an Enlarged Europe*, vol. 2, 243 – 254. H. Slomp, 'De Drie Stelsels van arbeidsverhoudingen in West-Europa', *OR-Informatie* 4 (1990).

〔3〕Barbara Kersley 等著:*Inside the Workplace* (London:Routledge, 2006),第125页,结论是仅5%的工作场所具有独立的非工会代表。

〔4〕《2004年员工知情与咨询条例》(Information and Consultation of Employees Regulations 2004, Statutory Instrument 2004 No. 3426)第7、14、16条。预计将不会对许多新安排进行谈判,Calvo 等著:*Employee Representatives in an Enlarged Europe* 第2卷,第244页。关于《欧共体2002/14号指令》的影响,还请参见 Frank Burchill:*Labour Relations* 第3版(New York:Palgrave MacMillan, 2008),第171~175页。

〔5〕《2004年员工知情与咨询条例》(Information and Consultation of Employees Regulations 2004)第18条及以下。

〔6〕根据 Kersley 等著的 *Inside the Workplace* 第126页及以下,这种委员会出现在14%的工作场所(2004)。

称为“工会干部”(*shop stewards*)。[1] 法律没有规定这些代表的人数,也没有规定其委员会的组成及其被选举的方式。这些问题各个工会可能各有不同。[2] 甚至经过认证的工会,其代表也没有财务权和利用各种资源的一般权利,尽管这些可以通过谈判达成的协议得到处理。工会代表享受不被解雇和不降低待遇的保护。他们拥有可以使他们进行集体谈判的知情权,在集体裁员和营业转让时必须通知并咨询他们。[3]

7.36b 英国发展出的员工参与并不能容易地符合欧盟模式。例如,关于欧洲劳资委员会(EWC)的指令暴露出了一个“代表缺口”,因为不同于大多数成员国,英国没有可以作为欧洲劳资委员会有效运作平台的国内咨询规定。[4]

---

〔1〕 其他说法包括‘union rep’或‘local rep’,见 Calvo 等著:*Employee Representatives in an Enlarged Europe* 第 2 卷,第 245 页。

〔2〕 同上,第 246 页。

〔3〕 同上,第 247、248 页。

〔4〕 Frank Burchill,*Labour Relations*,3rd edn,174.

第八章　跨国合作与收购

第一节　导　　言

8.01　作为一项原则,人们可以识别产业组织(industrial organization,经济学研究领域——译者注)天平的两个极端,即商事企业的经济决策是如何协调的。[1] 一端是由市场通过买卖、租赁等合同来协调。除了对合同条款达成一致外,这一端几乎不要求商事企业之间的合作。另一端是完全整合,即收购、兼并或合并导致一个商事企业完全控制另一企业的活动。这时,经济决策不再由市场机制协调,而是由联合企业内的等级制度来协调。在这两端之间存在许多合作形式。它们尤其因安排持续期间和有关当事人承诺的变化而不同。本章首先观察具有长期影响的跨国合作,它又被称为"战略合作"(段落 8.02 ~ 8.09)。本章还进一步讨论合资企业,它作为一种战略合作形式并因此创设一家独立商事组织(段落 8.10 ~ 8.13)。跨国收购将按它们的不同形式考察:财产收购(段落 8.15 ~ 8.16),股份收购(段落 8.17 ~ 8.27)和合并(段落 8.28 ~ 8.34)。最后本章以关于员工权利保护(段落 8.35)和欧共体合并管制(段落 8.36 及以下)的评论收尾。

---

〔1〕 W. G. Shepherd, 'The State of the Industrial Organisation Field', in *Multidisciplinary Economics*, eds P. de Gijsel & H. Schenk (The Netherlands: Springer, 2005), 103 – 126.

第二节 跨国合作

一、战略合作

8.02 全球发展激励公司间的合作。[1] 市场国际化使公司面临新的竞争者。他们要面对被现代科技的复杂性和跨国知识交换需求所放大的巨大研究和发展投入。[2] 更有甚者,新发明缩短产品周期,迫使公司更快收回投资。这些挑战要求灵活的组织,但与此同时只有非常大型的企业才能够提供必要的资金投入。[3] 甚至这些大型企业也可能需要将其金融资源用于其他目的,因而实质性合作可能必不可少。它使公司能够分担研究和发展成本,巩固生产和销售的地位。[4] 一个商事企业可能发现自己处于矛盾之中,即为了保持竞争力而相互合作。[5]

---

〔1〕 S. E. Huyzer et al. , *Strategische samenwerking*, 11; Bernhard Nielsen, ' An Empirical Investigation of the Drivers of International Strategic Alliance Formation ', *European Management Journal* 21, no. 3 (Jun. 2003): 301 – 322; Paul Almeida, Jaeyong Song & Robert M. Grant, ' Are Firms Superior to Alliances and Markets? An Empirical Test of Cross-border Knowledge Building ', *Organisation Science* 13, no. 2 (Mar. 2002 – Apr. 2002): 147 – 161.

〔2〕 例如壳牌公司(Shell)与俄罗斯石油公司(Rosneft)之间的战略合作目标主要是分享经验和技术, www. shell. com/home/content/media-en/news_and_library/press_releases/2007。

〔3〕 因此有的战略合作旨在更好地利用资金和提高效率,例如 *Austrian Technik* 与 *Lufthansa Techni*k 的例子,见 Logistics Business Review, www. logistics-business-review. com。

〔4〕 Huyzer, *Strategische samenwerking*, 19 – 25; Bernhard Nielsen, ' An Empirical Investigation of the Drivers of International Strategic Alliance Formation ', 301 – 322.

〔5〕 H. Schreuder & A. van Witteloostuijn, ' Strategische allianties: Concurrentie en samenwerking ', *Maandblad voor Accountancy en Bedrijfseconomie* 63 (1990): 611.

8.03 关键词是"战略联盟"(strategic alliances)、"共同生产关系"(co-makership)和创建"一个生产合作关系"(a partnership in production)的意向。公司可以变成"网络化的公司"。[1] 结果是通过将每项业务包出(外包)而致力于核心能力的趋势被增强,正如在电子制造业见到的。[2]

注意促进合作的相同因素也可以导致集中,即就是减少市场上独立企业的数量。两种现象甚至可以同时发生,结果是少数选手在市场中落后,他们或许会进行更多合作。[3]

8.04 合作对有关公司的竞争力有长期影响,同时公司保持其独立性和身份,这种情形通常被视为一项战略合作。[4] 从参与这种安排的单个公司的角度,这种合作的成果是形成一个战略联盟。

"战略联盟"(strategic alliance)和合资企业(joint venture)的概念有时被交替使用。正如段落8.01所述,后者被视为战略联盟的一种特殊形式。注意,术语在本章的使用相当宽泛。"商事企业"(Business enterprise)、"企业"(enterprise)、"商行"(firm)和"公司"(company)被交替使用,但始终都指一个独立的经济实体,而不论其法律形态如何。在欧共体竞争法和政策文件中,替代术语"企业"(undertaking)经常被用于这些实体。

---

〔1〕 *Strategic Issues for Management in an Integrated European Context*, Open University of the Netherlands, 1994; John Watson, 'Modeling the Relationship between Networking and Firm Performance', *Journal of Business Venturing* 22, no. 6 (Nov. 2007): 852 – 874.

〔2〕 Financial Times Survey, *Contract electronics manufacture*, 16 Mar. 1993. See specifically for the EU: Vannoni, D. & Rondi, L., 'Are EU Leading Firms Returning to Core Business? Evidence on Refocusing and Relatedness in a Period of Market Integration', *Review of Industrial Organisation* 27, no. 2 (1 Sep. 2005): 125 – 145.

〔3〕 Schreuder & Van Wittelloostuijn, 'Strategische allianties: Concurrentie en samenwerking', 605 – 607; Luo, Y., 'A Coopetition Perspective of Global Competition', *Journal of World Business* 42, no. 2 (Jun. 2007): 129 – 144.

〔4〕 Huyzer, *Strategische samenwerking*, 29.

8.05　当然,法律与公司合作与否的决定几乎没有关系。除为了竞争而排除对合作的某些选择,法律的角色限于构造合作和强制执行有关当事人达成的合同。商事企业间合作的法律构造要求律师注意以下问题:

- 责任和风险限制;
- 灵活性,特别是:当事人是否可以退出及新当事人是否被承认,以及缩小或扩大合作范围的条款;
- 利益分享和亏损分担;
- 税务;
- 合作资金筹措;
- 信息保密处理。

律师可以利用以下法律工具:

- 合同;
- 合伙和欧洲经济利益集团(EEIG);
- 公司(或国内法或欧盟法下的其他法人);
- 知识产权;或
- 争端解决方法。

律师应当注意使这些工具与合作的目标和范围相匹配。[1]

8.06　律师还应当注意合作中的条件性因素,例如政府机构或地方当局授予的许可,以及员工的后路;例如,涉及企业部分转让的案例(段落8.35)。另外,律师应当考虑到外部制度构架。如果合作是由一个法律规范严格、司法制度高效的司法区域管辖,则可能不需要太广泛的建构。[2] 最后,律师需要意识到,在契约解决方案与通过设立一个法律实体(如公司)进行构建之间的选择所固有的悖论。合同当事人可以自由决定合同条款,但一旦合同成立,任何改变都要求各方当事人同意。与此相反,设立一个法律实体将留给当事人较少的自由,因为要

---

〔1〕 Rachelle C. Sampson, 'The Role of Lawyers in Strategic Alliances', *Case Western Reserve Law Review* 53, no. 4 (1 Jun. 2003): 909 – 927.

〔2〕 同上,第921页。

适用强制性法律规定,然而这些规定通常允许由多数票作出决定,从而有利于将来修改。[1]

二、跨国因素

8.07 当参加合作的公司受不同司法区域管辖时,如一家英国公众公司与一家德国私人公司就建立一个共同生产关系(co-makership)达成一致时,就产生了跨国因素。当事人之间的合同将被认为具有国际特征,于是法律冲突就可能产生。[2] 而且,假如当事人提起诉讼,哪个法院有资格审理这一案件也是一个问题。因此任何战略合作的复杂性中都混合了跨国因素。在万一遭遇困境时迫使当事人进行协商以修改合同的再协商条款(*renegotiation clause*)可以首先阻止诉讼。此外,以下特别条款可以使复杂性保持在可接受的程度:[3]

- 关于选择替代性争端解决方式(*alternative dispute resolution*)的条款:[4]调解条款甚至可以在根据仲裁条款开始进一步程序之前用来解决合同文件解释争议;[5]
- 选择准据法条款;[6]和
- 用来决定哪一个司法区域的法院有资格审理案件的法院选择(*choice of forum*)条款,如果没有替代性争端解决方式条款。

8.08 如果合同当事人没有选择替代性争端解决方式,他们可以

---

[1] W. J. Slagter, in Huyzer and others, *o. c.*, 82 – 83.

[2] F. J. A. van der Velden, *Commerciële contracten. Internationale aspecten.* (Eindhoven: Euroforum, 1992), 3; Steven R. Salbu, 'Parental Coordination and Conflict in International Joint Ventures: The Use of Contract to Address Legal, Linguistic and Cultural Concerns', *Case Western Reserve Law Review* 43, no. 4 (Summer 93): 1221 – 1268.

[3] 同上。

[4] 为了避免在法院管辖下的传统争端解决方式。

[5] 关于仲裁,人们可以选择不同的机构,如国际商会,它还经常提供仲裁条款范例。

[6] Klaus Langefeld-Wirth (ed.), Joint Ventures im Internationalen Wirtschaftsverkehr Praktiken Und Vertragstechniken Internationaler Gemeinschaftsunternehmen (Heidelberg: Verlag Recht und Wirtschaft GmbH, 1990).

选择任一国家的司法机关解决他们的案件。在 ***Powell Duffryn plc v. Wolfgang Petereit*** [1992]案中,欧洲法院认为公司章程中有关公司与其股东之间纠纷的法院选择条款,由《关于民事案件管辖权与裁判执行的布鲁塞尔公约》第 17 条调整。(自 2001 年起此问题由《44/2001 号条例》第 23 条调整。[1])根据欧洲法院的意见,公司与其股东之间的关系,就像章程中表达的,是一种合同关系,因此管辖权条款可以作为公约下的协议对待。这甚至适用于投票反对采用该条款的股东或者其后才取得股份的人。取得或保持股东身份,就意味着股东同意公司章程或公司机关的决议,不管他们对特定章程条款或决议有任何异议。[2]

8.09 公司合作的国际性特征应当通过早期谈判阶段的预防措施就反映出来。为避免模糊性,如果当事人使用不同语言,就必须确定合同的正式语言。[3] 通常,初步谈判的结果规定在一份称为“意向书”(letter of intent)、“暂定协议书”(heads of agreement)或“谅解备忘录”(memorandum of understanding)的文件中。这在多大程度上代表了一份有法律约束力的文件可能因所适用的法律而不同。例如主要条款未达成一致的,英国法会因不确定性而使协议无效。[4] 根据荷兰法,暂定协议书之类文件则倾向于产生法律效力。它们可以使当事人继续谈判或甚至成为合同。[5] 另一个告诫是一份合作合同可以作为准据法下的合伙关系。因此合伙人之间的关系、利润分享和亏损分担及其会

---

[1] 《欧盟理事会关于民商事审判的管辖权和承认与执行的(EC)No. 44/2001 号条例》[Council Regulation (EC) No. 44/2001 of 22 Dec. 2000 on jurisdiction and the recognition and enforcement of judgments in civil and commercial matters]。

[2] Case C-214/89, *Common Market Law Review* 1993, 406.

[3] Salbu, 'Parental Coordination and Conflict in International Joint Ventures'.

[4] Linklaters & Paines, with Christopher Nightingale, *Joint ventures* (London: Addison Wesley Publishing Company, 1990), 14 Clive M. Schmitthoff, *The Law and Practice of International Trade*, 9th edn (London: Sweet & Maxwell, 1990), 89.

[5] 关于对比,请参见 Geoffrey Samuel & Jac Rinkes 著:*Contractual and Non-contractual Obligations in English Law* (Nijmegen: Ars Aequi Libri, 1992),第 98、99 页。

计责任由默认的法定规则调整，这意味着承担其他合伙人引起的债务的风险。[1] 最后，跨国合作通常比国内合作要求更多的额外先决条件。官方许可证或批准可以从国内或国际当局取得，例如适用欧共体的竞争和合并规则时，从欧盟委员会(European Commission)取得。

三、合资企业

8.10 “合资企业”(joint venture)概念通常用在经济和法律文献以及法律实务中。虽然从字面上商事企业的每项联合活动都可以称为a joint venture，但它的定义通常被缩小为通过设立一家单独的商事组织而进行的合作。在这种情况下，合作的企业向那家实体投入专有技术(know-how)和/或资本，但他们本身仍独立于合作的范围之外。[2] 在这方面，合资企业不同于其他战略合作，如不设立单独实体的技术转让或共同生产(co-makership)合同协议。

8.11 按照以上段落，合资企业被界定为一个为构建两个或更多商事企业之间的合作而创办的独立企业。要选择的是建立公司制或股份制合资企业，还是非公司制或契约式合资企业。第一种意味着合资伙伴加入一家私人公司或公众公司，而第二种是契约式合资企业，它产生的实体很可能拥有合伙形态。

8.12 新建合资公司的合作者常常还利用一方以前拥有或取得的公司。同样地，合资企业合作者之间的关系可能有很大不同。如果有两名合作者，通常他们每人持有合资公司50%的股份。但是在对合资企业的出资不同等的情况下，利润的分配可能不同于以上比例。合资企业的管理权可以归于一个混合董事会或仅仅一名合作者。但是，这

---

〔1〕 M. J. G. C. Raaijmakers, *Enkele rechtsvergelijkende beschouwingen over joint ventures* (Deventer: Preadvies Nederlandse Vereniging voor Rechtsvergelijking, 1992), 25.

〔2〕 例如J. Brodley著：'Joint Ventures and Antitrust Policy', *Harvard Law Review* 95 (1982)，第1521、1527－9项和Clive M. Schmitthoff著：*The Law and Practice of International Trade* 第9版(London, 1990)第338页，作者在此指出：“合资企业是一种由两名或更多名参与者为了特定商业性、融资性或技术性目的而创建的一种普通企业。”

可能引起公司集团法所固有的问题，例如由负责管理的合作者编制合资企业的强制合并财务报表和年度报告。[1]

正如已经提及的，契约式合资企业往往是合伙形式。虽然商事合伙有可能具有法人资格，特别是在大陆法国家，这一特征不影响这种合伙实质上的个人性和契约性，欧洲经济利益集团（EEIG）也是如此。因此，合资企业合伙人按照合同或章程规定通常比公司形式的享有更多自由。

不论选择哪种形式，如果合资企业有跨国因素，就可能产生关于新实体住所的问题。可以选择使该实体处于合资企业的一方合作者的国家，或者位于第三国，但一旦作出选择就会变得相当确定。成员国通常不允许国内公司将其登记住所转移到另一国家，尽管欧洲法院已在很大程度上赋予转移实际住所的自由（段落 2.61 – 2.64）。作为一项原则，如果合资企业具有欧盟法下的一种商事组织形式，尤其是欧洲经济利益集团（EEIG）和欧洲公司（SE），法律对其登记办公地点的变更不加限制。

8.13　平行于合资企业实体的设立，合作者往往签订一份单独的合资企业合同。[2] 这种合同可以调整合作者与合资企业之间的商事交易，也可以覆盖特定投资，如转让技术、知识产权，或提供人员和货物。另外，这种合同还可以涉及股份转让、优先购买权和解决僵局。公司型合资企业的章程很少调整这些事项，尽管它们对合资企业非常重要。这些事项不是由于制度原因而不适于纳入章程，而是因为章程必须公开而被排除在章程之外。合资企业具有跨国特征的，应当注意避免调整该法律实体的法律与适用于有关合同的法律之间的差异。最后，应当注意合资企业可能对竞争有影响，这必须依据《欧共体条约》第 81 条和第 82 条和/或《合并条例》（段落 8.45 及以下）进行评价。

---

〔1〕 根据《第 7 号公司法指令》（已修订）第 1 条。

〔2〕 A. L. Mohr, Commerciële contracten IX. Samenwerkingscontracien (Eindhoven: Euroforum, 1992), 16 – 17.

有时合资企业的构建要用到复杂的手段,特别是收购条款。一个例子是优先取舍权(*right of first refusal*),它禁止当事人在以第三人拟出价向合资企业合作方发出出售股本的要约前,将其股本出售给第三人。如果合作方不在意他们出售自己的利益或购买他人的利益,他们可以使用收购条款,后者被商业和法律团体赋予动听的名字,如俄式轮盘赌(*Russian Roulette*)[有时也被称为德州射击赛(*Texas Shootout*)]条款。这实质上就是一方当事人(假定为A方)终止合作的一种选择权,即通过向另一方(B方)以其可能以此价格购买A的股份的价格叫价。然后B可以决定是否购买A的股份或者将以相同价格将自己的股份卖给A。一种荷兰式拍卖条款(*Dutch auction clause*)产生一种出价程序,各方当事人可以按自己愿意出售股份的价格叫价。买方选择可以使自己获得期待数量股份的最低价。法律实务中运用了很多这种条款的变种,很重要的是应当注意这些条款的名称和内容并没有被正式标注。

第三节　收　　购

一、收购的方式

8.14　就像段落8.01所述,商事企业全部或部分的整合不属于战略合作。简单地说,在一家商事企业获得了另一个企业的控制权时,这种整合可以实现。取得控制权有三种不同方式:收购营业、收购公司股份或完成合并:

- 收购营业是指收购一家企业的全部财产或部分可分离财产;
- 收购公司股份是指收购一家公司的控制权从而也取得该公司所从事的营业;
- 合并是指不经过清算而终止一家公司并且其所有财产和债务都转让给收购公司(段落3.31)。

大部分的选择受税务考虑导向。[1] 例如,在对出售股份不征税、对财产收购的收益却全额征税的国家中,股份收购对出售方来说可能更有吸引力。但对买方来说,如果不能降低股份购买价格,他可能更偏爱财产收购。[2] 还应当注意股份交易通常比财产交易更易进行。另外,跨国合并只能通过相对漫长、昂贵的程序进行,所以可能较少使用,而股份收购将成为惯常做法。在国内层面则可能有例外,例如在法国,优惠的税收制度传统上刺激通过合并而收购。对于公司集团内的重组,合并似乎是最常用的,《第 3 号公司法指令》允许这种情形下的简易程序。《欧洲公司法》(SE Statute)和《第 10 号公司法指令》对跨国合并作了相同规定。[3]

8.15 跨国收购可能要面对几个法律障碍,如税务、汇率控制、投资限制、证券交易条件和合并管制。[4] 但是在欧共体内,采取了很多措施促进跨国交易。数起业务的合并、分立、设立控股公司(股份交换)和营业转让(财产转让)被指令视为组合或收购方式,例如《90/434 号合并税务指令》(Merger Tax Directive 90/434)等。[5] 因而该指令及有关指令降低了税务复杂性,还协调了当有关公司来自两个以上成员

---

〔1〕 Peter C. Cussons, 'Structuring for International Taxation', in *Penetrating International Markets: from Sales and Licensing to Subsidiaries and Acquisitions*, eds Dennis Campbell & Fernando Pombo (Deventer/Boston: Kluwer Law and Taxation Publishers, 1991), 175 – 190.

〔2〕 Nigel Carrington & Beatriz Pessoa de Araujo (eds), *Acquiring Companies and Businesses in Europe* (London: Chancery Wiley Law Publications, 1994), 16.

〔3〕 《第 3 号公司法指令》第 24 条、《第 10 号公司法指令》第 15 条、《欧洲公司法》(SE Statute)第 31 条。

〔4〕 Terence E. Cooke, *International Mergers and Acquisitions* (Oxford/New York: Blackwell, 1988); David J. Ben-Daniel & Arthur H. Rosenbloom, *The Handbook of International Mergers & Acquisitions* (Englewood Cliffs, NJ: Prentice Hall, 1990).

〔5〕 《90/434/EEC 号指令》(OJ 1990, L 225),被以下两个指令修改:2005 年 2 月 17 日通过的《关于适用于不同成员国公司的合并、分立、财产转让和股份交易的共同税务制度的 2005/19/EC 号指令》(OJ 2005, L 58),《关于有限责任公司跨国合并的 2005/56/EC 号指令》(OJ 2005, L 310)。

国时财产转让、股份交换和合并(以及分立)的税务问题。此外,为了实现资本的自由流动,汇率管制和投资限制在很大程度上已经被取消。[1] 如果收购是通过公开收购要约方式进行的,证券交易所的条件就要发挥作用,但协调计划也在此产生了影响(段落3.96及以下和段落3.104及以下)。最后,合并管制可以由国内当局进行,但当合并具有欧共体规模时,欧共体的管制优先(段落8.36及以下)。

二、财产收购

8.16　与其他方式相比,通过收购财产而收购企业可能具有一些优势。这是一种灵活的方式,因为它不会自动引起一家公司全部财产的收购,这在合并时和收购公司股份(尽管是间接的)时会发生。而且,通常收购者不会自动承担被收购公司的债务,因为收购者只在其明确表示全部或部分承担这些债务时才承担债务。但是税收债务可能有例外,而且根据德国法,商事企业的购买方有义务承担原企业主的债务,除非协议另有规定且在商事登记处进行了登记。[2] 尽管具有灵活性,财产收购可能因税收和转让财产的复杂性而吸引力较低。对买方而言并不存在权利的统一转让。这意味着每项财产都必须根据国内法中的相应规则进行转让。[3]

三、股份收购

8.17　虽然股份收购既可能是私人公司的行为,也可能是公众公司或上市公司的行为,但下列行为却只限于上市公司的股份交易。公司控制权的收购,通常需要收购大多数表决权股,这在大部分情况下要求发出收购要约。收购要约的法律调整目的是提供信息披露、透明度

---

〔1〕《欧共体条约》(EC Treaty)第56条及以下。

〔2〕《德国商法典》(HGB)第25条。Wilhelm Beisel & Hans-Hermann Klump, *Der Unternehmenskauf* (München: C. H. Beck, 1991), 107–109.

〔3〕有些国家允许企业权利统一转让,例如在法国,《法国商法典》第141-1条及以下。

和使股东得以对要约价值作出决定的适当程序,从而保护股东利益和资本市场正常运转。[1]

8.17a 收购(takeovers)可以被解释为追求规模经济和降低代理成本。第一点很明显,并且也适用于其它类型的收购(acquisition),而后一点可能需要阐明。代理成本是由被代理人支付的使代理人与被代理人利益一致的成本。在公司中,股东作为一个整体可以被视为被代理人,管理人员被视为代理人。在各国不同的管理结构下,股东都不得指挥管理人员从事某一项目(见第6章)。特别是在股权分散的情况下,股东不得不依赖其剩余权力来监督管理者的表现。收购使得表决权集中于受让人手中,然后受让人作为控制股东能够更换效率低的管理人员,这种情形可能发生在敌意收购时,换句话说现任管理人员反对收购时。[2] 相应地,收购的威胁已经变成一种惩戒力。[3] 不足为奇的是,这种结果被针对敌意收购的反收购措施削弱。因此,代理理论和相关概念"公司控制权市场"(market for corporate control)成为更广义公司治理问题的要素(见段落6.01)。

8.18 《2004/25号收购指令》已经在段落3.96及以下段落中讨论。这里,重点就放在该指令对敌意收购防御措施的重要性上。该指令中关于此问题的最重要条款是第9、10、11、12条。第9条涉及"管理机构中立规则",第10条涉及收购防御"信息",第11条涉及这类防御措施的"突破"(即the setting aside,搁置一旁)。最后,第12条规定了成员国必须或可以在其立法中引进的有关第10条和第11条的措施。

---

〔1〕 例如请参见2004年4月1日通过的《关于收购要约的2004/25/EC号指令》(Takeover Directive)(OJ 2004,L 142)前言第1段、第12段。

〔2〕 Roberta Romano,'A Guide to Takeovers:Theory,Evidence and Regulation',in *European Takeovers. Law and Practice*,eds Klaus Hopt & Eddy Wymeersch(London:Butterworths,1992),3 – 10.

〔3〕 例如《班格曼备忘备》(the Bangemann memorandum),COM(88)823 final。

第四节 收购防御

一、董事会中立规则

8.19 正如段落3.99～3.101提及的,该指令对要约前和要约后的防御措施进行了区分。成员国必须确保一旦公司受制于一个收购要约,董事会在取得股东大会授权之前不得采取任何挫败要约的措施。这项"董事会中立规则"由第9条规定,关系到要约后防御措施,如发行股份以提高收购成本。在这方面该指令没有保证一个公平竞争环境,因为如果成员国给予公司适用董事会中立规则的选择权,第12条第2款就允许成员国不适用第9条。指令并没有说要约前措施在要约前实施,这些措施包括限制股份转让、减少表决权、所有权上限和拥有不同表决权的股份(如A股和B股)。它们通常既阻止将股份转让给要约人并且/或者在收购成功后阻止要约人在股东大会上运用控制权。

二、关于收购防御的信息

8.20 该指令要求章程和合同中所有可能阻碍以公开要约收购上市公司的条款均完全透明。第10条实际上包含了一个防御目录,从不同类别股份(a项)到收购要约中与董事会成员或员工达成黄金降落伞协议(k项)。所有这些防御措施必须以两种方式披露:(1)无论有利益关系的读者能否在章程中发现这些防御措施,均必须在年报中说明(第10条第2款);并且(2)必须在股东大会的解释报告中向股东解释这些防御措施(第10条第3款)。看上去这些措施不需要股东表决,有的因为将被包含在协议中而不能表决,但它们可以被讨论而股东当然可以运用股东权提议取消。总之,第10条的披露要求的结果是给单个公司的内部防御措施列了一个清单,这最终可能引起争论、批评和取消建议。

8.21　章程中的要约前防御措施包括：

- 减少表决权（表决权上限）；
- 所有权上限；和/或
- 将股份分为具有不同表决权的A类股和B类股。

表决权上限的目标是股东，因为它们在股份集中到某一股东时限制该股东的表决权。A类股份与B类股份的表决权差异的目标在于股份本身，因为附着于一个特定股份的表决权的相对权重由章程决定，与谁拥有股份无关。所有权限制是对可转让性的限制，目标是针对一个股东在某一特定公司所拥有的股份。表决权上限，有时是所有权上限，在很多银行是典型的。将股份分为具有不同表决权类型来进行保护在很多工业公司、托拉斯和家族公司很典型。

契约式防御机制包括公司在被收购时承诺给员工特别权利的情形，例如以离职金或特别延长的停职通知等形式。与第三人的其他协议可以包括发生收购时的特别停职条款。这种协议可以是受益者的黄金降落伞。但对公司而言，同时对新所有人而言，它们可能就是降低公司价值的毒药丸，从而阻止了一场收购。[1]

（要约前）防御措施必须记载在公司年度报告中并且在股东年会中公开讨论，从而使股东对它们施加压力。《收购指令》中没有要求成员国撤销表决权上限、所有权上限或任何表决权差异的规定。但是该指令可能在2011年出台一个更强硬版本，因为第20条要求欧盟委员会从应用经验方面审查该指令，必要时建议修改。可以注意到在以前不受监管的法律领域进行立法之前，往往要先深入了解这一领域。因此，紧随“透明”之后的最终可能是“约束”。

三、突破规则（The Breakthrough Rule）

8.22　根据第11条，要约前防御可以被临时撤销，因此，该条被称为突破条款。就像第9条的规定，在成员国授予公司是否采用突破规

---

〔1〕 关于防御措施的诸多例子，参见*European Company Law* 2004年第1期。

则的选择权(第12条第2款)的相同条件下,第11条的执行不是强制性的。那么公司可以根据修改章程的规则通过一项股东大会决议来使用该选择权。这种决议是可逆的。

8.23 成员国还可以选择一条有趣的中间道路,它在不同情形下使其条文在该指令的延伸进程中成为一个折中。这条中间道路可以在第12条第3款中发现,有时被称为对等原则(*reciprocity principle*)。一个成员国可以如此制定法律,使得只有对收购开放的公司,即遵守第9条和/或第11条的公司,在成为一家不遵守第9条和/或第11条的公司的收购对象时,能够依赖防御措施。但是这种防御要求股东大会提前作出决议批准(第12条第5款)。换句话说,当一个成员国按下了第12条第3款的按钮,就意味着一家公众公司不能被一家"封闭"公司收购。批评者认为欧洲的公司应当对收购放开是不合理的,这一解决方案对该批评声作出了回应,并且在第11条规定的情形,正如后面讨论的,外国公司,例如美国公司,将受到收购防御措施的保护。

8.24 第11条的突破规则涉及以下内容:

—股份(证券)转让限制不得在要约有效期内针对要约人适用(第11条第2款)。[1] 如果要约人得到75%的表决权股,那么其他防御也被突破(第11条第4款);

—对表决权的限制不得在决定要约后防御措施的股东大会上生效(第11条第3款);

—不得适用章程规定的有关任命和解任管理机构成员的特别股东权(第11条第4款);

—多重表决权在决定要约后防御措施的股东大会上应当只投一票(第11条第3款),在要约终止后要约人为了修改章程或解任或任命管理机构成员而召集的首次股东大会上也是如此(第11条第4款)。

如果任何股东因自身权利减少而遭受损失,应当得到相应的补偿

---

〔1〕 一个例子是董事会对记名股转让的预先同意,德国公司的章程可以这样要求,《德国股份公司法》第68条第2款。

(第 11 条第 5 款)。[1] 例如这将适用于 A 类股份的特别表决权丧失,而对公司的控制权以前由这类股份支撑的情形。[2]

四、收购防御:结论

8.25 人们可能断定该指令为维持一定的防御机制规定了两份配方。给国家立法的配方是前文提及的第 12 条第 3 款规定的对等规则(reciprocity rule)。可以期待一个决定实施第 11 条突破规则的成员国也会利用对等规则(reciprocity rule),这样一家可以被突破的公司只能被另一家同样可以被突破的公司收购。但是,大多数成员国没有实施突破规则,那些实施突破规则的成员国没有规定对等规则的选择权。[3] 第二个配方适用于公司层面,可以在第 11 条第 6 款找到。对于因表决权受限而得到特定金钱利益(specific pecuniary advantages)补偿的股份来说,它扩大了突破规则。看起来它可以适用于股份暂时或永久丧失表决权的情形,即关于超过表决权上限的额外股份(临时)和无表决权股(永久)。后者当然不会发生在禁止发行无表决权股的司法管辖区域。[4] "特定金钱利益"在这些情形下必须支付,否则这些股份将被激活并且在第 11 条的突破情形下获得完整表决权。其效果是必须确定一个数额来补偿表决权的丧失。第 11 条第 6 款可以因此在股东协议中发展其核心应用,减少可以金钱补偿的表决权。

---

〔1〕 例如《德国营业控制与透明法》[Gesetz zur Kontrolle und Transparenz im Unternehmensbereich(BGB,1998)],第 24 条附近。

〔2〕 Bernhard Gomard in *Revision og Regnskabsvæsen*, Copenhagen 1993 No. 1 p. 8 ff. and in 'Festskrift til Bertil Bengtsson', 141 ff, and Erik Werlauff in *EU-ret & Menneskeret*, Copenhagen(2001), 208 ff, 'Ownership, Interference in Ownership Requirements Regarding Authority, Predictability, Equality and Proportionality under the European Human Rights Convention' (in Danish); Henrik Zahle in *Juristen*, Copenhagen, 2004, 279 ff.

〔3〕 实施突破规则的只有波罗的海国家, *Report on the Implementation of the Directive on Takeover Bids* (Brussels, 21 Feb. 2007), SEC(2007)268, 第 7 页和第 12 页。

〔4〕 例如荷兰。在丹麦是指 1973 年以后认购的股份,《丹麦公司法》第 67 条(1:19)和第 169 条第 1 款。

8.26　有人可能评论说《第13号指令》旨在通过对章程或协议中关于表决权等的规定进行暂时中和以突破法律防御。可能未来该指令的修改不给公众公司留下进行这类防御的选择权。那么可以利用一个替代性法律实体如法国的股份有限合伙(SCA)来规避,但是当然只有在它已上市的情况下。[1] 可能作为终极防御而保留的是股东利益和管理人员利益的更高级别的并行处理。这可以通过股份激励方案、与公司有关的股份积累基金、交叉参与和雇员基金实现,以阻止不受欢迎的要约人达到魔法资本门槛之一(75%,第11条第4款,90%,第15条第2款)。

8.27　欧盟委员会于2007年报告说《第13号公司法指令》的实施在一定程序上具有负面影响。[2] 大部分成员国已经执行了管理机构中立规则,除一个成员国外,它不是一个新概念。一些成员国引进了对等选择权,事实上在采取保护措施之前给公司管理人员留有更多无须股东大会授权的选择权,因为这种授权可以提前18个月给予(第12条第5款)。[3] 而且,以前没有强制性管理机构中立规则的成员国已经选择不适用该规则,而是允许采用对等原则。[4] 至于突破规则,大多数成员国没有强制实施(或者是不可能强制实施),而是让公司自行选择。[5] 欧盟委员会相当冷峻地总结道"对等(reciprocity)的主要'益处'似乎是它给予管理人员采取阻挠行动的新权力以及使公司更易不

---

〔1〕 Yann Christin, 'Report from France', *European Company Law* 1 (Apr 2004): 13－15.

〔2〕 *Report on the implementation of the Directive on Takeover Bids*, Commission Staff Working Document (Brussels, 21 Feb. 2007), SEC(2007)268.

〔3〕 法国、希腊、匈牙利、葡萄牙和斯洛文尼亚,Commission Report SEC(2007)268,第6页。

〔4〕 丹麦、德国和卢森堡,但马耳他例外;预计比利时、荷兰和波兰在这方面将追随丹麦、德国和卢森堡,Commission Report SEC(2007)268,第7页。

〔5〕 预计突破规则只在波罗的海国家使用,Commission Report SEC(2007)268,第7页。

采用管理机构中立规则或突破规则的事实。"[1]

第五节　公司跨国合并

8.28　欧共体关于跨国合并问题的立法是相当新的。在这方面的首次立法活动是2001年《欧洲公司法》(SE Statute)的颁布,将跨国合并作为设立欧洲公司(SE)的一种可行方式(段落4.17及以下)。几年后通过的《第10号公司法指令》(段落3.87及以下),将跨国合并作为一种通用工具提供给国内公司,而不一定通向设立欧洲公司。该指令既允许公众公司也允许私人公司进行跨国合并,条件是依据国内法它们可以合并。[2] 最后,Sevic案[2005](见段落3.53和3.53a。——译者注)允许跨国合并依据《欧共体条约》第43条、48条进行,甚至很可能在《第10号公司法指令》和《欧洲公司法》(SE Statute)的范围之外(段落3.53)。

8.29　在《欧洲公司法》(SE Statute)、Sevic案和《第10号公司法指令》生效前,大多数司法管辖区都没有明确允许跨国合并。然而,有些这类合并依据国际私法完成,即利用已被协调的国内合并规定的累积和操作结果的相互承认。[3] 一个著名的例子是1993年英国控股公司与其法国子公司之间的巴克莱(Barclays)合并案,英国公司为吸收方。[4]

虽然 *Sevic* 案允许仅仅依据《欧共体条约》进行跨国合并,但它没

---

〔1〕 Commission Report SEC(2007)268,9.

〔2〕 《第10号公司法指令》第4条第1款(a)项。大多数成员国已经对私人公司出台了类似于《第3号公司法指令》(段落3.46及以下)的合并规则,见Gerard van Solinge著:*Grensoverschrijdende juridische fusie* (Deventer:Kluwer,1994),第3章。

〔3〕 同上,第204页。

〔4〕 A. Viandier & J. Caussain, *Chronique*, *Droit Droit des sociétés sociétés*, La semaine Juridique(JCP), Ed. G(JurisClasseur, Paris, 1993), I-3715, 461, no. 14.

有指明经常需要的关于债权人保护和员工地位的引导。《第10号公司法指令》提供了这一点,而且在类推适用时,甚至促进其他跨国操作,即根据*Sevic*案由《欧共体条约》第43条、48条调整的跨国操作,如分立或转移登记住所(段落3.53a)。

在评价哪些操作被《欧共体条约》保障开业权的条款覆盖时,很重要的一点是认识到有些操作虽然理论上很不相同,但可以导致相似结果这一事实。例如,当A国的A公司在B国设立一家子公司,随后并入该子公司(吸收合并),效果与A公司将其登记住所转移到B国相同。[1]

8.30 《欧洲公司法》(SE Statute)与《第10号公司法指令》在符合跨国合并手续方面均引用国内法的规定。[2] 尽管这些规定当然相似,但它们并不像《第3号公司法指令》给成员国提供的关于重要事项(如股东大会作出决议、保护债权人的方式和合并生效日期)的各种选择权的执行结果一样完全相同。

8.31 作决议是各成员国可以作不同处理的事项之一。根据《第3号公司法指令》第7条,合并要求每个参与合并公司的股东大会以不低于三分之二的多数表决权批准。但成员国可以规定代表了至少半数已认购资本的简单多数即可。成员国法也可以要求更高的多数标准。例如《英国2006年公司法》要求75%的多数表决权。[3] 合并的条款必须经参与合并的每家公司的股东会决议批准,但成员国可以将收购公司的决议权留给其他机构。[4] 荷兰利用了这一选择权,将收购公司的合并决议权赋予董事会,除非章程另有规定。[5]《第10号公司法指令》要求每家参与合并公司的股东会批准,但没有确定多数标准或法定出席人数(第6条)。

---

〔1〕 See also Commission Staff Working Document Impact assessment on the directive on the cross-border transfer of registered office, Brussels, 12 Dec. 2007, SEC(2007)1707.

〔2〕《欧洲公司法》(SE Statute)第9条和第18条,《第10号公司法指令》第2条。

〔3〕《英国2006年公司法》第907条。

〔4〕《第3号公司法指令》第8条、《第10号公司法指令》第9条第3款。

〔5〕《荷兰民法典》第2编第331条。

8.32 此外,债权人保护制度可能有所区别。根据《第3号公司法指令》第13条,成员国应当提供一套充分的保护参与合并公司债权人利益制度,这些债权人的债权成立于合并条款草案公布之前,在公布时仍未到期。在参与合并公司的财务情况使得这种保护具有必要性和债权人并未获得这种保障的情况下,这些债权人有权获得充分保障。《第10号公司法指令》(第4条第2款)确保对跨国合并提供类似保护,《欧洲公司法》(SE Statute)也作了类似规定(第24条)。[1] 因此,《第3号公司法指令》的制度扩大到跨国合并,允许预先或事后保护债权人。前者使债权人自合并条款草案公布时起能够要求获得债务公司或被合并的其他公司的证券,而后者提供合并已经被登记和公开后的保护。当然,证券只能从收购公司取得。荷兰、比利时和法国已经实行了预先保护制度。德国对国内合并选择了事后保护,对跨国合并则引进了预先保护。[2] 这种差异使跨国合并复杂化。毫不奇怪,高级公司法专家小组在得出各成员国表现出"公司重组中债权人保护实践广泛多样化"的结论之后,建议不仅对跨国合并,也对各种类型的重组交易中的债权人保护进行协调。[3]

8.33 甚至跨国合并的生效日期也各有不同,因为这是由管辖跨国合并后存续公司的成员国法决定的(第12条)。[4] 它可以是吸收公司或新设公司的合并在商事登记处登记的日期,如德国的基本规则。[5]

---

〔1〕 但关于债券和有证证券和/或股份的持有人的规定不同。

〔2〕 《比利时公司法》第684条、《荷兰民法典》第2编第316条、《法国商法典》第L236-14条,《德国企业重组法》(*Umwandlungsgesetz*)关于国内合并的第22条,关于跨国合并第122 j(1)条。Van Solinge, *Grensoverschrijdende juridische fusie*, 95-146.

〔3〕 Report of the High Level Group of Company Law Experts on *a Modern Regulatory Framework for Company Law in Europe*(Brussels,2002),113.

〔4〕 还请参见《第3号公司法指令》第17条。

〔5〕 《德国企业重组法》(Umwandlungsgesetz)第20条,Carrington和Pessoa著:*Acquiring Companies and Businesses in Europe*,第46页。不论合并何时生效,参与合并公司可以决定另一日期,自此日期后被吸收公司的交易在会计上应视同吸收公司的交易,《第3号公司法指令》第5条第2款(e)项。

但是在法国,合并各方享有相当大的自由在合并协议中决定生效日期,甚至可以因财务或税务原因而自以往某日起生效。[1]

8.34　由于涉及跨国因素,相比于《第3号公司法指令》,《欧洲公司法》(SE Statute)和《第10号公司法指令》包含了实施合并的额外规则。有关的事项包括合并条款草案包含的信息和股东(少数股东)保护(段落3.88和段落4.18)等。跨国因素所特有的,为合并之前和之后的事项选择法律的问题,必须分别决定。《欧洲公司法》(SE Statute)对通过合并设立欧洲公司规定了相当具体的的规则,这些规则取代了国内法。此外,第18条指引向已由《第3号公司法指令》协调的被合并公司的国内法。同样地,《第10号公司法指令》第4条第2款指引向有关"参与合并公司"的国内法规定和程序,特别是关于决议程序的。另外,"考虑合并的跨国特征"的同时,国内法适用于保护参与合并公司债权人、债券持有者和证券或股份持有者以及员工有关第16条(涉及员工参与)调整之外的权利的保护。[2]　最后,应当注意,有权审查跨国合并合法性的当局和员工参与谈判程序均由跨国合并后存续公司的登记住所所在成员国的法律管辖。[3]

第六节　员工权利保护

8.35　要理解在跨国收购中员工权利保护达到何种程度,就必须

[1]　这种规定只适用于吸收合并,《法国商法典》第L236-4条,Carrington和Pessoa著:Acquiring Companies and Businesses in Europe,第21页。Van Solinge著:Grensoverschrijdende juridische fusie,第115页。

[2]　尽管有"考虑合并的跨国特征"的措辞,成员国的国内法只保护受本国法管辖的公司的有关利益。

[3]　《欧洲公司法》(SE Statute)第26条第1款和《第10号公司法指令》第11条第1款;《欧洲公司指令》(SE Driective)第6条和《第10号公司法指令》第16条第3款(d)项。

既了解保护员工权利的各种指令，也了解收购的方式：

- 首先，关于员工或其代表的知情与被咨询权（*right to information and consultation*）的国内法规定适用于任何收购方式。这方面的最低标准由《2002/14/EC 号指令》规定，建立了一个欧共体范围内员工知情与咨询的一般框架。[1] 该指令意在防止没有事先采取通知和咨询员工或员工代表的正确程序直接作出影响员工的重大决定并将其公布。[2]
- 当资产收购（*acquisition of assets*）符合企业（营业）全部或部分转让时，员工权利由关于企业转让时员工权利保护的《2001/23/EC 号指令》保护。[3] 这种情形发生在作为合并或依法转让的结果，一家企业被全部或部分转让给另一个雇主时。这包括任一经济实体转让后仍保持其身份，即一套以从事一项经济活动为目标的有组织的资源，无论这种经济活动是核心的还是辅助的（第 1 条）。根据该指令，出让者在雇佣合同中的权利和义务将自动转移给受让者，即获得营业的公司（第 3 条）。欧洲法院认为如果从事经营和承担雇主义务的人发生了改变，“不论企业的所有权是否转让”，该交易都属于该指令的调整范围。[4] 因此，甚至一份租赁协议也可能落进该指令的涵盖范围。[5] 企业的转让本身不能构成出让方或受让方解雇员工的理由。然而，解雇可能由使劳动力承受变化的经济、技术或组织原因造成（第 4 条）。如果雇主处于破产程序或类似程序中，则不适用该指令提供的保护

---

〔1〕 在欧共体内建立员工知情与咨询一般框架的《2002/14/EC 号指令》，OJ 2002，L80。

〔2〕 《2002/14/EC 号指令》（OJ 2002，L 80）前言第 6 点。

〔3〕 关于在企业、营业或部分企业、营业转让时员工权利保护的《2001/23/EC 号指令》（OJ 2001，L 82）取代了《（EEC）77/187 号指令》（OJ 1977，L 61）。

〔4〕 Court of Justice，C－287/86 *Ny MΦlle Kro.*

〔5〕 C. de Groot，‘The Council Directive on the Safeguarding of Employees’ Rights in the Event of Transfers of Undertakings：an Overview of the Case Law’，*Common Market Law Review* 30（1993）：339.

(第5条)。[1] 尽管范围宽泛,但《2001/23/EC号指令》并不是为企业全部或部分跨国转让案例定制的。根据第1条第2款,该指令适用于"位于《欧共体条约》地域范围内"的企业的转让。因此适用的标准是转让之日企业的所在地,而不是出让方与受让方的国籍。[2] 但是该指令没有提到跨国转让,也没有法律冲突规则。[3] 一些难题可能会产生,特别是如果企业转让意味着企业迁移到另一成员国(甚至在欧盟以外)。面对全球化经济中外包重要性和生产要素流动性持续增加的背景,欧盟委员会开始探索是否有可能修改该指令以确保企业跨国转让的法律确定性。[4]

汉堡劳动法院判决的案件阐明了当一家企业被跨国转让时产生的问题的类型。一家德国公司将其英语新闻服务,即其经营活动的一部分,转让给其爱尔兰子公司。在汉堡从事新闻服务出版工作的员工被解雇。但是员工愿意搬到科克(Cock,爱尔兰一城市。——译者注)并且成功地依据德国法在汉堡劳动法院提出索赔请求。法院认为解雇通知是无效的。[5]正如McMullen的评

〔1〕 2007年欧盟委员会服务工作文件Memorandum on Rights of Workers in Cases of Transfers of Undertakings记载了这里提及的以及其它许多问题,可检索:http://ec.europa.eu/employment_social/labour_law/documentation_en.htm。

〔2〕 Commission, June 2007, *First phase consultation of social partners under Article* 138 (2) *of the EC Treaty concerning cross-border transfers of undertakings, businesses or parts of undertakings or businesses*, retrievable from <http://ec.europa.eu/employment_social/social_dialogue/consultations_en.htm>.

〔3〕 John McMullen, 'Some Problems and Themes in the Application in Member States of Directive 2001/23/EC on Transfer of Undertakings', *The International Journal of Comparative Labour Law and Industrial Relations* 23, no. 3 (2007): 353.

〔4〕 Commission, June 2007, *First phase consultation of social partners under Article* 138 (2) *of the EC Treaty concerning cross-border transfers of undertakings, businesses or parts of undertakings or businesses*, s. 9.

〔5〕 Landesarbeitsgericht Hamburg, 22 May 2003, as reported by McMullen, 'Some Problems and Themes in the Application in Member States of Directive 2001/23/EC on Transfer of Undertakings', 353 - 354.

价,此案中只有出让方被起诉,因此它并没有澄清员工是否能够对受让方行使权利,如果受让方位于另一成员国。[1]

- 在以股份交易(*share transaction*)方式进行收购的情况下,被收购公司作为一方当事人的雇佣合同仍属于该公司。虽然公司的控制权易手,负责从事经营和承担雇主义务的法人并没有改变。然而,国内有关公司法可能规定了员工或员工代表的知情与咨询权。收购产生欧共体规模的公司集团(Community-scale group of undertakings)的,可能使收购公司负有设立一个欧洲劳资委员会的义务。[2]《2001/23/EC 号指令》没有包含通过股份转让的收购,因为这种情况下雇主身份维持不变。结果是,员工没有受到该指令的保护而不因股份转让被解雇。[3] 同样地,第 7 条的企业转让情况下的知情与被咨询权不适用于股份转让,但这可以由国内法弥补。[4]
- 在合并(*merger*)的情况下,全部资产与债务的自动转移当然涉及被收购公司与其员工之间的合同义务。然而,《第 3 号公司法指令》第 12 条明确规定参与合并的每家公司的员工权利保护必须根据《2001/23/EC 号指令》(关于企业转让时员工权利保护)调整。除员工参加决策权外,《第 10 号公司法指令》不影响员工权利。因此,对于跨国合并,员工权利受保护的程度与(跨国)财产交易构成企业转让时相同。[5]

不同于《第 3 号公司法指令》,《欧洲公司指令》(SE Directive)和《第 10 号公司法指令》均规定了跨国合并后存续公司中的员工参加决

---

〔1〕 同上,第 354 页。

〔2〕 Directive 94/45/EC on the establishment of a European Works Council or a procedure in Community-scale undertakings and Community-scale groups of undertakings for the purposes of informing and consulting employees, OJ 1994, L 254.

〔3〕 McMullen, 'Some Problems and Themes in the Application in Member States of Directive 2001/23/EC on Transfer of Undertakings', 338.

〔4〕《荷兰劳资委员会法》在……情形下赋予知情与被咨询权。

〔5〕《第 10 号公司法指令》前言第 12 条。

策(*employee participation*)的额外规则。《第10号公司法指令》所使用的员工参加决策概念与《欧洲公司指令》中的定义相同。[1] 它指向员工代表享有的选举或任命部分或全部监事会成员或管理机构成员的权利,或者推荐和/或反对这些成员的任命的权利。出发点是如果存续公司登记办公地所在的成员国拥有关于员工参加决策的生效规则,跨国合并后的存续公司应当遵守这些规则(第16条)。如果成员国法没有提供与参与合并公司已实施的员工参加决策相同水平的员工参加决策,那么这一问题必须被调整到。《欧洲公司法》(SE Statute)和《欧洲公司指令》(SE Directive)含有适用于这一目的的条文。欧洲公司(SE)中员工参加决策的细节已经在段落3.47及以下段落中陈述。依据《第10号公司法指令》,相同的规则和程序适用于跨国合并,虽然有一些修订,因为根据《第10号公司法指令》,跨国合并后存续的公司受国内法管辖。[2] 员工参与将在第9章中进一步讨论。

第七节　对合并的管制

一、《欧共体条约》的规定

8.36 《欧共体条约》第81－89条规定了竞争规则,这是欧共体政策的一个重要领域。与合作与收购主题联系最紧密的是第81条、82条。第81条禁止可能影响成员国之间贸易或阻碍、限制或扭曲共同市场内竞争的企业协议、企业协会决定和协同行为。这一条排他地适用于企业间的合作。一个违反第81条的非法行为例子是竞争者之间导

〔1〕《欧洲公司指令》(SE Directive)第2(k)条界定了员工参加决策。《第10号公司法指令》中的员工参加决策概念与这一定义相符,因为第16条普遍援用《欧洲公司指令》(SE Directive)。

〔2〕《第10号公司法指令》前言段落13。

致价格垄断和/或瓜分市场的秘密协议(卡特尔,cartel)。[1] 第81条还包括合作经营企业和达不到《合并条例》定义的集中(段落8.39)的股权收购。如果协议、决议或行为具有提高生产或技术进步之类的能够让消费者公平分享的有益效果,就不被禁止(第81条第3款)。

8.37 在 *BAT and RJ Reynolds v. Commission* 案中,欧洲法院认为在投资公司取得对其它公司商业行为的法律或事实控制,或者协议规定了商业合作或创建一个可能用于这种合作的机构的情况下,收购少数股东权益可能违反了第81条。法院补充道,如果协议赋予投资公司增强其将来地位的可能性,也可能违反了第81条。[2] 通常,竞争者之间的交叉持股被认为对他们的相互竞争行为有软化效果,而且在最坏的情况下可以促进市场串通(market collusion)。[3]

8.38 不引起合作而引起集中(*concentration*)的企业行为最早由《欧共体条约》第82条(原第86条)规定,第82条禁止企业在整个或大部分共同市场内滥用其支配地位。在 *Continental Can v. Commission* 案中,法院认为这条规定实际上应当适用于处于支配地位的公司收购了一个竞争者、收购强化了收购方地位的情形。[4] 明显地,这只适用于有关当事人的一方已经具有支配地位的集中。但是,其它集中可能同样地与《欧共体条约》设想的未经扭曲的竞争不相容。因此,欧盟委员会的地位最初由《4064/89号条例》(关于对企业集中的控制)加强,而这一条例是以《欧共体条约》第83条第87款和第308条第233款为基础。[5] 该条例后来被《EC 139/2004号合并条例》所取代。[6]

---

〔1〕 见欧盟委员会网站,www. ec. europa. eu/comm/competition/cartels/overview/index_en. html。

〔2〕 *BAT and RJ Reynolds v. Commission*, C–142 and 156/84 [1987] ECR 4487.

〔3〕 Peter Verloop(ed.), *Merger control in the EEC* 2nd edn(Deventer/Boston: Kluwer Academic Publishers, 1993), 204.

〔4〕 C–6/72, *Continental Can v. Commission* [1973] ECR 215.

〔5〕 Regulation EC 4064/89, OJ 1989, L 395/1 和 1990, L 257/14, 被 Regulation(EEC) 1310/97 OJ 1997, L 180 修订。

〔6〕 Regulation EC 139/2004, OJ 2004, L 24.

8.38a　加强欧盟委员会地位也必须在《欧共体条约》第2条规定的欧共体基本目标的背景下来看。欧共体的任务主要是推动共同体内经济活动的协调、平衡、可持续发展，促进高水平的就业和社会保障，促进可持续、无通货膨胀的增长，和经济表现的高度竞争力和一体化。欧盟委员会的观点是竞争和合并管制政策可以促进欧洲一体化。[1]

二、《合并条例》

8.39　根据2004年《合并条例》第3条第1款，当以下原因引起持续性的控制权变更时，将会产生集中(concentration)：

- 两个或两个以上独立企业之间的全部或部分合并；或
- 一个或多个直接或间接控制其他企业(或部分企业)的企业通过购买证券或财产、合同或其他方式所进行的收购。

第3条第2款将控制(control)界定为对一个企业实施决定性影响的可能性。

8.39a　接下来的内容是《合并条例》不仅规定了严格意义上的合并，也规定了导致有关企业的结构持续性改变的所有操作。不同于公司法的作用是为企业活动提供法律结构而不影响这些活动，《合并条例》直接规定了一种特定的企业活动，即控制权的收购。它不考虑控制权是通过法律工具而获得，如合并、合同、多数或控制性表决权，还是通过事实情况如经济依赖与支配获得。当然，控制权的这些事实因素很难评价。并不令人惊讶的是，《合并条例》引起了很多关于如何解释其规定的问题。因此欧盟委员会已经发布了一些司法通告，解释如何应用一些最重要的概念，最近的一份文件称为《统一司法通告》(Consolidated Jurisdictional Notice)。[2]

---

〔1〕 Karel van Miert, cited by Haid, in *Competition, Efficiency and Welfare*, eds Dennis C. Mueller, Alfred Haid & Jurgen Weigand (Kluwer Academic Publishers, 1999), 167.

〔2〕 根据2007年7月10日《欧盟理事会关于管制企业集中的(EC) No. 139/2004号条例》(10 Jul. 2007)制定的《统一司法通知》(Consolidated Jurisdictional Notice)，可检索：www. ec. europa. eu/comm/competition/mergers/legislation/legislation. html。该文件取代了以前四个司法通告。有关欧盟审查过的合并的例子，参见 *Competition in Practice*, www. ec. europa. eu/comm/competition/mergers/mergers. pdf。

8.40 《合并条例》的调整范围限于欧共体规模的集中(concentrations)。成员国主管部门的权力被限于以下情形,即欧盟委员会的干预失败,某一成员国境内的有效竞争可能受到严重阻碍。[1] 成员国不得将国内竞争法用于欧共体规模的集中,除非《合并条例》如此规定。根据第9条,欧共体规模的集中如果影响到某一成员国内一个"特定市场"(distinct market)内的竞争,则可以由该国当局处理。相反的情形——成员国提交欧盟委员会的案例,由第22条调整。因此,成员国可以请求欧盟委员会审查一个不属于欧共体规模的集中,如果该集中影响成员国之间的贸易并严重威胁到提出请求的一个或多个成员国境内的竞争。总之,欧盟委员会有义务在与成员国主管机关密切而持续的联络中执行《合并条例》规定的程序(第19条)。

8.40a 一项企业集中在以下情形下属于欧共体规模:
第1条第2款:

(a)所有有关企业在全世界范围内的营业额合并总额超过50亿欧元;并且
(b)欧共体范围内至少有两家有关企业,其中每家企业在欧共体范围的营业额合计超过2.5亿欧元。

第1条第3款:

低于第1条第2款所定起点的企业集中在以下情况下也属于欧共体规模:

(a)全世界范围内有关企业的合并总营业额超过25亿欧元;
(b)在至少三个成员国中的每个成员国中,所有有关企业的合并总营业额超过1亿欧元;

---

[1] 《合并条例》(Merger Directive)前言第18段和第21条第3款。公开发表的国内竞争法综述如Peter F. C. Begg:*Corporate Acquisitions and Mergers* (looseleaf)(Aspen Publishers);Baker & McKenzie:*Acquiring Companies and Businesses in Europe*, 5th edn, 2005;Peter Verloop 和 Volérie Landes:*Merger Control in Europe*, International Competition Law Series Volume 11(The Hague:Kluwer Law International, 2003)。

(c) 在属于(b)项下的至少三个成员国中的每个成员国中,至少两家有关企业的单个企业总营业额超过2500万欧元;并且

(d) 至少两家有关企业在欧共体范围的单个企业总营业额超过1亿欧元。

即使满足了第2款或第3款的标准,有关企业中的每一家在同一个成员国达到了其欧共体范围总营业额三分之二以上,仍被认为不属于欧共体规模的企业集中。

第5条进一步详细说明了营业额的计算。

(一)第一阶段

8.41 欧盟规模的企业集中必须在协议的达成、公开要约的公布或者导致这种集中的控股权收购之后向欧盟委员会通知(第4条)。在有关企业向欧盟委员会显示了达成协议的善意意图,或者在公开要约情况下已经公开宣布作此要约的意图的,允许提前通知(第4条第1款)。这种意图可以通过"意向书"或"初步协议"证明,它们本身不对有关当事人产生约束力。当事人与欧盟委员会进行通知前的讨论是标准做法,甚至在更早阶段就这样做以确保拟进行的企业集中不引起太多关注,并且通知本身包含了基本信息。虽然企业集中不得在通知前或者被宣布与共同市场相容前实施,《合并条例》并不阻止公开要约的实施,而是限制利用所获得的表决权(第7条第2款)。

8.42 通知应提供信息的主题和内容由《(EC)802/2004号实施条例》界定。[1] 该条例的附录包含了当事人通知一项企业集中时采用的形式。根据完整通知表格(表格CO),企业集中的当事人必须确定"集中的性质"(例如,合并、收购或合资企业)、发通知当事人活动的领域、集中将影响的市场(包括受影响的主要市场)和该项集中的战略和

〔1〕 实施指令进一步规定了竞争过程中的时间限制、听证、保密和听证官员参考条款的规则。

经济原理。[1] 在描述集中的性质时，当事人必须声明"拟进行的集中是一个完全合法的合并，是单独还是联合控制权的收购，是《欧共体合并条例》第3条第4款规定的完备合资企业，还是符合《欧共体合并条例》第3条第2款赋予直接或间接控制的合同或其他方式。[2] 在设合资企业的情况下，必须提供合作效果详细情况。[3]《欧盟委员会关于欧共体合并控制程序实施的最佳实践》中有进一步的指南。[4]

8.43 接到通知后，欧盟委员会可以根据第6条第1款通过对集中进行总结而作出数项决定：

(a)不属于《合并条例》调整范围；或

(b)未引起对其与共同市场的相容性的严重怀疑；或

(c)在引起严重怀疑时启动程序。

这些决定必须在25个工作日内作出，这通常是在第一阶段。当有关企业承诺修改该集中使其与共同市场相容时，这个期间应该增加到35天(第10条第1款)。[5]

在2007年的一项通告中，欧盟委员会提供了关于已被通知的企业集中的修改指南，包括修改企业集中的承诺。这种承诺，或者更常用的名称"救济"，目的是缩小欧盟委员会确定的竞争问题。这种救济包括，例如强制出售(divestitures)(承诺卖掉一个业务部门)，和同意竞争者根据非歧视性条款进入关键基础设施建设。[6]

(二)第二阶段

8.44 当因为引起严重怀疑而启动程序时，第二阶段开始。调查

---

[1] 第1部分，第1.1条。

[2] 第3部分，第3.1条(a)款。

[3] 第10部分，第10条。

[4] 《CO表格》第1条。该文件由欧盟委员会竞争总署(DG Competition)提供。

[5] 有关企业要求提交给国内当局时，也适用延长的期间。

[6] Commission Notice(2007) on remedies acceptable under Council Regulation(EEC) No. 139/2004 and under Commission Regulation(EC) No. 802/2004，可检索 www.ec.europa.eu/comm/competition/mergers/legislation/legislation.html。

之后,欧盟委员会可以决定宣布该企业集中与共同市场兼容(第8条第1、2款)。那么企业集中应当符合第2条第2款的标准,即不会严重阻碍有效竞争,并且在设立合资企业的情况下合作企业间竞争行为的调和效果符合第81条第3款标准。为消除欧盟委员会的反对,在第二个阶段也可以作修改(第8条第2款)。欧盟委员会发现某一项企业集中将严重地阻碍共同市场或相当一部分共同市场内的有效竞争,特别是作为建立或加强支配地位的后果,这项集中将被宣布与共同市场不相容(第8条第3、4款)。欧盟委员会发现这种集中已经完成的,可以要求撤销合并或处理所获财产或股份。第二阶段完成的决定必须在程序开始后90天内作出,企业作出修改集中的承诺的,可以延长到105天(第10条第3款)。

8.44a 《合并条例》赋予欧盟委员会广泛权力,但也规定了一些制约与平衡。欧盟委员会在作出任何决定前,必须咨询一个关于企业集中的咨询委员会(由成员国主管部门的代表组成),特别是关于企业集中与共同市场的(不)相容性和处以罚款(第19条第3款)。大部分决定必须与咨询委员会意见一起在欧盟官方公报上公布(第20条)。[1] 而且,欧盟委员会的决定可能受到欧洲法院的审查(特别是第16条、21条)。

8.45 欧盟委员会已经采用了对企业集中是否与共同市场相容的实质性测试分析指南。《横向指南》(*Horizontal Guidelines*)涉及竞争性或潜在竞争性公司之间的合并。[2] 横向合并通常减少了活跃于有关市场的公司的数量,关于这些合并的主要竞争问题是与不进行合并相比它们引起的结构变化导致更高的价格。欧盟委员会对合并的评价通常需要对相关产品和地理市场作出定义以及对合并进行竞争力评估。在评估竞争影响时,作为合并后果的竞争条件将与合并前的竞争

---

〔1〕 最新案例信息可查询:< www. ec. europa. eu/comm/competition/mergers/news. html > 和/或 < ec. europa. eu/comm/competition/mergers/cases >。

〔2〕 Guidelines on the assessment of horizontal mergers under the Council Regulation on the control of concentrations between undertakings, OJ 2004, C 31.

条件作比较。因此，如果考虑了有关比较的构成因素后合并就不会发生的，欧盟委员会可以考虑合适的公司进入或退出。

垂直集中和企业集团集中（非横向集中）由《垂直或集团关系公司合并指南》（*Guidelines for merging companies with vertical or conglomerate relationship*）解决。[1] 垂直集中包括在不同水平供应链上经营的公司间的合并，例如一个生产商与其子公司合并。集团集中是不属于一个横向关系（如同一相关市场上的竞争者）并且不在供应链的不同级别上经营的公司的合并或收购。指南的焦点是活跃于密切联系市场中的公司间的合并，例如互补产品的供应商之间的合并。根据该指南，与横向合并相比，非横向集中通常不太可能严重阻碍有效竞争。非横向集中产生的问题是可能产生的“反竞争的阻碍”，意思是阻碍或排除对手获得供应或进入市场，这可能使这些公司降低竞争能力。另一个问题是集中可能使公司更可能协调其活动以提高价格或损害有效竞争。非横向集中的促进竞争效果可能来自使消费者受益的实际效率。

（三）合资企业

8.46　如同段落 8.13 已经解释过的，合资企业起到构建保持独立的商事企业间合作的作用。因此，它们不会自动地被集中这一概念所涵盖。一家合资企业是源自于联合收购一家企业，还是合作各方设立一家新实体，是有区别的。第一种情况根据《合并条例》第 3 条第 1 款 b 项明显地构成集中，该条款明确规定了一家或多家企业收购控制权。对照来说，通过设立一家新企业而成立的合资企业将只是构成集中，如果它长期履行一个自主经济实体的所有职能（第 3 条第 4 款）。在此自主性是指该合资企业可以自主经营，尽管合资伙伴可以指挥其战略。[2] 它意味着合资企业拥有负责日常经营的管理人员，有充足的员

---

〔1〕《关于对依据〈欧盟理事会关于控制企业集中的条例〉所进行的非水平合并的评价指南》（Guidelines on the assessment of nonhorizontal mergers under the Council Regulation on the control of concentrations between undertakings），参见 www. ec. europa. eu/comm/competition/mergers/legislation/legislation. html。

〔2〕《统一司法通知》第 91 ~ 93 条（Consolidated Jurisdictional Notice, No. 91 - 93）。

工、资金和财产在合资企业协议规定的领域内长期从事经营活动。[1]

8.47 独立企业间竞争行为的调和,在成为一家合资企业的目标或效果时,将按照《欧共体条约》第81条第1款和第3款进行评价。评价时,欧盟委员会必须考虑到合资伙伴(母公司)是否仍在相同市场、上游或下游市场或邻近市场上经营。另一个重要方面是作为合资企业直接后果的调和是否使有关企业消除了有关产品或服务的竞争(第2条第4款和第5款)。[2] 根据第81条第1款,商事企业间的导致阻碍、限制或扭曲共同市场内竞争的协议受到禁止。如果协议对提高商品的生产或营销或促进技术、经济进步有益且使消费者分享到此益处,则不在禁止之列(第81条第3款)。[3] 虽然没有这样提及合资企业,禁止和豁免条件仍适用于合资企业。欧盟委员会已经提供了几个合资企业和其他安排的例子,它们虽然属于第81条第1款的调整范围,但可以根据该条第3款而享受豁免。[4]

---

〔1〕《统一司法通知》第94条(Consolidated Jurisdictional Notice, No. 94)。

〔2〕深入阅读:Nicole Tyson, Joint Venture Regulation under European Competition Laws: An update, *European Law Journal* 13, No. 3(May 2007):408 – 423.

〔3〕即使那样,仍必须满足特定条件,第81条第3款和《欧盟委员会通讯——公告——关于适用〈欧区体条约〉第81条第3款的指引》[Communication from the Commission-Notice-Guidelines on the application of Art. 81(3) of the Treaty, OJ 2004, C101, 27 Apr. 2004, 第0097 – 0118页]。

〔4〕Guidelines on the application of Art. 81(3) of the Treaty, OJ 2004, C 101, 27 Apr. 2004, nr. 38 et seq.

第九章　年度财务报表

第一节　导　　言

9.01　关于年度财务报表的《第4号公司法指令》和《第7号公司法指令》(the Accounting Directives)已经在第3章(分别在段落3.54及以下和段落3.69及以下)作过一般性讨论。另外,《国际会计准则》(IAS)的应用在段落3.58中讨论。本章则对会计指令和可适用的国际准则进行更具体的分析。第一,进一步介绍指令的调整范围(段落9.02)和国际准则的背景(段落9.06)。第二,介绍年度财务报表必须遵循的基本原则(段落9.12),接着是关于资产负债表(段落9.14)、利润表(段落9.22)、财务报表附注(段落9.26)和年度报告(段落9.29)的更具体内容。第三,阐述年度财务报表(段落9.32)以及上市公司半年度报告(段落9.37)的公布。本章的最后主题是合并财务报表(段落9.43)和法定审计(段落9.63)。

9.02　公司必须确保年度财务报表和合并财务报表依据《第4号公司法指令》和《第7号公司法指令》的要求编制和公开,在适当的时候依据《国际会计准则》(IAS)。年度财务报表必须依据《第1号公司法指令》审计和公开。这些义务涉及公众公司、私人公司、股份有限合伙以及某些合伙和有限合伙。中小型公司可以免于这些义务。[1] 另外,"两合公司"(GmbH & Co. KG)类型也属于这些指令的调整范

---

〔1〕 参见《第4号公司法指令》第11条。

围。[1] 因此，合伙不能被用来规避欧盟会计规范的要求，当合伙成员负有限责任时也不能规避公开这些成员基本资料的要求。[2]

9.03 关于《国际会计准则》(IAS)起源的几个评论或能有所用益。首先，《会计指令》的目标是确保从会计资料中提取的信息具有可靠性、可比性，无论投资者或债权人如何看待这家公司；不过，完全的可比性是无法达到的，因为指令给成员国提供了相当数量的选择。此外，因为提交到欧洲法院的案件不是很多，欧洲法院不能大幅度地促进协调。[3] 与此同时，《国际会计准则》一直在演变。欧盟委员会最初试图通过关于《第4号公司法指令》和《第7号公司法指令》的《解释性通知》(Interpretative Communication)弥补这些准则和欧共体法之间的鸿沟。[4] 但是1999年，欧盟在其《关于会计协调的通知》中既认识到《会计指令》的不足之处，也认识到建立世界公认准则的需要。[5] 美国《通用会计准则》[GAAP(General Accepted Accounting Principles)]是国际公认的，但没有输入欧洲。因此，欧盟委员会倾向于与国际会计准则委员会(IASC)合作以进一步发展国际会计准则(IAS)。国际会计准则(IAS)更倾向于以价值为基础(以市场为基础的，面向未来的)的年度财务报表而不是以交易为基础(历史的，可追溯的)的财务报表。

---

〔1〕 这由修改指令《90/605/EEC号指令》(OJ 1990, L 317)保证。

〔2〕 《第4号公司法指令》第1条被《90/605/EEC号指令》(OJ 1990, L 317)修改。已经广泛采用两合公司的德国经过长期犹豫也执行了该指令，Claus Luttermann, ZIP (2000)，第517页及以下。

〔3〕 例如ECJ 27 Jun. 1996, C－234/94(Gebrüder von der Wettern GmbH), ECJ 3 May 2005, C－387、C－391/02和C－403/02(Berlusconi)。更多案例参见C－161/78(Conradsen), C－275/97(DE + ES Bauunternehmung GmbH), C－306/99(BIAO), C－234/94(Tomberger)。

〔4〕 关于《第4号公司法指令》和《关于会计的第7号公司法指令》特定条款的解释性通知(OJ 1998, C 016)。

〔5〕 'Accounting Harmonisation: A New Stragey vis-à-vis International Harmonisation', Com 95(508).

9.04 每个成员国可以自由决定实现《会计指令》要求的技术方法。成员国可以在单行公司法中纳入会计规则（例如 Companies Act、Private Companies Act 等），或者颁布一部调整有关公司类型的通用会计法。最后，会计规定可以被纳入各种不同类型公司通用的现有法规中，例如德国将《会计指令》纳入其《商法典》（*Handelsgesetzbuch*（HGB））第 264 – 289 条。

9.04a 《第 4 号公司法指令》是依据第 2 条第 6 款制定的一个小指令，即成员国可以自行决定允许或规定年度财务报表提供的额外信息。一份旨在禁止成员国制定比指令的要求更加严厉的国内法规则的欧盟委员会以前的议案，到现在似乎已被放弃。[1] 公司不得以其他成员国的会计要求较宽松或根本不遵循指令为由，不遵守会计要求或不履行提交财务报表义务。在 *Blanguernon* 案中，法院主张公司必须遵守提交财务报表的义务，即使某一个或多个其他成员国（如德国）没有对小型私人公司执行《会计指令》。而且，即使可能产生某一竞争扭曲损害守法公司的结果，公司也必须遵守该义务。[2]

9.05 自 2005 年，向社会公众出售股票的欧盟公司（上市公司）必须置备符合欧盟委员会通过的《国际会计准则》（IAS）的合并财务报表（*consolidated* accounts）。[3] 对于上市公司的法律实体年度财务报表（不同于合并财务报表），成员国可以允许或要求坚持上述准则。非上市公司的法律实体财务报表和合并财务报表也是如此。

国际会计准则

9.06 2001 年之前的《国际会计准则》（IAS）被称为 IAS。此后该准则被称为 IFRS。[4] 在欧盟层面引进 IAS/IFRS 始于 2000 年里斯本

---

〔1〕 关于这一点见 Draft COM（88）292（final version 14 Oct. 1988）第 2 条和第 3 条。

〔2〕 ECJ 11 Jan. 1990，C – 38/89（Blanguernon）.

〔3〕 *EU Accounting Strategy*：*The Way Ahead*，COM（2000）359 of 13 Jun. 2000 和《关于采用国际会计准则的 EC 1606/2002 号条例》（OJ 2002，L 243）第 5 条。

〔4〕 <www. iasb. org>.

欧盟理事会为了在欧洲建立一个单一金融市场而批准《金融服务行动计划》(Financial Services Action Plan)。随即，欧盟委员会发布了一份《欧盟财务报告策略通讯：前进之路》(Communication on EU Financial Reporting Strategy：the Way Forward)，宣布欧盟会计体制现代化的新计划。[1] 其理念是欧共体内所有公开交易的公司均根据一套单一的国际公认会计准则置备其合并财务报表。《第4号公司法指令》和《第7号公司法指令》的报告要求不能确保所要求的财务报告透明度水平和可比性。因此，《(EC)1602/2002号条例》，通常被称为《IAS条例》(IAS Regulation)，赋予欧盟委员会确定和采用这些强制性准则的权力。[2]

9.07 现行IAS/IFRS会计准则的根源要追溯到1973年国际会计准则委员会(IASC)成立之时。法国、德国、英国和荷兰是其创始成员，鉴于欧盟委员会其时与国际会计准则委员会(IASC)“关系困难”，直至1990年欧盟委员会才最终成为国际会计准则委员会(IASC)董事会会议的观察员。[3] 该委员会采用的准则是指IAS。现行的国际会计准则理事会(IASB)于2001年接替国际会计准则委员会(IASC)，IASB采用了当时有效的所有国际会计准则(IAS)。从此，国际会计准则理事会(IASB)采纳的准则被称为《国际财务报告准则》(IFRS)。这些准则根据一个可以公开磋商的扩大程序设置。

9.08 《IAS条例》第6条要求欧盟委员会根据《欧盟委员会1999/468/EC号决定》的程序行使执行权。该程序由几个步骤组成。首先，欧盟委员会在决定提议一项准则或解释一个许可前要接受一个咨询小组的建议和另一个小组的意见。然后，会计监管委员会(Ac-

---

[1] COM(2000)359 of 13 Jun. 2000.

[2] 《关于采用国际会计准则的(EC)1606/2002号条例》(Regulation(EC)1606/2002 on the application of international accounting standards, OJ 2002, L 243)。

[3] Barry J. Epstein with contributions by Abbas Ali Mirza, IFRS 2006. Interpretation and Apllication of International Accounting and Financial Reporting Standards(Wiley IFRS 2006)(Hoboken, NJ: John Wiley & Sons, 2006), 11.

counting Regulatory Committee)(由各成员国的代表组成)对该许可进行表决。在欧洲议会确认后,欧盟委员会对准则的采用作出最终决定。[1]

根据《IAS 条例》前言之陈述第 9 条,一项应用于欧共体的国际会计准则(IAS)必须满足《第 4 号公司法指令》和《第 7 号公司法指令》的基本要求,也就是说应用的结果是真实、公允地反映一家企业的财务状况和绩效。该原则并不意味着严格遵守这些指令的每一条规定。而且,一项标准应当有益于欧洲的公共利益,并且满足财务报表要求的信息质量基本标准而对信息使用者有用。序言陈述第 9 条不能消除欧盟"实际上是由一个自我任命的小型私人部门创建的橡皮图章法律"的看法。[2] 但是,欧盟通过采用国际准则对"全球会计统一"作出了贡献。[3]

9.09　从《欧盟委员会(EC)1725/2003 号条例》开始,很多准则已被采用。[4]

9.10　为了根除与国际准则的不相容性并允许对金融工具的公允价值评估,《会计指令》在 2006 年进行了现代化(见段落 3.56、3.78)。其内容部分来于《第 4 号公司法指令》第 50b 条和《第 7 号公司法指令》第 36a 条,又插入一小部分援用 IAS/IFRS 准则的规定。《第 4 号公司法指令》规定成员国可以允许或要求根据《国际会计准则》(IAS)对金融工具进行评估(第 42a 条第 5a 款)。另外,它规定"有关当事人"与国际会计准则(IAS)中的含义相同(《第 4 号公司法指令》第 43 条第

〔1〕 Report from the Commission on the operation of Regulation(EC)No. 1606/2002 of 19 Jul. 2002 on the application of international accounting standards, Brussels, 24 Apr. 2008, COM(2008)215 final, 4.

〔2〕 *Wiley IFRS* 2006, 11.

〔3〕 Robert K. Larson & Donna L. Street, 'The Roadmap to Global Accounting Convergence', *The CPA Journal* (Oct. 2006), retrieved Aug. 2008 from < www. cpajournal. com >.

〔4〕 Commission Regulation(EC) No. 1725/2003, OJ 2003, L 261. 见欧盟会计网站:www. ec. europa. eu/internal_market/accounting/index_en. htm。

1款和《第7号公司法指令》第41条)。其他对《会计指令》进行现代化的修订已在第3章中讨论过,即段落3.55、3.60、3.78。通过《欧盟委员会1725/2003号条例》,除《国际会计准则》(IAS)第32条、39条和有关解释(陈述第5条)外,所有在2002年9月14日已有的《国际会计准则》(IAS)都已经被采纳。当时,《国际会计指令》(IAS)第32条、39条正处在重大修改过程中。这几条准则在2004年被采纳:IAS第39条"金融工具:认识和衡量",其规定有几项例外,由《2086/2004号条例》采纳;IAS第32条"金融工具:披露和报告"由《2237/2004号条例》采用。[1] 作为最初条例的后续行动,欧盟委员会通过了几项修改条例,以便与国际会计准则理事会(IASB)频繁修改的准则保持一致。[2]

9.11 《国际财务报告准则一》(IFRS1)"首次采用国际财务报告准则(IFRS)"指导公司对IFRS的应用。至2005年,欧盟内已采用IAS/IFRS的上市公司的数量为7365。大约半数成员国不允许上市公司依据IAS/IFRS编制其法律实体年度财务报表。至于非上市公司,几乎所有成员国都要求或允许这些公司依据IAS/IFRS编制其合并财务报表,但大部分成员国不允许将这些准则用于这些公司的法律实体财务报表。[3]

第二节　一般原则

9.12 公众公司或私人公司的年度财务报表由一份资产负债表、一份损益表和附注组成——这些文件一起构成一个"统一整体"(《第4号公司法指令》第2条第1款)。年度财务报表必须以清楚、简洁的方式编制(第2款)。它们必须对公司的财产、债务、财务状况和成果

---

〔1〕 OJ 2004,L 363 and L 393.

〔2〕 <www.ec.europa.eu/internal_market/accounting/index_en.htm>.

〔3〕 Report of the Commission,COM(2008)215 final,3.

提供一个真实、公允的反映(即可靠、精确)(第2条第3款)。如果采用该指令的规定不足以提供一个真实、公允的反映,则必须提供额外信息(第2条第4款),并且在例外情况为了提供一个真实、公允的反映,该指令的一项规定不予适用(第2条第5款)。成员国不得使用(滥用)豁免以引进与该指令的术语相冲突的一般会计术语(《解释性通讯》第6点)。

9.13 成员国必须在其国内法中执行这些规定,确保年度财务报表坚持按照《第4号公司法指令》第31条规定的一般原则来编制:

(a)公司应当持续营业活动。这项持续经营(*going concern*)原则意味着财产评估可以以假定设备运转为前提,也就是财产仍然可以用于公司的经营。一项积极财产被出售给第三人时其价值可能有很大变化,即按残余价值计算的价值;或它是否仍然被用于企业的服务,即在持续经营价值基础上的评估。评估方式的连续性必须成为一项目标(必须在附注中对可能发生的背离原则作出解释和说明,第3条)。

(b)必须始终遵循审慎原则(*prudence principle*)。因而,《第4号公司法指令》第31条第1款c项aa规定对年度财务报表中载明项目的估价必须"审慎进行,尤其是只有在资产负债表日创造的利润才必须被列入"。审慎原则的具体影响是只有已实现利润可以被包含在内,可预见风险和价值贬低必须被包括在内而不论会计年度结束于营利或亏损状态。

在*DE + ES Bauunternehmung GmbH*[1999]案中,欧洲法院认为涉及《第4号公司法指令》第20条第1款的审慎原则要求公司作为法定义务在资产负债表日以前提供风险保证,但其效果在那日之后才能显现。(在这种情况下公司以营业额的2%为建设项目中发生的风险提供担保的规定,被税务当局拒绝,它只接受0.5%的规定)。该判决还强调关于一个完全以比例为基础的规定是否与第31条第1款c项一致的问题,第31条要求对财产和债务分别评估。根据欧洲法院观点,"像在当前案例中一样,作一个总体估价是确保'债务'项下的支出真实、公平地反映其数量的最适当方式的情况下,必须单独规定所有,这种潜在债务”。[1]

审慎原则,还可以与长期合同(work in progress,处于进展中的工作)等有关。该概念通常指涉及一年以上工作或服务的合同。以下方式可以被用于这些事务:(1)根据完成合同法(*completed contract method*,一种用于长期合同的会计方法。——译者注),直到合同履行完毕后利润才被计入。在这种情况下,这种方法可以建立相当多隐藏储备金,因而与公允和准确反映的基本要求相背。(2)当适用完工百分比法(*the percentage of completion method*)时,计入的利润被纳入会计年度终了时合同已履行的部分(《解释性通讯》第35~36点)。1996年欧洲法院在 *Gebrüder von der Wettern GmbH* 案中认为子公司决定将利润拨给其母公司的,如果成员国要求母公司将该利润在该支付实际发生的会计年度而不是下一会计年度纳入母公司资产负债表,则不违反审慎原则。[2]

(c)该指令第7条禁止资产项与债务项之间或收入项和支出项之间的抵销,即规定了总额原则(*gross principle*)。包含资产项和债务项的单个财产科目的价值要分别进行评估。会计抵销的禁止规则不应当与关于债权债务抵销的民法相混淆,后一种抵销以成文法或合同为依据。[3] 民法抵销的直接结果是只有差额才能纳入财务报表。有时候,从财务角度看,复杂的交易也会涉及相关(总)收入和支出与该交易最终结果无关的情况。

在这种情况下,真实与公允反映原则可以基于具体评估表明这足以说明财务报表的最终(净值)结果。[4]

---

[1] ECJ 14 Sep. 1999, C – 275/97, DE + ES Bauunternehmung GmbH.

[2] ECJ 27 Jun. 1996, C – 234/94(*Gebrüder von der Wettern GmbH*).

[3] 《1998年解释性通讯》(the Interpretative communication 1998)第8点。

[4] 《1998年解释性通讯》(the Interpretative communication 1998)第9点。

第三节　资产负债表

9.14 《第4号公司法指令》第3、4节的第9～21条包含了编制资产负债表的具体规则。公司可以在横向格式(第9条)和竖向格式(第10条)中进行选择。成员国可以规定其中任一种。如果成员国对两种都许可,那么公司有选择权(第8条)。

9.15 横向资产负债表的特征是列举公司资产,其次是债务,这两项都必须首先列明股本。

竖向资产负债表将载明资产,其次是债务,最后是一份净资产即股本清单和说明书。因而,一份竖向资产负债表将"计算"到由前面数据形成的净资产作为结尾科目。

《会计指令》在表格形式建立了关于资产负债表(以及损益表)的详细规范要求。表面上,公司在编制财务报表时必须在内容和顺序上与这些规范一致,但只要公司遵守法定格式,可以制作更详细的科目分支(第4条第1款)。有些科目可能需要合并(第4条第3款)。缺乏数额的科目不应予以记载(第4条第5款)。对于资产负债表和损益表的每个科目,前一会计年度相应科目的数据必须载明以作比较(第4条第4款)。

9.16 以下段落将简要讨论依据第9条的横向形式编制的资产负债表。但是应当注意到,《第4号公司法指令》给成员国提供了很多选择,从而使各国横向模式及竖向模式的资产负债表都表现出较大区别。另外,必须强调《国际会计准则》和《国际财务报告准则》(IAS/IFRS)与该指令的规则存在诸多不同。关于这一点只作少量评论,即提供关于这些差别的性质的大意。

9.16a 根据《第4号公司法指令》第9条,资产负债表必须将以下内容记载为资产:

- 已认购但未缴纳的资本(*subscribed, but not paid-up capital*),除非成员国法规定已认购并且已催缴资本必须记载在债务项下(A 项)。
- 如果成员国法允许开办费被列入资产,则必须载明开办费(*formation expenses*)(B 项)。成员国允许这类支出记载在"资产"下的,它们必须在最长五年的期限内被核销(第 34 条第 1 款 a 项)。
- 接着必须载明公司的固定资产(*Fixed assets*)(C 项)。这些通常包括拟被用于公司持续性经营的资产(第 15 条第 2 款)。固定资产的概念包含了无形资产(例如 costs of R&D,研发成本)、有形资产(例如土地和建筑物)以及金融资产(例如下属公司的股份、持有的固定资产投资)。

通常,关于资产负债表中固定资产的估价,应当以购买价格或生产成本记载(第 35 条第 1 款 a 项)。成员国可以向欧盟委员会宣布他们将允许或规定经济寿命有限的有形固定资产的估价是以财产的重置价值为基础(第 33 条第 1 款 a 项)或以考虑到通货膨胀的方法为基础(第 33 条第 1 款 b 项)。最后,成员国可以允许有形固定资产和金融资产的重新估价(第 33 条第 1 款 c 项)。

如果固定资产的商业利用时间有限,超过经济使用寿命后,必须通过系统地核销这些资产的价值来进行价值调整从而降低价格或生产成本。第 35 条第 1 款进一步涉及因其他原因进行的资产价值调整,特别是因为市场价值的变化。必须指出固定资产的会计核销可能不同于税务上的折旧,使得一项资产在税务意义上比在会计意义上折旧得更快,从而引起潜在的(隐藏的、睡眠的)税务负担增加,该负担将在出售资产时解除。

如果商誉(*goodwill*)是通过等值对价取得的,那么商誉必须载明于无形资产项下。记载的商誉是在购买企业阶段按照超过可见财产公允价值部分支付的额外确定价格。商誉被资本化的,必须在最长五年的限期内核销(第 37 条第 2 款)。这是《国际会计准则》和《国际财务报告准则》(IAS/IFRS)禁止这种核销方式而采用另一种方式的诸多例子之一。处理商业联合(Business Combinations)的《国际财务报告准则 3》(IFRS 3)要求对商誉作年度评价以确定它是否受到损害。只有当商誉已遭受损害,才能部分或全部核销该资产。

成员国法决定一宗商誉购买是否可以从企业的税务报表中扣减或核销,以及出售商誉所得对价在什么范围内应当纳税。

- 资产负债表中的资产必须还包括流动资产(*Current assets*)(第9条D项:存货、应收账款、投资、现金),预付款项和应计收入(*Prepayments and accrued income*)(E项)和该会计年度亏损(*loss for the financial year*)(如果存在)(F项)。

一个记载在"流动资产"下的科目的例子是公司应收账款(debtors),即公司债权(未清偿的)(第9条D项之II)。债权可能来自所提供的销售和服务(贸易应收账款),可能包括对关联企业或拥有参股利益的企业(子公司和关联公司)的债权,而且必须是此类债权。还属于这一类的是已催缴但未缴纳的认购股本(如前所述,除非国内法规定这种资本被记载在标题A下)和预付款和应计收入(除非国内法规定必须记载在一个单独标题下——在这种情况下为标题E)。

9.17　至此,第9条确定的格式(横向格式)和第10条确定的格式(竖向格式)遵循相同模式。但是,接下来的列表因资产负债表是按照横向表还是竖向表制作而不同:

(a)在横向格式中,F项载明消极经营成果(该会计年度亏损,如果有得话),其后必须是负债列表(股本、公积金、债务、预付款项和应计收入和积极经营结果,如果有得话)。

(b)与此不同,第10条的竖向格式资产负债表继续其公司财产报告事宜的方法是,在F项记载将在一年内到期的债务,下一项是流动资产净值,再次是报表中的总资产扣除一年内到期的债务后的另一个资产总额,等等。

9.18　在合计应载明的资产总额后,第9条继续列举必须记载的

负债:

- A 项(负债部分的)是资本和储备金(*Capital and reserves*):必须载明已认购资本以及发行溢价、重估公积金和其他公积金、以前年度经营成果(消极或积极)的结转和当年经营成果。

　　该指令没有提及附属资本(*subordinated capital*)(*mezzanine*)。这种资本是一种在公司解散时次于其它债务受偿但先于向股东分红的借款[《解释性通讯》(Interpretation Communication)第 15 点]。附属资本不得计入股本,由于它是一个债务承诺,应计入"债务"科目。公司可能发现将它计入资产负债表的一个单独科目下并且在借款项下提供更多信息是有益的,例如在报表附注中记入货币、利率,如此等等[解释性通知(interpretation notice)第 16 点]。

- 根据接下来的 B 项准备金(*Provisions*),公司尤其必须声明在资产负债表日看来可能或肯定遭受的但数额不确定或发生日期不确定的任何亏损或债务(第 20 条第 1 款)。可参考前面关于审慎原则的评论(段落 9.13)。

　　如同在 DE + ES 案中(见段落 9.12),欧洲法院所作的西非国际银行[Banque Internationale pour l' Afrique Occidentale(BIAO)]判决对保证问题作出了解释。[1] 欧洲法院认为除非在资产负债表日后风险已经消失,一份由机构提供的保证仍应出现在年度财务报表中,因为评估资产和债务的相关时间就是资产负债表日。但是,已经显著减少的风险仍为年度财务报表读者所关注,因此应当在年度报表的其他地方,即附注中,对资产负债表日之后所发生的事件作出说明。

　　《国际会计准则》和《国际财务报告准则》均包含承认一项准备金的更严格规则。根据《国际会计准则》第 37 条,只有在一项过去事件可能导致未来资源流出且流出数额可合理估算的

[1] ECJ,7 Jan. 2003,C – 306/99(BIAO).

情况下，一项准备金才可能因为这个过去事件成为现时义务。这些规则不再允许模糊界定的公积金，例如在完成合并过程中创建的重组准备金。因为只有现时(*present*)义务被承认的，未来的重组费用才必须在合并完成后被承认[1]

- 应付账款(*Creditors*)是负债科目的下一个标题(C项)，就像应收账款(debtors)位于资产负债表的资产科目下一样，几个科目必须分别记载，特别是债券贷款、欠信贷机构的款项、应付交易款、欠关联企业的款项。
- 其次应载明的是D项孳息和递延收入(*Accruals and deferred income*)，除非成员国法规定这类科目记载于应付账款下。
- 最后，根据E项，必须注明该会计年度的利润(*Profit for the financial year*)(如果有的话)。

9.19　根据第11条，成员国可以允许小型公司制作简化资产负债表。这适用于在资产负债表日未超过以下三项标准中的两项限制的公司：

- 资产负债表总额:4,400,000欧元
- 净营业额:8,800,000欧元
- 该会计年度内的平均雇员人数:50名。

这些表明一家公司何时符合小型公司标准的数据每五年修改一次(第53条)。

9.20　年度财务报表中记载的科目根据第34～42条进行估价，以购买价格或生产成本原则为估价基础(第32条)。此外，其他方式也是允许的:(a)对有形固定资产以重置价值法估价;(b)以考虑通货膨胀的方式进行估价;(c)根据第33条规定的条件对固定资产进行重新估价。关于估价的规定已经被2001年和2003年的修订指令扩展至包括第42a－42f条。[2]　它允许成员国许可或要求对包括衍生品种在内

[1] Wiley IFRS 2006, *supra* n. 13, 424.

[2] Directive 2001/65/EC, OJ 2001, L 283 and Directive 2003/51/EC, OJ 2003, L 178.

的金融工具的公允估值进行估价。

9.21 第42a条界定了什么适于作为金融工具,即衍生品种和商品合约。但该条第2款规定了一些例外。第42b条接着规定确定公允价值应参考:(a)一个适用于可以很容易地确定一个可靠市场的这些金融工具的市场价值;或者(b)一个通过普遍接受的估值模式和方法获得的价值,适用于不容易确定一个可靠市场的金融工具。其余条款涉及价值变动(第42c条),金融工具估价附注的内容(第42d条),其他资产的公允价值计价方式和价值变动纳入损益表(第42e条和第42f条)。

第四节 损 益 表

9.22 欧共体法律还为损益表格式提供了数种选择(第22条)。成员国法可以规定其中一种或者让公司自己来选择。同资产负债表一样,损益表也存在横向格式和竖向格式之间的选择:

(1)竖向格式意味着财务报表的工作方式是系统地记载经营成果,无论是积极成果还是消极成果。

(2)相反,横向格式记载固定收入和支出,凭借最终结果(net result)达到相互平衡:最终结果若是消极的就列在收入项下,若是积极的就列在支出项下。

这两种格式都必须在通用性损益表和功能性损益表之间作出选择。如果财务报表作通用性安排,它们将专注于公司为了经营而购买的服务类型,而功能性安排则集中于公司利用这些服务的目的。

因此,通用性安排回答以下问题:"我们买到了什么(从外部)?"功能性安排回答的问题则是:"我们的钱换取了什么(在内部)?"当这些选择相结合时,就总共产生四个选项:竖向格式、通用性安排(第23条);横向格式、通用性安排(第24条);竖向格式、功能性安排(第25

条）；横向布局、功能性安排（第 26 条）。

9.23　为了达到清晰及总体概览目的，下面系统地阐述一个竖向格式、功能性安排的财务报表：

- 首先载明该期间的净营业额（*Net turnover*）（第 25 条第 1 款）。这包括来自产品销售和公司日常经营范围内提供服务的收入（第 28 条）。在依据第 25 条第 1 款记载净营业额之前，必须扣除任何折扣、增值税以及其他与营业额直接相关的税款。
- 其次，销售成本（*Cost of sales*）（生产成本）应当从已交付物资中扣除，以得出上述净营业额。
- 应载明的中间总额是来自营业额的利润或亏损总额（*Gross profit or loss*）。
- 在提供了来自营业额的利润或亏损总额后，必须扣除涉及销售公司的产品或服务的配送成本（*Distribution costs*）（第 25 条第 4 款）。
- 接下来应扣除的是公司的日常管理费用（*Administration expenses*）（第 25 条第 5 款），它被定义为不能具体涉及生产或销售商品或提供服务的一般成本。

为了对财务报表的单个组成部分有充分了解，有必要在损益表的自然关联科目中载明价值调整（积极或消极的）。价值调整可能涉及销售成本、配送成本或日常管理费用，因此应当分布在这三个区域。

- 再下来是收入：来自公司经营活动的其他经营收入（*Other operating income*）（第 25 条第 6 款）；参股权益的收入（第 25 条第 7 款）；来自其他投资的收入和借款（只要它们都被纳入固定资产中）（第 25 条第 8 款）；其他可获利益和类似收入（第 25 条第 9 款）。来自关联企业的利息收入和类似收入必须分别记载（第 25 条第 11 款）。

　　参股权益、金融资产和有价证券（只要它们被包含在流动资产中）的价值调整依据第 25 条第 10 款分别记载，而固定资产的价值调整必须在特别收入或费用中列示。[1]

- 扣除日常经营损益税(*Tax on profit or loss on ordinary activities*)后(第25条第12款)出现的是一个重要的中间项目日常经营的利润或亏损(*Profit or loss on ordinary activities*)(第25条第13款)。这表明这家公司在其日常经营上赚钱的技能。但是,欧共体法允许成员国许可公司的日常经营业绩税与营业外业绩税统一(见下一部分),这时将不必列示该中间总额。财务报表透明度将受到的不利影响,取决于成员国允许这样做的程度。
- 然后列示的是特别收入(*Extraordinary income*)(第25条第14款)、特别费用(支出)[*Extraordinary charges* (expenses)](第25条第15款)和由此产生的特别利润或亏损(*Extraordinary profit or loss*)(第25条第16款)。其后是营业外损益税(*Tax on extraordinary profit or loss*)(第25条第17款),其他税款(第25条第18款),和本会计年度的利润或亏损(第25条第19款)。

9.24 如果一项收入或费用不在公司正常经营过程中产生,就属于特别收入或费用。必须在附注中对这种收入或费用的金额和性质加以说明,除非它们对业绩评估无关紧要(第29条)。现代会计实务往往限制"特别"(extraordinary)科目的数目。这一趋势与《第4号公司法指令》一致。是否将一个科目归为特别的往往与企业的规模密切相关。企业越大,可能特定事件的发生越常见,这意味着最恰当的分类是归为普通科目。只有在极少数情况下,将收入和费用划为特别科目的做法符合该指令的意图[《解释性通讯》(Interpretation Communication)第25-26点]。

9.25 根据第27条,成员国可以允许中小型公司采用不同于第23-26条规定的格式(在第27条的限定范围内)。这适用于在资产负

---

[1] 第25条第14款和第15款。

债表日没有超出以下三项标准中的两项限制的公司：

- 资产负债表总值:17,500,000 欧元
- 净营业额:35,000,000 欧元
- 本会计年度内的平均员工人数:250 名。

公司可以将第 25 条第 1－3 款以及第 6 款的科目结合起来，从而使最后结果成为一个被称为“毛利(*Gross profit*)”(如果数值是负数得话，则是毛损(*Gross Loss*))的集合科目。

这些表明一家公司在何时属于中型公司的数字将每五年修正一次(第 53 条)。

第五节　年度财务报表附注

9.26　年度财务报表附注与资产负债表和损益财务报表一起，构成一个统一整体(第 2 条第 1 款)，因而附注成为年度财务报表的组成部分。附注的内容由部分地由关于资产负债表和损益表的规定决定。几个例子足以说明这一点。第 14 条规定任何类型担保的所有承诺必须被清楚记载于资产负债表的注脚或者报表附注中，如果不必将它们载入债务项下。类似地，固定资产科目的变动应当记载在资产负债表或报表附注中(第 15 条第 3 款 a 项)。报表附注必须对特别收入和特别费用的数额和性质作出解释，除非数额对经营成果估价无关紧要(第 29 条)。

9.27　另外，第 43 条列举了大量必须在财务报表附注中记载的事项，其中包括：

- 运用的评估方法和价值调整方法；
- 公司持有一定比例以上资本的子公司和关联企业的名称和登记住所，成员国确定的该持股比例不得高于 20%；
- 五年以后偿还期限届至的公司债务以及公司所负并提供了有价值(专门)担保的所有债务均应载明；
- 未包含在资产负债表中的任何金钱债务的总额，只要这种信息

有助于评估公司财务状况；

- 关于“资产负债表外业务”（不在资产负债表内的公司安排）和与“关联方”交易的某些信息”；

关于关联方的含义，第43条第7b项指引向《国际会计准则》/《国际财务报告准则》（IAS/IFRS（IAS 24））的规定。他们主要是关键管理成员的密切家庭成员和有能力控制公司的实体。关联交易的透明度被认为是必不可少的，因为与非关联交易相比它们可能按照不同条款生效（并非一步之遥）。有人指出“对某些类型关联交易的报告似乎受到抗拒，如给董事、关键管理人员或管理人员的密切家庭成员贷款”。[1]成员国可以豁免公司集团的两个或两个以上成员之间所达成的交易，如果作为交易当事人的子公司完全被一个这种成员公司拥有。[2]

- 应载明(1)本会计年度和以前会计年度的应纳税款与(2)上述年度内已纳或可纳税款的差额，如果这种差额对未来课税至关重要；

该附注科目具有关联性是因为“年度业绩税”的概念并不是一个清楚的概念。它既可以指（a）在公司已经置备了纳税申报单、计算了税务折旧和摊销等时，按业绩实际公布的税额；也可以指（b）基于会计结果而不考虑公司在准备纳税申报单时可能获得的额外减免以及延迟部分税款。（a）通常被称为“应纳税额”（tax payable）法。（b）代表了这一期间税务支出的计算，可以被分解为“债务法”（ debt method）（通过这种方法分配和递延的税金根据税法的变化作当前调整，包括税率）和“递延法”（deferral method）（按此方法，不作这种调整）。

始终如一的《国际会计准则12》规定了一项基本原则，即每一会计年度的税务支出予以扣除，在这种意义上被界定为以会计结果为基础的税款，不论税款是当前的还是延期的。因此，

---

〔1〕 Wiley IFRS 2006, *supra* n. 13, 776.

〔2〕 2006年修订的《第4号公司法指令》第43条第1款(7b)项。

《国际会计准则》不接受“应纳税额”方法，这仅仅意味着披露该期间内经营成果的实际应纳数额。

- 本会计年度应付给管理机构成员和监事机构成员的薪酬数额；另外，公司对上述机构退休成员已发生或已承诺的任何退休金也应载明；
- 对管理机构和监督机构成员提供的预付款和贷款数额；记载不必针对上述机构的每名成员，而应针对每组人员（分类）载明（注意在什么程度上这种贷款被允许由国内法调整）；
- 法定审计员或审计事务所对年度财务报表的法定审计、其他鉴证服务、税务咨询服务以及其他非审计服务的收费。

9.28　与资产负债表和损益表相似，中小型公司可以免于作出关于某些事项的声明。这些豁免事项包括第 43 条第 1 款第（5）－（12）项，第 14（a）项和第（15）项规定的事项。但是，第 43 条第 1 款第（6）项涉及的事项（长期债务和担保债务）必须用摘要形式以一个单一数字载明（第 44 条）。

第六节　年度财务报告

9.29　根据欧共体法，年度财务报告不是公司年度财务报表中必不可少的组成部分，而是年度财务报表的一个天然“附录”。虽然根据《第 4 号公司法指令》第 3 条，财务报表必须全部提交给登记机关并且对公众开放，但如果公众可以从公司办公场所获得年度报告，成员国则可以免除对年度报告的强制公开。另外，在有人索要时公司必须免费寄送一份年度报告副本（第 47 条第 1 款）。

年度报告至少应对公司业务发展与现状作出客观介绍（第 46 条第 1 款）。

另外，年度报告应当载明以下信息：（a）会计年度终了以来所发生的重大事件;(b)公司未来发展状况;(c)研究和开发领域内的活动;(d)公司收购或借入本公司股份的原因,及这些股份的票面价值;[1](e)公司现有分支机构(国内的和国外的);[2]以及(f)关于公司利用金融工具、公司金融风险管理目标和政策,以及公司面临的价格风险、信用风险、流动性风险和现金流风险。

9.30 成员国可以免除小型公司提交年度报告的义务,只要这些公司按照《资本指令》(Capital Directive)第22条第2款的强制要求在财务报表附注中对持有本公司股份进行了披露(第46条第3款)。成员国可以许可中型公司提供较为简略的关于公司业务发展和现状的信息(第46条第4款)。

9.31 《2006/46/EC号修改指令》很大程度上扩大了信息义务(information obligation)。相关条款,第46a条,适用于上市公司,目的在于提高整个欧盟内财务报表和年度报告的可比性。[3] 上市公司的年度报告必须包括:

(a)一份位于年度报告中的公司治理报告,必须包含关于公司所遵从的公司治理法规的信息;

(b)对公司(依据国内法)违反适用的公司治理法规的原因或决定不适用公司治理法规的任何条款的原因的解释;

(c)与财务报告过程有关的公司内部控制和风险管理制度的主要特征;

(d)《第13号公司法指令》要求的信息,如对表决权限制等;

(e)关于股东会活动和股东权行使的信息;

(f)经营、管理和监督机构及其成员的构成和活动。

第46a条要求的信息可以在一份与年度报告同时公布的单独报告中载明,也可以记载在年度报告中提及的可以从公司网站上公开取得的文件中(第46a条第2款)。

---

[1] 见《第2号公司法指令》第22条第2款。

[2] 见《第11号公司法指令》第11条。

[3] OJ 2006, L 224.

第七节　年度财务报表的公布

9.32　年度财务报表必须根据《信息披露指令》第 3 条提交和公布(《第 4 号公司法指令》第 47 条)。第 50b 条强调这是公司董事、经理和监事的共同职责。更确切地说,他们有义务确保年度财务报表、年度报告和公司治理报告(单独提供时)的制作和公布符合《第 4 号公司法指令》,并且在适当情况下也符合依据《(EC)1606/2002 号条例》采用的《国际会计准则》(IAS)。成员国必须进一步确保这些人员违反该职责时可能承担法律责任(第 50c 条)。《第 1 号公司法指令》第 6 条强制成员国对违反信息披露要求的行为加以惩罚。

9.33　竞争对手可能检查其年度财务报表的事实可能使企业不遵守信息披露要求。实际上德国立法限制竞争对手请求法院惩罚不公布年度财务报表的公司。在德国大发股份公司案(*Daihatsu Deutschland GmbH*)中,欧洲法院主张《第 1 号公司法指令》第 6 条阻止成员国通过立法限制对公司股东、债权人和劳资委员会进行处罚的请求权。大发股份公司数年未向登记机关提交用以公布的财务报表。德国汽车经销商联合会曾经起诉要求获得大发公司财务报表,但因德国法律只赋予股东和公司债权人这方面的诉权,该案被提交给欧洲法院。欧洲法院强调公司法指令的目的在于促进开业自由的贯彻以及保护第三人。欧洲法院主张《第 1 号公司法指令》第 3 条肯定了使任何利害关系人都能利用应由相互竞争的公司提供给公众的信息这一重要内容。因此,第三人,如大发经销商联合会,将有权起诉,而德国法律必须作相应修改。[1]

9.34　在另一案件中,出版公司施普林格股份公司(Axel Springer

---

〔1〕 ECJ,4 Dec. 1997,C－97/96(Daihatsu Deutschland GmbH). Wolfgang Schön 著:*Corporate Disclosure in a Competitive Environment*,载 ECGI Working Papers Series in Law 2006,见欧洲公司治理协会(ECGI)网站,www. ecgi. org。

AG)向当地法院请求对一个以两合公司(GmbH & Co,见段落2.46)形式经营的小竞争对手施以惩罚。据施普林格公司称,该小出版商必须向当地商业登记机关披露其2000年的年度财务报表。由于在一些基础性问题,如经营自由与不对有权审查这些文件的人群施加任何限制而公布年度财务报表的义务之间的关系,当地法院(Landgericht Essen)将此案提交给欧洲法院。欧洲法院认为它无法找到任何影响《90/605号指令》效力的理由,该指令将对两合公司的披露要求纳入《第1号公司法指令》。[1] 注意在这一方面,根据舍恩(Schön)的观点,年度财务报表的披露对竞争环境具有影响,因此欧盟应当减轻对封闭公司的披露要求。[2]

9.35　年度财务报表和年度报告全文公布时,必须依据公司审计员出具意见时所依据的内容和形式予以再现,该审计意见也必须全文公布(第48条)。

9.36　根据第47条,成员国可以允许小型公司(第11条界定的)公布一份简化的资产负债表和同样简化的附注。而且,这些公司可以不公布其损益表、报告和审计意见。中型公司(第27条界定的)也可以享受豁免,因为他们可以被许可公布一份简化到一定程度的资产负债表和附注(第47条第3款)。在年度财务报表未载明预计的年度最终结果(积极的或消极的)、结果应该如何处理和/或实际如何处理的情况下,这一信息必须与简化年度财务报表一起分别公布(第50条)。

公布简化年度财务报表的,公司必须披露已经提交一份删节形式的财务报表并且必须注明可以获取财务报表全文的登记簿所在。虽然在年度财务报表没有全文公布时,不必公布法定审计员报告,但审计意见的特征(不合格、合格或不良),以及审计员无法出具审计意见的事实都必须披露。审计报告提到的审计员以强调而不是出具合格意见的

---

[1] ECJ,23 Sep. 2004 in Joined Cases C－435/02 and C－103/03(Axel Springer AG v. Zeitungsverlag Niederrhein GmbH & Co. Essen KG and Hans-Jürgen Weske).

[2] Schön, *Corporate Disclosure in a Competitive Environment*, 40－41.

方式提请注意的任何事项，也应披露（第49条）。

第八节　上市公司的半年度报告

9.37　在关于半年度报告的指令（《82/121/EEC号指令》）中已有制约上市公司而非其他公司的强制性定期信息披露具体规则。该指令与其他三个指令一起，合并为《2001/34/EC号指令》。[1] 相应地，该指令成为关于上市公司许多问题的“圣经”。关于上市公司半年度报告的规定位于第70条及其后条文。该指令适用于上市公司，包括银行、保险公司和抵押信贷机构。唯一豁免的是中央银行（成员国自然难以拒绝该豁免）和某些投资公司。无论公司股份是直接上市还是通过股票报价间接上市，该指令规则均适用。

9.38　该指令涉及每个会计年度的前六个月。这意味着一家依据国内法处于会计年度短于或长于12个月的转换年（即变更会计年度的年度。——译者注）的公司仍然必须准备一份对该年度前六个月的半年度报告。在转换年短于6个月的，半年度报告自然必须包括这一较短期间。该指令是一种最低指令，不能禁止成员国颁布更严格的规则和/或补充规则，只要这些规则对所有公司一律适用（第71条）。更严格的规则可能包括，例如，公布季度报告和/或要求报告提供更详细信息（相对于该指令规定的扼要要求）的义务。

9.39　财务报告必须在相关6个月届满后4个月内公布。但是，具备豁免条件的，主管部门可以为公司延长时间限制（第72条）。一般，半年度报告的内容是以数字披露公司的活动、业绩和补充信息。公

---

[1] 《关于接纳证券进入正式证券交易所挂牌及这些证券应公开信息的2001/34/EC号指令》（Directive 2001/34/EC on the admission of securities to official stock exchange listings and on information to be published on those securities），OJ 2001，L 184。

司必须至少在表格中披露扣税之前和之后的净营业额和净业绩。基于该指令的目的,这两个概念均按照《第 4 号公司法指令》定义的含义进行解释(第 73 条)。公司已经支付或计划支付中期股利的,这些数据必须表明这 6 个月期间的税后利润或亏损以及已经支付或计划支付的股利(第 73 条第 4 款)。对这 6 个月期间数据的评价必须包含足够信息,以使投资者形成对公司经营活动发展和业绩的看法。另外,该评估必须提到在这 6 个月内影响公司经营活动的特别因素。评价必须以可以与以前会计年度的同等时期相比较的方式作出。只要有可能,该评估还必须包括涉及本会计年度的公司前景(第 73 条第 6 款)。

9.40 如果公司依据《第 7 号公司法指令》以合并形式公布其年度财务报表,该公司可以选择半年度报告数据是否以合并形式公布。但是,成员国可以授权主管部门要求公司以公司已选择不使用的形式公布报表,从而使重要的补充信息对投资者披露(第 74 条)。

9.40a 不能说在信息提供方面合并财务报表比非合并财务报表更可靠,因为合并财务报表要合计一群公司的经营数据和资产负债表数据,如同他们是同一家公司。总合过程可能引起单个公司的成果和资产负债表重要信息的丢失,因此为了重现单个公司的状况,以非合并形式公布公司财务报表是必不可少的。

9.41 欧共体法不要求公司审计员审计半年度财务报告和半年度报告必须依据的内部中期财务报表。但是,如果半年度报告中的数据实际上已经被股东大会选中的审计员审计,那么报告必须提供一份完整的审计意见副本,如果有保留意见,也应一并提供(第 75 条)。

9.42 半年度报告的要求说明了金融市场对最新财务信息的需求。"可扩展商业报告语言"(XBRL),即一种商业和财务信息电子通讯语言,建立了一个比较新的便于经常性商务报告的标准。可扩展商业报告语言国际组织(XBRLInternational)解释如下:

> 引进 XBRL 系统使业务信息通过计算机软件实现自动化处理,减少手动重新输入和比较的辛苦、昂贵过程。计算机可以"智能"处理 XBRL 数据:它们可以认识 XBRL 文档中的信息,选择、

> 分析、存储信息，与其他计算机交换信息并用各种方式为用户自动提交信息。XBRL 大大提高了财务数据处理速度，减少了出错可能性，并允许自动检查信息。[1]

另外，欧洲议会的一个委员会强调为跨国集团设计通用的报告标准和数据条款要求的重要性，最好是一个多用途格式，如 XBRL。[2]

第九节　合并财务报表

9.43　《第 7 号公司法指令》(83/349/Eec)最初被设计为《第 4 号公司法指令》的组成部分，但由于该指令的调整范围发生争议而被延迟。争议主要关于是否包含以下内容或是否适用于：(1)某些类型的公司；(2)母公司拥有少数股权的公司；以及(3)横向集团（"协调集团"），即一些只是分享管理和特定职能的公司。

9.44　被采纳的解决方案是"母公司"的定义，它假定母公司以两种形式实施控制。一种是控制子公司多数表决权的形式（因此子公司的高级机关，即股东会被控制）。另一种是对子公司的经营管理机构或监督机构的大多数成员的任命或解任权（这相当于至少控制了一个权力级别低于股东大会的公司机构）(《第 7 号公司法指令》第 1 条)。该指令对于集团概念的主要观点表述得非常宽泛，即当子公司的至少一个机构被控制时，即存在一个公司集团。应当注意到，除了有关会计事务以外（见段落 3.86），欧共体公司法领域中没有包含强制性的对集

---

〔1〕 < www. xbrl. org >/WhatIsXBRL/（2008 年 8 月检索）。XBRL International 拥有一个欧洲分部 XBRL Europe，它作为一个国际非营利协会依据比利时法律在比利时设立，< www. xbrl. org/eu >。至于欧盟，由欧洲电子政务服务（the European eGovernment Services）的 TaxoGen 项目处理 XBRL，< www. ec. europa. eu/idabc >。

〔2〕 Committee on Economic and Monetary Affairs, Draft Report, with recommendations to the Commission on Lamfalussy follow-up: future structure of supervision, 16 Jun. 2008, 11.

团的定义。因此,各成员国在会计法以外的所有领域对集团概念进行界定。

9.45 集团的概念在第10章进行了广泛讨论。迪格尔(Diggle)和诺布斯(Nobes)描叙了欧洲经济共同体(EEC)对涉及合并报表(consolidation)的集团概念问题的决策。他们总结出,第一份关于合并报表的备忘录(1970)具有几项德国特征,特别是以中央控制为基础的集团定义。《第7号公司法指令》的第一份草案于1976年公布,即在英国、爱尔兰和丹麦加入之后,这三国与荷兰一起支持所谓的盎格鲁—撒克逊会计方法,不同于那时其他成员国实行的"大陆会计方法"。这逐渐导致了该指令1983年通过时采用了一个不同方法。该指令正式宣布以母子公司关系作为起点,但在这些中央控制模式中允许将要联合的集团采用替代性标准(第1条)。[1] 方法的混合在序言的第2项陈述中表达:

> 考虑到,为了确定合并报表的条件,不仅应考虑到基于多数表决权产生的控制权,也应考虑到在被允许的情况下基于协议产生的控制权;进一步考虑到,必须许可有关成员国管辖在特定情形下基于少数持股的控制权被有效行使的案件;考虑到必须许可成员国处理由相互平等企业组成的企业集团的案件。

9.46 《国际会计准则》/《国际财务报告准则》当然涉及合并财务报告。根据《国际会计准则》第27条,合并财务报告是由单一经济实体组成的集团的财务报告。一个集团即是一个母公司与其所有附属机构。一个附属机构也是一个实体,包括被另一个实体(被称为母公司)控制的合伙之类的非法人实体。控制权是一种对一个通过经营获取收益的实体的财务和经营政策进行控制的权力。[2] 财务报表合并仍然

---

〔1〕 Graham Diggel & Cristopher Nobes, 'European Rule-Making in Accounting: The Seventh Directive as a Case Study', in *International Accounting and Comparative Financial Reporting. Selected Essays of Christopher Nobes* (Cheltenham (UK)/Northampton (MA, USA): Edward Elgar Publishing, 1999), 177 et seq.

〔2〕 IFRS and IAS Summaries,可检索 www.iasb.org。

是国际会计准则委员会关注的一个问题，因为它已经在这个问题上启动了一个项目，以发布一个涉及财务报表合并的单独的《国际财务报告准则》(IFRS)，取代《第27号国际会计准则》(IAS 27)。它也应该取代常设解释委员会关于特殊目的企业(SPEs)财务报表合并的通讯(SIC－12)。特殊目的企业(SPEs)有时被用来逃避财务报告要求，为此他们的所有者往往不(完全)是真正投资人。因此，根据SIC－12通讯，所有权不是决定需要合并报表的关键因素，而是采用"受益权"测验。[1]

9.47　该指令的出发点是要求母公司置备自己及子公司的合并财务报表和合并年度报告(第1条第1款)。从表面上看，合并财务报表的义务不依赖于母公司或子公司的法律形态。主要规则规定母公司或一家或多家子公司是股份有限公司、有限责任公司或股份有限合伙(段落2.47)时的置备合并财务报表义务(第4条)。如果集团中的一个或多个企业是合伙企业或有限合伙企业，这些企业中所有承担无限责任的成员都是来自欧盟成员国或非欧盟国家的股份有限公司或有限责任公司得话，也适用同样规则(第4条第1款第2项)。置备合并财务报表义务不考虑子公司的登记住所位于何处(第3条第1款)。所以，一家位于欧盟国家的公司(企业)有义务合并其所有位于欧盟以外的下属企业的财务报表。

9.47a　但是，如果母企业不是按照《第7号公司法指令》或《第4号公司法指令》规定的类型之一设立的，成员国可以允许免除置备合并财务报表的义务(第4条第2款)。有几个成员国已经利用了这项例外。[2] 在这种情况下，合并财务报表指令的核心适用领域是集团中的母公司是股份有限公司或有限责任公司的情形，与子公司的法律形态无关。

---

〔1〕 *Wiley*, *IFRS* 2006, 409.

〔2〕 Directory General XV (Internal Market) of the Commission of the European Communities, Implementation of the Seventh Directive in EU Member States. Summary of findings from a study on the implementation of Seventh Directive 83/349/EEC in the Member States of the European Union, as per 1 Jan. 1998, (Brussels, Feb. 2000), 9－10.

9.48　如果母公司是一家《第4号公司法指令》第5条第3款所界定的金融控股公司,成员国法可以免除该公司置备合并财务报表的义务。该项豁免的条件是控股公司不对子公司的管理进行比规定程度更密切的干涉(第5条第1款)。

9.49　中小型公司不应当承担所有会计负担的观点盛行于欧共体内,这一观点也延伸到了《合并财务报表指令》在这一方面的豁免。因此,如果集团集合起来属于《第4号公司法指令》第27条界定的中型规模,成员国就可以免除公司置备合并财务报表的义务。但是,如果中型公司集团内的任何企业被某一欧盟成员国的证券交易所接纳,则不得适用这项豁免(第6条)。

9.50　进一步的(强制性的)豁免针对母公司同时也是受某一成员国法管辖的另一母公司的子公司的情形。这样一家中级公司不需要置备与自己子公司的合并财务报表,如果它的股份被一家位于欧盟的母公司全部拥有,或被拥有至少90%且其它股东同意免除该中型公司置备合并财务报表。这一豁免不适用于上市公司(第7条)。第8条为成员国提供了关于免除对中型公司合并报表要求的更多选择。

9.50a　如果就像第7、8条提到的,一家中级公司像其母公司一样拥有一家企业,且该企业不受任何欧盟成员国法规管辖,则不适用第7、8条提到的最后两项豁免。其出发点是其母公司位于欧盟之外的中级公司必须自己也是一家母公司,那么这家中级公司应当为自己和其子公司置备合并财务报表。但是,如果一家中级公司被包含在欧盟以外的母公司的合并财务报表中,并且这些财务报表是按照《第7号公司法指令》或以同等方式置备的,成员国可以允许受其法律管辖的中级公司不置备合并财务报表(第11条)。但是成员国不得利用这一豁免使一家没有欧盟母公司的中级公司比拥有欧盟母公司的中级公司居于更有利的地位(第11条第3款)。

一、排除单个企业

9.51　一家企业在满足一定条件时就不必被包含在合并财务报表

当中，例如，当合并报表对真实、公允地反映资产与负债、财务状况和业绩并没有多少重要性时。另一个例子是当置备合并财务报表的必要信息要么不能在合理时限内取得、要么成本太高时，可以将一家企业从合并财务报表中排除。这种排除可以通过一个事实来解释，即合并报表义务包括依据公司法的定义不会总被视为与母公司处于集团关系中的子公司，从而不可能从这种子公司获得足够信息。

9.52　此外，如果母公司持有子公司的股本仅仅是为了下一步出售，也适用豁免。这时，子公司必须从合并财务报表被排除（第13条）。《第27号国际会计准则》（IAS 27）更加严格，要求当一家子公司被独占地收购和控制以便在不久的将来进行后续处置因而对这家子公司的控制具有暂时性时，这家子公司不得被纳入合并财务报表。一个较难理解的可选择豁免涉及不从事商业经营或贸易的母公司，根据其与一家或多家不归属于企业集团的企业签订的协议拥有一家子企业的股份或其他权益。这种非商业母公司可以免于合并财务报表（第15条）。根据一份关于《第7号公司法指令》实施的1998年报告，这一豁免似乎只被希腊和荷兰采用。[1]

9.53　最后，成员国可以允许一家被部分拥有的子公司仅仅按比例纳入合并财务报表（第32条）。这种按比例纳入在合资企业必须被纳入年度财务报表时是一种实用的规定，这也意味着拥有其余股份的企业不被纳入合并财务报表。

二、合并财务报表的内容

9.54　编制合并财务报表必须使用的方法在很大程度上是由《第4号公司法指令》规定的。类似于单个实体财务报表，合并财务报表由

---

〔1〕 Directory General XV (Internal Market) of the Commission of the European Communities, Implementation of the Seventh Directive in EU Member States. Summary of findings from a study on the implementation of Seventh Directive 83/349/EEC in the Member States of the European Union, as per 1 Jan. 1998, (Brussels, Feb. 2000), 9 – 10.

合并的资产负债表、损益表和附注组成,这些文件构成一个"统一整体"(第16条第1款)。合并财务报表必须真实、公允地反映所纳入企业的整体资产状况、财务状况和收入状况。正如前文对单一实体财务报表的解释,真实、公允反映要求是最高原则。该原则可能引起提供附加信息的必要性,并且如果该指令的某些条款不符合真实公允原则,那么这些条款不予适用。不予适用的情形必须在附注中披露并解释(第16条第4、5款)。

9.55 当一家企业被纳入合并财务报表,其所有资产和债务就被全面纳入合并资产负债表(受制于第32条的按比例合并)(第18条)。纳入合并财务报表的所有企业的收入和支出必须还全部计入合并损益表(第22条)。

9.55a 但是,因为母公司一定会登记其持有的子公司股份的价值,记入的数额必须从合并财务报表中扣除。正如第19条第1款规定的:"纳入合并财务报表的公司股份的账面价值,应当抵销其所代表的公司资本和公积金部分。"这种抵销产生的差额必须作为一个单独科目纳入合并资产负债表(第19条第1款a项)。当差额为正值时,即按照《第4号公司法指令》的"商誉"科目的规则处理(第30条)。

9.56 合并财务报表必须像对待一个单一企业一样,反映纳入合并财务报表的所有企业的资产状况、财务状况和经营状况(第26条)。这是该指令中的一个关键条款。对于资产负债表,它意味着公司之间相互的债权、债务被排除在外。对于损益表,它意味着合并财务报表内企业间交易产生的收入与支出被排除在外。但是,后一种排除不会使(合并报表内企业间交易产生的)利润或亏损抵销,而是可以被记入资产账面价值。这种利润/亏损必须通过财务报表的合并而被抵销。

9.56a 成员国可以规定只能对与母公司所持子公司股份相当的利润或亏损额进行抵销。如果纳入合并报表的企业相互间的交易按照正常市场条件进行,剔除该交易所产生的利润或损失会产生不当支出,那么成员国可以不适用剔除该利润和亏损的义务。这种不适用必须在附注中披露(第26条第2款)。

9.57　原则上,合并财务报表必须与母公司年度财务报表的编制日期一致(第27条第1款)。尽可能以集团内企业的同一会计年度为目标的原则也出现在几个成员国的税法中,以防止时间置换。在会计法中令人担心的通常是利润被结转,而在税法中令人担心的是利润被递延——在这两种情况下都存在一个事实,即一个公司终止其会计年度,而本集团的其他公司仍然处于会计年度中。

9.58　为了满足该指令第26条规定的合并财务报表必须像对待一个单一企业一样反映集团内企业的情况这一核心条文,用统一的方法评估不同企业的资产和债务是非常必要的(第29条第1款)。但是,纳入合并报表的每家企业都有可能使用不同的评估方法。为了弥补这一点,必须以合并报表所使用的方法对这些资产和债务重新评估(第29条第3款)。

9.59　在未纳入合并报表的关联企业(控制20%或更高比例表决权的关联)中的参股利益,必须依据权益法(equity method)纳入合并报表,如果参股利益是《第4号公司法指令》第17条所指的永久性利益(第33条)。

9.60　关于合并财务报表附注的条款模仿了《第4号公司法指令》第43-45条,但是有一些变通(第34条)。

9.61　关于合并财务报告的要求,在所有实质方面都与《会计指令》第46条的要求相同(第36条)。

9.62　合并财务报表必须受到审计,审计员必须证实合并财务报告与合并财务报表一致(第37条)。合并财务报表必须提交给登记机关,并依据《第1号公司法指令》第3条向社会公众开放(第38条)。

第十节　审　　计

9.63　受《会计指令》管辖的公司的年度财务报表应当由根据成员国法授权的一人或多人予以审计(《第4号公司法指令》第51条第1

款)。审计员必须证实年度报告与该会计年度财务报表一致(第51条第1款b项)。在此有人可能注意到《第4号公司法指令》适用于股份有限公司、有限责任公司、有限合伙,和甚至其所有承担无限责任的合伙人是来自非欧盟国家的股份有限公司或有限责任公司的合伙(段落9.47)。但是,正如第51条第2款规定的,成员国可以允许第11条所指的小型公司完全免于承担财务报表审计的义务。

9.64 编制自身及其子公司合并财务报表的母公司有义务将其报表提交给经管辖该母公司年度财务报表审计的成员国法授权的一名或多名人员予以审计(《第7号公司法指令》第37条第1款)。审计员也必须证实合并年度财务报告是否与该年度合并财务报表一致(第37条第2款)。合并报表不一定要由审计母公司年度财务报表的同一人进行审计,但这样往往更实用。

9.65 欧共体法律没有界定有资格任命法定审计员的公司机构。甚至对于欧洲公司(SE),此问题由适用于该公司登记住所所在成员国的股份有限公司的法规进行调整(《欧洲公司法(SE Statue)第61条》。对审计行业的调整曾在第3章(段落3.79及以下)进行过讨论。

9.66 欧共体法律也未涉及审计委员会的概念。审计委员会是一个监督财务报告和披露的公司机构。它通常根据章程或程序规范作为一个董事会下属委员会而设立。通常审计委员会应当仅由非执行董事组成。它可以向执行董事提问。而且,它应当能够从管理层之外获得足够的外部支持。审计委员会特别应当检查公司或集团的内部控制、财务报告、内部会计人员和外部审计员向管理人员和董事会的报告。[1] 如前所述,《第4号公司法指令》第46a条要求上市公司报告与财务报告过程有关的内部控制和风险管理系统的主要特点。

---

〔1〕 Jakob Nyborg & Birgit Hansen in *Revision og Regnskabsvæsen*, Copenhagen 6(1993), 38 et seq.

第十章　公司集团

第一节　导　　言

10.01 在本书前几章中，公司主要是指一个独立法人。这很符合逻辑，因为所有公司法，不仅是欧洲的，而是全世界的公司法基本上都认为公司是追求自身经济利益的独立法人。虽然公司可以自己独立运作，但也常常在集团内运作。上市公司常常统领一群子公司，但中型甚至小型公司也以集团方式运作。集团结构因多种原因形成，从分散风险到便于继承（在家族企业中），从税收驱动到收购的结果。公司集团虽然在法律中被视为例外，却已经成为一种通例，从而引起公司法与经济现实的差异。

10.02 英国公司法检讨督导小组（UK Company Law Review Steering Group）所作的一份咨询文件（2000）将建立公司集团的各种原因总结为：

> 赞成利用子公司的最明显公司法考量是提供给公司集团整体的有限责任大小的再调整余地。例如，母公司通过控制一个非经营性子公司中的贵重财产，如集团自由保有的财产，同时将高风险经营置于一个财产很少的子公司中，而减少风险。然而，商人选择集团结构具有更多种原因，例如税务，购买和出售企业的能力，对分割的或地理上分散的企业的组织管理，合作企业间的权力平衡，

或者对当地监管或文化的考量。[1]

10.03 本章对公司集团,特别是公司法如何应对这一现象进行进一步探讨。在下一个介绍性段落之后,将讨论德国集团法,因为它可以被看作一个自觉地规范(公众)公司集团的法律部门,它阐明了集团关系调整所固有的问题。这一部分之后是关于欧盟集团法部分。虽然欧盟立法机构最初受到德国法范例的启发,但欧盟并未成功地制定一部可与德国法相媲美的部门法。相反,欧盟采取了零散处理法,这也是大部分成员国的典型做法。当然公司集团可以具有跨国性,由此引起的员工参与问题已在第七章讨论。本章我们聚焦于公司集团跨国活动时可能产生的国际私法问题。最后,还将简要讨论各成员国中公司集团的定义和法律责任问题。

10.04 公司集团由法律上独立、经济上联合的数家公司组成。通常公司集团有唯一的母公司,但是在有些情况下"横向集团"拥有不止一家母公司,例如联合利华集团(Unilever)和欧洲隧道集团(Eurotunnel)。[2] 不过,大多数集团是由一家位于顶端的母公司或控股公司控制其他公司(即被控股公司或子公司)从而纵向组成的。[3] 很多公司集团的另一特征是多层结构。母公司可以通过一个次级控股公司对一家特定子公司进行间接控制。无论集团结构如何,法律上独立与经济上联合的对立要素可能使不同当事人的利益产生对立,即子公司及其少数股东(如果存在的话)、债权人和雇员的利益,与代表了集团整体的母公司的利益之间的对立。当一家独立公司将制定自己的政策以求得商业成功时,子公司却要受到集团政策约束。总体上,在一家独立公

---

〔1〕 Modern Company Law for a Competitive Economy: Completing the Structure, A consultation document from the Company Law Review Steering Group (Nov. 2000), 177.

〔2〕 在这种案例中,母公司之间不是相互依赖,而是平等联合,并且通常位于不同国家。参见关于这种"两国横向集团"('bi-national horizontal groups'),见 Koen Byttebier、An Verroken 著: *Structuring International Cooperation between Enterprises* (London: Graham & Trotman, 1995) (with diagrams)。

〔3〕 集团还可以由其他法律主体设立,如合作社甚至有限合伙。而在本章中,仅讨论公司集团。

司内,不同当事人的利益或多或少是同步的:均力求或者至少关心这家公司的存续。当一家公司成为被母公司控制的子公司并且因集团利益而被利用时,这种联系基本上被切断。[1]因为这一点可能引起歧义与冲突,可能引进的集团法受到很大关注。

10.04a 母公司股东仅享有很不充分的控制权的事实较少引起重视。原因当然在于公司业务并不是由母公司而是由其子公司或孙公司经营。因而,控制着董事会的股东们不直接对集团业务负责,而是对控制子公司负责。一项补偿性的发展措施是要求上市公司在其公司治理声明中必须增加"对涉及合并报表制作过程的集团内部控制和风险管理系统主要特征的说明"[第7号指令第36条第2款(f)项]。这条规定是2006年指令修改的结果,此修改是欧盟对美国萨氏法案(the Sarbanes-Oxley Act)提出的严格要求的响应。[2]显然,这种报告义务迫使(上市的)母公司设置集团控制机制,从而强化董事会和母公司股东地位。然而,仍然以单个公司为基础的公司法,可能成为实施此严格控制体制的障碍。或者,如果控制代表着支配性影响并且它的实施损害了子公司债权人,可能会引起法律责任(见段落10.09及以下,段落10.34及以下)[3]

10.05 如何应对集团现象早已成为国内立法者、法院以及欧盟(欧共体)、非政府组织[如经合组织(OECD)]和法律研究人员所关注

---

[1] Cándido Paz-Ares, in *Curso de derecho mercantil I*, Capitulo 55, eds Rodrigo Uría & Aurelio Menéndez (Uniones de empresas y grupos de sociedades); (Madrid: Civitors, 2006); J. E. Antunes, *Liability of Corporate Groups* (Deventer/Boston: Kluwer Law and Taxation Publishers, ,1994); Steef Bartman, From Autonomy of Interests to Concurrence of Interests in Dutch Group Company Law, *European Company Law* 4, no. 5 (Oct. 2007): 207 – 210.

[2] Amending Directive 2006/46/EC, OJ 2006, L 224.

[3] S. M. Bartman, *Voorbij NV en BV. Over corporate governance en tekort van ons vennootschapsrecht*. Rede uitgesproken bij de aanvaarding van het ambt van hoogleraar in het ondernemingsrecht aan de Universiteit Leiden (Deventer: Kluwer, 2004), 8.

的问题。一些德国知名学者指出子公司实际上是“卫星”,[1]原因仅在于“公司的管理确实听命于母公司总部指令的事实”。[2]虽然集团的经济现实已为人所知,但“它们是非常具体的特定司法问题的中心”,尽管在1965年德国已经通过引进调整构成集团的企业间关系的专门立法而树立了榜样。[3]一些这类问题的背景是集团结构实际上为母公司股东创造了多重有限责任。他们为母公司的运作承担有限责任,但并不在同等程度上为母公司通过子公司经营的业务承担责任,因为在这种情形下子公司的风险只限于其法人实体。[4]虽然这一特征因其允许风险转移而对企业成长作出贡献,但是在高风险的地方活动引起的诉讼中,跨国企业也可以利用这一盾牌进行抗衡。因此,经合组织(OECD)制定了指导原则,以阻止集团结构被滥用,例如逃避产品责任和环境污染责任。指导原则针对集团内的所有实体,代表了补充适用于国内法和国际法的行为准则。[5]其中一些行为准则属于“公司社会责任”领域,旨在保护所谓的非自愿债权人(侵权受害者)。[6]由集团结构引起的典型的公司法事务包括:子公司少数股东与债权人的保护;

---

〔1〕 Ernst-Joachim Mestmäcker, *Verwaltung, Konzerngewalt und Rechte der Aktionäre* (Karlsruhe: Müller, 1958), 303.

〔2〕 Marcus Lutter, The Law of Groups of Companies in Europe: A Challenge for Jurisprudence, *Forum Internationale*, vol. 1(1983); nr. 1, p. 6.

〔3〕 Ibid., 6; C. M. Schmitthoff, 'Introduction', in *Groups of Companies*, ed. C. M. Schmitthoff & F. Wooldridge(London: Sweet & Maxwell 1991), xiii.

〔4〕 Peter Hommelhof, Produkthaftung im Konzern, ZIP Zeitschrift für Wirtschaftsrecht (Jahrgang, 1990), 762; Y. Guyon, *Traité des contracts. Les sociétés. Aménagements statutaires et conventions entre associés*, 5th edn (Paris: Impr. Jouve, 2002), 81 et seq.; Ph. I. Blumberg, *The Law of Corporate Groups* (Little Brown & Co Law & Business, 1985); J. E. Antunes, *Liability of Corporate Groups* (Deventer/Boston: Kluwer Law and Taxation Publishers, 1994).

〔5〕 《经合组织跨国企业指引》(the OECD Guidelines for Multinational Enterprises)(2002年修订),可检索:www.oecd.org。

〔6〕 Jennifer A. Schwartz, 'Piercing the Corporate Veil of an Alien Parent for Jurisdictional Purposes: A Proposal for a Standard that Comports with Due Process, 2008' *California Law Review* 96, no. 3(1 Jun. 2008): 731 et seq.

事会发出有约束力的指令。[1]为了保护子公司债权人和外部股
司必须补偿子公司的损失并为子公司的外部股东提供保付的
尝款和以现金或母公司股份为公平补偿的退出公司的机会。[2]

10 其他合同是利润池合同(profit pooling contract)(其中一
人既享有利润也分担损失)、部分利润转移合同以及商业租赁
这类合同因其互惠性而不同于控制合同:并不一定存在从属关
同各方当事人应达成关于各自贡献的协议。[3] 利润分享和损
协议,控制合同,或者这二者的结合,常常由于税务原因而形成,
关公司间创造一个纳税统一体,使得对利润池中的利润和损失
建立在支配公司层面。[4]任何一种企业协议均应为书面形式,
经协议各方的成员大会同意后方生效。决议应由至少代表
上股权的多数表决权通过。协议在商业登记处登记后才能产生
力。[5]

.11 由子公司和母公司整合(*Eingliederung*)而成的集团可以
一种特殊的契约型集团。尽管被整合的公司保留其法律独立
经济上和管理上却作为母公司的分支而运作。如果一个公司被
母公司就享有广泛的、不受限制的向该公司董事会发布命令的权
公司还可以处置被整合公司的财产和利润。相应地,母公司对
公司的行为和债务负连带责任。如果一家子公司的所有股份由
有,该单一股东将在正式股东会上决定整合事项。当母公司持

德国股份公司法》第 308 条。
德国股份公司法》第 300 ~ 307 条,特别是 302、304、305 条。U. Immenga 著:'The
aw of Groups in the FRG', in Groups of Companies in the EEC: A Survey Report to
he European Commission on the Law Relating to Corporate Groups in Various Mem-
er States, ed. Eddy Wymeersch with a foreword by G. E. Fitchew (Berlin/New York:
Walter de Gruyter, 1993), 第 104 页。
《德国股份公司法》第 292 条。
Gerhard Wirth, Michael Arnold & Mark Greene, *Corporate Law in Germany*, 144 and
46; U. Immenga, 'The Law of Groups in the FRG', 96.
《德国股份公司法》第 294 条。

集团内部交易(它们可能损害集团内部分实体);利益冲突(例如由母公司的代表人管理子公司);集团影响(对子公司而言在何种程度上是可接受的);集团关系披露(以评价一个单一实体的状况);年度财务报表(在合并基础上)。如以下段落所述,德国的集团法主要解决这些事项。

第二节 德国公司集团法

10.06 德国是少数几个确实采用了集团法以调整集团内企业间关系的国家之一。这在 1965 年德国公众公司法改革中占有重要地点。相关条款致力于通过两方面的规定达到平衡,一方面是提供一个确定集团如何构成、如何运作的法律框架,另一方面是保护外部少数股东和债权人的规则。[1]隐含的假设是同一集团内不同公司之间的利益冲突不可避免,应当通过治理集团关系的特殊条款媒介使它们达到公平(权利冲突模式)。[2]

10.07 这个法律框架以《德国股份公司法》(1965)(AktG 或 Stock Corporation Act)第 15 – 19 条对关联企业(verbundene Unternehmen)的定义为基础。第 291 条对这些定义以及公众公司(AG 和 KGaA)等作了详细说明。关联企业遵从特殊规则,但这在一定程度上取决于它们联合的类别。[3]

企业按照以下方式联合,即被视为关联企业,虽然不一定构成一个

[1] Herbert Wiedemann & Heribert Hirte, 'Konzernrecht', in 50 Jahre Bundesgerichtshof. Festgabe aus der Wissenschaft, eds Claus-Wilhelm Canaris et al. (München: Verlag C. H. Beck, 2000), 337 et seq.

[2] G. H. J. Houwen & A. P. Schoonbrood-Wessels, J. A. W. Schreurs, Aansprakelijkheid in concern-verhoudingen (Deventer: Kluwer, 1993), 54.

[3] 《德国股份公司法》(AktG) 第 90、131、192、319 条。

集团：

(1)持有多数股份(或多数表决权)[1]；

(2)支配性影响：如果一个支配企业(*herrschendes Unternehmen*)对附属企业(*abhängiges Unternehme*)施加决定性影响；如果多数股份被一名股东持有，即可推定存在这种影响，但这种影响也可通过事实表明，如存在制定政策的指导方针和/或一个集中性融资政策。[2]

(3)统一管理：支配企业对从属企业施加的影响被推定为导致统一管理，进而这些企业共同构成一个集团(*Konzern*)；如果支配企业与从属企业(*Vertragskonzern*，契约性关联企业)达成一个控制合同(支配协议)(*Beherrschungsvertrag*)，或者一个从属企业被整合(*eingegliedert*)，一个集团即被认为是统一管理的。[3]

(4)相互参股：凡具有资合公司形式的企业相互持有股超过25%的(*wechselseitig beteiligte Unternehmen*，相互参股企业)；如果至少可以适用上述第(2)或第(3)项标准之一，这些企业也可以成为支配企业或从属企业。[4]

(5)企业协议：除了控制合同外，股份公司法(AktG)规定了关联企业间其他类型的企业协议(见第10.07段)。[5]

应当指出的是统一管理(*einheitliche Leitung*)是决定一个集团存在与否的因素。虽然统一管理概念属于事实性质，但它可以通过更易确认的法律标准确定，如上文提到的：持有多数股份引起实施了支配性影

---

〔1〕《德国股份公司法》第15、16条。

〔2〕《德国股份公司法》第15、17条；Emmerich-Sonnenschein，(München：Beck，1992)，第77－78页。

〔3〕《德国股份公司法》第15、18、291、319条。控制合同(Beherrschungsvertrag)也可被译为支配合同(domination agreement)。

〔4〕《德国股份公司法》第15、19条

〔5〕《德国股份公司法》第15、291、292条。

响的推定，接着，引起了统一管理的推定。〔1

10.08 《德国股份公司法》中关于关联

或从属公司为股份公司或股份两合公司时

公司)的法律形态与适用集团法无关。但在

是一个企业，因为德国集团法仅适用于关联

一个企业，但是合伙、个体经营者、国家甚至

那么，核心问题是这样的人是否追求其他的

一、企业协议

10.09 《德国股份公司法》(AktG)调整

是规定所谓的企业协议条款，其中最重要的

另一手段是在未达成企业协议的情形下限制

企业补偿被控制企业被迫进行的不利交易(

达成为控制公司实施控制以及适用保护被控

少数股东规则提供了法律基础。〔3〕合同型集

确拥有促使子公司为集团或集团中某一公司

此行动有损于子公司利益。母公司有权对依

---

〔1〕 关于统一管理的事实性质，见Frank Wooldridge著

Groups of Companies in European Laws'，载*Europe*

tive Approach，eds Robert Drury & Peter G. Xuereb(

109页。

〔2〕 基础性判决是1977年VEBA案，《德国联邦最高法

页[(1977) BGHZ (Eutscheidungen des Bunolergeri

334]，判决认为甚至德国国家有资格成为集团法意

追求商业利益。国家以外的企业，见Autokran(198

Bundesgerichthofes in Zivilsachen)第69卷，第334页

卷，第187页。Volker Emmerich和Matthias Habersac

ernrecht，第3版(München：C. H. Beck，2008)，对《德

注，注释6～25。

〔3〕 术语见第10.06段。

司的董

东，母

年度补

10

方当事

合同。

系的合

失分担

即在有

的征利

且只有

75%以

法律效

1

被视

性，在

整合

利。

被整

一人

有子公司至少95%的股份时,就可能凭多数决议而整合子公司,即使违背少数股东的意愿。此时,少数股东必须得到适当补偿而放弃股东身份。[1]

10.12　如果在没有合同时施加了控制,则构成事实集团。德国股份公司法在没有这种合同时处理母公司责任的方式(第311~318条)表明,在德国法中,一个契约型集团中的母公司比事实集团中的母公司更受优待。这并不奇怪,因为在事实集团中,母公司没有像契约型集团中的母公司一样接受同样的法律义务,却控制了子公司。如果没有类似的合同,母公司不应当利用其支配性影响力,促使子公司(从属的或被控制的股份公司或股份两合公司)进行不利交易,除非控制公司对子公司作出补偿(*Nachteilsausgleich*,不利补偿)。[2] 此补偿最迟不得超过该会计年度末,或者必须声明在何时、以何种方式予以补偿。此规定与法国判例法中形成的"罗泽布鲁姆原则"(Rozenblum-doctrine)(见段落10.17)略有相似。[3]其实控制公司与子公司之间只有在进行平等正式交易时才能避免补偿。被控制公司的董事会必须每年报告其集团内部关系,详细说明本公司与控制公司的交易或者受控制公司命令进行的交易。公司的审计员审查该报告后将报告提交给监事会,监事会应将有关事项报告给股东大会。[4]

二、包括私人公司的集团

10.13　法院主张从股份公司类推,有限责任公司也可以与另一企业达成联合合同。[5] 在以支配合同为基础的集团中,指挥权的构建与股份公司的规则相同。母公司对子公司的损失补偿义务也是同样。[6]

---

〔1〕《德国股份公司法》第319~327条。

〔2〕《德国股份公司法》第311条。

〔3〕《德国股份公司法》第311条。

〔4〕《德国股份公司法》第312~314条。

〔5〕Landmark cases in this respect are Supermarkt(1988) BGHZ 105,324 and *Siemens*, BGH ZIP 1992,395.

〔6〕Immenga,'The Law of Groups in the FRG',113-11.

类推止于存在事实依赖的情形，因为关于有限责任公司（GmbH）内部结构的法条允许股东向管理层发布约束性命令，且不以有特定合同为前提。这样，有限责任公司的单一股东或多数股东原则上可以对管理层实施支配性影响（见第 6.27 条）。对于集团，这意味着一个支配企业可以控制作为其子公司的有限责任公司，而无须更多理由。然而，企业协议可以因税务原因而达成，即为了在当事人之间创造一个纳税统一体。[1]

10.14　就事实集团而言，外部少数股东和债权人受到保护，特别是受到多数股东对有限责任公司和其他股东的受信义务（*Treuepflicht*）的保护。对管理层施加影响时违反此义务的支配股东将负法律责任，单个股东可以起诉申请禁止令并就因支配股东施加影响而遭受的损害获得补偿。[2]债权人的利益也应被考虑，并且在有些情形下债权人直接起诉支配股东（母公司）是合理的。[3] 母公司对子公司管理层实施长期、全面影响的，大多不可能将有害干涉从无害干涉中分离出来而计算所造成的损害。这样子公司仅仅作为分支机构被管理。这超出了单纯的依赖，因此被称为"合格的事实上的依赖"（*qualified de facto dependence*）。[4]那么，此子公司的地位可以与控制合同下被母公司控制的子公司的地位进行比较。长期以来的主导观点是这种情形下对外部股东和债权人的保护模仿了《德国股份公司法》的规定，但近年来，视案情而定，法院看上去更多地根据案件具体情况使用刺破公司面纱的经典方法（见本书段落 10.34 及以下段落）。根据里程碑式的 *Bremer*

---

[1] Klaus J. Müller, *The GmbH. A Guide to the German Limited Liability Company* (München: Verlag C. H. Beck, 2006), 144 - 146.

[2] 1975 年 ITT 案，《德国联邦最高法院民事裁判集》第 65 卷，第 15 页［ITT（1975）BGHZ 65, 15］；1985 年 Autokran 案件，《德国联邦最高法院民事裁判集》第 95 卷，第 330 页［Autokran（1985）BGHZ 95, 330］。

[3] 1989 年 Tiefbau 案件，《德国联邦最高法院民事裁判集》第 107 卷，第 7 页［Tiefbau（1989）BGHZ 107, 7］。还可参见本书第 10.35 段。

[4] Autokran (1985) BGHZ 95, 330; Tiefbau (1989) BGHZ 107, 7; Video (1991) BGHZ 115, 187.

Vulkan 案[1]所阐明的新概念"破坏性干预"(*existenzvernichtender Eingriff*)(破坏子公司经济基础的提款),"合格的事实依赖"(*qualified de facto dependence*)的概念已经实际上已被抛弃。

10.15　除葡萄牙以外,其他欧盟司法管辖区未遵循德国立法例。[2] 法国在这方面计划的改革并不成功,甚至德国也并未将其康采恩法(*Konzernrecht*)扩大到私人公司(GmbH)。[3] 这当然是因为综合调整集团关系固有的困难。例如,很难决定必须对不利的支配性影响给予的补偿,因为这种影响难以分离并且造成的损失也同样难以计算。[4] 诚然,成员国立法者和欧盟已经处理了集团的单一方面问题,特别是在合并财务报表领域(见第 9 章),但仍有许多问题没有解决。因此,普林提斯(Prentice)对英国法如何对付集团现象的评价仍然适用于大多数司法管辖区:"公司法的原则没有以连贯的方式解决这种经营形式可以和已经引起的问题。"[5]这并不是说成员国立法者忽略了这一方面。正如威米尔希(Wymeersch)指出的,集团间的区别如此之大以致几乎不可能设计一套全面的规则。例如,集团可以在一个单一司法管辖区经营,但他们也可以创办一个跨国公司。子公司可以被完全拥有,但也可以有持少数股份的股东,在后一种情况下甚至可以上市(见段落 10.19)。[6] 另外,在有些情况下识别集团并不简单,因为实

---

[1] BGHZ 149,10. Peer Zumbansen,'Liability Within Corporate Groups Bremer Vulkan)-Federal Court of Justice Attempts the Overhaul',German Law Journal 3,no. 1(1 Jan. 2002),<www. germanlawjournal. com>.

[2] 1986 年葡萄牙在《商事公司法》(*Código das Sociedades Comerciais*)中插入了关于集团法的第 6 章,Cordeiro 著:*Direito Europeu das Sociedades*,第 778 页及以下。斯洛文尼亚看来也遵循了德国模式。

[3] Lutter,*The Law of Groups of Companies in Europe*,*o. c.* ,ns 18 and 19.

[4] 企业协议的数量似乎有限,它们的实际重要性难以评估,Wiedemann & Hirte 著:'Konzernrecht',第 369 页。

[5] D. D. Prentice,'Groups of Companies:The English Experience',In *Groups of Companies in European Law. Legal and Economic Analysis on Multinational Enterprises. Volume II* ed. Klaus J. Hopt(Berlin/New York:Walter de Gruyter,1982),99.

[6] Wymeersch,Do We Need a Law on Groups of Companies?,576 et seq.

际控制是通过秘而不宣的表决权协议、联盟结构(通过交叉持股联系起来的公司),甚至管理结构(高层管理人员行使控制权而无控股股东联合)实施的。[1] 尽管存在这种多样性,立法者已经找到应对公司集团的途径,不仅涉及年度财务报表和其他几个公司法问题,也涉及金融市场、劳动法、破产法和税法等领域。

第三节 欧盟公司集团法

10.16 很久以前欧盟委员会已经有意将集团法作为协调和调整的可能主题。有关于集团关系的条文出现在最初的欧洲公司立法草案(1970)中,1985 年欧盟委员会公布了《关于集团法的第 9 号公司法指令草案初稿》。因为在大多数成员国中所获支持甚少,欧盟委员会撤销了《欧洲公司法》(SE Statute)(见段落 4.13)中涉及集团的条文。1990 年,甚至在正式提交给部长理事会之前,《第 9 号公司法指令》议案也被撤销(见段落 3.86)。尽管如此,欧盟委员会没有完全抛弃此项目,而是开始了一项调查成员国内集团现象发展的研究。该项研究于 1993 年进行,建议欧盟委员会重拾此项目,但未能实现。[2] 在 1998 年欧洲康采恩论坛(Forum Europaeum Konzernrecht)上,一组法学教授组织并展示了另一项包含一个欧洲集团法议案的研究。[3] 该议案的一

---

〔1〕 Gerard Hertig & Hideki Kanda, 'Creditor Protection', in *The Anatomy of Corporate Law: A Comparative and Functional Approach*, eds Reinier Kraakman et al. (Oxford University Press, 2004), 74 et seq.

〔2〕 Wymeersch 编辑, G. E. Fitchew 作序的:《欧共体中的公司集团》(*Groups of Companies in the EEC*)。

〔3〕 Forum Europaeum Konzernrecht, *Konzernrecht für Europa*, ZGR 4(1998):672 – 772. 2000 年出版了一份英文述评:'Corporate Group Law for Europe', Forum Europaeum Konzernrecht, Stockholm(Corporate Governance Forum)2000, 也被收入 *European Business Organization Law Review* (EBOR)I(2000)第 165 ~ 264 页。

个实质要素是将“罗泽布鲁姆原则”(Rozenblum Doctrine)纳入一项法条中。该条文规定集团中实体的董事甚至可以在集团政策与该实体的利益相冲突时遵循集团政策,只要该集团基于一项平衡政策而结构良好并且该实体的董事可以合理地相信该损害将在合理期间内得到补偿。[1]

10.17 所谓的 Rozenblum 原则由法国最高法院(*Cour de cassation*)在 Rozenblum 案中确立。[2] Rozenblum 先生控制了一些公司,这些公司没有通过一项共同政策而联系起来的。然而,其中一些公司的财产被转移到其他亏损公司中。Rozenblum 先生因滥用公司财产(*abus de biens sociaux*)的犯罪行为被提起公诉。最高法院认为只有在遵循以下标准时才允许进行这种财产转移:

> “法律上的”(de iure)或“事实上的”(de facto)公司董事向集团中该公司拥有直接或间接利益的其他公司提供的财务援助,应当有一项经济社会利益或共同财务利益依据,应当按照一项将集团作为一个整体而形成的政策进行评估,不应当缺乏回报或扰乱有关公司之间相互义务的平衡,也不应当超过援助方公司的经济能力。[3]

10.18 下一个提出集团法建议的是 2001 年欧盟委员会为了设计现代公司法规范框架而设立的公司法专家高级小组。他们不建议在欧盟层面制定一套自治法,特别是关于集团问题。换句话说,不推荐引进关于集团关系的《第 9 号公司法指令》的新尝试。相反,他们建议引进解决某些特定领域问题的规则:(1)集团结构和集团关系的透明度;(2)集团与其组成部分之间的利益冲突;和(3)“金字塔结构”所产生的

---

〔1〕 Forum Europaeum Konzernrecht, *Konzernrecht für Europa*, ZCR 4(1998):769.

〔2〕 Cour de Cassation, Chambre criminelle du 4 février 1985, 84 – 91. 581, *Revue des sociétés* 1985, 648, note Bouloc.

〔3〕 译文引自 Eddy Wymeersch 著:‘Conflicts of Interest in Financial Services Groups’, Financial Law Institute Working Paper No. 2007 – 05 (Universiteit Gent, 2008),第 4 页,可检索:www. papers. ssrn. com。

特别问题。[1] 关于第二个问题,高级小组明确推进欧洲康采恩论坛的工作。[2] 欧盟委员会在其《2003 年公司法行动计划》(2003 Company Law Action Plan)中采纳了这一建议。[3]

10.19 关于第一项建议,关于公司集团的更好的财务和非财务信息,欧盟委员会指出《国际会计准则》(IAS)在合并财务报表上的运用已经致力于解决这一问题,此类信息应当按照《第 13 号公司法指令》在年度公司治理报告中提供(当时都仍在计划中)。欧盟委员会指出这些措施的适用范围限于上市公司,但如果母公司不是上市公司,关于集团结构信息的规则应当在短期内优先。

关于高级小组提出的第二个问题,欧盟委员会赞成以下观点,即成员国应当促进协调的集团政策的采纳和执行,"如果债权人利益得到有效保护,并且对公司股东来说随着时间的推移负担和优势得到合理平衡。"因此,一个解决该问题(特别是适当保护措施)的框架性指令被宣布将于中期出台。[4]

最后一项建议涉及金字塔结构。这些是由于广泛利用少数股东而凭借小额投资形成最终控制权的控股公司链条。[5] 例如,家族控制的母公司 A 的少数股份(49%)是上市的,如果 A 公司设立一家仍是 49% 的股份上市的子公司 B,该家族仍间接地保持对 B 公司及其子公司经营的控制,尽管事实上第三人的投资已经翻番。[6] 欧盟委员会指出公司年度治理报告的要求可以改善关于这些结构的信息。委员会认

---

[1] Report of the High Level Group of Company Law Experts on *A Modern Regulatory Framework for Company Law in Europe* (Brussels,4 Nov. 2002),94 et seq.

[2] 同上,第 97 页。

[3] Modernising Company Law and Enhancing Corporate Governance in the European Union-A Plan to Move Forward(Brussels,21 May 2003),COM(2003)284 final(Company Law Action Plan 2003).

[4] 同上,第 19 页。

[5] 同上,第 19 页。

[6] 这基本上是喜力啤酒(Heineken)的所有权结构,www. heinekeninternational. com/homepage. aspx(有图表)。

为有必要进一步审查这些结构的固有风险。[1]

10.20　2006年关于公司法未来优先考虑事项磋商的结果是不支持欧盟委员会关于接受高级专家小组建议的计划。大部分受访者对建立一个执行集团政策、遏制滥用金字塔结构的法律框架计划没有热情。大多数人认为更严格的透明度规则代表了更好的解决方案。[2] 这又一次表明在欧盟层面制定一部独立集团法的最初设想是虚幻的。剩下的就是,集团法的单一问题仍然由一些指令和引进欧盟法下的商事组织来解决。正如以下段落阐述的,欧盟法在公司法和员工参与领域的一些规定涉及集团的设立和运行。[3]

一、集团的设立

10.21　《欧共体条约》第43条、48条对集团的设立至关重要,因为它们授予公司二次开业权(the right of secondary establishment),使设立跨国子公司或合伙成为可能(见段落2.52及以下)。根据第43条,在另一成员国设立了一家子公司的母公司不得被置于比位于那一成员国的母公司更不利的处境。[4] 而且,《第2号公司法指令》有利于子公司的设立,因为对于设立子公司,成员国可以选择不适用对非现金出资的要求(见段落3.39)。当集团的设立(或扩大)是通过收购上市公司股份实现时,《透明度指令》(*Transparency Directive*)和《关于收购要约的第13号指令》对收购方科以义务。股东或持有(潜在)表决权的人

---

〔1〕 Company Law Action Plan 2003,19 –20.

〔2〕 Directorate General for Internal Market and Services, Summary Report on the Public Consultation on Future Priorities for the Action Plan on Company Law and Corporate Governance(Brussels),22.

〔3〕 Erik Werlauff, 'Group and Community-the European Court's Development of an Independent Community Law Concept of the Group and Its Significance for National Company Law', *European Company Law* 4, no. 5(Oct. 2007):20 –206.

〔4〕 同上,第299页。当然,外国公司是否有资格作为一家母公司是由管辖子公司的法律决定的,Werlauff著:'Group and Community-the European Court's Development of an Independent Community Law Concept',2007,第203页。

(指持有当期可转换的可转换公司债券、当期可执行的认股权证等的人。——译者注),应当将收购事宜或上市公司主要股权的处置通知发行人。《透明度指令》的目标主要是改善和平衡整个欧共体内的投资者保护,并防止秘密收购(见段落3.109)。《第13号公司法指令》(见段落3.96及以下和段落8.18及以下)具有相似目标。强制要约(见段落3.98)旨在保护少数股东利益,根据利益冲突理论少数股东最易受到原独立公司作为集团的组成部分运作这一事实的不利影响。这里必须提到《第12号公司法指令》,因为它承认一人公司。这便于在不限制采用一人公司的成员国中构建集团(段落3.95)。

10.22　《欧洲公司法》(*SE Statute*)也有利于集团的设立,因为设立一家欧洲公司(SE)的方式可以导致集团结构的创建或扩张。这适用于设立一家欧洲公司(SE)作为控股公司或子公司的情形(段落4.17及以下)。附随的关于员工参与的《欧洲公司指令》(*SE Directive*)在此具有辅助功能,因为它调整从原有的员工参与制到欧洲公司(SE)成立后形成的员工参与结构的转型(见第4.37段及以下)。[1]

10.23　类似于欧洲公司,欧洲合作社(SCE)也可以通过附属机构经营;因此它可以像公司集团中的母公司一样运作。[2] 但是欧洲合作社可能不像集团中的附属机构一样轻松运行,除非(大多数)成员是同一集团中的实体。[3] 对于欧洲合作社的员工参与,请参阅对欧洲公司(SE)的评论。最后,必须指出,欧洲经济利益集团(EEIG)由于其附属性特征不能作为集团结构中的母公司。但是,同一集团内的公司可以利用欧洲经济利益集团(EEIG)形式进行合作(见段落4.08)。

10.24　《欧洲公司法》(SE Statute)前言指出尽可能地确保欧共体内的经济单位和商业性法律单位的一致性是非常重要的。欧洲公司

---

〔1〕 为确保《欧洲公司指令》(SE Directive)的正确实施,它界定了一些概念,尤其是subsidiary(子公司,或译为附属机构),意思是受到某一公司的支配性影响的企业,就像《欧洲劳资委员会指令》(EWC Directive 94/45/EC)第3条第2－7所界定的。

〔2〕 《欧洲合作社条例》(SCE Regulation)第1条第3款。

〔3〕 欧洲合作社(SCE)的每名成员原则上均有一票(见段落4.45),

(SE)应当促进欧洲规模的公司的创办和经营,摆脱因国内公司法的差异性和在有限领土内适用而产生的障碍。[1] 这表明欧洲公司(SE)应当作为在欧洲范围运作的集团的母公司,例如安联欧洲公司(Allianz SE),或者甚至作为一个联合其分支机构而不是子公司经营的单一公司。因为集团结构的明显益处,后一种情况不太可能发生,除非集团受税务刺激的吸引而在欧盟层面重组。

二、集团的运行

10.25 数项指令中包含了调整或促进集团运行的因素,其中有两个因素是为解决集团问题专门制定的。所以,落入其调整范围的集团的构成要素需要被界定。为了会计目的,《第7号公司法指令》对一个企业机构的成员之间的几种关系进行了分类。第1条包含了对"parent undertaking"(母公司)和"subsidiary undertaking"(子公司)(undertaking可以被理解为与enterprise同义)的定义。[2] 如同段落3.69 - 3.73解释的,一方面,这些定义反映了法律方法,据此合法控制权是中心要素;另一方面它们反映了经济方法,据此自一家公司对另一家公司在事实上实施支配性影响时,集团就开始存在(还请参考段落9.44 - 9.46)。《第7号公司法指令》要求母公司为自己和子公司编制合并财务报表和合并年度财务报告(第1条第1款,还请参考段落9.43及以下)。在《欧洲劳资委员会指令》(*EWC Directive*)中,经济方法占上风,因为它要求控制公司(母公司)事实上对另一公司(被控制公司)实施了支配性影响。但是,法律方法具有支持作用,因为在对相反证据不存偏见的情况下,当一家公司持有另一家公司的大部分资本、控制大多数表决权或者可以任命后一公司经营管理机构或监督机构半数以上成员时,即

[1] 《欧洲公司法》(SE Statute)前言第6、7段,还请参第4段:在欧共体内经营的企业必须遵循的法律框架仍然在很大程度上立足于成员国法,因此该法律框架不再与要达到《欧共体条约》第18条设定的目标就必须在其内发展的经济框架相对应。该情形对来自不同成员国的公司创办公司集团造成很大障碍。

[2] 段落3.72及以下有第1条的条文及其解释。

可推定存在支配性影响。《欧洲劳资委员会指令》要求控制公司的中心管理部门建立一个欧洲劳资委员会,或者建立一套知情与咨询程序,如果集团被界定为欧共体规模,即如果该集团在成员国雇佣了至少1000人,在不同成员国至少拥有两个子公司,每个子公司拥有至少150名员工(第2条第1款)。正如段落7.11和段落7.12所述,《欧洲劳资委员会指令》在某些集团结构中的应用已经产生了一些欧洲法院判例法。

10.26　其他几个指令包含了关于集团运行的规定,它们是:

-《第2号公司法指令》:如前所述,成员国可以通过一项规定取消关于设立子公司时非现金股本的独立专家报告。在这种意义上第24a条不是一个促进性而是一个限制性规定,因为它禁止公司向其子公司认购本公司股份(以及对取得这种股份的限制)。

为了适用这条禁令,1992年增加的第24a条,[1]以法律和经济的集团概念的混合界定有关的母子公司关系。更为精确地,它适用于母公司持有多数表决权(甚至是非直接地)的公司或母公司实施支配性影响的公司。成员国可以界定公司持有多数表决权或者能够实施支配性影响的情形。在后一种情形下,如果公司有权任命或解任多数董事或根据与其他股东达成的协议控制了大多数表决权,那么无论如何成员国必须确定公司可以实施这种影响(第24a条第3款)。尽管存在支配性影响的标准,看上去还是法律方法占上风,因为所要求的具体标准与《第7号公司法指令》第1条第1款第a项和第b项的规定非常相似。

-《第3号公司法指令》:段落3.52曾提到如果吸收公司持有被吸收公司90%以上的股份,合并程序可以简化。第24~29条规定了例外。例如,如果收购公司持有所有股份,合并条款草案中

---

〔1〕 Directive 92/101/EEC, OJ 1992, L 347.

的部分条目以及关于换股比例和一名独立专家监管的报告可以被省略(第 24 条)。吸收公司持有被吸收公司 90% 以上股份的,成员国不必要求吸收公司股东大会批准合并(第 27 条)。

-《第 10 号公司法指令》:如段落 3.88 所述,如果在跨国合并中吸收公司持有被吸收公司 90% 以上股份,《第 10 号公司法指令》就允许与《第 3 号公司法指令》类似的简化(第 15 条)。

-《第 13 号公司法指令》:适用于收购要约规则时,"一致行动人"(persons acting in concert)是指根据协议与要约人或受要约人公司合作的自然人或法人(第 2 条第 1 款第 d 项)。控制一家企业的个人或实体与被控制的企业一起被视为一致行动人(第 2 条第 2 款)。控制的标准参考了《2001/34/EC 号指令》[1]第 87 条,将被控制企业被界定为另一实体拥有其多数表决权或者根据协议控制其多数表决权,或有权任命或罢免其大部分董事的任何企业。这与《第 7 号公司法指令》第 1 条第 1 款第 a 项、第 b 项及第 d 项之 bb 基本相同。

10.27　当然,集团的运行受制于欧盟的很多其它规则,它们不在本书讨论之列。例如,成员国之间的税收条约(防止双重征税或双重不征税)可能包含促进跨国经营和开业的规则。[2] 也可以参考第 8 章有关合资企业、合并及收购部分所讨论的合并监管规则。在确定是否产生一项集中时,决定性因素是控制权的取得。这可以通过一些法律工具实现,例如合并、合同和大多数或控制性表决权,或者通过经济上的依赖与支配等事实情况实现(见段落 8.36 及以下)。

---

〔1〕《关于证券被正式证券交易所接纳上市及其信息公开的 2001/34/EC 号指令》(Directive 2001/34/EC, OJ 2001, L 184 on the admission of securities to official stock exchange listing and on information to be published on those securities)。

〔2〕见欧盟网站, *Summaries of Legislation*(立法摘要), http://europa.eu/scadplus/leg/en/lvb/l26038.htm,以及关于《欧共体法律和税收协定》的文件, Brussels 9 Jun. 2005, DOC(05)2306,可检索: http://ec.europa.eu/taxation_customs/index_en.htm。

第四节 公司集团的跨国经营

10.28 母公司可以通过设立一个受国内法(即子公司登记住所所在国法)管辖的子公司而整合其国外经营活动。利用这种二次开业权,跨国企业遵守当地公司法并且不产生适用何种法律的问题。但是,关于开业权(段落2.61及以下)的欧洲法院判例法确定,国外经营活动可以由管辖母公司的同一法律管辖,从而统一同一集团的公司所适用的公司法规则。例如,受英国法管辖的母公司可以将其德国业务纳入一个受英国法管辖的公司中,该英国公司虽在英国登记,但大部分或全部经营活动在德国。[1] 欧洲法院认为在这种情况下,东道国不得对外国公司强加额外条件,因此公司的内部关系及董事义务,都受制于公司设立地成员国法。[2] 因此,这种外国公司的少数股东和债权人地位可能与国内法中的公司不同,因为适用的是英国公司法而不是德国公

---

〔1〕 "Centros案后",在英国设立的公司数量激增,Becht、Mayer和Wagner著:'Where Do Firms Incorporate?',可从社会科学研究网(SSRN)获取,http://ssrn.com/abstract=953820。

〔2〕 Eike Thomas Bicker著:*Gläubigerschutz in der grenzüberschreitenden Konzerngesellschaft. Eine international-privatrechtliche Untersuchung am Beispiel der abhängigen englischen Kapitalgesellschaft mit Verwaltungssitz in Deutschland*(Berlin:Duncker & Humblot,2007),第41~47页。Karl A. Hofstetter著:*Sachgerechte Haftungsregeln für multinationale Konzerne:Zur zivilrechtlichen Verantwortlichkeit von Muttergesellschaften im Kontext internationaler Märkte*(Tübingen:Mohr Siebeck,1995),第44页及以下。还请参考环境损害引起选择法院和民事诉讼的例子,例如灾难性的博帕尔(Bhopal)案和Amoco Cadiz油污案,R. M. Davis著:'The Bhopal litigation',*Journal of the Indian Law Institute* 29,no.3(1987),第331~355页,和In re Oil Spill of the Amoco Cadiz,954 F.2d 1279(7th Cir. 1992);Edward H. P. Brans著:*Liability for Damage to Public Natural Resources:Standing,Damage and Damage Assessment*(Kluwer Law International,2001)。

司集团法。[1]

10.29　在英国,破产法可能比公司法给债权人提供更多保护。然而在破产情况下,《欧盟破产条例》(EU Insolvency Regulation)通过利用"债务人主要利益中心"作为决定性标准确定准据法。[2] 主要利益中心应当与债务人经常管理自身利益的处所一致,从而能够被第三人确认(前言,陈述 13)。对一家公司而言,如果没有相反证据,登记住所所在地被推定为此中心(第 4 条第 1 款)。在 *Eurofood* 案中,欧洲法院认为推翻此推定要有客观的并且可被第三人确认的因素,例如公司何时未在其登记成员国境内营业。[3] 前述例子,即英国母公司拥有一个按照英国法设立却在德国经营的子公司的例子,意味着可能适用德国破产法。这可能引起矛盾,例如英国法中的"违法经营"(wrongful trading)责任是由破产法而不是公司法调整,但制裁这种行为的德国法属于公司法。[4]

10.30　*Eurofood* 是一家在爱尔兰登记的私人有限责任公司,完全由在意大利成立的帕玛拉特股份公司(Parmalat SA)拥有,后者的主要目标是为帕玛拉特集团中的公司融资。帕玛拉特股份公司破产后,意大利当局任命了一名特别管理人。一个月后,爱尔兰高等法院为 Eurofood 公司任命了一名有权接管公司所有财产并管理其事务的临时清算人。当一份申请宣布 Eurofood 公司破产的申请递交给帕尔马地区法院(District Court in Parma)后,该法院认为 Eurofood 公司的主要利益中心在意大利,意大利拥有决定 Eurofood 公司是否破产的国际司法管辖权。爱尔兰高等法院对 Eurofood 公司的主要利益中心持相反观

---

〔1〕 关于非自愿债权人(involuntary creditors),见段落 10.05。

〔2〕 《(EC)1346/2000 号条例》(Regulation(EC)1346/2000),OJ 2000,L 160;Bicker 著前引书,第 84 页及以下。

〔3〕 ECJ 2 May 2006,C – 341/04(Eurofood).

〔4〕 Bicker 著前引书,第 47 ~ 49 页。比较《英国破产法》(Insolvency Act)第 214 条(违法经营:如果一名董事已经知道或应当断定公司不可能避免破产清算,却不阻止公司经营)与《德国有限责任公司法》(GmbHG)第 64 条(董事对已确定公司无偿债资金或负债过高后的支付承担责任)。

点,并且拒绝承认帕尔马法院的裁决。发现 Eurofood 公司无力偿债后,高等法院发出一项清算命令。意大利特别管理人对该裁决提出上诉,爱尔兰最高法院将问题提交到欧洲法院,请求欧洲法院作出预先裁决。

第五节 成员国的法律

10.31 除德国以外,本书讨论的成员国法中均未包含一套管辖集团内关联企业间关系的系统有序规则。然而,这些成员国的公司法、税法、破产法及其他法律中都对集团事务进行了专门调整。多年以来每个成员国出于不同目的都发展了集团概念,但前文所述的欧盟指令和条例确实产生了一定的协调效果。下一段将简要讨论各成员国公司法中的集团概念。接下来的部分是关于法院如何通过“揭开公司面纱”对公司的有限责任特征作出例外判决,以保护集团成员的债权人。

一、集团的概念

10.32 《第7号公司法指令》出于会计目的强制成员国至少对集团或其要素(母子关系)进行界定。甚至德国在执行《第7号公司法指令》时都引进了这些定义,因此在很大程度上与其他成员国采用的定义一致。[1] 通常,《第7号公司法指令》提供的定义所具有的混合性和一定程度的可选择性特征都反映在成员国的规定中。基本上,母公司实施实际控制或者母公司与其子公司的统一管理(德国)是合并报表义务的决定性因素。因为查明这种基于经济和组织事实的控制和管理并不容易,所有成员国均规定在符合法定标准的情况下推定甚至认为

---

〔1〕 合并财务报表由《德国商法典》(HGB)第290~315条调整。

存在这种控制和管理。[1] 这些法律标准在很大程度上与《第 7 号公司法指令》规定的一致(见段落 3.69 - 3.78 和段落 9.44 - 9.46),特别是母公司拥有多数表决权或者任命或解任其子公司管理或监督机构多数成员的权利。另外,有人指出,基于与其他股东之间的协议而控制了多数表决权与母公司单独拥有多数表决权的情况相同。[2] 而且,在母公司根据合同或子公司章程条款有权对子公司实施支配性影响的情况下,通常也要求合并财务报表。[3] 最后,母公司通过行使表决权而实际任命了经营、管理机构或监督机构大多数成员的,也会引起合并财务报表义务。[4] 但是,最后一项标准在性质上是法律和事实的混合,因为它不仅包括表决权,也包括实际表决的结果。最后还要在此补充一点,所有可以由子公司行使的表决权和任命、解任董事的权利,必须计算到母公司的这些权利中。[5] 相应地,母公司(A)完全拥有子公司(B),当 A 与 B 共同持有 C 公司的多数表决权时,A 被推定为对 C 公司实施了控制。虽然如下一段阐明的,集团的具体概念在各成员国有所不同,但是大部分经济上关联的企业,在一个成员国中被称为母公司、子公司或公司集团,在另一成员国很有可能也属于相似的类型。

10.33 尽管上一段描述了集团和母子公司关系的一般模式,但各成员国法的定义还是表现出术语和细节上的差异。以下介绍其中一些特别之处。例如,《比利时公司法》(*Wetboek van Vennootschappen*)依

---

〔1〕 与《第 7 号公司法指令》第 1 条第 2 款 b 项、《法国商法典》第 L233 - 16 条、《比利时公司法》第 5 条,《德国商法典》第 290 条第 1 款、《西班牙商法典》第 42 条、《荷兰民法典》第 2 编第 406 条、《英国 2006 年公司法》第 1162 条一致。

〔2〕 这与《第 7 号公司法指令》第 1 条第 1 款 c 项一致。见《德国商法典》第 290 条第 2 ~ 3款、《荷兰民法典》第 2 编第 406 条、《法国商法典》第 L233 - 16 条。欧盟委员会:《第 7 号公司法指令在欧盟成员国的执行,第 7 号公司法指令在欧盟成员国执行的研究结果摘要》(*Implementation of the Seventh Directive in EU Member States Summary of findings from a study on the implementation of Seventh Directive* 83/349/*EEC in the Member States of the European Union*, *as per* 1 Jan. 1998)。

〔3〕 比利时、法国、德国、西班牙和英国。

〔4〕 比利时、法国、西班牙。

〔5〕 如《第 7 号公司法指令》第 2 条第 1 款规定的。

据《第7号公司法指令》来定义控制、母公司和子公司。而且,它还将consortium(财团)界定为受到统一管理(*centrale leiding*)但相互间没有母子公司关系的数家公司,这个概念被《第7号公司法指令》第12条规定为允许成员国提出合并财务报表要求的横向集团。[1] 如果公司机构的大多数成员由相同的人担任,就推定存在这种统一管理。[2] 对于构成这种财团(consortium)的每家公司来说,都必须合并财务报表。[3] 法国法规定即使一家公司持有低于多数但高于40%的表决权并且在所有股东中持股比例最高,也被认为实施了控制(*contrôle*)。[4] 正如已经提及的,《德国商法典》遵循了《第7号公司法指令》的一般模式,但是理所当然地,将控制合同(*Beherrschungsvertrag*)作为引起合并财务报表义务的标准之一。[5] 在西班牙法中,如果子公司机构的多数成员由母公司或母公司所控制公司的机构成员或高级管理人员担任(*dirección única*),也推定实施了控制。[6] 因为这种情形引起大多数董事是利用表决权被任命的推定,后者又引起实施了控制的推定。英国法几乎完全复制了《第7号公司法指令》第1条来界定母子公司概念。[7] 母公司必须将其所有子公司纳入合并报表,但有几个例外,其中一个是严格而长期的限制实质上阻碍了母公司对子公司的财产或管理行使权利。[8]

10.33a 必须注意到出于会计目的对集团和母子公司关系的定义

---

〔1〕 Edwards, *EC Company Law*, 170 - 171.

〔2〕《比利时公司法》第5条界定了control(控制),第10条界定了财团(consortium)。

〔3〕《比利时公司法》第111条。

〔4〕《法国商法典》第L233-3条第4款第(II)项和第L233-16条第II款第2项。出于会计目的,该标准产生大多数董事由母公司任命的结果,该结果即构成控制。

〔5〕《德国商法典》第290条第3款。

〔6〕《西班牙商事公司法》第42条第1款d项。Francis Lefebvre 著:*Sociedades Mercantiles* (Santiago de Compostela/Madrid: Memento Práctico, 2007),第7504页附近。

〔7〕《英国2006年公司法》第1162条,但是《第7号公司法指令》第1条第1款d项之(aa)(利用表决权实际任命董事)未被复制。

〔8〕《英国2006年公司法》第405条第3款a项。

有时也被用于公司法的其他问题。几个例子可以说明这一点。关于公众公司的西班牙法律为了对公司收购自己的或支配公司的股份作出规定,而引用了商法典中支配性公司的定义。[1] 比利时和荷兰关于子公司收购母公司股份的法规也是如此。[2] 《法国商法典》包含调整董事和公司官员报酬的规定,不仅涉及公司义务,也涉及第 L233 - 16 条定义的控制公司。[3] 尽管在更大程度上利用《第 7 号公司法指令》规定的基本概念似乎合乎逻辑,但有些成员国还采用了关于集团关系的其他定义,甚至在公司法领域,而且不仅仅是在因《康采恩法》(*Konzernrecht*)的特有目的使其具有合理性的德国。例如,《英国公司法》定义的"控股公司"(holding company)概念,主要用于调整涉及董事的交易和含有资本条件的条款。[4] 除支配性影响的因素(和统一管理)外,此概念与母公司概念相似。[5] 荷兰公司法中有"附属公司"(dependent company)的定义,它被引进的目的是正确适用关于大型公司强制性监事会的条款。[6] 但"子公司"和"依附性公司"的概念几乎是一样的:对于后者出资占已发行资本的 50% 即足够,而对子公司则要求出资占 50% 以上,如果出资比例与表决权一致。

二、刺穿公司面纱

10.34　正如段落 10.04 及其后段落所述,德国法调整集团成员之间关系的目的在于保护附属公司的少数股东和债权人。此观念的基础在于对母公司和附属公司之间利益冲突的假定。它不涉及特定股东或债权人所遭受的实际损失,而是通过要求母公司补偿其支配性影响所

---

[1] 《西班牙股份公司法》(Real Decreto Legislativo 1564/1989; Ley de Sociedades Anónimas)第 74 ~ 87 条。还请参见 *Disposiciones Adicionales*(关于收购此类股份的强制性沟通)。

[2] 《比利时公司法》第 631 条,《荷兰民法典》第 2 编第 98d 条。

[3] 《法国商法典》第 L225 - 42 条第 1 款和第 L225 - 10 条第 1 款。

[4] 《英国 2006 年公司法》第 41 条和第 136 条。

[5] 《英国 2006 年公司法》第 1159 条。

[6] 《荷兰民法典》(*BW*)第 2 编第 152 条和第 262 条。

造成的损失来保护附属公司的财产。但是,大多数司法管辖区已经发展出保护少数股东和债权人的其他技术。它们的目的在于只保护那些因母公司(或拥有多数权益的其他股东)的损害行为而遭受实际损害的股东和债权人。公司法和破产法的特定条款可能会服务于这一目的,但这种保护往往是由法院利用通常所谓"刺穿公司面纱"技术提供的。法院对公司股东(及董事)不对公司债务承担责任的基本规则作出例外判决,赋予未获清偿的债权人对公司股东和/或董事财产的追索权。这类判决侵害了作为完整法律人格重要因素的财产区分,具有决疑的(casuistic)特征(casuistry,决疑法,是在一种解决问题时考虑具体情况对运用一般规则的影响的方法,在神学、伦理、法学、哲学中使用——译者注),并且通常建立在禁止权利滥用之类基本原则或公开准则的基础上。因此,对于刺穿面纱以确定集团义务并没有一套精确标准。[1] 不同于德国的做法,单凭集团关系,即使是符合条件的集团关系,也不能确定这种义务,而是要求另外的实际情形,即母公司滥用对子公司的控制权。换一种说法就是,母公司不会仅仅因为其身份而承担义务。这反映了利益一致的理论方法,该方法假定集团利益所在往往也是集团成员利益所在。[2]

10.35 在此必须补充几点评论。第一,对受到母公司行为损害的人的保护不仅发生在公司法和破产法范围内,而且发生在本书没有讨论的领域内,特别是劳动法、产品责任法和税法。[3] 第二,德国法与其它司法管辖区的区别不像看上去那么大,因为刺穿公司面纱的方法有

---

〔1〕 José Engracia Antunes, *Liability of Corporate Groups* (Deventer/Boston, 1994), 486.

〔2〕 关于欧盟内集团义务问题的全面分析见 Erik Werlauff 著:'The Debtor behind the Debtor, the Tortfeaser behind the TortfeasorTortfeasor. On Liability for Another Company's Default and Other Debts',载 *European Company Law* 5,第 5 期(Oct. 2008),第 207 ~ 219 页。

〔3〕 例如,在西班牙法院一种相当普遍使用的刺穿面纱(*levantamiento del velo*)出现在劳动法中,Lefebvre 著:*Sociedades* Mercantiles,第 180 页附近和第 7502 页。José Hurtado Cobles 著:*La doctrina del levantamiento del velo societario en España e Hispanoamericana* (Rústica, Ed. Atelier, 2008),第 309 页。

时被德国法院用来在极端情况下提供额外保护。而且,在事实上符合集团条件的情况下,他们似乎回到对债权人的个别保护(*Einzeldurchgriff*)。[1] 第三,集团债务并不限于这里所讨论的问题。如果一个公司已经明确地为集团中的另一公司承担债务,例如为另一公司的债务提供抵押或保证,也会产生集团责任问题。[2] 可以发现母公司对子公司债务承担责任有时被设定为适用特定集团规则的一项法定条件,例如子公司免予适用会计法规[《第 4 号公司法指令》第 57 条(c)项]。第四,必须指出刺穿公司面纱是一个超越集团责任的概念,因为这个法律工具也被用于在单个公司的情况下确定法律责任,甚至当公司的股东是个人时。

10.36　Karen Vandekerckhove 对刺穿公司面纱作了令人印象深刻的比较研究,本部分所讨论的很多内容均基于她的研究结果。[3] 首先,取决于所在的司法管辖区,允许刺穿公司面纱的标准可能来源于公司法、破产法或民法。这使集团责任的规定变得复杂,作者们未使用一致术语的事实也不太有益。[4] 按照 Vandekerckhove 的观点,依据法律规定刺穿公司面纱被称为法律刺穿(legal piercing),而依据其他理由或一般原理确定责任的则被称为司法刺穿(judicial piercing)。例如,在母公司是子公司的董事或事实董事(影子董事),并且违反了义务的情况下,例如经营管理不善导致破产时,发生法律刺穿。法院基于母公司的不正当行为等原因或因母公司滥用子公司法人资格、损害债权人

---

〔1〕 依据 Wiedemann 和 Hirte 著:'Konzernrecht'第 341 页;Karen Vandekerckhove 著:'Piercing the Corporate Veil',载 *European Company Law* 4,第 5 期(Oct. 2007)第 194 页。

〔2〕 因为如前所述,德国法下的控制合同的结果完全由支配性公司决定,由此产生的债务可以说属于自愿性质。

〔3〕 Karen Vandekerckhove,'Piercing the Corporate Veil',II,765.

〔4〕 哪些确定了责任的案件应当确切地被称为刺穿公司面纱是存在争议的,见 Vandekerckhove 著作'Piercing the Corporate Veil',2007 II,第 12 ~ 13 页。

利益而揭开法人面纱的,发生司法刺穿。[1] 这些问题在下一段作简要讨论。

10.37 可能导致刺穿面纱的典型情形是资本不足、使子公司存续困难的财产转移、不适当地维持亏损业务。[2] 虽然这些情形常常重叠、可适用的法律措施可能部分相同,仍然值得简要介绍一下 Vandekerckhove 的研究成果。如果一个子公司资本不足,即到目前为止没有足够的经营财力(股本),母公司可能负有责任。在比利时,如果公司在成立后三年内破产,根据法定规则公司的创办者可能承担责任。而且,假如这项规定不能适用,债权人可以以侵权为由向创办者请求索赔。在创办者试图利用一家已经存续三年以上的"睡眠公司"(dormant company)逃避责任的情况下,创办者也要承担责任。[3] 在其他成员国,资本不足本身不是一个法律调整事项。[4] 但它可能属于引起侵权索赔的情况之一,例如在法国、德国和荷兰。[5] 关于管理不善的法律规定虽然基本上引起董事责任,但在母公司作为事实董事(影子董事)的情况下也可以适用于母公司。[6] 在德国,当公司不再享有信誉并且/或已经无力偿债的,法院采用股东请求权劣后技术。这意味着股东给公司的贷款可以被认定为资本(*eigenkapitalersetzendes*

---

〔1〕 可以讨论使公司因侵权或滥用权力而承担责任是否应被称为刺穿面纱,因为在这种情况下母公司作为股东的有限责任并未被忽视,相反责任的根据是其作为一个独立实体的行为。

〔2〕 虽然其他原因也可能导致刺穿面纱,例如,在西班牙,当两个公司的财产混合或不同公司在同一名称和地址下经营时,也可能发生刺穿面纱,Cándido Paz-Ares 著:*Curso de derecho mercantil I*,第 22 章,编辑 Rodrigo Uría 和 Aurelio Menéndez,第 558 ~ 560 页。

〔3〕 Vandekerckhove 2007 II,105 – 124.《比利时公司法》第 229 条第 5 款和第 456 条第 4 款。

〔4〕 同上,第 124 页。

〔5〕 同上,第 124 ~ 156 页。Bartman & Dorresteijn,*Van het concern* (Deuenter:Kluwer,2006,)231 et seq.

〔6〕 Vandekerckhove 2007 II,134 – 140.

Gesellschafterdarlehen)，或者在破产的情况下，被列在债权人请求权之后。[1] 英国法对刺穿面纱非常谨慎，将其限于利用公司外表的欺诈案件。明显资本不足可以表明子公司被以这种方式利用，但它在这方面不起重要作用。[2] 在西班牙，法院不常用揭开公司面纱解决资本不足问题。这是一个债权人保护问题而不是集团法问题。[3]

10.38 母公司可能转移财产从而危及子公司的存续，可能包括分配子公司资金和不利于子公司的集团内部交易，以及直接剥离财产。[4] (注意出于会计目的，集团内部交易被关联交易概念涵盖)(见段落3.60)。当母公司利用中央现金管理系统为集团整体运行提供经费时，尤其容易发生高风险的集团内部交易。这甚至会引起损害子公司经济基础的提款。[5] 总体上，集团内部交易可以被限制向股东分红的规则、债权人撤销权(the Actio Pauliana)(或类似规定)或以侵权或滥用法人人格为基础的刺穿公司面纱所覆盖。[6] 在比利时和法国，罗泽布鲁姆原则(the Rozenblum doctrine)(见段落10.15)被用来评估有争议的交易。[7] 在法国判例法中，刺穿面纱也可以基于虚拟公司理论和财产混合理论而产生。[8] 德国法传统上通过适用其集团法解决集团内部交易问题。因此，集团内部交易可以导致母公司对子公司因这种交

---

〔1〕 同上，第145～153页。《德国破产法》(*Insolvenzordnung*)第39条。关于资本不足与集团法之间的关系，参见Vandekerckhove 2007 II，第154～155页。

〔2〕 Vandekerckhove 2007 II，156－163.

〔3〕 Vandekerckhove未研究西班牙法。见Wymeersch编辑：*Groups of Companies in the EEC*，Irujo著：'Eine spanische "Erfindung" im Gesellschaftsrecht：Die "Sociedada limitada nueva empresa"-die neue unternehmerische GmbH'，第139页，和Paz-Ares著前引书，第558页。

〔4〕 Vandekerckhove 2007 II，179 et seq.

〔5〕 Matthias Casper，'Liability of the Managing Director and the Shareholder in the GmbH (Private Limited Company) in Crisis'，*German Law Journal* 9，no. 9 (1 Sep. 2008)：<www. germanlawjournal. com>.

〔6〕 Vandekerckhove 2007 II，13.

〔7〕 同上，第183页和第227页及以下。

〔8〕 同上，第242页和第243页。

易而遭受的损失的弥补义务。如果母公司违反这一义务,它可能对子公司债权人承担责任。注意,当子公司被整合时,母公司自动承担这种义务(见段落10.11)。虽然确定责任的其它理由长期位于康采恩法(*Konzernrecht*)的阴影下,最近最高法院有关集团的案例法似乎走出康采恩影响,立足于侵权、滥用权力等引起刺穿公司面纱的原因。[1] 在荷兰,大多数刺穿公司面纱案例是由于母公司的不当行为而发生。[2] 在英国,某些集团内部交易比较便利,因为它们不需要经过股东同意。另一方面,交易可能受到实物分配规则的禁止。[3] 在西班牙,有害的集团内部交易可能引起母公司和/或子公司董事的法律责任。如果(支配性的)母公司的董事对子公司的作为犹如实际董事,可能也要承担责任。[4]

10.39 不当维持亏损业务(Unduly continuing loss-making operations)可能发生在这种情况下,即公司的经济状况和财务形势意味着除非董事和/或股东采取适当对抗措施,公司的生存就濒临危险。如果他们继续亏损经营使公司破产,则可能承担法律责任,因为他们造成了破产。在母公司作为其子公司的董事或实际董事的情况下,处理不合理维持亏损业务的法律可能导致集团责任。成员国已经通过了使破产公司的董事和实际董事对其疏于职守行为负责的立法。而且,关于公司净资产低于一定界限时召集股东会议(比利时)的规定和关于破产程

〔1〕 但是这种方法并未完全确立,例如关于这是否引起外部责任(子公司债权人的索赔权)或对子公司的责任(破产情况下的公司管理者)的问题,BGHZ 149,10(Bremer Vulkan), BGHZ 151,181(KBV);NJW 2005,145 et seq.(Privatkliniken);BGHZ 173,246(Trihotel)(判决还可从以下网站检索:http://dejure.org);可进一步查阅法条:《德国有限责任公司法》第64条、《德国民法典》第826条、《德国破产法》第93条。Vandekerckhove 2007 II,第244页及以下。Wiedemann与Hirte在'Konzernrecht'第341页中期望这种方法取得进展,因为它不影响有限责任原则(*Trennungsprinzip*)。

〔2〕 Geert Potjewijd & Janneke van der Kroon, 'Report from the Netherlands', *European Company Law* 4, no. 5(Oct. 2007):235 - 237.

〔3〕 《英国2006年公司法》第208条、845条、846条。《英国2006年公司法注释》第174。Vandekerckhove 2007 II,第265页及以下。

〔4〕 Cándido Paz-Ares, *o. c.* ,560.

序前管理不善(重大过失)的规定(例如比利时、法国和荷兰)也已经通过。[1] 通常,只有管理人员可以根据这些规定提起诉讼。此外,在母公司违反了注意标准时,单个债权人可以以侵权为由提出索赔请求,这可以适用于其子公司持续性亏损时。[2] 在德国,关于董事管理不善或者董事申请破产义务的法律规定不适用于母公司,[3]而且债权人提出的侵权赔偿请求只在极端案例中胜诉。[4] 由于合同式集团和合格的事实集团中母公司的义务与责任,集团法在一定程度上涉及此问题。当毫无疑问公司状况不可挽回地恶化、破产不可避免时,任何延续活动实际上都牺牲了债权人利益。这时,董事和/或股东对公司损失的扩大承担责任。在英国,这种情况被违法经营(wrongful trading)概念涵盖,后者是《1986年破产法》第214条的内容。所以,陷入破产的公司的董事可能承担责任,如果他们在应当已经知道公司不可能避免破产清算的情况下继续交易。欧盟委员会在其《2003年公司法行动计划》(2003 Company Law Action Plan)中建议制定一条相似规则,但在随后关于公司法现代化未来优先考虑事项的磋商中没有获得支持。[5]

第六节　结　　语

10.40　各个司法管辖区能够通过制定公司法来调整作为单一法

[1] 《比利时公司法》第265条、332条、333条、539条、633条、634条;《法国商法典》第L-651-2条、L-652-1条(加重特定案件中的董事责任,特别是利用公司实现个人利益时);《荷兰民法典》第2编第138条、248条。

[2] Vandekerckhove 2007 II,324 et seq. ,335 et seq. ,348 et seq.

[3] 同上,第352页。

[4] 同上,第356页。

[5] *Modernising Company Law and Enhancing Corporate Governance in the European Union-A Plan to Move Forward* (Brussels) COM(2003)284 final,16 and 25. Consultation document, 13,Commission's website Company Law & Corporate Governance, <http://ec. europa. eu/internal_market/company/index_en. htm>.

律实体的公司的设立、运作和解散,却没有以类似方式,即以一套连贯、综合的法律规则,解决公司(或其他实体)集团问题。除德国以外,成员国和欧盟反而为涉及集团的具体情况创造了解决方法,由此产生了集团和集团关系的各种定义。Geoffrey Fitchew 在大约两年前的观察结果仍然持续,即每个成员国采用了数个定义以使法律规则的范围适应特定领域(公司法、会计法、劳动法、税法等)的特殊需要。[1] 甚至德国也不可避免地在《康采恩法》(*Konzernrecht*)以外引进了关于集团的定义和规则[例如为了会计目的(见段落 10.32)]。好消息是在公司法中各定义的差别不是很大,因为为了解决集团关系问题各国遵循了相同的制度。通常,推定存在支配性影响、统一管理或控制的法律标准被制定得相对容易确认,因为它们是集团是否存在结论的核心标准。在多数表决权引起存在支配性影响推定的情况下(段落 10.07),这一点适用于《康采恩法》(*Konzernrecht*)以及《第 7 号公司法指令》和《国际财务报告准则》(IFRS)(见段落 9.43 及以下)。而且,为了会计目的而引进的定义有时被用于其他目的,例如关于资本条件的规定(见段落 10.26 和段落 10.34)。但是,似乎更常见的是用于非会计领域的定义略有不同(见段落 10.34)。在同一个司法管辖区内应用有细微区别的集团概念促使法律的复杂化,应予避免,当然除了不同概念是绝对必要的情形以外。

10.41 至于集团现象的后果,德国已经通过在《康采恩法》(*Konzernrecht*)中为合同安排和确定母公司责任提供一个旨在保护附属性子公司利益的框架(见段落 10.06),承认了它对集团中子公司的少数股东和债权人的固有风险。其他成员国和欧盟只解决 Fitchew 提到的"特殊需要"(见上一段),例如关于促进合并或设立子公司的规定、编制合并报表之类义务、禁止涉及子公司的特定交易(如向子公司发行股份)规则。

10.42 最后,可以观察到法院已经在立法没有或没有完全覆盖集

---

[1] Geoffrey Fitchew, Director-General of DG XV Financial Institutions and Company Law, in his Foreword to *Groups of Companies in the EEC*, *o. c.*, VI.

团结构风险的情况下通过处理案件来弥补缺陷。虽然各司法管辖区在这方面有较大差异,但很可能在极端情形下不同成员国法院所作的刺穿公司面纱、令子公司或母公司董事承担责任的判决结果不会有多大区别。这些案件在很大程度上以情况和事件的累积为特征,例如明显的资金不足、有害的集团内部交易和不当维持亏损业务(见段落 10.37 - 10.39)。应当指出刺穿是一个宽泛概念,涵盖了确定这种责任的诸多不同理由,例如,它可以基于母公司的不正当行为、事实董事的资格或者法人人格的滥用(见段落 10.36)。

参 考 文 献

Armour, John & McCahery, Joseph A. *After Enron: Improving Corporate Law and Modernising Securities Regulation in Europe and the US.* Oxford: Hart Publishing, 2006.

Bartman, Steef M. (ed.). *European Company Law in Accelerated Progress.* European Company Law Series, Volume 1: Alphen aan den Rijn: Kluwer Law International, 2006.

Berle, Adolf & Gardiner C. Means. *The Modern Corporation and Private Property.* With a new introduction by Murray L. Weidenbaum & Mark Jensen. New Brunswick/London: Transaction Publishers, 1991.

Boucourechliev, Jeanne (direction). Propositions pour une société fermée européenne. *Paris: Chambre de Commerce et d' Industrie de Paris*, 1997.

Buxbaum, R. M. , G. Hertig, A. Hirsch & K. J. Hopt (eds). European Economic and Business Law, Legal and Economic Analyses on Integration and Harmonization. *Berlin/New York: De Gruyter*, 1996.

Calvo, Javier, et al. Employee Representatives in an Enlarged Europe. *Volumes* 1 *and* 2. *Brussels: European Commission, Directorate-General for Employment, Social Affairs and Equal Opportunities*, 2008 *<http://bookshop. europa. eu>*.

Edwards, Vanessa. EC Company Law. *Oxford EC Law Library, Oxford: Clarendon Press*, 1999.

Enriques, Luca. EC Company Law Directives and Regulations: How Trivial are They?. *ECGI-Law Working Paper No.* 39/2005.

Epstein, Barry J. with contributions by Ali Mirza, Abbas. IFRS 2006. Interpretation and Apllication of International Accounting and Financial

Reporting Standards. *Somerset, NJ: John Wiley & Sons*, 2006.

Ferrarini, Guido et al. (eds). Reforming Company and Takeover Law in Europe, *Oxford: Oxford University Press* 2004.

Forum Europaeum Konzernrecht, Corporate Group Law for Europe. *Stockholm: Forum Europaeum Konzernrecht*, 2000.

Grundmann, Stefan in collaboration with Florian M. slein. European Company Law. Organization, Finance and Capital Markets. *Ius Communitatis Series, Antwerpen, Oxford: Intersentia*, 2007.

Habersack, Matthias. Europ. isches Gesellschaftsrecht. *München: Verlag C. H. Beck*, 2006.

High Level Group of Company Law Experts. A Modern Regulatory Framework for Company Law in Europe. *Brussels*, 4 *November* 2002, <*http://ec.europa.eu/internal_market/company/modern/index_en.htm*>.

Hopt, K. & E. Wymeersch (eds). Capital Markets and Company Law. *Oxford: Oxford University Press*, 2003.

Hopt, Klaus & Eddy Wymeersch (eds). European Company and Financial Law: Texts and Leading Cases. 4*th edn. Oxford: Oxford University Press*, 2007.

Kraakman, Reinier et al. The Anatomy of Corporate Law: A Comparative and Functional Approach. *Oxford: Oxford University Press*, 2004.

Lecher, Wolfgang, et al. European Works Councils. Developments, Types and Networking. *Aldershot/Burlington: Gower Publishing*, 2001.

Lutter, Marcus (ed.). Legal Capital in Europe. *European Company and Financial Law Review, Special Volume* 1, 2006.

Lutter, Marcus. Europaisches Unternehmensrecht. vierte, *neubearbeitete Auflage, Berlin/New York: De Gruyter*, 1996.

Marks, Robbins, Fernandez & Funkhouser. The Handbook of Financing Growth: Strategies and Capital Structure. *Hoboken, NJ: John Wiley & Sons, Inc.*, 2005.

McCahery, Joseph A., Theo Raaijmakers & Erik P. M. Vermeulen. The Governance of Close Corporations and Partnerships. *Oxford: Oxford*

University Press, 2004.

Richard M. Buxbaum & Klaus J. Hopt. Legal Harmonisation and the Business Enterprise. *Berlin/New York* 1988.

Rickford, Jonathan (*ed.*). The European Company: Developing a Community Law of Corporations: Collected Papers from the Leiden University Unilever Programme *2002*. *Antwerp/ Oxford/ New York*: *Intersentia*, 2003.

Sch. mann, Isabelle, Stefan Clauwaert & Wiebke Warneck. Information and Consultation in the European Community. Implementation Report of Directive *2002/14/*EC. *Brussels*: *European Trade Union Institute for Research, Education and Health and Safety* (*ETUI-REHS*), 2006 < *www.worker-participation. eu* >.

Schwarz, Günter Christian. Europ. isches Gesellschaftsrecht. *Baden-Baden*: *Nomos*, 2006.

Tavares da Costa, Carla & Alexandra De Meester Bilreiro. The European Company Statute. *The Hague/London/New York*, 2003.

Teichmann, Christoph. Binnenmarktkonformes Gesellschaftsrecht. *Berlin/New York*: *De Gruyter*, 2006.

Vandekerckhove, Karen. Piercing the Corporate Veil: A Transnational Approach. *Alphen aan den Rijn*: *Kluwer Law International*, 2007.

Verloop, Peter & Valérie Landes. Merger Control in Europe. *International Competition Law Series Vol.* 11, *The Hague, London, New York*: *Kluwer Law International*, 2003.

Werlauff, Erik. EU Company Law. Common Business Law of *28* States. 2*nd edn. Copenhagen*: *DJ. F Publishing*, 2003.

Werlauff, Erik. SE-The Law of the European Company. *Copenhagen*: *DJ. F Publishing*, 2003.

Wood, Philip. Project Finance, Securitisations and Subordinated Debt. *The Law and Practice of International Finance Series*, *Volume* 5, *Hong Kong*: *Thomson/ Sweet & Maxwell*, 2007.

图书在版编目(CIP)数据

欧洲公司法/(荷)德瑞斯丹(Dorresteijn,A.)著;
费煊译. —北京:法律出版社,2013.8
书名原文:European corporate law:Second edition
ISBN 978-7-5118-5227-4

Ⅰ.①欧… Ⅱ.①德… ②费… Ⅲ.①公司法—
研究—欧洲 Ⅳ.①D950.229

中国版本图书馆 CIP 数据核字(2013)第 182801 号

责任编辑/侯 鹏　　**装帧设计**/凌点工作室

出版/法律出版社　　**编辑统筹**/法律教育出版分社
总发行/中国法律图书有限公司　　**经销**/新华书店
印刷/北京泰山兴业印务有限责任公司　　**责任印制**/沙 磊

开本/A5　　**印张**/12.375　**字数**/327 千
版本/2013 年 11 月第 1 版　　**印次**/2013 年 11 月第 1 次印刷

法律出版社/北京市丰台区莲花池西里 7 号(100073)
电子邮件/info@lawpress.com.cn　　**销售热线**/010-63939792/9779
网址/www.lawpress.com.cn　　**咨询电话**/010-63939796

中国法律图书有限公司/北京市丰台区莲花池西里 7 号(100073)
全国各地中法图分、子公司电话:
第一法律书店/010-63939781/9782　**西安分公司**/029-85388843　**重庆公司**/023-65382816/2908
上海公司/021-62071010/1636　**北京分公司**/010-62534456　**深圳公司**/0755-83072995

书号:ISBN 978-7-5118-5227-4　　**定价:**38.00 元

(如有缺页或倒装,中国法律图书有限公司负责退换)